中国式项目风险管理

戚安邦　孙贤伟　著

机械工业出版社

本书共分12章，前3章是中国式项目风险管理的原理和概念以及中西方项目风险管理的比较研究，第4章和第5章是中国式项目风险全面集成管理和项目风险评估的内容，第6章讨论了中国式无预警信息项目风险事件的管理，第7章至第11章分别是中国式项目风险的计划、识别、度量、应对和监控的原理和方法，第12章是中国式项目风险管理的文档化管理。

本书最大的特色首先是将中国几千年文化中有关"变化"和"应变"的管理哲学运用到了现代项目风险管理领域。其次，本书还对比分析了中西方在项目风险管理思想和方法上的不同。最后，本书全面论述了项目全过程、全要素和全团队风险的全面集成管理。

本书既可供各管理学科本科生作为教材使用，也可作为工商管理硕士（MBA）、公共管理硕士（MPA）、项目管理硕士（MPM）和工程管理硕士（MEM）的教材，同时可供项目风险管理人员自学和作为培训教材使用。

图书在版编目（CIP）数据

中国式项目风险管理 / 戚安邦，孙贤伟著 . —北京：机械工业出版社，2021.8
ISBN 978-7-111-68724-5

Ⅰ. ①中⋯　Ⅱ. ①戚⋯②孙⋯. Ⅲ. ①工程项目管理 –风险管理–研究–中国
Ⅳ. ①F284

中国版本图书馆 CIP 数据核字（2021）第 140902 号

机械工业出版社（北京市百万庄大街22号　邮政编码100037）
策划编辑：朱鹤楼　责任编辑：朱鹤楼　李佳贝
责任校对：黄兴伟
责任印制：李　昂
北京联兴盛业印刷股份有限公司印刷
2021年9月第1版第1次印刷
169mm×239mm・24印张・1插页・367千字
标准书号：ISBN 978-7-111-68724-5
定价：88.00元

电话服务　　　　　　　网络服务
客服电话：010-88361066　机　工　官　网：www.cmpbook.com
　　　　　010-88379833　机　工　官　博：weibo.com/cmp1952
　　　　　010-68326294　金　书　网：www.golden-book.com
封底无防伪标均为盗版　机工教育服务网：www.cmpedu.com

前言 Preface

《中国式项目风险管理》一书是根据国家关于"新文科"和"新商科"的建设要求,为实现管理者们能够使用中国式的项目风险管理思想和方法去管理项目所写的一本全新著作和教科书。本书是作者在几十年研究中国古典哲学思想和文化传承的基础上,结合现代项目管理中的风险管理的思想和方法,再融入作者多年开展项目风险管理研究的最新成果,充分体现"古为今用"和"洋为中用"的一本十分独特的项目风险管理的著作。

当今世界国与国之间、企业与企业之间竞争激烈,不断会有"黑天鹅"和"灰犀牛"等风险事件发生,所以全面掌握风险管理(尤其是项目风险管理)的原理和方法成了当今管理者们的第一要务。因为没有风险的事情管与不管相差不大,而企业和项目的风险管理才是管理者们开展"趋利避害"最重要的方面。本书的宗旨就是要使人们认识到项目风险管理的重要性,并学习和掌握"中国式项目风险管理"的思想和方法。

本书从"伏羲一画开天地"开始讨论了中国文化中风险管理的基因、起源和发展,再结合《连山》《归藏》和《周易》讨论了中华文化发展中"变化"和"应变"思想与方法的演变,以及春秋战国时期"百家争鸣"而产生的"儒家(集成《周易》的思想)""道家(集成《归藏》的思想)"和"兵家"等诸子百家的管理哲学和思想中的"认识和应对事物发展变化"的内核。从而本书给出的结论是:全世界只有中国人具有几千年传承的风险管理的哲学思想与方法,这也是中国人能够战胜各种风险且能够生存和发展的根本原因所在,2020年的中国人应对新冠肺炎疫情取得的冠绝天下之成果就是最好的例证。

  反观西方项目风险管理的发展历程，我们可以发现，他们对于项目风险管理的认识和实践相对比较滞后。根据作者的文献研究结果，西方最早开始风险管理是18世纪后的事情，最早是英国1720年首次设立保险公司去开展风险转移方面的管理工作（这只是管理风险损失）。在项目风险管理方面的专业委员会最早的是1992年AACE（美国工程造价管理协会）组织的项目风险管理专业委员会，他们在1995年出版了《项目风险管理字典》，在1998年编辑出版了《项目风险管理指南》。同时，PMI（美国项目管理协会）先后在PMBOK（项目管理知识体系）等文件中给出了项目风险管理的指南。

  本书由南开大学戚安邦教授撰写了第1~6章和第10章，由天津理工大学孙贤伟教授撰写了第7、8、9、11、12章。尽管作者在撰写过程中进行了反复推敲和仔细而深入的研究，但是由于各方面原因导致问题和错误在所难免，恳请读者提出宝贵意见和建议。

  本书的主要用途是提供给工商管理、公共管理和工程管理等专业的学生使用，同时也可以供从事风险管理和项目风险管理的工作者使用。本书中所讨论的项目风险管理的原理和方法不仅可以在一般项目、工程项目、投资项目和应急项目中使用，而且可以在研发项目、创新项目和创业项目中使用，因为这些方面的项目风险更大，更适合使用本书提出的中国式项目风险管理的原理和方法。

戚安邦博士、教授
2020年11月28日于南开大学园

目录 Contents

前言

第1章　中国式项目风险管理的渊源与发展 ··· 1

1.1　中国《易经》中的风险管理思想与方法 ·· 2
　　1.1.1　中国《易经》风险管理思想的发展历程 ································· 3
　　1.1.2　伏羲氏创八卦及其风险管理思想 ··· 4
　　1.1.3　神农氏创《连山》及其风险管理思想 ··································· 6
　　1.1.4　轩辕氏创《归藏》及其风险管理思想 ··································· 7
　　1.1.5　周文王创《周易》及其风险管理思想 ··································· 9

1.2　中国儒家的风险管理哲学与思想方法 ··· 11
　　1.2.1　儒家《易·系辞上》中的风险管理思想 ································ 12
　　1.2.2　儒家《中庸》中的风险管理思想 ·· 13
　　1.2.3　儒家《论语》中的风险管理思想 ·· 15

1.3　中国道家的风险管理哲学与思想 ·· 17
　　1.3.1　《道德经》第五十九章的风险管理思想 ································ 17
　　1.3.2　《道德经》第六十章的风险管理思想 ··································· 20
　　1.3.3　《道德经》第一章的风险管理思想 ····································· 21

1.4　中国兵家的风险管理思想与哲学 ·· 25
　　1.4.1　《孙子兵法》"始计篇"中的风险管理思想（之一） ················ 25
　　1.4.2　《孙子兵法》"始计篇"中的风险管理思想（之二） ················ 27
　　1.4.3　《孙子兵法》"军形篇"中的风险管理思想 ···························· 29
　　1.4.4　《孙子兵法》"用间篇"中的风险管理思想 ···························· 31

第2章 西方风险管理发展历程与中西比较研究 ················ 34

2.1 西方风险管理的发展历程 ················ 35
- 2.1.1 西方风险管理的史前阶段 ················ 36
- 2.1.2 西方传统风险管理阶段 ················ 37
- 2.1.3 西方风险管理现代阶段的里程碑 ················ 39
- 2.1.4 西方现代风险管理的核心思想 ················ 40

2.2 西方项目风险管理发展历程 ················ 42
- 2.2.1 西方项目管理的渊源与发展历程 ················ 42
- 2.2.2 西方项目风险管理的渊源与发展历程 ················ 44
- 2.2.3 西方项目风险管理发展的主要贡献者 ················ 45

2.3 中西方项目风险管理思想的比较研究 ················ 47
- 2.3.1 中西方风险管理文化的比较 ················ 47
- 2.3.2 中西方风险偏好的比较 ················ 50
- 2.3.3 中西方项目风险管理思想的比较 ················ 51

第3章 中国式项目风险管理的内涵 ················ 55

3.1 中国式的风险定义与概念 ················ 55
- 3.1.1 中国式风险的定义 ················ 55
- 3.1.2 中国式风险定义的描述模型 ················ 56
- 3.1.3 中国式风险定义的核心概念 ················ 58

3.2 中国式项目风险的概念 ················ 60
- 3.2.1 中国式项目风险的定义 ················ 60
- 3.2.2 中国式项目风险的描述模型 ················ 61
- 3.2.3 中国式项目风险的综合描述模型 ················ 62
- 3.2.4 中国式项目风险定义的核心概念 ················ 63

3.3 中国式项目风险的归因和分类 ················ 65
- 3.3.1 中国式项目风险的归因 ················ 65
- 3.3.2 中国式项目风险的分类 ················ 68
- 3.3.3 中国式项目风险的主要特性 ················ 70

3.4 中国式项目风险管理的概念 ················ 72
- 3.4.1 中国式项目风险管理的定义 ················ 72
- 3.4.2 中国式项目风险管理的内涵 ················ 72

    3.4.3 中国式项目风险管理的逻辑模型 ……………………………………… 74
    3.4.4 中国式项目风险管理的独特之处 ……………………………………… 75
  3.5 中国式项目风险管理的基本方法和内容 …………………………………… 77
    3.5.1 对于无预警信息项目风险的管理基本方法 …………………………… 78
    3.5.2 对于有预警信息项目风险的管理基本方法 …………………………… 78
    3.5.3 项目风险管理工作的过程和内容 ……………………………………… 80

第4章 中国式项目风险全面集成管理 ……………………………………………… 85
  4.1 中国式项目全面集成管理的基本原理 ……………………………………… 85
    4.1.1 中国式项目全面集成管理的层次模型和原理 ………………………… 86
    4.1.2 中国式项目全面集成管理的模型和原理 ……………………………… 87
  4.2 中国式项目风险全面集成管理的原理 ……………………………………… 89
    4.2.1 项目风险事件及其后果的概率分布原理 ……………………………… 89
    4.2.2 项目风险事件概率分布的"6σ法"原理 ……………………………… 90
  4.3 中国式项目风险全面集成管理的模型和原理 ……………………………… 92
    4.3.1 给出项目风险及其影响的6σ分布情况 ……………………………… 92
    4.3.2 项目风险全过程集成管理的步骤和内容 ……………………………… 95
    4.3.3 项目风险全要素集成管理的步骤和内容 ……………………………… 98
    4.3.4 项目风险全团队集成管理的步骤和内容 ……………………………… 101
    4.3.5 项目风险全面集成管理的步骤和内容 ………………………………… 104

第5章 中国式项目评估中的风险评估 …………………………………………… 107
  5.1 项目评估和项目风险评估 …………………………………………………… 107
    5.1.1 项目评估的主要特性 …………………………………………………… 108
    5.1.2 项目风险评估的主要作用 ……………………………………………… 110
    5.1.3 项目风险评估的主体 …………………………………………………… 111
    5.1.4 项目风险评估的客体 …………………………………………………… 113
  5.2 项目风险评估的基本原则 …………………………………………………… 114
    5.2.1 实事求是与客观公正的原则 …………………………………………… 114
    5.2.2 项目风险损失和风险收益的评估原则 ………………………………… 115
    5.2.3 系统性和规范化的项目风险评估原则 ………………………………… 116
    5.2.4 时点、时期和滚动项目风险评估原则 ………………………………… 117
    5.2.5 项目风险及其应对措施配套评估的原则 ……………………………… 118

5.3 项目风险评估的对象 ……………………………………………… 119
　　5.3.1 项目风险事件的评估 …………………………………………… 120
　　5.3.2 系统性项目风险要素的评估 …………………………………… 121
5.4 项目风险评估的程序 ……………………………………………… 123
　　5.4.1 项目风险评估的过程模型 ……………………………………… 123
　　5.4.2 项目风险评估的主要步骤 ……………………………………… 124
5.5 项目风险评估的依据和方法 ……………………………………… 126
　　5.5.1 项目风险评估所需的信息和依据 ……………………………… 127
　　5.5.2 项目风险评估的主要方法 ……………………………………… 128

第6章　中国式无预警信息项目风险事件的管理 ……………………… 133
6.1 无预警信息项目风险事件的基本概念和特性 …………………… 133
　　6.1.1 无预警信息项目风险事件的基本概念 ………………………… 133
　　6.1.2 无预警信息项目风险事件的主要特性 ………………………… 134
　　6.1.3 无预警信息项目风险事件的主要分类 ………………………… 136
6.2 无预警信息项目风险事件管理的概念和特性 …………………… 138
　　6.2.1 无预警信息项目风险事件管理的概念与目标 ………………… 139
　　6.2.2 无预警信息项目风险事件管理的特性 ………………………… 140
6.3 无预警信息项目风险的管理过程和内容 ………………………… 143
　　6.3.1 无预警信息项目风险的管理过程模型 ………………………… 143
　　6.3.2 无预警信息项目风险管理的工作分解 ………………………… 145

第7章　中国式项目风险管理计划 ……………………………………… 150
7.1 项目风险管理计划的概念和内容 ………………………………… 150
　　7.1.1 项目风险管理计划的任务 ……………………………………… 151
　　7.1.2 项目风险管理计划的内容 ……………………………………… 151
7.2 项目风险管理计划的制订 ………………………………………… 156
　　7.2.1 项目风险管理计划制订的依据 ………………………………… 156
　　7.2.2 编制项目风险管理计划的方法 ………………………………… 160
　　7.2.3 项目风险管理计划编制的过程 ………………………………… 161
7.3 项目风险管理计划的使用和修订 ………………………………… 163
　　7.3.1 项目风险管理计划的使用 ……………………………………… 163
　　7.3.2 项目风险管理计划的修订 ……………………………………… 165

第8章 中国式项目风险的识别 173
8.1 项目风险识别的概念和内涵 173
8.1.1 项目风险识别的概念 173
8.1.2 项目风险识别的内涵 178
8.2 项目风险识别的内容 179
8.2.1 项目风险识别内容的模型 180
8.2.2 项目环境与条件发展变化的识别 182
8.2.3 项目全过程的风险识别 183
8.2.4 项目全要素的风险识别 187
8.2.5 项目全团队的风险识别 194
8.3 项目风险识别的方法与技术 196
8.3.1 项目风险识别的假设前提分析法 196
8.3.2 项目风险识别的核检清单法 197
8.3.3 项目风险识别的德尔菲法 199
8.3.4 项目风险识别的其他技术与方法 200
8.4 项目风险识别的循环和步骤 203
8.4.1 项目风险评估中的风险识别过程和步骤 203
8.4.2 项目风险再识别的循环和步骤 207
8.4.3 项目风险识别报告及其使用 208

第9章 中国式项目风险的度量 209
9.1 项目风险度量概述 209
9.1.1 项目风险度量的概念 209
9.1.2 项目风险度量的内容 209
9.1.3 项目风险度量的过程和步骤 212
9.2 项目风险发生可能性的度量 214
9.2.1 项目风险发生可能性度量的概念 214
9.2.2 项目风险发生可能性度量的方法 216
9.2.3 项目风险发生可能性的度量结果 220
9.2.4 项目风险发生可能性度量结果的应用 221
9.3 项目风险可能后果严重程度的度量 224
9.3.1 项目风险可能后果严重程度度量的概念 225

9.3.2 项目风险可能后果严重程度的度量方法 ………………………… 226
9.3.3 项目风险可能后果严重程度的度量结果 ………………………… 232
9.3.4 项目风险可能后果严重程度度量结果的应用 …………………… 233

9.4 项目风险关联影响程度的度量 ……………………………………… 235
9.4.1 项目风险关联影响程度度量的内涵 ……………………………… 235
9.4.2 项目风险关联影响程度的度量方法 ……………………………… 236
9.4.3 项目风险关联影响程度的度量结果 ……………………………… 239
9.4.4 项目风险关联影响程度度量结果的应用 ………………………… 240

9.5 项目风险时间进程的度量 …………………………………………… 241
9.5.1 项目风险时间进程度量的概念 …………………………………… 241
9.5.2 项目风险时间进程的度量方法 …………………………………… 242

第10章 中国式项目风险的应对 …………………………………………… 244

10.1 项目风险应对的概述 ………………………………………………… 244
10.1.1 项目风险应对工作的概念 ……………………………………… 244
10.1.2 项目风险应对工作的具体内容 ………………………………… 246
10.1.3 项目风险应对的流程 …………………………………………… 248

10.2 项目风险应对措施的选择和制定 …………………………………… 255
10.2.1 项目风险应对措施选择和制定的依据 ………………………… 255
10.2.2 主要的项目风险应对措施种类和内涵 ………………………… 258
10.2.3 项目风险应对措施的选择和制定 ……………………………… 271

10.3 项目风险应对计划的制订 …………………………………………… 276
10.3.1 项目风险应对计划的内容和制订过程 ………………………… 276
10.3.2 项目风险应对的具体任务和做法的安排 ……………………… 280
10.3.3 项目风险及其应对的责任与责任体系安排 …………………… 282
10.3.4 项目风险应对资源和成本的保障 ……………………………… 284

第11章 中国式项目风险的监控 …………………………………………… 290

11.1 项目风险监控的概念与原理 ………………………………………… 290
11.1.1 项目风险监控的概念 …………………………………………… 290
11.1.2 项目风险监控的原理 …………………………………………… 294
11.1.3 项目风险监控计划和监控方法 ………………………………… 296

11.2 项目风险监控的计划 ………………………………………………… 298

- 11.2.1 项目风险监控计划的作用 …… 298
- 11.2.2 项目风险监控计划编制的依据 …… 300
- 11.2.3 项目风险监控计划的制订 …… 301
- 11.2.4 项目风险监控计划的实施 …… 305
- 11.3 项目风险监测的工作和方法 …… 308
  - 11.3.1 项目风险监测的工作 …… 308
  - 11.3.2 项目风险监测的方法 …… 311
- 11.4 项目风险控制的工作和方法 …… 316
  - 11.4.1 项目风险控制的主要工作 …… 316
  - 11.4.2 项目风险控制的技术方法 …… 317
  - 11.4.3 项目风险控制界限的制定方法 …… 318
  - 11.4.4 项目风险控制中的偏差确定方法 …… 320
  - 11.4.5 项目风险控制中的纠偏方法 …… 326
  - 11.4.6 项目风险控制的计划和方案变更方法 …… 330

第12章 中国式项目风险管理的文档化管理 …… 333

- 12.1 项目风险管理的文档化管理概述 …… 333
  - 12.1.1 项目风险管理的文档化管理概念 …… 333
  - 12.1.2 项目风险管理文档的分类 …… 335
- 12.2 项目风险管理的文档化管理过程和对象 …… 338
  - 12.2.1 项目风险管理的文档化管理过程 …… 339
  - 12.2.2 项目风险管理的文档化管理对象 …… 340
  - 12.2.3 项目风险管理的文档化管理内容和要求 …… 341
- 12.3 项目风险管理决策类和计划类文档 …… 346
  - 12.3.1 项目风险管理决策类和计划类文档的定义 …… 346
  - 12.3.2 项目风险管理决策类和计划类文档的特性 …… 348
  - 12.3.3 项目风险管理决策类和计划类文档的分类 …… 349
  - 12.3.4 具体的项目风险管理决策类和计划类文档 …… 351
- 12.4 项目风险识别与度量的文档 …… 353
  - 12.4.1 项目风险识别与度量文档的定义 …… 354
  - 12.4.2 项目风险识别与度量文档的特性 …… 355
  - 12.4.3 项目风险识别与度量文档的分类 …… 356

12.4.4 具体的项目风险识别与度量文档 ………………………………… 358
 12.5 项目风险应对与监控的文档 …………………………………………… 360
  12.5.1 项目风险应对与监控文档的定义 …………………………………… 360
  12.5.2 项目风险应对与监控文档的特性 …………………………………… 361
  12.5.3 项目风险应对与监控文档的分类 …………………………………… 363
  12.5.4 具体的项目风险应对与监控文档 …………………………………… 364
 12.6 项目风险管理终结类文档管理 ………………………………………… 366
  12.6.1 项目风险管理终结类文档的定义 …………………………………… 366
  12.6.2 项目风险管理终结类文档的分类 …………………………………… 367
  12.6.3 项目风险管理终结类文档的特性 …………………………………… 368
  12.6.4 具体的项目风险管理终结类文档 …………………………………… 370

第 1 章

中国式项目风险管理的渊源与发展

中国人写东西讲究开宗明义，我们学习中国式项目风险管理的原因从根本上说是因为：人们要想管好"中国人和中国事"就必须使用中国式的风险管理原理和方法，而照搬欧美人的管理原理和方法去管理中国的事多数情况下是行不通的。因为中国人在风险管理观念、意识以及冒险精神等方面与外国人有很大的不同。特别是在当今"百年未有之大变局"的国际形势下，各种"天灾人祸"以及"黑天鹅""灰犀牛"事件层出不穷，中国人应当使用中国式风险管理的思想和方法去谋划和应对这一局面，并赢得中华民族伟大复兴。

人们选择学习中国式项目风险管理还有一个根本原因，就是任何项目都是具有风险的，所以开展"趋利避害"的项目风险管理是项目管理的核心和根本所在。对于风险较低的日常运营管理，人们可以借鉴欧美国家的原理和方法，因为这方面的原理和方法多数产生于欧洲工业革命的背景下。实际上，日常运营管理是一种在常规（即较少风险）情况下所开展的结构化和程序化的管理，人们只要按照一定的程序和结构去开展即可。但是项目和项目管理的风险却相对较高，是一种非结构化、非程序化和复杂性的管理，只有按照中国人的"计划赶不上变化""兵来将挡，水来土掩"等风险管理和应对的思想和方法去开展管理才能够获得成功。

本书作者曾作为国际项目管理协会（IPMA）研究管理委员会主席多年，在负责组织的多次中外项目管理思想和方法比较研究的国际会议上发言。其中在德国柏林所做的"中国式项目风险管理思想和方法"的发言引起了德国项目管理协会研究委员会的关注，并由该委员会资助对我出版的《项目风险管理》一书做德文版翻译工作，但后因书中太多中国古文很难翻译而难以为继。最后，该委员会专门组织撰写一本英文版的项目风险管理书（已由 IGI 出版社出版），并邀请本书作者专门撰写了"中国人的项目风险管理"部分。本书的核心内容是作者多年来所做中外项目风险管理的比较研究成果的结晶，而且是专门为管理中国人和中国事的风险而撰写的。

1.1　中国《易经》中的风险管理思想与方法

中华五千多年的文明中，最突出的特点就是具有风险管理的哲学思想和方法，最新的历史学研究成果表明：自从最早的人文初祖伏羲氏一画开天地（做八卦），到神农氏炎帝创《连山》，轩辕氏黄帝创《归藏》，再到周文王创《周易》，整个中国文化就是围绕研究、认识和应用《易经》中关于世界万物发展变化的原理及其如何应对其中风险的一部文明史。再到春秋战国时期的"百家争鸣"，在这三部《易经》的基础上发展出了"两大显学（儒家和墨家），一大隐学（道家）"以及"诸子百家"。历史学家研究的结果显示，墨家的理论根基是《连山》，道家的理论根基是《归藏》，而儒家的理论根基是《周易》，所以这中华文化的三大家都是以不同版本《易经》中关于"变化"和"如何应变"的思想和观点为渊源的。

因此，中华文明的核心就是源于《易经》中"变化"和"应变"的哲学思想和方法，再历经几千年的发展和潜移默化，使得中国人骨子里就有风险管理的思想和观念，中国人天生就有项目风险管理的"遗传基因"。但中华文化博大精深，其中的治国安邦管理大道更是高深莫测。虽现有众多国学大师各有研究和注释，但其多是从中文和历史的角度去开展研究的。从管理学的角度，特别是从风险管理，甚至是项目风险管理的角度去研究中国古典管理思想和哲学的资料相对较少。然而，不管是"三皇五帝"还是"诸子百家"，这些中华文化不同学派的核心思想都是为管理家国和应对风险而生的。

本书作者戚安邦自 1996 年师从博士生导师陈炳富先生，由于陈炳富先生要求自己的博士研究生以《孙子兵法》为主修课程，以老子的《道德经》为辅修课程，在这几十年的学习和研究中，本书作者研究并撰写出版了英文版的《中国式项目风险管理》，中文版的《中国项目管理学派》

和《项目风险管理》等书。当然，任何人用自己短短几十年的时间想从项目风险管理的视角去探究长达五千年的中华文化传承，肯定会有诸多"短见"和"误解"，不过可以肯定的是，中国文化是以《易经》中风险管理哲学思想和方法为核心的，这一点应该是无可怀疑和应该被努力发掘和发扬光大的。

1.1.1 中国《易经》风险管理思想的发展历程

根据历史学家们的说法，中华文化起源于伏羲氏推演发明的八卦，以及在此基础上出现的三部《易经》。例如，《三字经》有云："有连山，有归藏。有周易，三易详。"历史学和考古研究结果表明，最早在夏朝流行的《连山》是中国第一版的《易经》，而在商朝流行的《归藏》是中国第二版《易经》，在周朝流行的《周易》是中国第三版《易经》。这三个版本的《易经》都是古人通过"仰观天象，俯察地理，近观吾身，远推万物"，观察、发现、归纳、总结认识世界万物"对立统一"（一阴一阳之谓道）和"发展变化"（玄之又玄，众妙之门）规律的经书，所以中国人认为《易经》是"万经之王"。

历史学家的研究结果表明，三部《易经》中的思想在春秋战国"百家争鸣"时期形成了中国文化的"儒墨两大显学"和"道家一大隐学"以及诸子百家。其中，儒家使用了《周易》的思想体系而创造了儒家思想和文化，道家运用《归藏》的思想体系创造了道家思想和文化，墨家运用《连山》的思想体系创造了墨家思想和文化。经过两千多年的演变，最终形成了中华文化以儒道两家为核心的哲学体系、管理思想和文化。所以中国自古就有"内用黄老（即道家思想和方法），外用儒术（即儒家思想和方法）"之说。其中，"内用黄老"去寻找开展家国风险管理或治理的客观规律，而"外用儒术"去教化百姓、作为开展风险管理或治理的方法和手段。中华文化以儒家和道家两家为核心，按照"一阴一阳之谓道"的规律，发展至今成为中华文明和中国文化的核心与内涵。图1-1给出了中国三个版本的《易经》历经两千多年的创立过程。

综上所述，中国文化和管理哲学思想主要源于《易经》，其核心是关于世界发展变化所产生的风险以及如何应对风险的管理之道。按照当今权威的说法：《易经》是阐述天地世间关于万象变化的古老经典……作为诸经之首和大道之源是中华传统文化的总纲领，蕴含着朴素深刻的自然法则和和谐辩证思想，是中华民族五千年智慧的结晶。有关中华文化中这三部《易经》及其源头的伏羲八卦，也有人将其并称为四部《易经》。

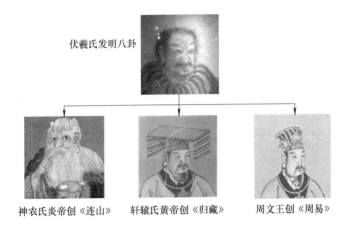

图 1-1　中国《易经》思想的发源和传承

1.1.2　伏羲氏创八卦及其风险管理思想

按照《中国通史》等著作的说法，中国关于三皇五帝的历史缺乏文字记载而多是上古神话。根据有限的史料记载，伏羲氏并非是一个人而是一个氏族，他们经过仰观天象、俯察地理、近观吾身、远推万物地观察、总结、归纳和抽象，最终发现并发明了阴阳八卦的体系，从而给出了世界万物发展变化的八种风险要素及其推动世界万物发展变化的基本规律。上述三部《易经》就是根据伏羲氏推演发明的八卦中的思想而发明和发展起来的。

根据《春秋内事》的说法：伏牺（羲）氏以木德王天下。天下之人未有室宅，未有水火之和，於是乃仰观天文，俯察地理，始画八卦，定天地之位，分阴阳之数，推列三光，建分八节，以文（爻）应气，凡二十四气，消息祸福，以制吉凶。其中的"仰观天文，俯察地理"是指靠观察和抽象才有了伏羲氏"始画八卦"的发明，而其中的"定天地之位，分阴阳之数"指的是给出了"阴阳对立统一的世界观"，从而就有了"太极生两仪，两仪生四象，四象演八卦"的整套体系。其中的"推列三光，建分八节"，"三光"是指日月星（《三字经》有云："三光者，日月星"），而"八节"为立春、春分、立夏、夏至、立秋、秋分、立冬、冬至这八个节气。"以文（爻）应气，凡二十四气，消息祸福，以制吉凶"是指伏羲氏创建了每年二十四节气的历法。正是伏羲氏的这套以八卦为代表的世界观和思想体系，使得中国人最早知道了"春种、夏长、秋收、冬藏"的四时农作规律，并可据此去开展农业耕种和趋利避害的风险管理，从而大大推动了中国农业生产和社会的发展。中国人将伏羲氏称为中华民族最早的人文始祖，可见伏羲氏所创"阴阳八卦"这套体系处于中华文化"开天辟地"者的地位，由此使得"变化"和"应变"的思想与文化成为中华文化的核心。"伏羲一画开天地"的客观因素是在伏羲氏统治时期，人类社会的发展使得人们及其生存环境变得更加复杂，"结绳记事"的思想和方法已不能满足人类社会生活的需要。所以伏羲氏便将更抽象的"数"进行具象化，创建了以天干地支为象征的中国"数字"文化。《易经·系辞》将伏羲氏的这套思想体系称为："以通神明之德，以类万物之情。"最重要的是，此后的三部《易经》都是将八卦相叠（即叠卦），以每卦六爻建立了有六十四"象"的《易经》体系，所以伏羲氏所创八卦的思想体系就成了中华文化中最重要的世界观和哲学思想与方法，最终成为中华文化的根基与华夏文明的内涵与智慧的结晶。

伏羲氏还有很多对于中国传统文化的贡献，有人将其归纳为十大功绩：①结网罟、②养牺牲、③兴庖厨、④定姓氏、⑤制嫁娶、⑥始画八卦、⑦刻书契、⑧作甲历、⑨兴礼乐、⑩造干戈。《新语》说："先圣乃仰观天文，俯察地理，图画乾坤，以定人道。民始开悟，知有父子之亲，君臣之义，夫妇之道，长幼之序，于是百官立，王道乃生。"《三皇本纪》说伏羲"有龙瑞，以龙纪官，号曰龙师"（建立了最早的官制）。《风俗通·皇霸篇》说："伏者，别也，变也。戏者，献也，法也。伏羲始别八卦，以变化天下。天下法则，咸伏贡献，故曰伏羲也。"由此可见，伏羲所开创的以"变化"和"应变"为核心的中华文化和哲学思想，使得中国文化和华夏文明的发展中早就植入了风险管理的基因。

综上所述，"伏羲一画开天地"所创建的以"变化"和"应变"为核心的风险管理思想体系，最终成为开辟了中华文化后来"天地"的根基和源点。

1.1.3 神农氏创《连山》及其风险管理思想

神农氏也被称为连山氏，有一种说法是"神农氏"是部落名称，而"炎帝"是这个部落崇拜的神或者图腾特点。据史书记载，神农氏根据八卦推演发明了被称为《连山》的首部《易经》，这是中国最早的易学体系即第一版《易经》。史书上记载，《连山》最初是口耳相传，直到夏朝才得以汇编成书，并且在汉初时失传。《连山》也被看成是上古时期的一部"百科全书"，因为其核心内容为三个方面：一是记载日月星辰的天象及其历法，二是以天文历法为基础推演出阴阳五行和天干地支，三是根据这些原理来预测凶吉、指导各类社会生活的方法。由此可见，《连山》的核心思想还是继承了伏羲氏八卦思想体系中"变化"和"应变"的世界观和风险管理哲学思想和方法。

根据历史学家的说法，《连山》是神农氏通过观察世界万物、尝百草与创耕种的实践和认识创造的。《帝王世纪》记载：神农氏在伏羲八卦的基础上创制了《连山》。有可信的历史记录表明：神农氏时代因气温升高、冰川融解，古中华大地东部沿海地区海平面上升，神农氏因水患而只能依山而居，故形成了"天下以山为首"的思想，所以才有了"大山是世界的中心"的世界观，这就是《连山》以艮卦为首卦的原因。据史料记载，《连山》的八卦图与伏羲八卦体系中的八个要素相同。但是《连山》八卦图中是"山在上，泽在下"，而其下有三个层次：第一层是风雷，以象征风雨造成水泽导致人们住在山上故而崇拜大山；第二层是日月，以说明风雷是由于日月运行导致的；第三层是天地，以说明天地是承载日月和万物的基础。由此可见，《连山》就是那时候人们由于所处环境的情况和制约，所形成的一种世界观和应对世界各种风险的哲学思想体系。

新发现的水书《连山》中的符号与河南偃师二里头出土的夏代陶器符号同类，这也证明了《连山》是夏代成书和流行的说法，因为水书就是一种从夏代遗存下来的原始文字。按照《中国通史》的说法，夏代是因大禹治水有功而兴起，这也说明那时候洪水导致人们寄居山林，从而使得人们相信大山是世界中心，所以那个时候发明和使用的《连山》中所包含的世界观和风险管理思想就是当时人们对于所处环境的观察得出的。尽管《连山》的思想体系中将大山看作世界中心的这种世界观有一定的局限性，但这在当时已经是十分先进的世界观和管理哲学思想了。中华文明在那个时代就能够根据"阴阳对立统一和发展变化的世界观"而创立最初的《易经》思想体系，此后这种世界观和思想体系就成为中华文明的基因。

神农氏炎帝也被称为人文初祖，因为神农氏对于中华文化的发展有诸多贡献，有人归纳神农氏的重大发明和贡献也有十项：①制耒耜，种五谷；②立市廛，首辟市场；③治麻为布，民着衣裳；④做"神农琴"，以乐百姓；⑤削木为弓，以威天下；⑥制作陶器，改善生活；⑦制定历法，科学农业；⑧管理部落，治理天下；⑨尝百草，建医药；⑩去渔猎，主农耕（这使得当初的社会文明有了很大的提升）。《资治通鉴外纪》记载："神农氏，姜姓，长于姜水，以火承木，故为炎帝……作陶冶斤斧，为耒耜锄耨，以垦草莽，然后五谷兴，以助果蓏实而食之。又尝百草酸咸之味，察水泉之甘苦，令民知所避就。当此之时，一日而遇七十毒。神而化之，使民宜之，天下号曰神农。"可见神农氏对中华文明做出了巨大贡献，其集成和发展了以"变化"和"应变"为核心的中华文化和风险管理哲学思想，使得华夏文化中有了重视应对"变化"的风险管理的思想体系。

1.1.4 轩辕氏创《归藏》及其风险管理思想

轩辕氏也被称为有熊氏或帝鸿氏，是中国远古时代华夏民族的共主。按照《史记·五帝本纪》的记载："轩辕之时，神农氏世衰……轩辕乃修德振兵，治五气，蓺五种，抚万民，度四方，教熊罴貔貅貙虎，以与炎帝战于阪泉之野。三战，然后得其志。蚩尤作乱，不用帝命。于是黄帝乃征师诸侯，与蚩尤战于涿鹿之野，遂禽杀蚩尤。而诸侯咸尊轩辕为天子，代神农氏，是为黄帝。"可见黄帝是在炎帝之后的又一个伟大的氏族和统治者。轩辕氏最伟大的贡献就是发明和应用了《归藏》，这个中国第二部《易经》，轩辕氏黄帝的《归藏》是在神农氏炎帝的《连山》之后创造的，并在商朝得到了广泛的应用和发展，所以《归藏》与《连山》有着共同的基础，也是华夏民族认识世界万物和应对世界万物发展变化所带来风险的一种世界观和风险管理哲学思想。

　　根据历史记载，轩辕氏所处时期，全球气候开始转好。气温升高、降水增加；冰川消融、海平面上升。黄河在华北平原四处游荡（不断地变化河道），轩辕氏生活的东部平原区面临着洪水的劫难，生存环境恶化。轩辕氏黄帝率领部落开始迁往高地，从东部平原向西部高原进发，并与神农氏炎帝部落大战并获胜，从而实现了中华民族第一次大统一。所以轩辕氏对于世界的认识有了进一步的扩展，这体现在《归藏》将坤卦作为第一卦，从而表明轩辕氏认定"大地"才是世界的中心。这就比神农氏的《连山》中以艮卦为首卦所体现的"大山"为中心的世界观有了一个很大的进步。

　　也有人认为导致《归藏》比《连山》出现这一重大进步还有另一个原因，那就是由于轩辕氏黄帝不但与神农氏炎帝大战多年，而后又与蚩尤部落开展了常年的战争。由于这些大战都需要有"地利"的支持，所以轩辕氏黄帝为利用"地利"而常年研究"战场"所在"大地"的各种发展变化的规律，最终导致轩辕氏黄帝有了"大地是世界的中心"，这种比以"大山为世界的中心"的《连山》思想体系有巨大进步的世界观和风险管理的思想体系。有学者认为《归藏》以坤卦为首为主，坤是纯阴，一切"阳"都能"归藏"到"纯阴"中去，这象征着"万物皆归藏大地之中"。所以《归藏》中天气为归，地气为藏，而《归藏》的"中天八卦图"也象征着具有"归藏"功能的坤（即大地）是世界万物的中心。由此可见，《归藏》与《连山》最大的区别是对于世界中心的认识和对于世界万物发展变化规律的认识，显然，《归藏》中的世界观使得中华文明的发展上升到了更高的层面。

　　《云笈七签·轩辕本纪》记载："黄帝理天下，始以中方之色称号，初居有熊之国，曰有熊帝。"这说明轩辕氏黄帝居中华大地的中心地区，这使得黄帝有了更广阔的眼界和世界观。葛洪《抱朴子内篇》的《辩问》篇说："俗所谓圣人者，皆治世之圣人，非得道之圣人，得道之圣人，则黄老是也。治世之圣人，则周孔是也。黄帝先治世而后登仙，此是偶有能兼之才者也。"由此可见，葛洪认为轩辕氏黄帝是自古以来唯一既能"治世"而又"得道"的圣人。这表明轩辕氏黄帝在《归藏》中给出的世界观和风险管理哲学，既能够做到"得道升天"，又可以用来"治国安邦"，从而管理好家国和氏族部落。所以"得道"指的是明白和管理好了天下各种有风险的事情，治世指的是借助各种风险管理的方法开展管理去实现天下太平。

轩辕氏黄帝对于中华文化的发展也有诸多贡献，所以也是中华民族的人文初祖之一。有人归纳其重大发明和贡献也有十项：①数学：隶首（黄帝的史官）作数，定度量衡之制；②军事：风后（黄帝的宰相）衍握奇图，始制阵法；③音乐：伶伦（黄帝的乐官）作箫管，定五音十二律；④衣服：元妃嫘祖（黄帝夫人）始养蚕，以丝制衣服；⑤医药：与岐伯（黄帝的医官）论病理，作《黄帝内经》；⑥文字：仓颉（黄帝的史官）始制文字，具六书之法；⑦铸鼎：荆山铸鼎，分华夏为九州（也有一说是大禹定九州）；⑧水井：井的发明，功在黄帝；⑨房屋：使百姓居有定所；⑩其他：舟车、弓矢等。实际上轩辕氏黄帝对于中华文化最为重要的贡献还是创《归藏》而集成了以"变化"和"应变"为核心的中华文化和管理哲学思想，使得中华文明具有以"顺天应时"和"趋利避害"的风险管理为核心的管理哲学体系。

1.1.5　周文王创《周易》及其风险管理思想

周文王姬昌是周王朝的奠基者，在其父季历死后继承西伯侯之位，在西伯昌四十二年姬昌称王，史称周文王。周文王在位50年，史称是中国历史上的一代明君。《周易》为周文王所演创的中国第三部《易经》，也是当今唯一传世的一部《易经》，所以今日所说《易经》多指《周易》。据《周礼·春官》记载："掌三易之法，一曰连山，二曰归藏，三曰周易。其经卦皆八，其别皆六十有四。"这是说在周朝由大卜掌握着《连山》《归藏》和《周易》这三种《易经》，它们都是由8个经卦重叠出的64个别卦组成的。由此可见，在周朝这三部《易经》尚都在使用中，且《连山》和《归藏》是《周易》的前身。司马迁在《报任安书》中写道"文王拘而演周易"，即周文王是被商纣王拘禁的时候根据前两部《易经》推演而发明了《周易》，而《周易》体现了周文王的政治理念、世界观和风险管理哲学思想。

从《周易》将"乾卦"放在首位可知,《周易》在《归藏》以"大地为中心"世界观的基础上,更进一步认识到应该以"上天为中心"。这与周文王所处时代因"周公教民稼穑"而有了较发达的"耕种农业"有关,因为这种"耕种农业"更需要认识"气候"这种"上天"发展变化的规律,所以就促进了《周易》从《连山》以艮卦为首认为"大山是中心",以及在《归藏》以坤卦为首认为"大地是中心"的世界观和思想体系的基础上有了更巨大的进步。这甚至可同两千多年后欧洲出现的哥白尼日心说媲美,而且这一认知比欧洲人早了足足两千多年。实际上,周朝之所以能够延续八百年而成为中国历史上最长的朝代,最重要的根源就是《周易》给出了的全新"以天为中心"的世界观,以及由此形成的思想体系和风险管理的思想和方法。

现在公认的《周易》内容,包括《易经》和《易传》两个部分。《易经》主要是六十四卦和三百八十四爻,卦和爻各有卦辞和爻辞的说明,主要是作为揭示事物发展变化以及做占卜之用。《易传》则包含解释卦辞和爻辞的七种文辞共十篇,统称《十翼》,相传为孔子所撰(但有人认为《易传》成于秦汉时期而并非出自一人之手)。《周易》中囊括了天文、地理、军事、科学、文学、农学等丰富的知识内容,给出了那个时代相对先进的世界观和风险管理思想。有学者认为《周易》的哲学思想是建立在阴阳二元论的基础上,对事物运行规律加以论证和描述的思想体系,甚至有人认为《周易》可对事物未来的发展做出较为准确的预测。因此《周易》到汉代则居于儒家经典之首,到唐代成为"六经"之首,至今《周易》具有"群经"之首的地位且从未出现动摇的情况。

《易经》的世界观和思想自十七世纪就被介绍到欧洲,但是欧洲人很难理解《易经》对于人的精神活动和世界万物发展变化规律的描述。因为《易经》描述的精神与物质综合运动的本原规律,就是老子所说的"道法自然"的世界观和哲学思想。西方人无法理解《易经》中给出的世界观、方法论和哲学思想,他们认为这种世界观既没严密的逻辑推理,又没严格的受控实验。但是,《易经》却成为让全人类受益的哲学思想体系,且一直是中华文明的核心所在和天然基因。实际上《易经》是中国先贤通过仰观天象、俯察地理、依靠直觉抽象方法获得的世界观和思想体系,而这种观察、总结、归纳和抽象的方法正是当今认定的经验科学最根本的认识世界的方法论。按照美国哈佛大学及其商学院的观点，管理学（还有法学和临床医学）是一种经验科学，只能靠观察、经验积累与抽象去发现管理的原理和方法。

实际上，《周易》就是几千年来中国文化发展的结果，就是中国先贤们研究世界万物的发展变化、发展变化的影响因素和如何去应对这些环境的发展变化的文化成就，这使得中国人具有了风险管理的哲学思想和风险管理的文化基因。由《周易》发展出来的儒家思想甚至成了众多远东国家推崇、信奉与使用的管理哲学思想和文化，而且众多诺奖学者们认为儒家思想最终会成为现今存世和未来救世的核心思想。

综上所述，中华文化是先贤们仰观天象、俯察地理的观察和抽象的结果。中国的老祖宗们从五千年前就已经认识到世界万物发展变化的基本规律，由此找到了应对世界万物发展规律所导致风险的管理哲学和方法。所以要做好中国的事情，就必须使用中国风险管理哲学思想、原理和方法去开展中国式的项目风险管理。

1.2 中国儒家的风险管理哲学与思想方法

如前所述，中国三个版本的《易经》发展到春秋战国时期，通过"百家争鸣"而出现以两大显学（即儒家和墨家）与一大隐学（即道家）为核心的中国哲学和管理学学派与思想。儒道两家的思想虽然存在着某些"对立"，但二者正是因"对立统一"而存在和沿袭至今。中国先贤们有一种说法是"内用黄老，外用儒术"，这是指分别使用儒道两套管理哲学思想和方法去治理国家。其中，"内用黄老"是指使用黄帝《归藏》和老子《道德经》所给出的"寻找事物客观规律"的思想和方法去找到改造世界和管理国家的道路和方法，而"外用儒术"是指使用周文王《周易》和孔子《易传》中所体现的"用仁爱思想教化百姓"的思想去推行统治和管理国家。这成了中国人使用几千年的"一阴一阳之谓道"的管理哲学和思想，即使用"道家（阴）思想和方法去识别和应对事物的风险，而使用儒家（阳）思想和方法去率领民众做好管理和风险应对。

作者研究还发现，黄帝的《归藏》和老子《道德经》给出的道家思想是以"道德仁义礼"为核心思想，而周文王的《周易》和孔子《易传》给出的儒家思想是以"仁义礼智信"为核心思想。所以儒道两家都有"仁义礼"，只是儒家的"仁义礼"在前，而道家的"仁义礼"在后。这也证明儒家源于《周易》以"上天为中心"而有"上天仁慈关爱"，所以儒家将"仁义礼"放在首位；同时证明道家源于《归藏》以"大地为中心"而有"万物归藏大地"，所以将"道德"放在首位。同时，儒家的"智"就是用来求"道"的，而儒家的"信"与道家的"德"则都属行为准则的规定。由此可知，儒道两家的世界观和思想体系在内涵上一致，只是所强调的优先序列不同而已。这也反映出《归藏》以坤卦为首，故以"求道理"为首要任务，而《周易》以乾卦为首，故以"仁义礼"为本强调"亲民"。

实际上，中国儒家的风险管理思想也是博大精深，限于本书的篇幅实在难以详述，故本节选择了三个儒家代表作的节选，来说明儒家在风险管理方面的主要思想和方法。

1.2.1 儒家《易·系辞上》中的风险管理思想

儒家的《易·系辞上》中给出了《周易》创建的原理和方法，同时明确指出《周易》是一种指导人们认识世界万物发展变化规律的思想体系，是一种应对变化的风险管理的思想体系。《易·系辞上》中所说："《易》与天地准，故能弥纶天地之道。仰以观于天文，俯以察于地理，是故知幽明之故，原始反终，故知死生之说。精气为物，游魂为变，是故知鬼神之情状。（易）与天地相似，故不违。"关于这段话所体现的风险管理思想分述如下。

1. 所谓"《易》与天地准，故能弥纶天地之道"

这是指《易经》所给出的道理是有关天地发展变化的规律，所以人们可以借此去认识和预知天地未来发展变化的情况。显然，这对人们开展农业生产是十分有价值的。

2. 所谓"仰以观于天文，俯以察于地理，是故知幽明之故"

这指的是《易经》是通过先贤们仰观天象、俯察地理、直觉抽象而得到世界万物发展变化的规律,人们可以借助观察、归纳、总结和抽象去发现具体事物发展变化(幽明)的根本原因(之故)和可能的结果情况。

3. 所谓"原始反终,故知死生之说"

这是指人们如果观察和研究事物的起始情况,就可以知道事物发生的原因。人们如果研究事物的终止情况,就可以知道事物是如何得以结束,这是一种"由因到果"和"由果推因"(即原始反终)以预知事物成败(故知死生)的思想,是一种开展风险管理的思想。

4. 所谓"精气为物,游魂为变,是故知鬼神之情状"

其中的"精气为物"是指事物的客观规律是实实在在存在的,而其中的"游魂为变"是指事物存在发展变化的不确定性,"是故知鬼神之情状"是指人们需要根据事物的客观规律和发展变化去找到事物的风险及其后果,以便人们能够进行风险应对和管理。

5. 上述所谓"鬼"与"神"的具体含义

此处的"鬼"是指"神出鬼没"的突发事件及其不确定性,此处的"神"是指这些突发事件及其不确定性所具有的巨大影响(神力)。由此可见,儒家认为《易经》讲的就是世界万物发展变化的规律和人们如何去认识和应对世界万物中所存在风险的思想和方法。

综上所述,儒家思想源于《周易》,而《周易》所研究和展示的就是世界万物发展变化的规律,正是世界万物的发展变化带来的不确定性才会导致事物出现各种风险,人们只有按照具有风险管理的思想和方法去做事情才能够符合事物自身的客观规律。

1.2.2 儒家《中庸》中的风险管理思想

儒家的风险管理思想在《中庸》里也有很好的体现,实际上《中庸》更多讨论的是风险管理中信息管理的思想和方法。《中庸》第一章有记载:"天命之谓性,率性之谓道,修道之谓教。道也者,不可须臾离也,可离非道也。是故君子戒慎乎其所不睹,恐惧乎其所不闻,莫见乎隐,莫显乎微,故君子慎其独也。喜怒哀乐之未发谓之中,发而皆中节谓之和。中也者,天下之大本也;和也者,天下之达道也。致中和,天地位焉,万物育焉。"关于这段话所体现的风险管理思想分述如下。

1. 《中庸》的第一段话是风险管理思想的核心

所谓"天命之谓性"是指事物的客观存在就是"天定"的事物特性；而"率性之谓道"是指人们只有按照事物自身的规律去做事情才会"得道"；"修道之谓教"则是指人们必须仔细研究事物的客观规律才能够去带领众人做好事情。《说文解字》对"教"字的解释是："上所施，下所效也……上施故从攵，下效故从孝"，所以"修道之谓教"指的就是管理者要找到事物的客观规律并做好决策和带领众人去按照客观规律做事。

2. 重点在于"道也者，不可须臾离也，可离非道也"

此处的"道"指的就是一件具体事情的客观规律，所以这段话是说人们（尤其是管理者）在做任何事情的每时每刻中都必须按照客观规律去办事，而决不能自以为是和背离事物的客观规律去做事情，哪怕有一丝一毫背离客观规律都会导致事情的失败。

3. 《中庸》重视风险管理中的信息收集的思想

《中庸》有记载："是故君子戒慎乎其所不睹，恐惧乎其所不闻，莫见乎隐，莫显乎微，故君子慎其独也。"此处"君子"是指管理者，他们必须通过观察和收集信息去认识事物的客观规律，而且必须能够"见微知著"和"高瞻远瞩"，而绝不能"视而不见"和"充耳不闻"，因此管理者必须十分谨慎和具有自己的独立见解（慎独）。

4. 所谓"喜怒哀乐之未发谓之中"

这是指管理者必须管理好自身的情绪，以便实现向被管理者发送正确信息以及对被管理者保持一定的信息不对称。所谓"发而皆中节谓之和"指的是管理者只有向被管理者发送其需要知道的信息才能够获得"和"的效果，即中华文化中"和合"二字中第一位的"和"的效果。

5. 所谓"中也者，天下之大本也"

这是指管理者在收集到信息以后，必须根据这些信息去做出正确（不偏不倚）的决策，这才是天下管理的根本所在。

6. 所谓"和也者，天下之达道也"

这是指管理者和被管理者只有和衷共济，才能实现管理者的既定目标。

7. 最后的"致中和，天地位焉，万物育焉"

这是指管理者要按照上述"中"与"和"的思想和方法去开展管理，

尤其是开展风险管理，只有这样才能够实现既遵守事物的客观规律，又能够带领众人实现管理者既定的目标，最终成功地做好计划安排的事情（项目）。

综上所述，儒家经典著作《中庸》并非是讨论"为人之道"，而是讨论如何千方百计地去收集信息，从而认识事物本身的客观规律的"做事之道"，讨论的是如何获得与事物风险有关的信息，以及合情合理地发布信息从而确保自己的信息优势地位，做到既能识别事物的不确定性和风险，也能够按照客观规律去做好事情的风险管理。

1.2.3 儒家《论语》中的风险管理思想

儒家思想最经典的著作是《论语》，许多人认定《论语》讨论的是教育或教化百姓的道理。但如果换一个角度，从风险管理及其信息管理的角度去探究《论语》，就可以看出其中有很多涉及风险管理及其信息管理的伟大思想。《论语》第一章开篇就有"子曰：學而時習之，不亦悅乎？有朋自远方来，不亦乐乎？人不知而不愠，不亦君子乎？"。此处作者使用繁体字是为了解释这些话的真实含义，关于这段话所体现的风险管理思想分述如下。

1. 所谓"學而時習之，不亦悅乎？"

在此使用繁体字的"學"字，以便大家更好地理解这句话的含义，其下半部分是"子"字，中间是"冖"，上部表示的是左右两只手在摆弄"爻"。这说明"學"字并非只是"念书学习"的意思，更多是指研究阴阳爻中所包含的事物客观发展规律，所以"學"字更多的是指"研究"而非简单的"看书识字"。再看"習"字的两层构成成分，其下半部分是"白"字，而其上半部分是"羽"字，寓意是人们在"學"后明"白"了事物的客观规律，从而在行为上"羽"化蜕变，按照客观规律去做好事情，所以"習"字并非是"念书学习或复习"之意。再看"悅"字，左边的"心"和右边"兑"字，构成了中国人常说的"心想事成"。所以这段话指的是人们通过"學"而认识事物的客观规律，然后通过"習"而按照客观规律做事情，最终就能够得到"心想事成"的结果。其核心在于通过研究事物阴阳对立统一的规律，去发现和应对事物中的各种风险，从而取得事情成功和令人满意的结果。

2. 所谓"有朋自远方来，不亦乐乎？"

这并非是说只有远处来了朋友才高兴，而近处来了朋友就不高兴。因为从事物风险管理及信息资源管理角度出发，管理者如果能够获得支持其决策的有用信息才是最高兴的。因为古时候的信息都是靠人员口头传递的，所以有朋友（即能够给管理者提供决策支持信息的人）自远方（管理者最缺乏的是远方的信息，因为近处的信息管理者多已获得）带来了管理者决策所需要的信息，这才是使得管理者十分高兴的真正原因，即远方来的人填补了管理者决策所需的信息缺口。由此可见，这段话并非只是说明远方和近处的朋友哪个更让人高兴，而是说管理者能够获得风险管理所需的信息资源是会高兴的。

3. 所谓"人不知而不愠，不亦君子乎？"

这句话并非是指君子（管理者）要有很高的涵养，而是指管理者必须对被管理者保持足够的信息不对称。此处的"人"是指被管理者，"君子"是指"管理者"（古书中的圣人、君子、大人等均是指管理者或统治者）。这句话的真实意思是：如果被管理者不知道管理者有多大能力和有多少资源，不知道管理者知道的一些事情的相关信息，管理者不应该生气或动怒，而应该保持好这种因"知情"而具有信息优势地位的姿态，只有这样才是"君子"，即合格的管理者。因为管理者必须对被管理者保有一定的信息优势地位才能够真正地管理好众人去做好事情。道理很简单，如果"劳力者"与"劳心者"一样明白就无法开展管理了。综上所述，如果从风险管理及其信息管理的角度去理解《论语》第一章的真实含义，就可以发现《论语》的核心是讨论如何统治和治理国家的"大学之道"，是如何开展风险管理及其信息管理的管理之道。这一章从三个层次给出了中国式风险管理的核心思想：第一个层次是管理者必须不断地认真研究所做事情发展变化的客观规律（學習）才能够做成事情（悦）；第二个层次是管理者的"學習研究"必须通过获得各种信息（远方的人带来的）才能够实现（乐）；第三个层次是管理者必须保持必要的信息优势地位（不愠）才能够领导好众人做成事情（不亦君子乎）。由此可见，《论语》第一章开宗明义地给出了管理者在开展风险管理及其信息管理中所需做好的三个方面的事情。

从上述这三段儒家思想经典著作的节选中我们可以得知，中国儒家思想的核心是在《周易》所阐述的世界万物发展变化规律之上产生和发展的，是关于做好修身、齐家、治国、平天下的事情所需开展风险管理和信息管理的哲学思想。实际上，儒家思想和著作的博大精深并非只靠"一孔之见"和"一得之功"可以全面解释，其中还有十分深奥的风险管理的道理。

1.3　中国道家的风险管理哲学与思想

如前所述，轩辕氏黄帝的《归藏》已经在汉代失传了，所以关于道家的风险管理、项目风险管理以及信息管理的思想和哲学现在只能使用老子《道德经》所传下来的内涵来做讨论。按照史书记载，由于黄帝的《归藏》也就四千三百字，而老子《道德经》也不足五千字（别称"五千文"），所以其内容更加"言简意赅"而难以解读。本书从风险管理、项目风险管理和信息管理的角度尝试去解读道家在风险管理方面的哲学思想和风险管理方法，以《道德经》中的三章对道家的风险管理及其信息管理的思想和方法进行讨论。

1.3.1　《道德经》第五十九章的风险管理思想

实际上，任何事情的风险都是由于缺少信息或信息不完备（有信息缺口）造成的，所以风险管理的首要任务是努力收集、加工处理数据去获得信息，从而去认识风险和做出正确的风险应对决策。在这方面《道德经》第五十九章给出的风险管理中信息科学的哲学观念和方法论，同儒家《中庸》第一章中给出的风险管理中的信息管理思想具有"异曲同工"之妙。《道德经》第五十九章说道："治人事天，莫若啬。夫唯啬，是谓早服；早服谓之重积德；重积德则无不克；无不克则莫知其极，莫知其极，可以有国；有国之母，可以长久。是谓深根固柢，长生久视之道。"关于这一章的风险管理思想和方法的解释分述如下。

1. 所谓"治人事天，莫若啬"

这是指管理者要管人、要成事和要做事符合客观规律（事天），最重要的是一定要不放过任何相关的信息（莫若啬）。其中的"啬"字并非像很多国学书中所说的具有"抠门"的含义，也不是有些人说的"吝惜身体养精蓄锐"的意思，此处"啬"字真正的意思是不放过任何信息。同时，按照信息科学的观点，管理者要管理"人和事"就必须具有相关的各种信息，否则就无法做出科学、正确的管理决策。所以这句话与前述儒家《中庸》关于"君子慎独"和《论语》中"学而时习之"的道理和风险管理哲学思想是相通和一致的，这也可以看出中国儒道两家均源于《易经》，而他们的著作都在阐述风险管理及信息管理的道理和思想。

2. 所谓"夫唯啬，是谓早服"

这是指管理者（夫）只有通过收集、处理和珍惜事物的各方面信息（唯啬），才能够早于风险事件的发生而知道事物有哪些风险以及如何去应对这些风险（早服）。这与中国人常说的"凡事预则立，不预则废"是一个道理，管理学与项目管理学都要求管理者为了"预知、预测和预告"事物的风险而必须去收集、加工和使用相关的信息，以便人们能够及时开展正确的风险应对。因为任何事物如果缺乏信息就会造成事物的不确定性，而事物的不确定性就是出现风险的根本原因所在。

3. 所谓"早服谓之重积德；重积德则无不克"

这段话的前半句是说：如果管理者能够早知道事物风险的相关信息，就能够实现道家所推崇的"以道莅，以德归"这种"重积德"的管理效果。这是说他就能够管理好那些具有风险的事情，并能够使得人们从中获得风险收益和规避风险损失，这就是中国人常说的"积德行善"。这段话的后半句是说，管理者若能够"早服而重积德"，就能做成所有的事情（无不克），尤其是那些带有高风险的事情（因为一般人也能做好没风险的事情）。这就是中国五千年从"三皇五帝"到"明君圣人"们所追求的最高境界，所以中国神话中的"神仙"们都被描写成了能够预知天下任何事情而"无不克"的"神人"，以寄托人们的理想境界。

4. 所谓"无不克则莫知其极，莫知其极，可以有国。有国之母，可以长久"

这段话的前半部分是说，如果管理者能够做到"早服"就可以实现"无不克"的效果，并且如果管理者再保持一定的信息优势地位，就会使得被管理者们不知道管理者究竟有多"神"（莫知其极）。如果被管理者们"莫知其极"，那么管理者就可以成为家国或组织的统治者（可以有国）。"可以有国"并非指真要建立一个国家，而是管理者成了统治属下和众人的组织统领。这段话后半部分中的"母"是指"有国"的"根源"，就是由"唯啬"而实现"早服"这一信息管理是"有国"的根源。其中，"可以长久"是说管理者获得了足够的相关信息，组织就能够实现"长治久安"。由此可见，组织的生存与发展离不开借助各种手段去获得信息以做出正确决策，这样组织才会有"永续经营"的生存与发展。

5. 所谓"是谓深根固柢，长生久视之道"

这是对于上一句"有国之母，可以长久"所做的更深一层的说明和解释。这说的是只有"唯啬""早服"进而实现"无不克"，再进一步实现"莫知其极"的境界，由此就可拥有"根深蒂固"的组织能力和风险管理的基础，最终就能够实现家国或组织的"永续经营"和"长治久安"（长生），这些都是管理者"高瞻远瞩"和"远见卓识（久视）"的结果。否则，管理者至多会有一时一事的成功。"长生久视"才是管理者按照客观规律办事，通过开展风险管理及其信息管理去取得永远成功的最高境界。

综上所述，如果从风险管理和信息管理的角度去理解《道德经》第五十九章的真实含义，就可以发现《道德经》的核心在于阐述如何开展风险管理和信息管理，从而实现治国安邦和长生久视之道。实际上这一章也有四个层次的含义：第一个层次是管理者必须不断地收集、加工和使用信息（夫唯啬），这样才能够知道事物中的风险进而制定出应对措施（早服）；第二个层次是管理者如果拥有信息并据此开展好风险管理，那么就没有做不成的事情（则无不克）；第三个层次是管理者如果有足够的信息资源，被管理者们就会臣服而且组织就会永远获得生存与发展；第四个层次给出了结论，说的是如果有风险事物的足够信息就可以实现根深蒂固和长治久安的结果。按照现代信息科学的理论，在一个具体事物具有完备性信息的情况下，事情就一定会成功；而在信息不完备的情况下就会有风险，从而出现风险损失或收益，因此管理者最根本的任务是努力收集信息以填补信息缺口，只有这样才能够保证管理好风险并且取得成功。

1.3.2 《道德经》第六十章的风险管理思想

《道德经》在上述第五十九章关于风险管理及其信息管理原理阐述的基础上,在第六十章给出了风险管理哲学思想和方法的讨论。《道德经》第六十章说道:"治大国,若烹小鲜,以道莅天下,其鬼不神。非其鬼不神,其神不伤人。非其神不伤人,圣人亦不伤人。夫两不相伤,故德交归焉。"关于这一章所体现的风险管理哲学思想和风险管理方法的解释分述如下。

1. 所谓"治大国,若烹小鲜"

这是指不管是家国大事还是其他事情,人们要想做好就必须有很好的计划安排,尤其是对于事情可能出现的风险做出计划安排。老子使用"烹小鲜"作为标杆和参照来说明"治大国"的道理,是因为人们都知道烹制小鱼小虾必须控制好"火候"和提前安排好"作料",因为"小鲜"如果"胡乱翻炒"就会弄成"一锅糨糊",所以"烹小鲜"必须要提前做好各方面的计划安排。由此可见,"烹小鲜"这种市井中的常事,与"治大国"的基本道理是一致的,二者都有风险所以都必须做好风险管理的计划安排。

2. 所谓"以道莅天下,其鬼不神"

这句话是说,天下的管理者都应该按客观规律(道)去做好每一件事情(以道莅天下),这样那些"神出鬼没"的突发事件或风险情况(鬼)就不会有巨大的破坏力了(不神)。此处的"鬼"是指"神出鬼没"的突发事件或风险事件,此处的"神"是指突发事件或风险事件所具有的巨大破坏力(不是指封建迷信的"鬼神")。由此可见,道家思想中最重视"求道"和"循道",即人们既要发现事物的客观规律,更要遵循客观规律去做事情。这实际就是现代管理学与项目管理学最重要的观念,即在"正确的时间"找到"正确的事情"并用"正确的方法"去做好"正确的事情",从而实现"趋利避害"与创造新增价值的目的。

3. 所谓"非其鬼不神,其神不伤人"

这句话是说,如果管理者能够按照客观规律办事,那些突发事件或风险事件就会出现"其鬼不神"的效果,这并非是说没有突发事件或风险事件了,而是这些突发事件或风险事件没有巨大的破坏力了(非其鬼不神)。

最重要的是后半句话说的道理，即这些突发事件或风险事件的破坏力不能够伤及事情的结果及与事情有关的人们了（其神不伤人）。世上所有事情都有某种不确定性，而这种不确定性都会导致突发事件或风险事件，但是如果人们能够提前知道风险事件及其所需的应对措施，那么管理者就可以带领众人去开展风险管理而实现"趋利避害"的风险管理结果，即达到"其神不伤人"的效果。

4. 所谓"非其神不伤人，圣人亦不伤人"

这句话是说，任何突发事件或风险事件所具有的巨大破坏力是客观存在的（非其神不伤人），但是如果"管理者"（圣人）的风险管理决策和风险应对正确的话，就能够实现突发事件或风险事件不能够伤害人们，从而避免带来风险损失或风险伤害的后果（圣人亦不伤人）。由此可见，《道德经》给出的风险管理思想其关键在于：虽然事物的风险及其后果是客观存在的，但是管理者"通过劳心"就能够做好风险管理和应对，最终取得"趋利避害"和"造福百姓"的风险管理结果。

5. 所谓"夫两不相伤，故德交归焉"

这句话是说，任何事情都存在由于环境发展变化所导致的风险后果，这是一种客观存在的情况，管理者不需要且很多时候也无法去改变事情发生的环境与条件。管理者应该按照"兵来将挡，水来土掩"的风险应对方法去做好事情的风险管理，只有这样才能够实现"德政"并为事情带来"趋利避害"的风险管理结果。

综上所述，以《道德经》为代表的道家思想追求的就是"以道莅，以德归"的管理。道家给出的风险管理方法就是一种"两不相伤"的全面风险管理的方法，这种风险管理思想和方法所要的结果就是"其神不伤人"和"圣人亦不伤人"的结果，因为只有这样才能够实现风险管理"趋利避害"的效果，才能够实现"治国安邦"和"造福百姓"家国管理的至上结果。

1.3.3 《道德经》第一章的风险管理思想

《道德经》的第一章实际上是对于道家风险管理思想和方法的全面阐述，并且这一章所给出的风险管理思想和方法完全是一种项目风险管理的思想和方法。《道德经》的第一章说道："道可道也，非恒道也。名可名也，非恒名也。无名，万物之始也；有名，万物之母也。故恒无欲也，以观其眇；恒有欲也，以观其所徼。两者同出，异名同谓。玄之又玄，众眇之门。"关于这一章所体现的项目风险管理思想分述如下。

1. 所谓"道可道也，非恒道也"

这句话说的是，当人们能够说出一件事情（实际上每件事情都是一个项目）的客观规律时，由于事情或项目本身及其环境与条件都已经发展变化了，所以此时人们认识到的事物的客观规律已经是"过时"的规律了。《道德经》开篇第一段话就阐明了世界万物都会不断发展变化，从而人们对于事物客观规律的认识也必须随之变化才行。

2. 所谓"名可名也，非恒名也"

此处的"名"是指一件事物自身所具有的独特属性（特性），而此处的"可名"指的是人们在认识事物的客观属性后对其进行的"命名"。但是由于任何事物的自身特性也会随着事物所处环境与条件的发展变化而改变，所以人们给出的"命名"也不能是恒定不变的。《道德经》这段话阐明了世界万物自身属性的不断发展变化，从而要求人们对于事物自身属性的认识也必须随之进行发展和变化才行。

3. 所谓"无名，万物之始也"

这是指在任何事情开始之前（万物之始），人们并没有关于事情的任何信息（即无名）。因为按照信息科学的理论，事物的信息是使用描述事物的数据加工而成，信息是对事物决策有支持作用而加工后的数据。但是只有事物发生后才会有描述事物属性的数据，而且人们加工处理数据去形成信息也需要时间，这就导致信息具有滞后性（或时延性）。因此人们无法在事物开始之前就获得该事物的任何信息，人们最多会有某种历史已发生类似事物的信息。

4. 所谓"有名，万物之母也"

这是指只有在整个事情（项目）全部完成之后，人们才会知道事情的全部信息（有名），此时人们才可以使用这些事情的完备信息去做好未来事情（项目）的风险管理（成功之母）。从现代项目风险管理的角度出发，这句话是说只有当整个项目实施完成以后，人们才会具有项目的完备信息，然后项目就会投入日常运营去产出很多的产品或服务，所以投入运营的项目就是"之母"，因为项目运营会产生很多人们所要的产品或服务。

5. 所谓"故恒无欲也，以观其眇"

这是说，人们在获得信息和认识事情（即项目）的客观规律的过程中，必须去掉自己的"自以为是"和"各种欲望所带来的偏见"，由此才能够有"远见卓识"而看到事物未来发展变化的规律（以观其眇）。很显然从项目风险管理角度出发，人们只有认识到了未来事物发展变化的规律，才能够识别和发现事物存在的风险而去做好项目风险应对管理。

6. 所谓"恒有欲也，以观其所徼"

这是指管理者一定要根据自己为具体事情（或项目）所设定的目标（恒有欲也），去分析判断未来能否实现这些既定目标，由此来确定事情或项目是否可行（以观其所徼）。《道德经》的这段话应该是世界上最早对项目可行性分析的必要性及其做法的阐述，也是关于项目风险管理思想和方法的论述。实际上"恒有欲也"就是指人们既定的事情或项目目标，而"以观其所徼"就是确定事情或项目能否实现人们既定目标的分析与研究。

7. 所谓"两者同出，异名同谓。玄之又玄，众眇之门"

这段话的前半部分是指，不管是"可道"与"非恒道"、"可名"与"非恒名"，还是"有名"与"无名"以及"恒无欲"还是"恒有欲"，它们（两者）都是出自同一事物的两个方面。虽然两者是同一事情不同的说法（异名），但是都是对同一事物的描述（同谓）。这段话后半部分中的"玄"指的是事物的发展变化，"玄之又玄"指的是事物在不断发展变化。其中的"眇"是指眯起眼睛来仔细观看和往远处观看的意思，所以"众眇之门"是指人们观察世界万物的根本方法就是用发展变化的眼光去看事情。整句话指的是人们只有使用不断发展变化的视角去分析和研究事物的发展变化规律，才有可能打开认识事物客观规律的真正大门。㊀

综上所述，《道德经》第一章的内容章涉及四个方面，其一是世界所

㊀ 《道德经》汉代古本中使用的是"眇"字，而《道德经》今本中使用的是"妙"字，二者虽然是通假字但是含义完全不同，本书作者认同古本中的"眇"字是正确的，所以有上述解释和说明。

有事物都是不断发展变化的,其二是人们必须以发展变化的眼光去认识事物的各种风险情况,其三是人们必须客观地去认识事物发展变化的结果和开展好项目可行性分析,其四是人们只有使用发展变化的认识论才能够识别项目的风险并做好风险管理。图1-2使用了工程语言去阐述《道德经》第一章。

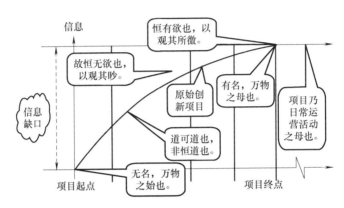

图1-2　《道德经》第一章给出的项目信息缺口发展变化和风险情况示意图

由图1-2可知,任何事情(即项目)开始之前因为没有发生而没有数据,所以信息缺口是100%,但是到事情结束时信息就完备了(盖棺定论了),此时的信息缺口为零。这就是《道德经》中的"无名,万物之始也,有名,万物之母也";当项目结束后就会投入运营阶段,所以项目成功是运营的基础,而运营才能够生产出产品或服务,这也是"有名,万物之母也"的含义。由图1-2中项目发展变化的曲线还可以看出,人们需要在项目的发展变化中去开展预测和分析,以便发现项目中的风险和项目环境的发展变化,这就是《道德经》中所说的"道可道也,非恒道也"以及"故恒无欲也,以观其眇"。总之,《道德经》开篇第一章就阐明了世界万物会不断发展变化的规律,可见《道德经》就是一本阐述事物(即项目)的不确定性和风险性的中国古典哲学名著。

综上所述,道家的风险管理哲学思想和方法论,同样对于收集、加工和使用信息给予了很高的重视和关注,而这是当今信息科学发展所揭示出来的管理决策的关键所在。《道德经》能够在几千年前用如此简练的语言阐述当今项目管理学和信息科学中风险管理的思想和方法,这实在是一种匪夷所思的境界和事情。

1.4 中国兵家的风险管理思想与哲学

如前所述，神农氏炎帝的《连山》已经失传，而且在春秋战国时期衍生出的墨家也已经失传，但是《连山》中的很多风险管理思想在中国兵家思想中有很多很好的体现。中国兵家的风险管理思想在《孙子兵法》一书中有全面的论述，由于每次在"兵争"（或战争）中战斗都是一个独特的高风险项目，并且"兵争"中存在的风险事关国家存亡，所以中国兵家的风险管理和方法更能表现中国人在项目风险管理方面的思想和方法。在此将《孙子兵法》中的四段节选列出，并由此展开对于兵家风险管理和信息管理的思想和方法进行讨论。

1.4.1 《孙子兵法》"始计篇"中的风险管理思想（之一）

要想从风险管理哲学和方法论角度去理解、分析和阐释《孙子兵法》就必须从其第一篇"始计篇"开始。《孙子兵法》"始计篇"的第一段话说道："兵者，国之大事，死生之地，存亡之道，不可不察也。故经之以五事，校之以计，而索其情：一曰道，二曰天，三曰地，四曰将，五曰法。道者，令民与上同意也，故可以与之死，可以与之生，而不畏危；天者，阴阳、寒暑、时制也；地者，远近、险易、广狭、死生也；将者，智、信、仁、勇、严也；法者，曲制、官道、主用也。凡此五者，将莫不闻，知之者胜，不知者不胜。故校之以计，而索其情，曰：主孰有道？将孰有能？天地孰得？法令孰行？兵众孰强？士卒孰练？赏罚孰明？吾以此知胜负矣。"关于这段话所体现的风险管理哲学思想和风险管理方法的解释分述如下。

1. 所谓"兵者，国之大事，死生之地，存亡之道，不可不察也"

《孙子兵法》一开篇就指明"战争"（即兵争）这种国家大事中的"生死存亡"之道，人们必须知道（不可不察）在"战争"中战胜敌人的根本道理和规律，而这种道理和规律说到底就是战争中的各种风险事件和由此导致的风险后果（生死存亡）等的发展变化规律。由此可见，《孙子兵法》所体现的兵家思想就是一种风险管理或者说项目风险管理的思想。

2. 所谓"故经之以五事，校之以计，而索其情"

这是讨论如何在有关生死存亡的"兵争"中，发现各方面的风险情况及其结果的具体技术和方法。其中"经之以五事"是指要收集和获得"兵争"所涉及的五个方面的信息（即"道、天、地、将、法"）；而"校之以计，而索其情"是指根据这五方面的信息去制定相应的风险应对措施（校之以计），从而发现我方是否能够借助风险应对去取得"兵争"的胜利及胜利结果如何（索其情）。这句话表明中国兵家思想非常明确"兵争"项目中应该收集哪些信息，以及用什么方法去获得信息。

3. 所谓"一曰道，二曰天，三曰地，四曰将，五曰法"

这就是中国兵家关于"兵争"项目风险管理涉及的"五事"。其中的"道"是指"上下同欲"，从而获得"人和"这种"兵争"项目的前提条件。"天"指的是"天时"，即"阴阳、寒暑、时制也"，这是"兵争"项目的宏观环境与条件。其中的"地"指的是"地利"，即"远近、险易、广狭、死生也"，这是"兵争"项目的微观环境与条件。"将"是指"兵争"项目的指挥决策者，他们是战争中的风险管理者和决定胜败的关键因素。"法"则是指"曲制、官道、主用也"，即军队管理的组织体制、管理机制、管理方法和粮草经费。由此可知，"兵争"项目要有"天时地利人和"的条件，需要有"将"做"兵争"项目指挥者和军队的组织和管理。

4. 所谓"将者，智、信、仁、勇、严也"

这是中国兵家的"为将五法"，即"兵争"项目管理者必须具备的能力与素质，以及他们必须开展的各方面工作。其中"智"指的是为将者必须具有概念性技能，即能够"急中生智"地去应对各种突发事件和风险情况的能力。其中的"信"是指为将者必须具有专业技术能力，而不能外行领导内行，从而实现"言必行，信必果"的成效。其中的"仁"是指为将者的人际关系能力，要做到"仁者爱人，体恤士卒"。"勇"则是指为将者必须能够"勇于决策"和"勇于承担责任"，而不能靠请示汇报或推诿责任。最后的"严"则是指为将者要"严以律人"，因为"兵争"情况瞬息万变而不允许"宽以待人"。中国兵家的这种"为将五法"实际上就是现代项目风险管理对于项目经理们所给出的最高要求，可见中国兵家几千年前的"为将五法"至今也有很好的应用价值。

5. 所谓"凡此五者，将莫不闻，知之者胜，不知者不胜"

这是说"道天地将法"这五方面"兵争"的信息，为将者必须都得知道（将莫不闻），因为"知之者胜，不知者不胜"。所以将这段话翻译成现代项目风险管理的语言就是说，负责高风险性项目的项目经理们必须具有必要的能力去获得项目有关"道天地将法"这五个方面的各种信息，因为只有这样他们才能制定出应对项目风险的措施和办法，最终获得高风险项目管理的成功。这也要求组织或企业高管们在选择高风险项目经理的过程中必须剔除那些对于"道天地将法"不知或知之甚少的人。

6. 所谓"故校之以计，而索其情，曰：主孰有道？将孰有能？天地孰得？法令孰行？兵众孰强？士卒孰练？赏罚孰明？吾以此知胜负矣"

这句话给出了"兵争"这种高风险项目中获得信息的技术方法。其中"主孰有道"是指君主能否提供"合理决策"的条件；"将孰有能"是指为将者是否具有"智、信、仁、勇、严"的条件；"天地孰得"是指"兵争"是否具备了"天时地利"的宏观和微观环境与条件；"法令孰行"则是指军队的组织体制和管理机制能否保证"令行禁止"；"兵众孰强"则是指参加"兵争"的士兵们是否身强力壮；"士卒孰练"则是指士兵们是否操练好了战斗技能；"赏罚孰明"是指为将者是否做到了"赏罚分明"而能够有"士卒亲附，三军用命"的指挥效果。最后，"吾以此知胜负矣"表明只有这些条件都具备了再去开展"兵争"才能够应对各种风险，才能够确保"兵争"这种高风险项目的成功。由此可见，中国兵家的风险管理中十分强调信息完备性的重要性，而且具有一整套的、获得所需五个方面信息的具体技术方法。

综上所述，兵家研究的是"兵争"这种高风险项目的管理问题，所以他们对于其中的信息完备问题有自己的解决方案和技术方法。中国兵家这些在风险管理和项目风险管理方面的思想和方法，与全面研究如何管理天下和统治人民的儒家和道家的风险管理思想和方法相比，更加贴近现代项目风险管理的哲学和方法。

1.4.2 《孙子兵法》"始计篇"中的风险管理思想（之二）

《孙子兵法》"始计篇"的最后有一段话，更能够说明中国兵家在风险管理或项目风险管理方面的主导思想。这段话说道："夫未战而庙算胜者，得算多也；未战而庙算不胜者，得算少也。多算胜，少算不胜，而况于无算乎！吾以此观之，胜负见矣。"这段话所体现的风险管理哲学思想和风险管理方法的解释分述如下。

1. 所谓"夫未战而庙算胜者，得算多也"

这句话中的"夫"是指"兵争"项目的领导者，"未战"是指"兵争"项目开始之前，"庙算"是指在决策的地方（古时人们常在宗庙里做决策）开展"兵争"项目的力量对比分析，"胜者"是指在"兵争"项目中获胜的一方，"得算多也"则指的是只有在各方面占有优势地位的一方才会取得胜利。当然这里的"得算多也"并非是指兵力多少，更重要的是指在"道、天、地、将、法"这五个方面有更多的有利条件。所以这段话很好地诠释了"兵争"项目开展之前，人们首要和必须做的事情就是敌我力量的对比分析和"兵争"项目的可行性分析，只有具备了"得算多者"才能够取得"兵争"项目的最终胜利。

2. 所谓"未战而庙算不胜者，得算少也"

这段话中的"未战而庙算"的意思与上述的"未战而庙算"含义相同，这段话的关键在于"不胜者，得算少也"，这是说在敌我双方力量对比分析中占有劣势地位的一方，最终必然不会取得胜利。需要注意的是，在中国兵家思想中："不胜者"并不等于就是"败者"，成语"百战不殆"中的"不殆"也只是"不败"，其含义与此处的"不胜者"有相关关系。因为"不胜者"只是无法消灭敌人，但仍有可能保全自己，所以"不胜者"在中国兵家思想中只是在"兵争"项目中需要谋求的一种"次好"的结果。

3. 所谓"多算胜，少算不胜，而况于无算乎！"

这句话是整段话的关键，它指明了在"兵争"项目中如何"先知"胜与不胜是关键之所在。其中的"多算胜"指的是在一个"兵争"项目中，为将者必须在"兵争"项目全过程中不断地去分析和计算敌我双方有利与不利的情况，并据此做出"兵争"项目的各种风险的跟踪评估和应对决策，只有这样才能够取得"兵争"项目的胜利。"少算不胜"则是指如果不能够及时和经常去开展敌我双方有利与不利条件的对比分析与评估

(算），就无法取得"兵争"项目的胜利。最后的"而况于无算乎"则是指，如果为将者根本不做这种敌我双方力量和有利与不利条件的比较分析，是根本没有可能取得胜利的。

4. 所谓"吾以此观之，胜负见矣"

这是说，人们只要按照上述所说的做法，分析为将者是否既做好了"未战而庙算"的"兵争"项目起始可行性评估，又做到了"多算"这种"兵争"项目的跟踪评估，由此就可以洞见"兵争"项目的胜负情况。因为只有做好了这两个方面，才能够做好"兵争"项目各种风险的识别和应对，进而取得"兵争"项目的胜利。所以中国兵家提出了两种认识"兵争"项目风险和识别胜负的方法，其一是"未战而庙算"的起始可行性研究方法，其二是"多算胜"的风险跟踪评估和决策方法。

综上所述，《孙子兵法》这段话首先提出了"兵争"这种高风险项目必须要在项目开始之前做好"兵争"项目的风险识别与项目可行性分析和评估，以决定是否开展该项目。其次是必须做好"兵争"项目风险的跟踪识别和决策，因为兵争项目的环境与条件瞬息万变，所以只有"得算多者"和"多算者"才能够取得"兵争"这种高风险项目的最终胜利。

1.4.3 《孙子兵法》"军形篇"中的风险管理思想

《孙子兵法》"军形篇"中有一段话，全面给出了中国兵家在"兵争"项目风险管理中的具体技术方法。孙子曰："故善战者，立于不败之地，而不失敌之败也。是故胜兵先胜而后求战，败兵先战而后求胜。善用兵者，修道而保法，故能为胜败之政。兵法：一曰度，二曰量，三曰数，四曰称，五曰胜。地生度，度生量，量生数，数生称，称生胜。故胜兵若以镒称铢，败兵若以铢称镒。"关于这段话的解释分述如下。

1. 所谓"故善战者，立于不败之地，而不失敌之败也"

这就是"兵争"项目中风险管理的第一种技术方法，这种方法涉及两个方面：其一是我方一定要"立于不败之地"，即确保我方各方面力量和条件比敌方占优势地位；其二是必须做到"不失敌之败也"，即必须在敌人露出败象的时候能够抓住时机"战而胜之"。这实际上就是项目风险管理思想中的努力做到项目风险收益必须大于项目风险损失，并且当出现获得项目风险收益的机会时就必须抓住机会，从而使项目风险的机会变成项目收益的现实。

2. 所谓"是故胜兵先胜而后求战，败兵先战而后求胜"

其中的"胜兵先胜而后求战"指的是，能够获胜的一方一定要预先做好如何战胜敌人的各方面准备，然后才可以接敌开战并获得胜利。其中的"败兵先战而后求胜"则正相反，是说如果一方还没有做好战胜敌人的准备，妄想在开展"兵争"后再想方设法战胜敌人，那么他们是无法取胜的。这是中国兵家给出的"兵争"项目开展风险管理的第二种技术方法，实际上这种技术方法在"商争"或"竞争"项目中同样是十分有效的项目风险管理方法。

3. 所谓"善用兵者，修道而保法，故能为胜败之政"

这段话中的"修道"指的是通过研究去找出"兵争"项目的客观规律，而"保法"指的是能够根据"兵争"项目的客观规律去使用正确的方法开展项目，其中的"胜败之政"指的是人们使用所找到的正确方法去做好那些保证获胜的事情。所以这段话的意思就是为将者首先要去找到具体"兵争"项目能够取胜的客观规律，然后找出符合这些客观规律的正确做事的方法，最后使用正确的方法去做好正确的事情（即"兵争"项目）。这是中国兵家在"兵争"项目中开展风险管理的第三种技术方法，其中的"胜败之政"就是"正确的事情"。

4. 所谓"兵法：一曰度，二曰量，三曰数，四曰称，五曰胜"

其中，"一曰度"是指首先要确定"兵争"项目评估的具体标准，"二曰量"是指根据既定的评估标准去给出敌我双方各方面情况定性评估的结果，"三曰数"是指进一步给出敌我双方各方面情况定量评估的结果，"四曰称"是指对敌我双方各方面定性和定量评估的结果进行比较分析，"五曰胜"是指只有全面比较分析敌我双方各方面情况才能够确定哪方会取胜。这是中国兵家对于"兵争"项目风险管理最具体的评估技术方法，这种方法与现代项目风险管理中所包含的风险识别、定性度量、定量度量、全面评估等有异曲同工之妙。

5. 所谓"地生度，度生量，量生数，数生称，称生胜"

其中，"地生度"是指"兵争"项目评估标准是根据项目的微观环境

（地）和实际情况来确定的，"度生量"指的是只有确定了"兵争"项目评估标准后才能够开展相应的定量评估，"量生数"是指只有做好"兵争"项目的定量评估后人们才能够给出其定量评估的各种数据，"数生称"是指只有使用兵争项目定量评估数据才能够做好敌我双方的力量对比分析，而"称生胜"指的是只有通过对"兵争"项目敌我双方各方面条件与环境的对比分析才能够确定胜负结果。这同样也是中国兵家对于"兵争"项目开展风险管理的具体技术方法。

6. 所谓"故胜兵若以镒称铢，败兵若以铢称镒"

其中的"镒"和"铢"都是古代的重量单位，"镒"比"铢"要重大约576倍，因为古时候的一镒等于24两而一铢等于1/24两。所以"故胜兵若以镒称铢"是指只有一方要比另一方"强大很多"才能确保取得胜利，而"败兵若以铢称镒"则是说一方如果比另一方"渺小很多"就只能是失败的一方。实际上这段话是对于上述敌我双方力量对比分析最终评判结果的一个判断依据，它给出了事关"兵争"项目胜败的综合评估结果的根本判定标准。

综上所述，中国兵家给出了"兵争"项目风险评估和管理的具体技术方法体系（或叫方法论）。这些"兵争"项目风险管理技术方法包含了从兵争项目风险的识别、定性度量、定量度量，最终到综合评估的全套技术方法。最令人称奇的是，这些技术方法有很多与现代项目风险管理技术方法是完全一致的，由此可见中国人"天生"具有项目风险识别与评估的思想和方法。

1.4.4　《孙子兵法》"用间篇"中的风险管理思想

《孙子兵法》"用间篇"中有一段话，全面给出了中国兵家在风险管理中获得信息的思想和方法。孙子曰："故明君贤将所以动而胜人，成功出于众者，先知也。先知者，不可取于鬼神，不可象于事，不可验于度，必取于人，知敌之情者也。故用间有五：有因间，有内间，有反间，有死间，有生间。五间俱起，莫知其道，是谓神纪，人君之宝也。"关于这段话的解释分述如下。

1. 所谓"故明君贤将所以动而胜人，成功出于众者，先知也"

这是说不管是明君还是贤将，他们之所以能够出战而取得胜利，成功率远高于大多数人，最重要的是他们预先知道了很多相关的信息（先知也）。此处的"先知"并非是指中国人常说的"神仙"或一些宗教中的"先知"，而是指那些能够提前获得信息，从而预先知道了"兵争"项目各方面情况的"明君贤将"。因为实际上"明"指的就是"明白"兵争项目情况，而"贤"指的就是具有"才能"而可以应对风险，这就是此处"先知"的实际含义。那么"先知"是如何实现"预先知道"兵争项目各方面情况的呢？下面的一段话给出了相关的解释。

2. 所谓"先知者，不可取于鬼神，不可象于事，不可验于度，必取于人，知敌之情者也"

其中的"不可取于鬼神"是指"先知"不能靠"算卦占卜"和"询问鬼神"，因为"鬼神"并不会给出真实的"兵争"项目信息。其中的"不可象于事"是指"先知"不能依靠以前的类似事情的经验，因为任何"兵争"项目都有其独特性。"不可验于度"是说"先知"也不能靠"评估标准"去获得信息，因为那只是评估度量的尺度而不是信息本身。这段话中最关键的是最后的"必取于人，知敌之情者也"这句话，这是说"先知"的信息必须是由那些知道敌情的人给出的信息。需要解释的是，《孙子兵法》"用间篇"中的"间"就是现代人说的"间谍"，这些间谍的根本任务就是获得敌方情报并告知我方，使得我方能"先知"。

3. 所谓"故用间有五：有因间，有内间，有反间，有死间，有生间"

这句话是说间谍分五类，其中，"因间"是发展敌国居民而成的间谍（因其乡人而用之），"内间"是收买敌国官吏而成的间谍（因其官人而用之），"反间"是利用敌方的间谍来做我方的间谍（因其敌间而用之），"死间"是指我方派到敌方做间谍者（死间者，委敌也）⊖，"生间"是指派往敌方侦察后能够返回报告情报的间谍（生间者，反报也）。《孙子兵法》将这五种间谍作为"先知"的技术手段，所以这五种"知敌之情者"就成

⊖ 日本樱田氏所藏《孙子兵法》古文本，有"死间者，委敌也"，这与"生间者，反报也"，各以三字解释，字句整齐而解释简明。根据专家的研究，该古本是由中国传到日本的古本，"死间者，委敌也"保存了《孙子兵法》的正确原貌。现中国通行本用长文"为诳事于外，令吾间知之而传于敌间也"解释"死间"，是误把注文当作正文所致。详见 https://www.pinshiwen.com/zhiyan/sunzi/20190808213290.html

为中国兵家解决"兵争"这种高风险项目缺乏信息问题的根本途径和手段。

4. 所谓"五间俱起，莫知其道，是谓神纪，人君之宝也"

这是指如果上述五种间谍都能够得以有效使用（五间俱起），而且不会让敌人知道我方间谍的身份和做法（莫知其道），就是"兵争"项目中获得信息的至高无上的手段（是谓神纪），并且这是作为明君贤将在"兵争"项目中取胜的根本法宝（人君之宝也）。由此可见，中国兵家不但在"兵争"项目的风险管理方面有十分独到的哲学观念和方法论，而且在如何获得"兵争"项目风险管理的相关信息方面也有十分独到的哲学思想和方法论。

综上所述，以《孙子兵法》为代表的中国兵家的风险管理哲学思想与方法论，与前面讨论的中国儒家和道家的风险管理哲学思想和方法论有较大不同，因为儒家思想更多是为"坐天下"（治世）服务的思想和方法体系，道家思想则是寻求世界万物之道（得道）的发展变化和风险应对的思想和方法体系，只有中国兵家思想是为"打天下"（兵争）而设计的思想和方法体系。

第 1 章全面讨论了中国文化中从"八卦"和《易经》开始创立的中国人独有的风险管理思想体系和方法论，再到以中国儒家、道家和兵家为代表的诸子百家中的风险管理思想和方法体系，这些历经几千年的耳濡目染和潜移默化，使得中国人天生就具有风险管理的基因和思想。管理者如果要想管理好中国的人和事（即项目），就必须学习好中国式项目风险管理的原理和方法，而不能照搬和套用西方的风险管理和项目风险管理的思想和方法。本书的第 2 章将全面讨论西方风险管理的思想和方法，并深入比较中西方风险管理和项目风险管理之间的各种不同。

第 2 章

西方风险管理发展历程与中西比较研究

如前所述，中国人的项目风险管理哲学思想的渊源就是以《易经》为主导的中国传统管理哲学思想和文化，其中包括中国的儒家、道家、兵家等诸子百家的文化渊源。所以中国人的风险管理和项目风险管理的思想可谓源远流长。但是，西方的现代风险管理和项目风险管理的原理和方法的发展始于 18 世纪，至今也就不到 300 年的历史，西方最早的现代风险管理是从保险业所开展的各种风险的保险服务开始，也是工业革命以后出现的新事物或服务。

按照最新出版的西方项目风险管理的著作之一，《新风险管理如何帮助领导掌控不确定性》[一]的说法，最能代表西方风险管理或西方项目风险管理思想的是《牛津词典》所给出的关于"风险"的定义，该定义认为风险是一种接触危险的情况。该书认为"询问人们对风险的定义会给我们提供各种各样的答案。其中一些答案侧重于对不确定性或危险的担忧，而另一些则涉及意外事件的财务后果。然而，人们通常关注灾难性事件，以及该组织是否得到适当的保险，以保护人们免受这些事件的影响。其他风险源包括以下几项：发生不幸事件的可能性，对情况结果的怀疑，不可预测性，损失可能性，领导者认识能力不足。了解这些风险概念有助于我们将风险广义地理解为组织未来事件及其结果的不确定性。由此可见，西方的风险管理或项目风险管理基本理念仍然是"风险就是发生损失的可能性"。

另一本能够代表西方风险管理或项目风险管理思想的著作是最近出版

[一] ROBERT BP. How New Risk Management Helps Leaders Master Uncertainty [M]. New York: Business Expert Press, 2019.

的《风险评估：理论、方法与应用》[1]一书，该书对于风险分析的定义是："风险分析用于识别有害事件的原因（注意：这里强调是'识别有害事件'，这表明西方认定风险只有损失），确定有害事件的可能后果，确定障碍并确定其优先级，并为确定与系统相关的风险是否可容忍奠定基础（注意：这表明如果风险识别结果认定风险损失小就容忍，损失不小就再去采取消减风险损失的应对措施）。"由此可见，西方对于风险管理的理念是一种针对项目风险损失控制管理的理念，这与中方"趋利避害"的既管理风险损失也管理风险收益的思想是完全不同的。

由此可知，中西方在风险和项目风险管理的渊源和发展历史上有很大的不同。但有一点是相同的，只要开展项目风险管理就会大大提高项目成功的概率。即使是按照西方相对狭义的风险管理思想和观念去开展项目风险管理，也同样会比无视或不开展项目风险管理要好得多。根据PMI（项目管理协会）在2015年的"Pulse of the Profession®"报告中给出的结果可知，采用正式项目风险管理方法的组织，有73%的项目达到了目标，有61%的项目按时完成，有64%的项目在批准的预算内完成。[2]

2.1 西方风险管理的发展历程

虽然西方真正提出风险并对之进行研究和管理是始于18世纪，但不管是中国还是西方，从客观上说，人类认识风险的发展历史几乎与人类的文明一样久远。[3]实际上，当人类在上古时期面对各种危害生存的风险问题时，人类对风险的认识就已经开始了，只不过那时候的风险管理行动只是人类的一种本能反应而已。当代历史学家伯恩斯坦在对人类文明史的讨论中就说过："确定现代与过去之分野的革命理念是对风险的掌握。"[4]由

---

[1] MARVIN RAUSAND. Risk Assessment: Theory, Methods, and Applications [M]. New Jersey Wiley, 2011.
[2] Project Management Institute. 2015. Pulse of the Profession. Report: Capturing the Value of Project Management, p. 15. Newtown Square, PA: Author 2015.
[3] 风险管理的历史与发展[EB/OL]. (2020-04-16)[2020-06-09] https://ishare.iask.sina.com.cn/f/34efT2lOPa7.html.
[4] 伯恩斯坦. 与天为敌 [M]. 穆瑞年, 吴伟, 熊学梅, 译. 北京: 机械工业出版社, 2010.

此可见，人类对风险、风险管理和项目风险管理认识的不断深入，实际就是人类文明不断进步的过程和反映。

2.1.1 西方风险管理的史前阶段

根据西方的历史，人类对风险及其管理的掌握是一个极其漫长的进化过程。随着人类活动的进步和扩展，人们面对的风险日趋复杂且不断增加。人们为了面对和解决各种风险问题而努力，使风险和风险管理的理念不断发展和进步。反过来，当人们能够更好地使用风险管理去应对各种风险后，又推动人类文明向更高的目标攀登。

1. 西方风险概念的出现和认识

西方最早对风险管理有概念和认识，应该从风险一词的创造说起。风险一词在现代德语中的用法首次出现于16世纪，随后17世纪通过法语和意大利语的传导进入了英语。所以英文的"RISK"一词源自法文的RISQUE，而法文的这个词源自于意大利文的RISICARE。更进一步，意大利文的RISICARE中的RISI部分是由希腊文的CLIFF（悬崖）派生出来的，所以RISICARE一词具有"在悬崖上行走而十分害怕"的意思，最终就转义成英文的"RISK"即风险一词。由此可见，西方对于风险的认识始于16世纪前后。

2. 西方风险管理的出现

根据文章《风险管理的历史与发展》的说法，[一]最早使用统计学方法科学描述风险的是瑞士的数学家伯努利，他在1705年发现了统计学中的大数定律，而这种概率与数理统计的大数定律后来就成为现代保险业保险产品计价的理论基础。世界上最早的保险公司在时隔十五年的1720年在伦敦成立，英国人就是使用了这种统计方法去对保险产品定价。由此可见，这应该是西方风险管理理论和应用中的一个重大进展和里程碑。但是西方许多风险管理学者将这个阶段称为风险管理的"史前阶段"，并且称那时候的风险管理属于"安全管理"的范畴，主要是指以保障财产安全为

[一] 风险管理的历史与发展[EB/OL].（2020-04-16）[2020-06-27] https：//ishare.iask.sina.com.cn/f/34efT2lOPa7.html.

主的管理。

由此可见,在这个风险管理的"史前阶段",风险管理的核心在于财产保全。所以此时人们将风险看作是"一种未来发生财产损失的可能性",而所开展的风险管理也只是局限于通过购买保险去转移和分担风险所带来的财产损失。

2.1.2 西方传统风险管理阶段

国外学术界一般将1990年以前的风险管理发展阶段称为传统风险管理阶段,此后的风险管理发展阶段称为现代风险管理阶段。[一]学术界一般认为传统风险管理始于美国,标志是美国管理协会保险部在1931年开始倡导风险管理并研究风险管理及保险问题。[二]

1. 西方传统风险管理阶段的早期

在20世纪50年代早期和中期美国的大公司高层决策者们就认识到风险管理的重要性,所以风险管理在美国迅速发展起来。1956年沃顿商学院的斯奈德(Snyder)提出风险管理的概念和做法,并得到美国管理协会(AMA)和美国保险管理协会(ASIM)的承认和支持。1962年AMA出版了第一本关于风险管理的专著《风险管理之崛起》,从而推动了美国风险管理的发展。随着概率论和数理统计方法的推广和运用,风险管理逐步从经验走向了科学。此后人们对风险管理的研究逐步趋向于系统化、专门化,使风险管理成为企业管理领域的一门独立学科。在二十世纪六七十年代,许多美国主要大学的工商管理学院都开设了风险管理课程,美国大多数大企业设置有专职部门进行风险管理。

2. 西方传统风险管理阶段的发展

1973年日内瓦协会的成立将风险管理思想带入了欧洲,20世纪80年代风险管理进入了亚洲和非洲,并迅速在全球流行。自此,越来越多的各国企业开始重视风险管理,风险管理与战略管理、经营管理并列成为三大

[一] 陈志国. 传统风险管理理论与现代风险管理理论之比较研究[J]. 保险职业学院学报,2007,第21卷第6期,15-18.

[二] 严复海,党星,颜文虎. 风险管理发展历程和趋势综述[J]. 管理现代化,2007年第2期,PP30-33.

管理。1980年美国风险分析协会成立，1986年欧洲11个国家共同成立了欧洲风险研究会。1986年10月在新加坡召开的风险管理国际学术讨论会表明，风险管理已经走向世界而成为全球性的管理要务。

但是在传统风险管理阶段，风险管理的主要内容是针对信用风险和财务风险所导致的风险损失进行管理，所以这种风险管理还没有涉及企业或组织众多层面的风险管理的问题。此时的风险管理方法也缺乏系统性和全局性，风险管理人员往往只针对自己部门工作中的风险去开展风险管理。最重要的是，此时的风险管理是一种事中的管理，只有管理者们认为风险存在的时候才对风险进行处理和管理。

3. 西方传统风险管理阶段的不足

西方传统风险管理阶段的风险观与风险管理理论有很多不足或缺陷。从风险观念上说，传统风险管理认为风险是一种损失的可能性，所以在风险度量或评估中只是对风险损失进行度量与评估。同时，由于传统风险主要是指造成损失的可能性，所以传统风险主要是指工程、灾难、财务风险损失等方面的风险。传统的风险观认为风险是不依赖人的主观意识的一种客观存在，与人们的主观意识和价值取向无关。传统风险观是典型的经济理性人假设，过度强调了风险的可计算性和可补偿性，并赋予明显的"经济理性人"的色彩，没有考虑个人行为、偏好、价值观、环境、制度、文化等背景对风险、风险认知与管理的影响。

这就造成了传统风险管理具有一定程度的被动性，这种风险管理更多的是被动的应对型和损失控制与损失融资型的管理。同时，传统风险管理技术与风险管理方法相对单一，这种风险管理技术与方法主要侧重于损失控制与损失转移技术，风险管理主要是通过保险和自保这两种方式去实现。传统风险管理的效率相对较低，主要着重于单个风险损失或损害的孤立管理，缺乏对关联风险、背景风险甚至集合风险的整体化管理的策略和技术。另外，传统风险管理强调从风险评估到风险后果处理流程式管理，风险管理过程中的积极沟通、应对和变更十分有限，从而导致管理的结果只是风险后果的转移或分担而已。最糟糕的是，传统风险管理的哲学偏重于实证论这种相对形而上的方法，这种实证论的哲学决定了传统风险管理只能对物质损失风险、工程损失风险或财务损失风险等有形风险做管理，而行为风险、心理风险、制度风险和文化风险这些无形风险都不属于风险管理的范畴，这决定了传统风险管理在新的经济与社会文化条件下具有诸多内在缺陷。十分可悲的是，由于传统风险管理的观念和思想一直在西方具有十分普遍和深入的影响，所以至今西方风险管理和项目风险管理仍有缺陷。

2.1.3 西方风险管理现代阶段的里程碑

20世纪80年代末到90年代初，随着国际金融和经济全球化的不断发展，迅速发展的新经济使企业面临的风险更加多样化和复杂化。一连串的国际或地区金融危机和老牌银行与长期资本基金倒闭等事件，使得人们意识到传统风险管理已经不能满足风险管理的需要。于是全面风险管理思想萌芽和发展，风险管理进入现代阶段。西方现代风险管理阶段有如下六个标志或六个重要的里程碑。

1. 第一个里程碑

1993年第一次使用"首席风险总监"（CRO）的头衔，这被认为是西方风险管理现代阶段的第一个里程碑，从此之后有许多西方公司中的风险管理者就成了直接对董事会负责的高级风险管理专员，这标志着西方风险管理进入了现代风险管理的阶段。

2. 第二个里程碑

1995年由澳大利亚和新西兰标准委员会发布的AS/NZS4360企业风险管理标准，是全球首个发布并在全世界国家和地区广受欢迎的企业风险管理标准，这被认为是西方风险管理现代阶段的第二个里程碑。随后西方国家纷纷制定国家风险管理标准，如2003年英国制定了AIRMIC/ALARM/IRM标准，2004年美国COSO⊖制定了全面风险管理（ERM）标准⊖。

3. 第三个里程碑

1996年全球风险管理协会（GARP）的成立，被认为是西方风险管理

⊖ COSO是美国反虚假财务报告委员会下属的发起人委员会（The Committee of Sponsoring Organizations of the Treadway Commission）的英文缩写。

⊖ 全风险管理——Total Risk Management，TRM；整体风险管理——Holistic Risk Management，HRM；集成风险管理——Integrated Risk Management，IRM；企业全面风险管理——Enterprise Risk Management，ERM。

现代阶段的第三个里程碑。因为随着 GARP 的成立，西方对于现代风险管理的方法做了大量的研究，然后 GARP 通过推出金融风险师（FRM）的认证去推广现代风险管理的新思想和新方法，最后这些思想和方法获得了许多国家金融业的认可。

4. 第四个里程碑

1997 年提出的全风险管理（TRM）和整体风险管理（HRM）的思想和方法，被认为是西方风险管理现代阶段的第四个里程碑。这使得全风险管理和整体风险管理这两方面的思想和方法形成及成熟，使得人们有了从企业或组织整个系统的角度对全部组织或企业的风险进行综合管理的思想和方法，从而去努力实现对组织或企业风险的全面管理和控制。

5. 第五个里程碑

1998 年出现的企业全面风险管理（ERM）和全球风险管理（GRM）理论和方法，被认为是西方风险管理现代阶段的第五个里程碑。也有学者将其称为"全面风险管理阶段"的里程碑，但从传统和现代两阶段的西方风险管理发展史的划分方法来看，全面风险管理属于现代风险管理阶段，这种思想和方法的核心是要对金融机构面临的所有风险进行全面而集成的管理。

6. 第六个里程碑

2001 年西方十国集团签署了《巴塞尔协议》，这被认为是西方风险管理现代阶段的第六个里程碑。因为《巴塞尔协议》的签署对银行和金融业风险管理提出了更加明确的和全面风险管理的要求，并且形成了西方对于银行和金融业风险管理的统一标准要求和规定，这使得西方在风险管理方面不但有了共识和主导思想与方法，而且有了相关的规范和管理规定。

2.1.4　西方现代风险管理的核心思想

与传统风险管理观念和思想相比，西方现代风险管理观念和思想最突出的特点就是对企业整体风险的全面集成管理。从这种意义上说，西方现代风险管理的核心可以归纳为以下的相关风险管理模式或理论，它们构成了现代风险管理阶段的基本理论体系。现代风险阶段的这四种风险管理理论和方法具有如下几个方面的特征。

1. 全新的风险管理

西方现代风险管理是一种全新的风险管理思想、方式、方法和哲学理念，它以全新的风险管理思想为内核，把全面和集成风险管理作为方法和思想基础，强调把提升或创造更大的价值作为整合性风险管理的根本目标。

2. 全方位的风险管理

西方现代风险管理是一种动态和全面的风险管理，相对于传统狭义的风险管理局限于纯粹风险造成直接损失的管理，这种全方位风险所涉及的范围要宽广得多。例如，金融风险、政治风险、社会文化风险等都需进行管理，涉及安全、技术、工程、经营的风险也都需要管理，涉及各类投资、理财、绩效和财务的风险同样需要管理。

3. 全过程的风险管理

西方现代风险管理还要求以企业经营过程中全过程风险管理为核心，针对企业经营各环节存在的风险开展全过程的集成管理，即对企业各种过程中的任何风险和发展变化的过程都要开展动态的风险管理。这种风险管理思想和方法还强调进行高效的风险全过程管理，强调对风险管理的工作和学习过程的每个步骤的管理。

4. 全员的风险管理

西方现代风险管理要求组织中参加风险管理的人员必须是全面性的，全员的风险管理要求必须是涉及企业决策层、管理层、企业员工的全员参与风险管理。企业或组织的每个成员都需要对风险管理有一致和统一的理解、认识，承担自己的责任，并通过企业或组织全员的合作去最大限度地做好风险管理。

5. 全面集成的风险管理

西方现代风险管理在风险度量、风险应对和风险管理方法上具有集成性，它是由多种风险管理技术与方法组成的综合性的方法体系，这种方法注重定性管理与定量管理的内在统一。同时，现代风险管理有价值定位的集性，即在企业风险管理中应该考虑所有利益相关者，甚至企业所在的社区风险损失和利益。

6. 全球化的风险管理

西方现代风险管理在风险管理的外延方面要求企业或组织必须在全球经济一体化的背景下考虑全球各方面因素可能导致的企业或组织的风险，并且要努力做好这种涉及地缘政治和全球经济与政治等影响的风险管理。

因为在经济全球化和企业供应链国际化的背景下，企业和组织必须做好这种全球化的风险管理。

需要特别提到的是，我国国务院国有资产监督管理委员会在2006年6月6日发布了《中央企业全面风险管理指引》，并且随后在央企做了全面的推广（作者参与了当时的推广工作），这使得央企在开展全面风险管理的基础上很好地应对了2007年开始的美国次贷危机和2008年开始的世界范围内的金融危机。

综上所述，西方关于风险和风险管理的观念和方法从传统风险管理阶段到现代风险管理阶段也只有20世纪30年代至今80年左右的时间，而其中的现代风险管理阶段从1990年至今只有30年左右的时间。即便是算上"西方风险管理的史前阶段"，从1720年世界上最早的保险公司在伦敦成立至今也不过300年的时间。与中华民族自上古时期就开展的对于发展变化的风险管理和应对相比，西方的风险管理发展历史是相对较短的。

2.2　西方项目风险管理发展历程

上述西方传统和现代风险管理的理论和方法多是源于西方的保险业对于组织和个人风险损失所进行的管理。甚至其中的现代风险管理的理念和方法也是以针对金融业风险管理为主的。但是实际上任何组织甚至个人都有风险问题需要去管理，风险也并非都是采用买保险的手段就能管理好的，所以西方的现代风险管理理论和方法还是有一定的局限性。其中最大的局限性就是西方在现代项目风险管理原理和方法方面的起步更晚且更不完善，而实际上企业或组织的最主要和最重要的风险管理是对于项目的风险管理。

2.2.1　西方项目管理的渊源与发展历程

由于西方项目管理理论和知识体系的提出和推广要比西方企业管理理论和知识体系晚，所以项目风险管理思想和方法的起步与发展也相对较晚。为了弄清楚西方现代项目风险管理的渊源与发展，我们首先需要了解西方项目管理思想和方法的渊源与发展。其发展历程大致经历了如下三个阶段。

1. 西方古典项目管理的发展阶段

自从人类社会开始有组织活动的最初阶段，就已经有了古典的项目管理思想和方法，所以实际上人类最早的有组织活动都是以项目形式出现的，即便是今天人们也只有在创造出项目成果后才能用其开展日常运营。因此，像古希腊的雅典娜神庙和克里特岛的城市遗迹等都是西方古典项目管理时期的伟大成就（东方的就更多了），这些都证明西方人早在几千年前就已经有了项目和项目管理的思想，这些思想为西方人对现代项目管理的原理和方法的认识奠定了坚实的基础。但是这些西方古典项目管理的知识主要局限于工程建设等项目方面，所以这一阶段被称为古典项目管理的阶段，此时西方的项目管理还是一种"自在"的状态。

2. 西方传统项目管理的发展阶段

这是指西方从工业革命到新技术革命之前（20世纪80年代）的项目管理阶段，在这一阶段中西方使用各种适合于工业社会的传统项目管理理论和方法，所以西方传统项目管理的理论和方法从创建到发展大约有300多年的历史。例如，美国人亨利·甘特所发明的"甘特图"就是在20世纪初出现并广泛使用的项目管理工具，并且由于甘特图简单易懂和简便易行而至今长盛不衰。从20世纪40年代到60年代，西方传统项目管理的理论、方法和工具因为受到系统思想和理论的影响均获得了大发展，现在人们所用多数项目管理方法和技术就是那个时期开发的。例如，项目计划评审技术（PERT）与关键路径法（CPM）等都是那个年代创立的，甚至包括项目工作分解结构（WBS）技术和项目工期与造价管理规范（C/SC-SC）以及项目生命周期管理方法（PLC）等都是在那个时代提出的。⊖这些西方传统项目管理的理论、方法和技术在20世纪70年代进入了不断细化、完善和提高的阶段，同时在这一阶段中项目管理的职业化获得了很大的发展，美国项目管理协会（PMI）和国际项目管理协会（IPMA）的项目管理专业认证（PMP和IPMP）都是在这一时期前后创立的。

3. 西方现代项目管理的发展历程

自从20世纪80年代初，西方开始新技术革命或称知识经济与社会变革以后，西方项目管理就进入了现代项目管理的阶段。所以西方现代项目

⊖ BURKE R. Project Management: Planning & Control Techniques. 3rd Edition [M]. New Jersey: John Wiley & Sons Ltd, 1999.

管理是20世纪80年代之后在近几十年才发展起来的,西方现代项目管理阶段的理论和方法比前两阶段的项目管理理论与方法有很大的进步。西方现代项目管理理论和方法进入了对于一般项目(GP)这种具有一次性、独特性、不确定性、风险性和创新性的活动的管理阶段。西方进入现代项目管理阶段的根本原因是当时世界正在从工业经济和社会进入知识经济和社会,全球性竞争加剧,科学技术成了人类社会的第一生产力,各种创新活动成了人们创造财富和福利的主要手段,这使得创新创业成了人们获得竞争优势的主要手段,社会中的各种创新创业项目数量、规模和复杂程度的急剧增加,迫使人们努力去寻找更为科学和有效的项目管理原理和方法,正是这些原因推动了西方项目管理学进入了现代项目管理学科的发展阶段。

综上所述,西方项目管理的发展历程经历了三个基本阶段,其中很多项目风险管理的理论和方法是在20世纪80年代之后的现代项目管理阶段发展起来的。因为进入20世纪80年代以后,西方现代项目管理先后创建了项目知识体系(PMBOK),给出了项目风险管理的理论和方法。[⊖]特别需要指出的是,在这个阶段中涉及的不断重复的日常运营活动管理原理和方法逐渐让位,从而使得西方现代项目管理的理论、方法和技能也成了人们在知识经济和社会中最为重要的管理原理、方法和技能。

2.2.2 西方项目风险管理的渊源与发展历程

由于项目管理的对象是"项目",而项目在其全过程中存在不确定性,这些不确定性会导致出现项目风险损失和收益。特别是项目所处环境与条件的发展变化更会给项目带来各种风险,所以项目风险管理就成了项目管理的核心内容和重点所在。按照中国人的观点:拥有确定性的事情是不需要很多管理的,因为管与不管确定性事情的结果都是已经确定而不会改变的,所以项目管理最重要的就是借助风险管理去实现"趋利避害"的项目成果。所以本节首先要讨论项目风险管理的独特性,然后讨论西方项目风险管理的发展进程。

⊖ 戚安邦,等. 面向知识经济与创新型国家的项目导向型组织和社会研究[J]. 科学学与科学技术管理,2006,(4):78-83.

1. 现代项目风险管理的独特性

因为现代项目是指一切具有一次性、独特性、不确定性和成果不可挽回性等特性的人类活动过程，所以项目具有一次性、独特性等特性，这导致人们缺乏管理这种独特事物的经验与知识。同时，项目成果的不可挽回性导致如果项目实施和管理过程中一旦出现风险且管理与应对不当，则项目风险损失的后果就会成为没有办法改变的现实，所以项目风险管理只有一次机会并会导致"不成功便成仁"的最终结果。这使得进行项目风险管理要比企业日常运营风险管理更为复杂和困难，而且导致人们只要开展项目就必须去认真地开展项目风险的管理。

2. 西方项目风险管理的发展阶段

作者所开展文献研究的结果显示，有关西方项目风险管理发展历程的研究成果较少。结合现有相关文献的说法，项目风险管理的发展经历了如下几个阶段。⊖

（1）**萌芽阶段**。这一阶段大约从18世纪中期到20世纪50年代，在这一阶段西方项目管理思想和方法中逐步出现对于项目不确定性和项目风险进行管理的观念和思想，但是缺乏具体的项目风险管理技术与方法，多是将企业风险管理思想和方法用在项目管理中。

（2）**形成阶段**。这一阶段大约从20世纪50年代到70年代，在这一阶段中西方项目管理思想和方法有了明确的风险管理理念，并且开发了关于项目风险识别和项目风险应对的具体项目风险管理方法和技术，但是管理项目风险的方法仍具有一般风险管理的色彩。

（3）**成熟阶段**。这一阶段从20世纪70年代至今，在这一阶段西方项目管理思想和方法有了专门的知识领域，并且有了项目风险识别、度量、监控和应对的整套管理方法和技术。

2.2.3 西方项目风险管理发展的主要贡献者

虽然在上述三个阶段中，许多学者先后写作了许多项目风险管理方面

⊖ 谢喜丽. 项目风险管理发展历程及趋势［J］. 合作经济与科技，2010年7月，总第397期，PP68-69.

的书籍和文章，但多是从保险或金融专业角度出发的风险管理，而不属于项目风险管理的范畴。由于这些从保险或金融专业角度出发的风险管理多是关于消减风险损失的管理，所以并不是项目风险管理所涉及的提高项目风险收益和消减项目风险损失的管理。根据相关文献研究，西方项目风险管理思想和方法多是源于美国相关协会在国际上的发展和推广，其中下述两个美国项目管理方面的协会做出了较大的贡献。

1. 美国工程造价管理协会的贡献

美国工程造价管理协会（AACE）是 1956 年成立的，[①] 他们于 1992 年最早成立了项目风险管理方面的专业委员会，这是国际上最早正式组织的项目风险管理专业委员会。随后，该协会在 1995 年出版了《项目风险管理字典》这一重要现代项目风险管理的文献；在 1998 年编辑出版了《项目风险管理指南》，其中的具体内容是根据"项目 + 风险 + 管理"的关键字所收集到的当时互联网上所有关于项目风险管理的文献。

2. （美国）项目管理协会的贡献

（美国）项目管理协会（PMI）是 1969 年成立的，PMI 与 AACE 是当时美国两个最重要的项目管理协会。PMI 志愿者在 1983 年首先尝试编纂出版了《道德、标准和认证特别报告》，这是一套全新项目管理知识体系的雏形，其中就包含有项目风险管理的内容。按照 PMI 的说法：20 世纪中期，项目经理开始致力于将项目管理确立为一种职业，其中一个方面就是对项目管理所需要的知识体系内容达成了一致。这一知识体系后来被称为"项目管理知识体系"（PMBOK）。随后 PMI 志愿者们不断地更新和完善，最新的 PMI《PMBOK 指南》是第六版，已经被认为是项目管理领域最权威的知识体系。

PMI 在 1996 年第一版正式的《PMBOK 指南》中就将项目风险管理或项目专项管理作为一个单独的知识领域，自此之后 PMI 就开始了项目风险管理职业资质认证（PRM）。在 PMBOK 的基础上 PMI 于 2009 年发布了专门的《项目风险管理实施标准》，这为项目管理者正确开展项目风险管理提供了一个普遍适用的标准。2017 年，PMI 认识到了风险管理是项目组合

[①] 该协会后改名为 AACE-I，即美国国际工程造价促进协会。

和项目的主要考虑因素,所以 PMI 标准项目团队(SPT)以及 PMI 标准经理和标准成员咨询小组特许制定了项目组合、项目群和项目风险管理的原则性标准。该标准的初稿于 2018 年 3 月 12 日完成并分发给主题专家(SME)进行审查和评论,于 2018 年 7 月 2 日作为公开征求意见稿修订并发布给从业人员。随后人们对草案进行了修订,并获得 PMI 标准共识机构批准后而予以公布。该标准作为美国国家标准协会(ANSI)的标准,被 PMI 作为项目管理专业发展计划和项目管理实践的标准资料使用。

PMI 关于项目风险管理的最新和核心概念主要包括六个方面。其一是所有项目都有风险,项目管理者应承担项目风险并开展风险管理。其二是开展项目风险管理的目的在于识别、度量和应对项目全过程中的风险。其三是项目风险就是会对一个或多个项目目标产生积极或消极影响的不确定事件或条件,风险会对项目相关方带来可能的积极或消极结果。其四是项目风险一旦发生,还可能对项目整体目标产生积极或消极的影响。其五是在项目生命周期内,风险将持续涌现,所以项目风险管理过程是一个不断重复的管理过程。其六是为了对特定项目风险进行有效管理,项目团队需要认清在项目全过程中组织可以接受的风险敞口,这反映了一个组织或项目相关者的风险偏好并可用于测量风险临界值。

2.3　中西方项目风险管理思想的比较研究

通过前文关于中西方在风险管理和项目风险管理方面的管理思想和方法的讨论可知,中西方在这两个方面存在着较大的差别,所以我们有必要做好中西方风险管理文化和项目风险管理思想和方法的比较研究。只有这样中国人才能够针对中国人的风险偏好和理念,使用中国人熟悉的风险管理文化和方法,去做好项目,以及能够更好地与西方人合作去做好各种跨国项目或全球项目的风险管理。

2.3.1　中西方风险管理文化的比较

中西方风险管理或项目风险管理最大的差异是风险管理文化方面的差异,体现在中国人五千多年文明从伏羲创"八卦"到三部《易经》中

"变化"与"应变"为核心的风险管理文化,与西方工业革命前后才出现的风险管理意识和文化的不同。有关这方面的差异将分析讨论如下。

1. 中国人"顺天应时"的风险管理文化

如前所述,中国最早的人文初祖伏羲所创"八卦"是仰观天文、俯察地理然后抽象得到的,其中给出的八种导致事物发展变化的驱动要素(乾天、坤地、兑泽、艮山、离火、坎水、震雷、巽风)都是天地变化时会出现的环境情况,并且这些情况也是导致事物风险的八种基本驱动要素。按照《春秋内事》的说法,伏羲"仰观天文,俯察地理,始画八卦,定天地之位,分阴阳之数,推列三光,建分八节,以文(爻)应气,凡二十四气,消息祸福,以制吉凶",可知伏羲创"八卦"的根本目的是要让人们能够去分析和研究"天和地"所具有的这八种风险驱动要素所导致的事物风险,特别是去研究与人民息息相关的农业生产活动的各种风险。所以中国文化从最初创建就是一种"顺天应时"的风险管理文化,这种文化认为各种事物的风险都源于天地环境与条件的发展变化。实际上,伏羲创造的"凡二十四气,消息祸福,以制吉凶"指的就是伏羲根据推演天地间的八种风险驱动要素创建了二十四节气的历法,使得中国人有了"春种、夏长、秋收、冬藏"的四时农作方法,去应对农业生产中的各种风险,从而实现"顺天应时"和"趋利避害"的风险管理效果。随后出现的三部《易经》都是在"八卦"的基础上通过"叠卦"去推演这八种分析驱动要素是如何导致事物发生风险(即吉凶),以便人们能够做好风险的应对以"趋利避害"。后来的中国儒家、道家、兵家等诸子百家都是在《易经》的基础上发展起来的风险管理的不同学派,它们都继承了伏羲"八卦"中的以"天地环境"的发展变化为主导的风险驱动要素和风险管理的文化与思想。虽然兵家的"兵争"思想中有一些与敌人斗争的风险管理思想,但是也多是"先为不可胜"和"胜兵先胜而后求战"这一类对于"兵争"中各种环境与条件的风险做好应对准备的风险管理思想。

2. 西方人"竞争为主"的风险管理文化

在西方人的文化中没有中国人的这种"顺天应时"的风险管理文化渊源,不管是在古希腊还是古罗马帝国的文化中都没有这些,从希腊神话到古罗马的征战历史中都是"竞争"的文化思想。最重要的是,如前所述,西方最早的风险管理概念和认识,包括风险一词在现代德语中的用法首次出现于16世纪,而且他们对风险的认识是"在悬崖上行走而十分害怕"的意思,这与中国人所理解的"风险"一词所包含的由于"风"所导致的"险"的意思是完全不同的。西方的风险管理思想和文化始于16世纪前后,这个历史时期正是酝酿和开展工业革命的时期,而在这个时期发展起来的资产阶级的世界观和文化思想中"竞争思想"是其核心,这种资产阶级的"自由竞争"思想在很大程度上就是一种"与人争斗"的思想,而有关"自由竞争"的思想和方法的研究使得西方的风险管理文化逐步成了一种为"竞争"服务的"争斗为主"的风险管理文化。特别是自1500年大航海时代开始以后,从葡萄牙、西班牙、荷兰、法国到英国,大约每100年西方就会出现一个靠海外扩张或侵占和拓展殖民地的"老大"。由此使得在西方始终有一种"你死我活"的"竞争为主"的风险管理文化。

3. 中西方风险管理文化的对比分析

综上所述,在中国几千年以"和合"为核心的文化中,一个"和"字给出了中国人希望人们都能够"和平相处"的深刻文化内涵,而一个"合"字给出了中国人希望做事情都必须"符合客观规律"的科学的文化思想。很显然,中国风险管理的文化就是一种努力追求"和合"二字的风险管理文化,而西方风险管理文化就是一个追求"竞争"二字的风险管理文化。中国文化中的"和"字,使得中国人要在风险管理中"求大同存小异",大家共同合作去创造最大的新增价值,然后再去合理分配这些创造出的新增价值。西方文化中的一个"争"字,使得西方人在风险管理中"只追求自己利益的最大化",甚至不惜牺牲竞争对手的所有利益。中国文化中的"合"字,使得中国人在风险管理中首先会去"仰观天象,俯察地理"以发现事物发展变化的规律,这使得中国人的风险管理最核心的任务是发现和遵循"天地间"所存在的事物发展的客观规律。西方文化中的"争"字,使得西方人在风险管理中相信"实力是取胜的根本",这使得西方人的风险管理最核心的任务就是要实现"你死我活"的"零和博弈"的结果。由此可见,中西方在风险管理文化方面存在着很大的差异。正是这些差异,使得中国风险管理文化更为优秀。这也是为什么在洋务活动时期,中国文化界提出了"中学为体,西学为用"的思想,因为中国的文化思想更为符合世界发展变化的规律。实际上，当今的项目风险管理同样需要遵循"中学为体，西学为用"的思想。

2.3.2　中西方风险偏好的比较

中西方风险管理思想中差异最大的方面，就是中国人和西方人的风险偏好（risk appetite）存在很大的差异。中国人从人文初祖和先贤们那里继承了"勇于承担风险"和"积极应对风险而趋利避害"等一系列对于风险的偏好，同西方人"以购买保险去规避风险"所表现出来的风险偏好是有很大差异的。

1. 中国人"富贵险中求"的风险偏好

中国人从古至今都知道"凡事有一利必有一弊"，其中的"利"就是"风险收益"，而"弊"就是指"风险损失"，所以中国人都知道人们只要做事情就必须去冒风险，就必须通过开展风险应对与管理去做到"趋利避害"的最佳效果。久而久之，几千年传承下来使得中国人具有了"勇于冒险"和"敢于承担风险后果"的风险偏好。对中国人的风险偏好最好的描述就是"富贵险中求"这句话，这句话的核心在"险中求"，所表达的是中国人不但不怕风险，而且敢于冒风险去努力获得"趋利避害"（即获得富贵）的结果。实际上中国文化从"八卦"到《易经》再到诸子百家，都是关于如何认识世界万物发展变化以及由此带来的风险，特别是如何去应对这些风险的思想和方法，这就导致中国人天生就有一种敢于冒险的基因。这是一种在承认和认识世界发展变化规律的基础上所建立起来的风险偏好，而不是那种"赌徒"式的"孤注一掷"和"玩命"的风险偏好。

2. 西方人"破财免灾"的风险偏好

虽然不能说所有西方人的风险偏好都一样，如盎格鲁撒克逊人与维京人的风险偏好就有所不同。但是西方人的风险偏好是一种"破财免灾"的思想，即努力转移风险的风险偏好。首先，1720年最早成立的保险公司是在伯努利发现了统计学大数定律后，仅仅时隔十五年就在伦敦成立并以这种方法去对保险产品定价。后来，西方人发明和使用的商业合同也是体现西方人"破财免灾"风险偏好的最好证明。因为任何商业合同都是一份转移风险的正式文件，多是风险拥有者因自己无力承担事物风险，所以通过合同将该事物转交给愿意并有能力承担风险的人去实施。很显然，西方这种"破财免灾"的风险偏好，就连西方许多风险管理学者也将其归属于"安全管理"的范畴。这种借助购买保险而将风险转移给保险公司的做法，是一种相对消极的风险偏好，是一种借助商业方法转移风险的偏好。

3. 中西方风险偏好的对比分析

按照现代风险管理理论，个人或组织的风险偏好是开展风险管理的起点，这在很大程度上决定了个人或组织在风险管理中所使用的方法和对策。从上述对于中西方风险偏好的讨论来看，我们可以明显地看出中国人的风险偏好更为"勇于承担和管理风险"，而西方人的风险偏好则是更愿意"积极转移风险"。虽然不同的风险偏好并没有对错之分，但是却决定了不同风险偏好的人或组织的风险管理做法与应对措施的选择。不过随着时代的进步和社会的发展，中国人和西方人的风险偏好也在不断地发展和变化。例如，改革开放之前中国很少有人买保险，只有少数从事国际贸易等业务的公司会购买保险，而当今社会很多中国人也在购买各种各样的保险产品，中国的保险公司也逐步发展成了世界有名的保险公司。

2.3.3　中西方项目风险管理思想的比较

中国人的项目风险管理思想与西方的项目风险管理思想也有很大的不同，最主要的不同以及比较分析如下。

1. 项目风险管理最为重要的思想

中西方对于十大项目专项管理中哪个最为重要的认识是不同的，西方有很多教科书认定项目范围管理是最重要的专项管理，所以其多数教科书始于对项目范围管理的讨论。但中国人认为项目风险管理才是最为重要的项目专项管理，因为实际上对于确定性的项目活动，人们管与不管的结果基本上是一样的，但是不确定性的项目活动人们管与不管结果会有很大差别。所以中国人认为项目风险管理才是最为重要的，即对于项目不确定性活动所开展的管理是最为重要的。

中国人更进一步认为，和日常运营管理相比，项目管理更为重要，而项目各个专项的管理中项目风险管理最为重要。所以中国式的项目风险管理认定，项目风险要素与项目目标四要素和项目资源三要素相比，是最为重要的项目管理对象，因为任何其他项目专项管理都离不开对于各个项目专项中的风险进行管理。

2. "趋利避害"的项目风险管理思想

中国人的管理哲学认为，任何事情（即项目）都不可能是"有弊无利"或"有利无弊"的。要想赚钱就必须先垫付一定的成本（弊），然后才有可能做成生意而赚钱（利）。所以中国人的项目风险管理思想要求人们必须开展"趋利、避害"两方面的发现管理，而这才是项目风险管理的根本规律之所在。实际上，中国人"趋利避害"的项目风险管理思想和方法源于中国人"阴阳对立统一"的哲学思想，尤其是"祸兮福之所倚，福兮祸之所伏"这种对于事物（项目）中"利害"两方面转化的认识，以及积极应对项目风险的管理思想。

但是西方在项目风险管理思想方面，最开始认为"项目风险就是导致项目不利后果的可能性"，这在很大程度上是受其风险管理思想源于保险业的风险管理理念的影响。虽然现在西方项目风险管理理论和方法中也认识到"项目风险后果有积极和消极两个方面"，但是这只是最近几年的事情。例如，最初PMI的PMBOK对于项目风险的定义就只是认定项目风险可能出现不利后果。

3. "凡事预则立"的项目风险管理思想

中国人的项目风险管理思想十分重视两个方面，其一是项目及其环境与条件发展变化的预知和预测，其二是对于项目风险应对各种预案的制定。中国有句古语"凡事预则立，不预则废"，指的就是项目风险管理首先要做好项目未来发展变化情况的预测，和开展好项目风险应对预案准备方面的管理工作。中国这种强调"凡事预则立，不预则废"的项目风险管理思想包含三层含义：其一是"凡事"是指任何事情即任何项目活动都会有某种风险；其二是"预则立"是指只有开展好预测和预案准备工作，事情或项目活动才有可能成功；其三是"不预则废"从反面确认如果没有做好预测和预案准备工作，则事情或项目活动就必然会失败。由此可见，中国人的项目风险管理思想最为重视的是对于项目及其环境与条件未来发展变化的预测，和对于如何应对项目风险的预案准备等方面的管理工作。

虽然西方的项目风险管理原理和方法中也有项目风险识别和应对计划，

但是这与中国人所要开展的项目及其环境与条件发展变化的预测在内容和范围的深度和广度上是有很大差别的。所以西方的项目风险管理在内容方面，需要特别增加"项目及其环境与条件发展变化预测和判断"方面的内容。

4. "积极求变"的项目风险管理思想

中国人的项目风险管理思想还有一个重要的独特之处，那就是中国人更注重通过变更项目计划去主动适应项目及其环境的发展变化所带来的各种项目风险情况。中国人有句口头禅就是"计划永远赶不上变化"，这听上去是一种十分浅显和朴素的道理，但是它说明了中国人在项目风险管理思想方面的一个最重要的道理。这是说，人们的任何计划都是在事物或项目开始之前制订的，在计划制订出来之后的执行过程中，事物或项目及其环境与条件都会有各种各样的发展变化，所以人们只有不断地根据这种发展变化去调整和变更计划才可能取得事物或项目的成功。因为人们当初制订的计划并不符合发展变化后的事物或项目的实际情况，客观实际情况不以人的意志为转移，所以人们只有主动修订计划才能够保证事物或项目的成功，即必须采取一种"积极求变"的项目风险管理思想和方法。

中国人的这种项目风险管理思想与西方人对待计划和变化的思想有很大的不同，很多西方人（尤其是英美人）认为这是中国人不重视或不尊重计划的表现。实际上中国人的确并不固执地拘泥于"已有计划"的严肃性，更不认可西方人提倡的"计划的不可变更性"，这就是中国人的项目风险管理思想与西方最重要的不同之处。

5. "见微知著"的项目风险管理思想

中国人认为，项目风险管理的根本原因是缺乏信息（即信息不完备）和信息滞后性，所以认为人们不仅需要利用各种数据去做出科学的客观预测，还需要利用自己的聪明才智去做好各种能够"见微知著"的科学判断。这里的"科学判断"是指人们需要使用自己的经验、常识、推理、演绎等一系列方法去对项目活动的风险情况做出必要的"推断"。这就涉及两个中国人的观点：其一是法家韩非子所说，"圣人见微以知萌，见端以知末"，即管理者要根据某些较少的信息（微）去判断出（以知）会发生哪些风险以及何种风险后果；其二是伟大领袖毛泽东说的"由此及彼，由表及里"的信息加工处理和推断，与认识事物的发展变化规律及其风险和风险后果的思想。

实际上这也是中国人与西方人在项目风险管理方面的主要不同之所在，即中国人更强调在项目风险管理中人们发挥主观能动性所起到的作用，更强调管理者需要使用自己的真知灼见、远见卓识和高瞻远瞩去填补项目活动信息的缺口，去及早做出对于项目风险的判断或推断，从而去积极地制定项目风险应对预案，和及时采取各种项目风险管理的应对措施，成功做好项目的风险管理。

6. "集大成"的项目风险管理思想

中国人做学问和做事情都希望能够成为"集大成"者，"集大成"这句话出自《孟子·万章下》："孔子之谓集大成，集大成也者，金声而玉振之也。"这是说孔子这个集大成者就像乐队共同演奏的美妙音乐那样和谐与共鸣。在随后的2500多年中，"集大成"这种思想就成了中国人做事的一种独特要求和一种最高境界。同样，中国人在项目风险管理方面强调要考虑导致项目风险的方方面面，并且要根据它们之间客观的合理配置关系去做好必要的集成管理工作。这包括对于因项目风险而导致的项目计划变更的全面再集成，即项目更新计划必须考虑所有项目要素变更后的合理配置关系，必须重新集成项目计划变更所涉及的各方面要素。

这同样是中西方在项目风险管理方面的一个十分重要的不同之处，虽然西方人在他们的PMBOK中也有项目集成管理的专项知识领域，但至今（包括最新的第六版）仍缺乏必要的项目集成管理的原理和技术方法。最好的证明就是作者经过多年研究提出的项目集成管理原理和方法，于2009年获得了国际项目管理协会（IPMA）的研究大奖，并且在南开大学百年校庆期间作者出版的《项目全面集成管理原理与方法》被选定为该校全额资助出版的十大哲学与社会科学代表著作。⊖

综上所述，中国人在风险管理文化、风险偏好和项目风险管理思想等诸多方面，与西方人有很大差异，所以只有学习好中国式项目风险管理才有可能管理好中国的"人和事"，即中国人所开展的各种项目。

⊖ 戚安邦. 项目全面集成管理原理与方法 [M]. 天津：南开大学出版社，2017.

第 3 章

中国式项目风险管理的内涵

从前面两章的讨论中，我们了解到中国人的风险管理和项目风险管理文化的渊源和发展历程，中西方在风险管理和项目风险偏好以及风险管理的文化和思想等诸多方面有着很大的不同，所以中国人要想管理好中国项目的风险就必须使用中国式项目风险管理的方法。本章将讨论中国式项目风险管理思想和方法的核心概念和实质性的内涵。

3.1 中国式的风险定义与概念

中西方在风险的定义与概念上有很大的不同，中国人认为，风险既可能造成风险损失，也可能带来风险收益。西方的风险的概念主要源于金融保险业的风险管理，所以他们认定风险就是导致损失的可能性，多采取购买保险等风险规避和风险消减等方面的风险管理方法。

3.1.1 中国式风险的定义

为了理解中国式的项目风险管理，人们首先需要了解中国人对于风险的定义，具体如下。

1. 中国式风险定义的文字描述

中国式风险是指：由于事情（或项目）及其所处环境和条件的不确定性，以及人们在主观上不能准确预见或无法控制其发展变化及影响，从而在事情的全过程中可能在某个时间出现风险，这些风险会导致事情的既定目标受到影响而出现人们意料之外的情况和后果，这包括会给事情的利益相关者带来风险损失或风险收益两方面的可能后果，以及由此可能引致的其他关联影响的后果。

2. 中国式风险定义中的内涵

上述定义涉及四个方面的内涵：其一是风险是导致风险损失或收益的一种可能性；其二是风险既有客观上环境与条件发展变化的原因，也有人们主观认识的局限性方面的原因；其三是风险是在事情的发展进程中（有预警信息风险）可能发生的，或者是在事情的某个时点上（无预警信息风险）突然发生的；其四是风险可能会具有某种关联影响，即触发其他风险及意外后果（多米诺效应）的特性。

3. 中国式风险定义的要点

中国式风险定义中的要点为：所谓风险是指人们只知道一件事情（或称风险事件）一旦发生可能会有多种结果，人们知道每一种结果的发生概率（即可能性的大小）以及每一种结果的情况，即知道是有利结果还是不利结果以及这些结果的价值大小，但是人们不能确定事情最终会出现哪一种结果。这就是风险事件与确定性事件和完全不确定性事件的区别，确定性事件人们知道只会有一个结果，完全不确定性事件人们不知道有多少种结果，也不知道每种风险事件结果的发生概率和价值大小。

3.1.2 中国式风险定义的描述模型

对于上述中国式风险定义的内涵，还可以使用工程语言和统计学的语言给出相应的描述模型。

1. 中国式风险定义的逻辑模型

使用工程语言，上述中国式风险定义可用下面的公式给出其逻辑描述。

$$R = P \times (L/G)$$

其中：R 代表风险事件，P 代表风险事件发生的可能性或概率，L 代表风险事件可能造成的风险损失，G 代表风险事件可能造成的风险收益。

由该公式可知，中国式风险的定义认为，风险既可能带来风险损失，也可能带来风险收益。通常，一件事情的风险越大则意味着风险损失或收益就越大，所以中国人关于"高风险与高收益并存"之说是成立的。

2. 中国式风险定义的统计模型

使用概率与数理统计的语言，上述中国式风险定义还可用下面的公式给出一个风险事件的期望值的表述，借此来描述一个风险事件的综合结果。如果一个风险事件的期望值为正，则表明该风险事件的综合结果是有利的，反之则表明该风险事件的综合结果是不利的。

$$RE = \sum_{i=1}^{n}(P_i \times L_i) + \sum_{j=1}^{m}(P_j \times G_j)$$

其中：RE 代表某风险事件的风险期望值，P_i 代表该风险事件第 i 项发生损失的概率，L_i 代表该风险事件第 i 项可能的损失数值，P_j 代表该风险事件第 j 项发生收益的概率，G_j 代表该风险结果第 j 项可能的收益数值，$i = 1 - n$（即该风险事件多种后果中出现风险损失后果的个数），$j = 1 - m$（即该风险事件多种后果中出现风险收益后果的个数）。

3. 中国式风险定义的统计模型示例

由逻辑模型公式可知，任何一个风险事件会有几种可能的后果，每种后果都有其发生的可能性或概率。例如，一种新研发产品的上市销售情况就存在着销售风险，此时人们预测新产品的销售情况有三种可能：其一是销售"好"的情况，其可能性为 50%，且会获得 400 万元的收益（可能的收益即风险收益）；其二是销售"一般"的情况，其可能性为 30%，且会获得 10 万元的收益；其三是销售"不好"的情况，其可能性为 20%，且会造成 500 万元的损失（包括研发经费的损失）。这表明新产品上市销售会有三种可能的情况，此时人们为了分析和评估新产品上市销售的三种可能情况的综合结果，就需要将"好"的情况（400 万元 × 50% = 200 万元），和"一般"的情况（10 万元 × 30% = 3 万元），以及"不好"的情况（-500 万元 × 20% = -100 万元），进行汇总后得到 +103 万元的风险期望值，由于这个新产品销售的风险期望值为正，则说明这件事情是可行的。如果使用统计模型公式则有如下的表述。

$$RE = 400 \times 0.5 + 10 \times 0.3 - 500 \times 0.2$$

该公式也可以用作对于一件事情或项目整体风险期望值的计算，从而使用这个风险期望值的统计学描述模型，对于一件事情或项目的全过程中的所有风险期望值给出定量的描述。需要特别注意的是：这种风险期望值只是考虑了风险事件两个方面的信息，即风险后果发生的可能性或概率，以及风险后果的价值大小。但是一个风险事件还有其他方面的信息需要收集和掌握,这包括风险发生的时间、风险关联影响方面的信息(多米诺效应),以及风险预警信息或风险触发信号等一系列信息。由于只有风险后果的发生概率和价值大小这两方面的风险结果描述可以进行定量描述,所以统计模型公式将这二者放进统计学描述模型中去度量风险事件及其后果的期望值情况,以便人们可以按照风险期望值去分析如何应对风险事件(这方面内容将在后续章节中深入讨论)。

3.1.3 中国式风险定义的核心概念

上述中国式风险的定义中,涉及如下几个不同于西方风险概念的地方。

1. 风险是会给事情带来损失或收益的可能性

西方人对风险的定义是:风险就是未来发生损失的可能性,如西方学者罗森布鲁姆(Rosenbloom)[1]和克兰(Crane)[2]等人就持这种观点。但中国人的风险概念是风险既可能带来损失,也可能带来收益。这就是中西方在风险或项目风险概念方面最大的不同之处。中国人的"富贵险中求"和"人无横财不富"等说法,都是指只有敢冒高风险才能获得高风险收益的道理。由此可见,中国式风险概念最大的独特之处就是中国人认为,风险具有风险损失和收益的两面性,而不是西方人说的风险只有损失的可能性。

2. 风险的根源有主观和客观两方面因素

在西方人的风险概念中,认定风险是客观事物发展变化所导致的(即"某一风险事件发生后的可能影响")。但是中国人的风险概念认为形成风险的根源既有客观上事物及其环境和条件发展变化的原因,也有在主观上管理者对于事物及其环境与条件发展变化的认识深度和广度不足的原因,所以导致出现风险有主客观两方面的根本原因。按照现代信息科学的理论:任何风险的客观根源是事物信息的不完备性,即客观情况使得人们缺少相关事物及其环境与条件发展变化的信息。此时人们需要对事物及其未

---

[1] ROSENBLOOM JS. A case study in risk management [M]. Iowa:Meredith Corp,1972.
[2] CRANE FG. Insurance principles and practices [M]. Saarbrücken:LAP Lambert Academic Publishing,1984.

来发展变化具有必要的预测和判断，即在信息不完备的情况下，使用已有信息和自己的经验和判断去做出对于各种可能项目后果的合理推断或假设，并据此去制定出相应的风险应对预案。所以中国人认为缺乏信息是风险存在的客观原因，人们的认知能力在深度和广度上的局限性是导致风险存在的主观原因。

3. 人的主观能动性是应对风险的关键

中国人说的"兵来将挡，水来土掩"指的就是不管引发风险的客观因素如何，人们都应该努力发挥人的主观能动性去做好风险的应对。中国人认为管理者就应该假设出风险事件的各种结果，准备各种结果的应对措施或应对预案，以便待事物信息进一步完备后去选择符合实际情况的既定应对预案，从而利用自己的聪明才智去应对风险的各种情况。诸葛亮的传奇故事就是中国人发挥主观能动性去开展风险应对的例证。诸葛亮每次派兵去打仗之前会先给带兵的将领们几个锦囊，并告知他们应在何时和何种情况下打开哪个锦囊，然后使用锦囊中的妙计去战胜敌人。实际上，诸葛亮的这些锦囊妙计就是他假设了打仗会有几种可能的风险情况，每个锦囊是针对一种风险可能造成的后果所制定的风险应对预案，而究竟需要使用哪个锦囊则需要将领根据打仗过程中出现的具体情况去确定。这就是古语"运筹帷幄之中，决胜千里之外"所讲的意思，管理者需要发挥自己的主观能动性去开展风险应对，这也是中西方在风险认识和概念方面一个重要的不同之处。

4. 不确定性与风险性之间的因果关系

西方人认为，"风险是指可能导致损失的不确定性"或"风险就是未来损失的不确定"，这在很大程度上混淆了事物的不确定性与事物的风险性这两个不同的概念，把事物的不确定性同由此导致的事物风险性的因果关系混淆或颠倒了。中国人的风险概念认为，事物及其所处环境和条件的不确定性，会导致事物出现不同的可能风险后果。这表明事物的不确定性是导致事物风险性后果的原因，而事物的风险性是事物不确定性所造成的结果，所以这二者之间有明确的因果关系。按照信息科学的理论，事物的不确定性是由于缺乏事物的信息造成的（注意：既不是一点信息没有，也不是有完备的信息），由此使得人们只知道事物有几种可能的后果，但是人们不知道哪种后果会确切地发生,而只知道每种可能后果的发生概率。

5. 风险是事物发展变化的客观反映

中国人认为,人们对于一件事情的认识是有阶段性的,随着事情的发展,人们才能够不断深入地去认识事情中所包含的风险,即人们在事物的某个阶段虽然对事物已经有了充足的认识,但是由于各方面的原因,事物及其环境发展变化导致人们对事物的认识"过时了"或"不足了"。如前所述,《道德经》中"道可道也,非恒道也"说的就是这个道理。人们常说的"计划赶不上变化"也是这个道理,这表明人们对于事物的认识及其计划安排,实际上总是赶不上事物及其环境与条件的发展变化。西方直到20世纪60年代信息科学发展之后才认识到这一点,即人们对事物的认识有三种状态,分别是拥有完备性信息、拥有不完备性信息和完全没有信息的状态。

3.2 中国式项目风险的概念

中西方对于项目风险的定义和概念的认识也有很大不同。例如,至今还有西方学者认为"项目风险是指可能导致项目损失的不确定性",如美国项目管理大师马克思·怀德曼将项目风险定义为:某一风险事件会给项目目标带来不利影响的可能性。但是中国式项目风险的概念与西方传统项目风险概念还是有较大区别的,具体讨论如下。

3.2.1 中国式项目风险的定义

中国人认为项目风险是指:由于项目及项目所处环境和条件的发展变化,以及人们主观上对于项目及其环境和条件发展存在的认识上的局限性或信息不完备等情况,从而使得在项目全过程中的活动存在某些不确定性。而这些项目的不确定性可能会导致项目的实际绩效与项目的既定目标出现偏离,这种偏离既可能是有利的情况也可能是不利的情况,即这会给项目利益相关者带来风险损失或风险收益两方面可能的结果。

1. 中国式项目风险定义的内涵

这种中国式的项目风险定义涉及五个方面的内涵:其一是项目风险的

结果既有风险损失的可能性也有风险收益的可能性；其二是项目风险存在的根本原因是项目及其环境与条件发展变化的客观存在，同时也是人们主观上对于项目的认识存在局限性；其三是项目风险是在项目的发展进程中可能会发生的风险事件或突发事件以及环境与条件的变化而导致了项目目标偏离了原定的计划情况；其四是项目风险是由于项目的不确定性所导致的，而项目的不确定性是由于人们缺乏项目信息造成的；其五是项目风险会给项目利益相关者带来风险损失或风险收益，所以项目风险管理核心是"趋利避害"。

2. 中国式项目风险定义的关键

在中国式项目风险定义中最为重要的一点是：项目的风险性是项目最重要的一种根本特性，是项目不同于日常运营的关键所在，所以在项目管理中最为重要的管理工作就是开展好项目的风险管理。由于任何人开展项目的根本目的是创造出新增价值，所以对于项目风险的管理从本质上说就是一种通过消减项目风险损失和增加项目风险收益，去"趋利避害"而增加项目所创新增价值的管理工作。

3.2.2 中国式项目风险的描述模型

对于上述项目风险的定义，我们同样可以使用逻辑和统计学的描述模型去给出工程语言或专业语言的描述，具体讨论如下。

1. 逻辑模型公式和统计模型公式的通用性

中国式项目风险的逻辑模型仍然可以使用上文中给出的风险逻辑描述模型予以描述，并且也可以使用统计描述模型去进行释义。因为从项目管理学对于项目的定义上说，凡是具有独特性、一次性、时限性、不确定性、风险性、组织开放性和后果不可挽回性等一系列特性的任何事情都属于项目的范畴，都属于项目风险管理对象的范畴。所以从根本上说，这两个公式也是对于项目风险的描述模型。其中，统计模型公式也可用作对于整个项目中诸多风险事件的组合结果评估的模型，由此给出的项目风险期望值同样可以作为项目整体风险综合结果的描述。

2. 逻辑模型公式和统计模型公式的局限性

但是这两个适用于各种事物风险或项目风险的描述模型公式中还缺少

一种可能让项目目标或结果情况产生变化的影响因素，即对于系统性的项目不确定性因素所造成的项目综合分析情况影响的描述。例如，对于一个工程建设项目而言，当整个国家或地区的通货膨胀超过一定限度以后（如世界通行的5%的通胀率限度），那么就会给整个项目的成本和价值造成很大的风险损失的结果。再比如，2020年出现的新冠肺炎疫情造成诸多投资项目和建设项目的停滞而导致的投资收益方面的损失。

3.2.3　中国式项目风险的综合描述模型

实际上，一个项目的整体风险会涉及三个方面所造成的项目风险损失或风险收益的情况：其一是项目全过程中可能出现的所有风险事件所造成的独立的项目风险损失或风险收益的情况；其二是项目风险事件存在的关联影响所造成的一种类似于"多米诺效应"的项目风险损失或风险收益的情况；其三是项目的系统性环境与条件所存在的不确定性所导致的项目风险损失或风险收益的情况，这是由于项目的系统性环境与条件的发展变化所导致的整个项目出现的综合风险损失或风险收益的情况。因此，项目整体风险的综合情况应该使用下列公式给出的模型予以描述。

$$TPR = RRORE + RROCA + RROSA$$

其中：TPR是指整个项目的风险结果，$RRORE$是指项目全过程中已识别出的所有风险事件结果的综合，$RROCA$是指项目中有关联影响的风险事件所造成的关联风险影响导致的风险结果，$RROSA$是指项目整体的系统性不确定因素所导致的项目风险结果。对于这三个方面的项目风险结果及其相互关系的讨论如下。

1. 关于 TPR 的讨论

这是指项目全过程中各种风险性因素所造成的全面和整体的结果，即英文 TOTAL RISK RESULT 的缩写。这种项目风险整体结果是由三种对项目既定目标造成风险影响的因素共同影响的综合结果，即由项目全过程中各个项目风险事件独立影响的综合结果，和由项目风险事件的关联风险影响所导致的综合结果，以及由对项目具有系统性影响的不确定因素所导致的项目风险综合结果，这三个方面的项目风险综合结果共同导致了项目整体风险结果。

2. 关于 *RRORE* 的讨论

这是指一个项目全过程中所有项目风险事件各自对于项目整体风险结果影响的综合，即英文 RISK RESULT OF RISK EVENTS 的缩写。这是运用统计模型公式综合项目所有风险事件的独立影响而得出的对于项目整体风险的综合影响。这是仅考虑了项目每个风险事件独立造成风险后果的综合影响，而剔除了项目风险事件可能具有的关联影响结果。这样处理的根本目的是避免和消除重复计算同一项目风险事件的独立风险影响和关联风险影响结果。

3. 关于 *RROCA* 的讨论

这是指一个项目全过程中各种项目风险事件之间的关联影响对于项目整体风险结果的综合影响，即英文 RISK RESULT OF CORRELATION AFFECT 的缩写。因为实际上项目风险事件不但会对项目整体风险有直接影响，而且有许多项目风险事件还会有关联影响。由于这种项目风险事件的关联影响是两个或多个项目风险事件之间的相互关联关系造成的，为了不重复计算项目风险事件的相互影响，所以将项目风险事件的关联影响效果以此单独列算。

4. 关于 *RROSA* 的讨论

这是指对于项目有系统性影响的不确定因素对于项目整体风险结果的综合影响，即英文 RISK RESULT OF SYSTEMATIC AFFECT 的缩写。对项目有系统性影响的不确定性因素多数是人力不可抗拒的项目风险环境与条件的系统性变化带来的结果，所以它必须独立于项目风险事件对于项目整体风险的影响而单独去计算和考虑。这种项目系统性风险的应对措施主要是做好项目各方面的管理储备计划和安排，以便及时应对项目系统性风险。

3.2.4　中国式项目风险定义的核心概念

上述中国式项目风险的定义中，涉及如下几个不同于西方风险概念的地方。

1. 项目风险整体结果不仅是项目风险事件的结果

中国式项目风险整体结果是指项目最终结果所出现的与既定项目目标

或结果不同的情况，因为中国人的项目风险概念是包括所有可能导致项目结果出现损失或收益的情况。这是其与西方人在项目风险整体结果的概念方面最大的不同之处，因为中国人认为项目风险的整体结果还包括项目各风险事件之间的关联影响结果，以及项目系统性的环境与条件不确定性发展变化的影响结果。这是中国式项目风险概念最大的独特之处，也是中国人对于项目风险结果的根本原因更为全面的定义。

2. 项目风险事件具有独立和关联两方面的影响

在西方人的项目风险概念中，项目风险事件的影响是指项目风险事件的直接影响后果（风险损失或收益），而不包括项目风险事件可能导致的关联影响。但是中国人的项目风险概念认为一个项目风险事件不但会有直接影响，而且可能会有项目风险的关联影响。因为中国人的世界观认为世间万事皆有联系，事物之间都会有相互影响和相互关联。实际上，很多项目风险事件一旦发生后就会引致或触发另外某种或某些项目风险事件，所以项目风险事件或多或少会具有风险关联影响的后果。

3. 有系统性影响的不确定因素是项目风险的关键

项目风险的整体结果不但受到项目风险事件的直接影响和关联影响，而且还受到对项目有系统性影响的不确定因素的影响。这是项目所处系统性宏观或微观环境与条件的发展变化所造成的风险影响后果，这是更为关键的项目风险后果的影响因素。其中，项目所处宏观环境与条件的不确定性或发展变化甚至会直接影响到项目的成败（如项目的宏观法律环境变化而使得项目因为违法而停止），而项目所处微观环境与条件的不确定性或发展变化则会直接影响到项目所创价值的高低（如项目的微观资源供给环境与条件变化导致项目成本提高和工期延长等），所以这些因素是项目风险的关键。

4. 项目环境和条件发展变化是风险的主要原因

中国人认为，"凡事（即项目）都是发展变化的"，所以项目及其环境与条件都会发展变化，这才是导致项目风险的主要原因。如果一个项目的环境与条件是确定不变的，那么项目就不会有任何风险和风险结果了。实际上，项目全过程中发生的每个风险事件都与项目环境与条件的发展变化有关，如果不是情况有变就不会出现项目风险事件。中国人的这种对于项目风险的认识概念，使得中国人在开展项目风险管理方面最主要的精力放在了项目环境与条件的发展变化方面，这是中国人做项目风险管理能够获得成功的关键所在。

5. 项目风险必须靠积极应对去实现"趋利避害"

中国人认为，项目风险是一种必须面对的客观存在，所谓"树欲静而风不止"就是指人们想项目"一帆风顺"是不可能的。所以人们只有靠积极应对项目风险去确保项目的成功，即实现"趋利避害"的项目风险管理效果。这表明即使人们可以计划和安排项目风险管理或控制，但更多的是靠在项目实施与管理过程中按照"兵来将挡，水来土掩"的实时应对风险的方法去实现项目风险管理"趋利避害"的效果。这在很大程度上就是《道德经》中所说的"道可道也，非恒道也"所讲的道理，中国人因为具有这样的文化传统而更能够做好项目风险的应对和管理。

3.3 中国式项目风险的归因和分类

中国式项目风险的归因是指中国人对于项目风险起因的归类，而中国式项目风险的分类是指中国人根据项目风险的属性而对项目风险自身的分类。中国人认为，导致项目风险的客观原因是项目信息的不完备性，这个可以通过人们的主观努力去予以弥补。

3.3.1 中国式项目风险的归因

虽然人们无法完全消除项目信息的缺口，但是中国人强调人们做事如果有"先见之明"就可以获得成功。这种中国式项目风险的归因主要有如下五个方面，具体分述如下。

1. 信息所具有的滞后性是项目存在风险性的客观原因

《道德经》中的第一句话就是"道可道也，非恒道也"，从现代信息科学的角度解释这就是对于信息滞后性的描述，这句话是说：当人们根据事物已有的信息明白了事物的发展规律的时候，实际上人们所拥有的信息已经过时了，而且未来事物的发展规律很可能与人们认识的规律不同。实际上，所有事物的客观属性和发展规律都是用某种形式的数据予以描述的，而且只有在事物发生后人们才能够收集到描述事物属性的数据，然后人们还需要对数据进行加工处理才能获得有用的信息。所以这种事物发生后才有数据，而数据加工后才能形成信息，导致了任何信息总会有一定的滞后性，即任何事物的信息多具有滞后性的特性。这种信息的滞后性影响了人们及时正确地认识项目和项目风险，实际上人们在项目决策中使用的信息都具有滞后性，这就是项目存在风险的客观原因。

2. 人们认识能力的深度和广度有限是项目风险性的主观原因

由于人类认识世界能力的有限性和世界万物所具有规律的无限性，所以至今人们对于许多事物属性的认识仍然存在很大的局限性。从信息科学的角度上说，人们对事物认识的这种局限性本身就是由于人们获取数据和信息能力的有限性和客观事物发展变化的无限性这一对矛盾所造成的，这一矛盾使得人们无法获得事物的完备性信息。人们对于项目的认识同样在广度和深度方面存在自身认识能力的限制，很多时候人们无法确切地预见项目未来的发展变化和最终结果，这是形成项目风险主观方面的原因。中国人认为"神仙"可以预知各种事情，实际上所谓的"神仙"就是指具有远见卓识和能够高瞻远瞩的"世外高人"。这些人具有"先见之明"，所以能够预见事物或项目的各种风险情况，从而能够提前做好各种项目风险的应对预案，实现项目风险管理"趋利避害"的管理。实际上，这些"神仙"就是那些认识能力在深度和广度方面能够满足项目风险管理需要的人，就是像孔子说的"五十而知天命（认识了自然界的发展变化规律），六十而耳顺（认识了人类社会的发展变化规律），七十而从心所欲不逾矩（集成认识了自然和社会两方面的发展变化规律）"这种具有足够的认识项目风险的能力，从而所有行为都符合项目风险管理要求的人。

3. 项目环境与条件突然变化是项目风险难以应对的根本原因

造成项目风险的另一个主要原因是项目所处环境与条件的突然变化，中国人说的"树欲静而风不止"指的就是这个意思，即由于项目环境与条件的突然变化而导致项目的不确定性和项目风险性。实际上，项目风险可以分为有预警信息项目风险和无预警信息项目风险两大类，其中无预警信息项目风险就属于突发事件所导致的项目风险。因为这种项目风险是人们无法预知的"突发事件"引发的，所以人们既不知道会发生什么风险，也不知道何时会发生何种风险，更不知道突发事件发生以后会有什么样的后果。人们也没有历史项目信息可以参考去应对这种无预警信息项目风险，所以项目就会出现无预警信息项目风险所导致的意外结果。这种"突发事件"是造成项目风险性的一种根本性的外因，是一种项目客观存在的环境与条件的实际情况，而且由此导致的项目风险只能由风险后果消减措施去应对。

4. 项目信息加工处理和应用与信息资源管理的问题也是根本原因之一

项目信息加工处理和应用的管理问题主要包括：数据收集方面、信息加工方面和信息资源合理使用方面的问题。当这些方面的管理出现问题或缺陷，就会导致项目信息缺口增加，从而大大增加项目的不确定性和项目风险，结果会使得项目起始决策或跟踪决策出现失误，从而导致项目及其风险管理的失败。由于信息是对决策有支持作用且经过加工处理以后的数据，所以如果在项目数据收集方面出现问题或短缺就必然会导致项目信息加工处理出现问题，结果不是项目信息出现缺口就是项目信息有瑕疵。如果信息加工方面出现问题，就会导致项目信息失真或错误而最终使得项目决策出现问题或失误。即便是项目数据收集和信息加工都能够做好，但如果在信息资源管理方面存在问题，如信息传递和使用等方面存在问题，最终也会导致项目决策出现失误。总之，项目在数据收集、信息加工和信息资源管理方面存在的问题，也是导致出现项目风险的根本原因之一。

5. 项目沟通管理和项目信息不对称也是项目风险的根本原因之一

项目沟通管理方面的问题主要包括：项目相关者的信息分享问题以及能否及时开展项目沟通以确保信息的时效性等方面的问题。这方面的问题会使得那些有项目信息优势地位的利益相关者，借助这种优势去谋取某些方面的利益，结果导致整个项目管理因缺少信息资源而出现项目风险。另外，项目沟通管理方面的问题多数是由于项目相关者之间的合作、协调和激励机制等方面出现问题而造成的，由于这种项目沟通管理方面的问题而造成了项目信息的不对称问题，就会出现所谓"委托代理机制"问题，最终导致项目信息优势地位的滥用问题，使得项目相关者之间出现冲突与矛盾。这些都会形成项目的不确定性和项目风险，从而导致项目风险管理的失效或效率低下，最终导致项目的失误或失败而使得所有项目相关者的利益都受到了伤害或损失。

3.3.2 中国式项目风险的分类

按照中国人的观点，一个项目的各种风险可按不同的标志进行分类，从而借助分类去使得人们进一步认识项目风险的内涵和特性。

1. 中国式项目风险分类的模型

项目风险的分类方法主要有如图 3-1 所示的几种○，具体描述如下。

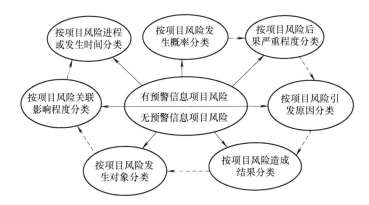

图 3-1 项目风险分类方法及其关系示意图

2. 按有无预警信息项目风险分类

如图 3-1 所示，最常用的项目风险分类是按照有无预警信息分类。其中，无预警信息项目风险是指在毫无征兆的情况下突然发生的项目风险（即突发事件），有预警信息项目风险则是指有风险征兆或预警信息的、渐进发生的项目风险。通常，无预警信息项目风险在全部项目风险中所占比例较小，有预警信息项目风险才是项目风险的主体。因为人们难以对无预警信息项目风险进行事前的识别、度量和监控，所以只能在这种项目风险发生之后去采取类似于救人、救火的消减不利后果的应对方法进行管理。对于有预警信息的项目风险，人们可以通过收集各种预警信息并识别其将要发生的征兆（或叫阈值）去预测风险的发生和发展并对其施加影响，以获得"趋利避害"的结果。中国人说的"天有不测风云"指的就是无预

○ 戚安邦. 项目管理十大风险 [M]. 北京：中国经济出版社，2004，79.

警信息项目风险。

3. 按项目风险发生概率分类

按项目风险发生概率进行分类的方法可使人们充分认识项目风险发生可能性的大小，在项目风险定性度量的时候可以将项目风险按发生概率高低分为三级、五级或多级以区分不同的项目风险，而在项目风险定量度量的时候按照百分比大小计算即可。这种项目风险分类的最大作用是用来进行项目风险应对的优先序列安排，因为很显然，发生概率最高的项目风险也是人们最先应该进行监控和应对的项目风险。

4. 按项目风险后果严重程度分类

这种分类方法可使人们充分认识项目风险后果的严重程度，即项目风险收益和项目风险损失的大小。在项目风险定性度量中可以按照项目风险后果严重程度分为三级、五级或多级，在项目风险定量度量的时候按照项目风险损失或收益的大小计算即可。这种项目风险分类的最大作用同样是用来进行项目风险应对的优先序列安排，因为项目风险后果越严重的，就越是人们应该进行监控和应对的项目风险。

5. 按项目风险引发原因分类

这种分类方法可使人们充分认识造成项目风险的根本原因，以便人们有针对性地采取项目风险应对和管理措施。这种分类可以按照主观/客观、组织内部/外部或按技术、经济、运行或环境等造成项目风险的根本原因进行分类。这种项目风险分类的最大作用是用来作为制定项目风险的应对措施的依据，因为从消除项目风险引发原因去开展项目风险的应对，一定是最能收到"趋利避害"的项目风险管理效果的。

6. 按项目风险造成结果分类

这可以使人们充分认识项目风险可能带来的后果，即究竟项目风险会对项目所涉及的哪个方面造成不利或有利后果的分类。这一方法首先可以按照项目风险后果究竟是风险损失还是风险收益进行分类，更进一步可按项目风险造成的人、财、物等不同风险损失或收益后果进行分类。这通常是在分析和确定出项目风险后果以后的一种分类，根据这种项目风险分类人们就可以预先针对每一种项目风险所造成的结果去制定项目风险应对措施或预案。

7. 按项目风险关联影响程度分类

有些项目风险一旦发生会触发或引发其他一些项目风险的产生或发生，这种项目风险就是具有关联影响的项目风险。所以人们还需要对项目风险关联影响程度进行分类，这可以使人们充分认识项目风险是独立发生的还是关联影响的。有关联影响的项目风险可以进一步按照关联影响的大小进行必要的分类，根据这种项目风险分类人们可以制定和采取项目风险应对措施，以便在应对有关联影响项目风险自己的风险后果的同时，去应对这种项目风险的关联影响后果，只有这样才有可能真正做好关联风险影响的控制和应对。这种项目风险的关联影响甚至可能像"多米诺骨牌"一样，造成一连串的关联影响后果。

8. 按项目风险进程或发生时间分类

项目风险分类中还有一个十分重要的分类就是按照项目风险发生时间的先后所做的分类，按照项目风险定性度量可以将项目风险分为近期、中期和远期三种不同时间的项目风险，而按照项目风险定量度量可以将项目风险按照具体时点给出排序。这种项目风险分类的根本目的也是为了开展项目风险的应对和控制，显然，越是近在眼前的项目风险人们越应该尽快去开展应对，而对于远期项目风险则可等待项目风险各方面进一步发展变化，最终在项目风险逐步变成近期风险的时候再去做更多的关注和开展进一步的监控和应对。实际上，项目风险进程或发生时间是十分重要的一种分类标志，因为多数项目风险应对计划需要首先根据这一点做好安排。

综上所述（按项目风险发生对象分类的详细内容从略），项目风险分类的根本作用是用于开展项目风险应对优先序列的计划和安排，很显然，时间上近在眼前，发生概率很高，风险后果十分严重，有关联影响的项目风险等的项目风险是应该最优先安排应对措施和开展管理的项目风险。

3.3.3 中国式项目风险的主要特性

根据上述项目风险的分类可知，项目风险具有一系列的特性，这些特性是在项目风险管理中必须要考虑和应对的。有关项目风险的主要特性有如下几个方面。

1. 项目风险的随机性和相对可预测性

项目风险的发生都是随机性的，或者具有偶然性的，使用统计学语言对项目风险这一特性来描述就是"项目风险发生概率"。这表明没有人能够准确预言某个项目风险事件发生的确切时间、情况和后果。虽然人们可以通过统计数据和研究去发现某些项目风险发生变化的规律,但是这种规律也只是一种具有统计学意义的规律,即具有随机性的项目风险事件的发展变化规律而已。但是人们可以使用项目风险的随机性或统计规律去预测项目风险的发生时间和后果与影响等情况,而且人们要想做项目风险管理就必须开展项目风险的预测、分析和评估。只是由于项目环境与条件的不断变化和人们认识能力所限,没有人能确切地预测、分析和评估出一个项目风险事件未来的确切情况,只能相对预测项目风险的发展变化情况。这就是项目风险的随机性和相对可预测性。

2. 项目风险的渐进性和突发性

有预警信息的项目风险都是随着项目的环境、条件和自身固有的规律逐渐发展和变化的,并且逐步从潜在阶段,发展变化到发生阶段,进一步进入后果阶段。这种项目风险的渐进性为人们开展项目风险应对和管理提供了可能性。实际上,随着项目内外部条件和环境逐步发展变化,项目风险的大小和性质也会发生变化,若有预警信息,项目风险发生时可以预知或预测。但是当项目及其环境的发展发生突变的时候,就会出现某种突发事件而导致无预警信息项目风险的发生。所以无预警信息项目风险多数表现出突变性,这种项目风险的独特性使得人们对于无预警信息项目风险的应对和管理变得十分困难。

3. 项目风险后果的发展变化特性

这是指多数项目风险的后果会随着项目自身及其环境与条件的发展变化而变化,这包括:项目风险发生概率会随着人们对于项目风险的认识的变化不断改变,项目风险后果会随着项目环境与条件的发展变化而出现改变(后果变得更为有利或更为不利),项目风险的关联影响也会随着项目的实施和进展而发生变化(关联影响的增加或减少),甚至项目风险事件发生的时间进程也是随着项目实施和环境与条件的变化而不断发展变化的(提前或推迟)。最重要的是,如果人们对项目风险管理和应对得当,有些项目风险会消失或项目风险后果会朝着有利的方向转化。反之,则会出现项目风险及其后果会不断向不利的方向发展变化。

综上所述，项目风险具有发展变化的特性，而且正是这些特性使得人们需要通过开展项目风险应对和管理去实现"趋利避害"的管理效果。

3.4 中国式项目风险管理的概念

综上所述，中西方在风险和项目风险的定义与概念等方面有较大不同，这就导致了中国人在项目风险管理思想和方法上与西方人也有很大的不同。最大的不同在于，中国式的项目风险管理思想和方法涉及两方面的管理，即既要规避和消减项目风险损失，又要抓住和扩大项目风险收益的"趋利避害"管理思想和方法。西方的传统项目风险管理思想和方法则是一种以规避项目风险损失为核心的思想和方法，因为西方人认为项目风险只会导致项目风险损失。甚至在最新的文献资料中仍可以发现有教科书认为："项目风险管理是指……妥善地处理风险事件造成的不利后果，以最少的成本保证项目总体目标实现的管理工作。"很显然这属于西方项目风险管理中消减项目风险损失的"单打一"管理思想和方法。双方对项目风险管理的相同和不同之处的深入讨论如下。

3.4.1 中国式项目风险管理的定义

中国式的项目风险管理是指：以项目风险所有者为管理主体，由项目相关者积极参与，通过开展项目风险管理计划、项目及其环境的预测、项目风险识别、项目风险定性度量、项目风险定量度量、项目风险应对预案编制、项目风险监测、项目风险应对措施实施、项目变更等一系列项目风险管理过程的一种项目最重要的专项管理工作，其目的是通过采取各种项目风险管理与控制方法和措施，以及积极地开展项目变更及其集成管理，去实现"趋利避害"的项目风险管理两方面的效果，以保证项目目标得以合理实现，这包括借助项目变更去使得项目目标适应实际情况的管理。

3.4.2 中国式项目风险管理的内涵

上述这种中国式项目风险管理的定义涉及多方面的内涵，具体分述如下。

1. 项目风险管理是一种专门的项目专项管理

中国人认为项目风险管理是最重要的项目专项管理，因为实际上项目管理中的计划、组织、领导和控制都是为了"趋利避害"服务的，而项目风险管理的核心即是借助这种项目专项管理去实现创造更大项目价值的根本目的。

2. 项目风险管理的主体是项目风险所有者

任何项目风险都有自己的所有者，如对于工程建设项目而言，根据项目合同责任与权利的规定，有些项目风险是项目业主的，有些项目风险是承包商的，项目风险所有者必须承担项目风险管理责任及后果，因为项目风险本来就是属于他们的。

3. 项目风险管理需要全体项目相关者积极参与

虽然项目风险所有者负有承担项目风险管理责任及后果，但是项目风险管理同时也需要项目所有相关者们的积极参与。一方面项目相关者需要为项目风险管理提供信息和支持，另一方面，他们也需要分担各自因项目受益而应该承担的风险责任和风险后果。

4. 项目风险管理的主要内容包括八个方面的工作

项目风险管理的核心工作主要包括：项目风险管理计划、项目及其环境与条件发展变化的预测，项目风险识别，项目风险定性度量，项目风险定量度量，项目风险应对预案编制，项目风险监测，项目风险应对措施的实施，以及由于项目风险应对而导致的项目变更。

5. 项目风险管理的核心是积极应对项目风险

项目风险管理的所有工作，都是为通过采取项目风险应对措施，从而实现"趋利避害"的管理效果服务的。不管是项目风险识别还是度量以及风险监控，都是为保证能够及时有效地开展项目风险应对服务的。

6. 项目风险应对会导致项目计划和方案的变更

虽然项目风险应对措施需要计划安排，但在人们开展项目风险应对过程中会有很多临时性的变更，这会导致项目既定计划和方案必须进行变更。所以中国式项目风险管理的概念认定，项目变更与项目风险是并存的，项目变更会使得项目计划和方案更符合现实情况。

3.4.3 中国式项目风险管理的逻辑模型

上述中国式项目风险管理定义的核心思想可用如下公式所给出的逻辑模型予以描述。

$$RM = P\uparrow \times (L\downarrow / G\uparrow)$$

其中：RM 代表项目风险管理，$P\uparrow$ 代表收集信息以提高项目后果发生概率，$L\downarrow$ 代表努力降低项目风险损失，$G\uparrow$ 代表努力提高项目风险的收益。关于这个项目风险管理逻辑模型中各方面的讨论分述如下。

1. 关于 RM 的讨论

这是指项目风险管理的内涵，即英文 RISK MANAGEMENT 的缩写。根据公式可知，项目风险管理的内涵包括三个方面的工作，其一是由 $P\uparrow$ 表示的通过信息收集和利用降低项目不确定性的项目风险管理工作；其二是由 $L\downarrow$ 表示的努力消减项目风险损失的项目风险管理工作；其三是由 $G\uparrow$ 表示的努力增加项目风险收益的项目风险管理工作。

2. 关于 $P\uparrow$ 的讨论

由于项目风险是因为缺乏相关信息而使得项目存在不确定性所导致的，所以努力收集项目信息就成了项目风险管理的头等大事。因为项目信息的增加会降低项目的不确定性，即随着 $P\uparrow$，人们对于项目的认识可以从 P = ?（完全不确定性的）到 P < 1（不确定性的）再到 P = 1（确定性的），所以 $P\uparrow$ 就成了项目风险管理的首要任务。

3. 关于 $L\downarrow$ 的讨论

按照中国人"趋利避害"的项目风险管理思想，尤其是"要趋利先避害"以避免出现"利令智昏"的情况，所以中国式项目风险管理应该先做好消减项目风险损失的管理工作。这包括消减项目风险所导致的成本、价值、时间、质量、范围、资源等各方面的可能损失。这一项目风险管理工作的最高境界是"消除"风险损失，次之是"减少"风险损失。

4. 关于 $G\uparrow$ 的讨论

同时，按照中国人"趋利避害"的项目风险管理思想，中国式项目风险管理还应该做好提高项目风险收益的管理工作。这包括提高项目风险积极影响所能够导致的项目价值的上升，项目时间的缩短，项目质量的提高，和项目资源有效利用等方面。这一项目风险管理工作的根本目的就是努力增加项目所能够创造的价值，从而实现项目价值的最大化。

在此需要特别注意的是，上述公式给出的只是项目风险管理的基本内涵，实际上项目风险管理还有很多需要开展的管理具体工作，这方面的内容将在后续章节中深入讨论。

3.4.4　中国式项目风险管理的独特之处

上述中国式项目风险管理的定义和逻辑描述模型，包含如下不同于西方的独特概念。

1. "趋利避害"的项目风险管理思想

中国人的管理哲学认为"凡事有一利必有一弊"，即任何项目既不可能"有弊无利"，也不可能"有利无弊"。中国人都知道"富贵险中求"的道理，所以做任何项目都需要冒一定的风险。中国式项目风险管理要求开展"趋利避害"两方面的管理，这种"趋利避害"的项目风险管理思想，源于中国人所具有的"阴阳对立统一"的世界观。认为任何事物的发展都是由于"阴阳"两种元素"对立统一"运动所致，这种"阴阳"两因素的对立统一和发展变化使得事物总是处于"阴盛阳衰"或"阳盛阴衰"的变化状态，而"阴阳"二者完全均衡的情况很难达到。所以中国人必须按照"福兮祸所伏，祸兮福所倚"的"利害关系"，去按照"趋利避害"的方法做好项目风险管理。

2. 项目风险无法消除但可以管理的思想

中西方对于开展项目风险管理的根本原因也有不同的观念，中国人认为任何项目都有风险，即项目风险与项目并存的一种客观现实，而且正是由于项目风险的存在人们才需要开展项目管理以及项目风险管理。如前所述，这是由于中国几千年文化中从"八卦"到三部《易经》，再到儒家、道家等诸子百家而一脉相承至今的、中国人世界观中对于"变化"和"应变"的根深蒂固的思想和文化所导致的。中国人甚至认为，人们开展无风险活动只要"顺其自然"即可，因为人们管与不管和管的最终结果都是已经确定的了。只有存在风险的项目活动才需要管理，所以真正的项目管理重心是对于项目风险所开展的管理。

3. "凡事预则立，不预则废"的项目风险管理思想

中国式项目风险管理十分重视两个方面，其一是项目及其环境与条件发展变化的预知和预测，其二是对于项目风险的应对措施或预案的制定。"凡事预则立，不预则废"这句话充分体现了项目风险管理需要做好上述两方面工作的道理。虽然西方的项目风险管理原理和方法中有项目风险识别和应对计划，但是没有关于项目及其环境与条件发展变化的预测的工作内容。"凡事预则立，不预则废"中包含有多层含义：其中"凡事"指的是任何事情或项目，这表明中国人认为世界上就没有无风险的项目或事情；"预则立"是说只有开展好预测和预案准备工作，事情或项目才能够有成功的结果；"不预则废"是从反面确认如果没有做好预测和预案准备方面的工作，事情或项目就必然会失败。

4. "计划赶不上变化"和"积极求变"的思想

中国式项目风险管理还有一个重要的独特之处，就是更注重借助项目计划变更去主动适应项目及其环境的发展变化，以及由此带来的各种项目风险情况。中国人常说的"计划赶不上变化"就是这种思想的集成体现，这句话说明了项目风险管理的一个最重要的道理。因为人们的任何项目计划都是在项目活动开始之前制订的，在项目计划制订出来之后的实施过程中，项目及其环境与条件都会有各种各样的发展变化，所以人们只有不断地根据项目及其环境与条件的发展变化去不断地调整和变更此前的项目计划才可能取得项目风险管理的成功。所以在上述中国式项目风险管理的定义中，作者特别增加了"项目计划变更"的内容，这就是根据中国人"积极求变"的项目风险管理思想而提出的。中国人的这种项目风险管理思想与西方人对待"计划"和"变化"的理念有很大的不同，由于中国人的这种项目风险管理思想更为符合项目风险管理的实际，所以就会取得更好的项目风险管理效果。

5. "见微知著"和"由此及彼"的管理思想

在中国式项目风险管理概念中，还有一个十分独特的地方，即中国人认为不能仅仅靠项目已有信息作为项目风险管理与决策的依据，更重要的是管理者们要利用自己的聪明才智去"见微知著"和"由此及彼"地做好项目风险管理所需的各种正确"判断"。这种正确的"判断"是管理者

使用自己的经验、常识、推理等得到的,是对项目风险情况做出的"主观判断"。其中"见微知著"是指管理者要根据所获较少的信息(微)去判断出事情的发展变化(著),所以管理者要有"见微知著"这种高瞻远瞩和远见卓识的能力。其中"由此及彼"是说任何事物的数据不但要做好判断真伪和加工处理,最重要的要利用已有的信息去做好"由此及彼"的推断,这样才能够认识事物或项目风险的发展变化规律。显然,中国人与西方人在项目风险管理这方面是不同的,中国人更强调在项目风险管理中管理者使用自己的真知灼见、远见卓识和高瞻远瞩去填补项目信息缺口,及时做出对于项目风险的预测、判断或推断,这是项目风险管理成功的关键。

6. 项目风险管理需要"集大成"的管理思想

中国人做事情和做学问都希望能够成为"集大成"者,自孔孟提出这个思想传承至今,"集大成"已经成了中国人做事的一种独特要求、思想和方法。所以中国人在项目风险管理方面也强调要开展项目风险管理的集成,即要根据客观要求的项目各方面的合理配置关系,去做好项目风险管理的集成工作。例如,因项目风险而导致项目计划变更时,项目变更计划就必须考虑所有项目要素变更后的合理配置关系,包括项目目标四要素、项目资源三要素的变更,总之项目变更计划必须重新集成项目各方面要素的全面合理配置。这是中西方在项目风险管理方面的另一个十分重要的不同之处,这是中国古典管理哲学思想中"集大成"思想的遗传造成的。实际上,西方不但在项目风险集成管理方面存在明显不足,而且在项目整体的集成管理方面同样存在严重的不足。有两个方面的情况可以证明这一点,其一是 PMI 的 PMBOK 中至今在项目集成管理的技术和方法中只有项目挣值管理的两要素集成方法,其二是作者经过多年研究而提出的项目集成管理原理和方法在 2009 年获得了国际项目管理协会(IPMA)当年的研究大奖(详见作者这方面的专著[一])。

3.5 中国式项目风险管理的基本方法和内容

由于项目风险最重要的分类是有无预警信息,所以项目风险管理主要

[一] 戚安邦. 项目全面集成管理原理与方法[M]. 天津:南开大学出版社,2017.

有两大类不同的项目风险管理方法。

3.5.1 对于无预警信息项目风险的管理基本方法

从理论上说，针对无预警信息项目风险的管理方法，由于这种项目风险难以提前识别、跟踪和实时应对，即难以开展项目风险的事前控制，所以对于这种项目风险只能采取类似救人、救火式的"消减"项目不利后果的管理基本方法。由于那些带有有利后果的项目无预警信息风险带来的是"意外之喜"，人们多数只是等待"天上掉馅饼"的结果，最多也就是努力去使这种天上掉下来的"馅饼"尽量变大而已。所以对于无预警信息项目风险的管理基本方法主要是"消减损失"的方法，西方人将其叫作"risk mitigation"，并且有些西方人甚至不管是有预警信息还是无预警信息的项目风险都只是采用这种消减风险损失的管理基本方法。实际上，对于无预警信息项目风险的管理基本方法是一种制定各种应急预案，然后当"项目风险突发事件"发生后积极去消减损失的方法，这种项目风险管理的方法是一种相对消极的管理方法，其根本原因就是人们没有这种项目风险何时发生及其后果如何的相关信息。例如，美国的"9·11事件"最终定性为无预警信息项目风险的突发事件，虽然当时人们也在收集恐怖袭击事件的信息，但是由于信息很少而无法达到做出项目风险预警的程度，所以人们无法提前采取有效的应对措施，人们既不知道恐怖袭击何时发生也不知道在什么地方和用什么手段，更不知道该恐怖袭击可能带来的不利后果，最终导致"9·11事件"造成了非常糟糕的项目风险后果。

3.5.2 对于有预警信息项目风险的管理基本方法

对于有预警信息项目风险的管理与无预警不同，因为人们可以根据他们所拥有的项目风险信息去"趋利避害"地应对项目风险。对于有预警信息项目风险的"避害"管理方法就是努力去规避、转移和消减项目风险不利后果的管理方法，这包括通过购买保险和签订合同甚至放弃项目等多种转移项目风险的方法。对于有预警信息项目风险的"趋利"管理方法就是努力创造和抓住项目风险有利后果的机会，以及努力提高和增加项目风险有利后果的管理方法。按照项目风险管理理论，人们可以通过使用项目风险识别、度量和应对等方法对有预警信息项目风险实现有效的管理与控制，因为这种项目风险的发展进程包括：项目风险潜在阶段、项目风险发生阶段和项目风险后果阶段，所以有预警信息项目风险的管理技术方法包括如下几种。

1. 项目风险潜在阶段的管理技术方法

在项目风险潜在阶段人们可以使用各种预防和消除项目风险的方法，这类方法是一种积极的项目风险管理技术方法。实际上，项目风险造成的不利后果多数都是由于人们在项目风险潜在阶段未能够正确识别、度量和应对项目风险而造成的。所以人们应提前识别、度量和安排潜在的项目风险的应对措施（包括对于可能的有利和不利项目风险结果的各种应对措施），在预见到项目风险不利后果时采取各种规避和消减项目风险后果的管理技术方法，而在预见到项目风险有利后果时采取各种积极方式扩大项目风险有利后果的项目风险管理技术方法。例如，若已知某项目存在技术风险很大时，就应该采取不使用该技术甚至放弃该项目的风险规避管理方法，如果会因为使用新技术而带来项目收益的增加就应努力抓住这种项目风险机遇，和积极扩大项目使用新技术而带来的风险收益。

2. 项目风险发生阶段的管理技术方法

这是指在有预警项目风险的征兆已经出现，但是尚未造成项目风险后果这一阶段的管理技术方法。此时人们可以采用各种项目风险转化与化解等具体管理技术方法对项目风险进行管理，这类方法主要是关于项目风险遏制和转化等方面的管理技术方法。在实际的项目风险管理中，总会有一些项目风险在项目实施和发展进程中进入项目风险发生阶段，此时如果人们能立即实施项目风险遏制和转移等方法进行应对，多数情况下项目风险管理仍然可能有"趋利避害"的效果。这种方法的核心是努力消除或转化项目风险造成不利后果的环境与条件，"遏制"项目风险朝着出现不利后果的方向发展，"转移"项目风险可能对于组织或个人带来的损失（如寻找能应对项目风险的组织或个人去应对处在发生阶段的风险）。

3. 项目风险后果阶段的管理技术方法

这是在项目风险后果发生过程中所采用的管理技术方法。在这一阶段中人们也有两种项目风险管理技术方法，其一是采取消减项目风险不利后果的管理技术方法，从而去努力减少项目风险所造成的不利后果；其二是采取扩大和增加项目风险有利后果的管理技术方法，从而去努力增加项目风险所造成的有利后果。实际上，有很多时候人们无法在项目风险潜在阶段和项目风险发生阶段去规避和化解全部项目风险，所以一定会有一些项目风险最终会进入项目风险后果阶段。此时人们只能采取上述正反两种不同的技术方法去开展项目风险的应对和管理。其中，"救人"和"救火"等"救急"的方法就是典型的消减项目风险不利后果的管理技术方法，而中国人所说的"乘胜追击"就是典型的扩大项目风险有利后果的管理技术方法。

由此可见，在项目风险的三个不同阶段中，人们需要使用不同的项目风险管理技术方法。这是因为有预警信息项目风险的渐进性和阶段性使人们能够在项目风险进程的不同阶段采取不同的应对措施和管理技术方法去实现对于项目风险的有效管理。

3.5.3　项目风险管理工作的过程和内容

按照中国式项目风险管理的思想，项目风险管理工作的过程所包括的步骤和内容如图3-2所示。有关中国式项目风险管理的具体步骤和内容分述如下。

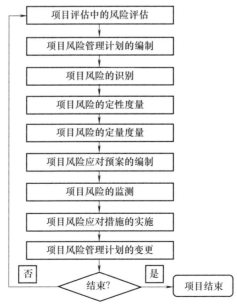

图 3-2　中国式项目风险管理的过程和内容示意图

由图 3-2 可知，中国式项目风险管理工作的过程和主要内容包括如下几个方面。

1. 项目评估中的风险评估

中国式项目风险管理始于项目评估中的风险评估工作，在中国式项目风险管理中，不管是项目起始评估还是项目跟踪评估，最重要的内容就是项目风险的评估。其中，项目起始评估是为项目初始决策服务的，所以项目起始评估也被称为项目可行性研究，这种项目可行性研究的根本目标和内容就是分析、识别和度量项目各方面的风险，然后研究、判断和确认项目各方面风险是否有可能导致项目变得不可行。项目跟踪评估则是在项目实施过程中当项目环境与条件出现重大变化或者关键项目相关利益者请求进行项目变更，从而必须开展项目变更决策时所开展的项目跟踪评估。这种项目跟踪评估的核心内容还是分析、识别和度量项目因环境与条件发展变化或项目要求出现变更而导致的各方面风险，然后研究、判断和确认这些项目各方面风险是否有可能导致项目后续实施变得不可行。

2. 项目风险管理计划的编制

这是计划和安排在项目全过程中如何开展项目风险管理的工作，是根据项目评估结果去开展的一项项目风险管理的工作。这一工作给出的项目风险管理计划书（或指南）是整个项目后续阶段风险管理的指导性文件，是人们后续开展项目风险管理的指南。这一计划中包括对于有预警信息或者无预警信息的项目风险管理工作的全面安排，所以人们需要在项目全过程中按照这一计划去开展后续各项活动以及分配项目风险管理的责任，而且还包括如何定期修订这一计划等方面的规定。

3. 项目风险的识别

这是一项识别和确定项目究竟存在哪些风险，这些项目风险会影响项目的哪些方面，以及这些风险的影响程度和可能带来的风险后果等基本情况的工作，其主要任务是识别出项目可能存在的风险、引起项目风险的主要因素，并对项目风险后果做初步的定性识别和估计。项目风险识别工作要使用项目计划情况与实际情况和项目预测情况进行对比的方法，从而做出对于项目风险的识别和推断。这一项目风险管理工作的好坏取决于人们所掌握项目计划、实际和预测信息的多少，以及项目管理人员的知识与经验。这一工作是后续进行项目风险管理工作的基础,所以这一工作直接决定了项目风险管理工作的成败,因为如果人们没有识别出项目风险就不会有后续的项目风险度量和应对工作,而只能等待项目风险进入后果阶段后再去开展项目风险管理工作。

4. 项目风险的定性度量

这包含对于项目风险各种可能后果的发生概率、后果严重程度、关联影响情况以及时间进程四个方面的定性度量的工作。这是使用定性度量的方法对已识别出的项目风险可能造成的各种风险后果和影响的粗略估计和度量,所以这种方法多数使用定性指标给出一个项目风险各种可能后果的描述。例如,项目风险定性度量给出的每种项目风险可能后果发生概率的度量可以是高、中、低三类,每种项目风险后果的严重度量可以是严重、一般和不严重三类,每种项目风险后果的关联影响程度的度量可以是大、中、小三类,而每种项目风险后果的时间进程的度量可以是很快、近期和远期三类等。人们既可以使用这种定性度量去作为后续开展项目风险定量度量的基础,也可以直接使用这种项目风险定性度量去制定项目风险应对措施和开展项目风险管理决策。

5. 项目风险的定量度量

这是在项目风险定性度量的基础上进一步细化和准确描述项目风险各种可能后果和情况的定量度量工作,是对项目风险各种可能后果的发生概率、后果情况、关联影响程度和时间进程所进行的定量化分析和评估,多数情况下这度量结果会使用统计分布等方法给出详细描述。项目风险定量度量的内容必须给出项目风险各种可能后果在各方面的具体数值,如项目风险每一种后果的发生概率、风险损失和收益的具体数值、风险关联影响程度的范围和可能性的数值,以及风险可能发生的时点和时期等具体数据。项目风险定量度量能够给出更多的项目风险管理决策的支持信息,所以对于多数项目必须开展项目风险定量度量工作,并按照项目风险定量度量结果去制定项目风险应对措施和开展项目风险管理的决策。

6. 项目风险应对预案的编制

这是人们根据项目风险识别和度量结果,所开展的一项计划和安排项目风险应对预案的工作。这一工作包括两个具体方面的工作:其一是针对每一种可能的项目风险后果(注意:项目风险指的就是项目可能有几种不同的后果，而人们只知道每种后果发生的可能性，并不知道哪种后果确切会发生）去制定出各自相应的应对措施，其二是将这些应对措施汇总、安排好项目风险具体应对措施的方案（项目风险应对决策最关键的是根据实际发生的项目风险具体情况去选择和实施正确的项目风险应对措施）。所以这项工作必须使用项目风险识别、定性和定量度量以及项目及其环境与条件的预测等信息，在全面考虑项目风险结果及其应对措施的综合代价和收益的基础上，决定如何去应对项目风险的各种可能结果，从而避免在项目风险应对中出现得不偿失的情况。

7. 项目风险的监测

这是指根据项目风险计划、项目及其环境与条件预测、项目风险识别、项目风险定性与定量度量以及项目风险应对预案所开展的，对整个项目全过程中各种项目风险及其可能后果的监测工作。这一工作最根本的任务是对项目风险各种可能后果的征兆的监测，以便及早发现项目风险究竟会出现何种后果，以便下一步人们能够根据这种项目风险后果去选定和实施相应的项目风险应对措施。项目风险监测工作也必须按照有预警信息和无预警信息两种项目风险分别去开展监测工作，而且对于有预警信息项目风险的监控还涉及项目风险潜在阶段、发生阶段和后果阶段三方面的监测，而对于无预警信息项目风险的监测则只能够在项目突发事件出现之后开展必要的监测工作。

8. 项目风险应对措施的实施

一旦在项目风险监测中发现项目风险可能后果的征兆，人们就可以确定项目风险究竟会出现哪种具体后果，从而决定使用哪种项目风险应对措施去开展项目风险的应对工作，即按照项目风险应对预案去开展项目风险应对措施的实施工作。这就是中国人所说的"兵来将挡，水来土掩"，即针对项目风险征兆所指示的项目风险具体后果，去开展项目风险应对预案的实施工作。此时项目风险已经进入风险发生阶段，此前的项目风险情况已经变成了一种项目的现实情况，所以人们就必须针对具体会发生的项目风险结果去开展"兵来将挡，水来土掩"的具体应对措施，从而实现项目风险管理所应有的结果和效果。

9. 项目风险管理计划的变更

通常有两种情况需要开展项目风险管理计划的变更，其一是在项目及其环境与条件发生了重大变化的情况下，其二是在项目风险应对预案实施以后使得项目各方面发生重大变化的情况下，因为这些发展变化会引起项目风险的变化，所以就必须开展项目风险管理方面的变更。这种项目风险管理方面的变更涉及项目风险计划、预测和后续项目风险管理工作的全面变更，其中最主要的是根据项目及其环境与条件的发展变化情况去重新开展项目风险计划、预测、识别、度量的工作，以及全面更新项目风险应对措施和应对预案的工作，以便在未来项目风险某种可能后果的征兆出现时，按照变更后更加符合项目实际情况的计划去开展项目风险管理工作。由图3-2可以看出，实际上项目风险管理工作是一个动态循环的过程，而且是一种不断重复直至项目结束都在进行的动态循环工作过程。

综上所述，中国式项目风险管理不管从定义、概念、原理、过程和内容等各个方面都与西方的项目风险管理有较大的不同。即便现在国际上对于项目风险管理研究最为系统的PMI的PMBOK中也缺少项目及其环境与条件的预测和项目风险管理方面的变更等内容，而且他们还将项目风险监测与项目风险应对措施的实施统称为项目风险监控，这在很大程度上就是本书最前两章所讨论的项目风险管理文化等方面的差别所造成的中西方项目风险管理在具体工作安排方面的不同。

第 4 章

中国式项目风险全面集成管理

如前所述，中国式项目风险管理最重要的特征之一是全面集成性的管理，所以本章将全面讨论中国式项目风险全面集成管理的原理。这种项目风险全面集成管理涉及三个方面的内容：其一是项目全过程的风险集成管理，这主要是从项目风险发展的时间进程去开展的项目风险集成管理；其二是项目全要素的风险集成管理，这主要是从项目风险所涉及的目标四要素和资源三要素去开展的项目风险集成管理；其三是项目全团队的风险集成管理，这主要是从项目所有相关者所构成的全团队的角度去开展的项目风险集成管理。

4.1 中国式项目全面集成管理的基本原理

项目管理中会出现一系列由项目集成管理不当所导致的问题和恶果，例如诸葛亮挥泪斩马谡，拿破仑败走滑铁卢等事件，都是项目全面集成管理出现问题而导致了项目风险损失的恶果。这些"聪明一世"却出现"糊涂一时"的管理者们的问题就是没能全面集成管理好项目的各个方面。实际上，任何项目及其环境与条件都会因为不断地发展变化而导致风险，所以项目管理必须全面集成计划和控制项目各方面的合理配置关系，这就是中国式项目风险全面集成管理的基本原理和关键所在。

因此，中国式项目风险全面集成管理必须以项目全面集成管理为基础，项目全面集成管理包括四个方面的内容。其一是为找出和实现项目全过程所包含的项目目标、项目产出物、项目阶段、项目工作包和各项活动合理配置关系的项目全过程集成管理。其二是为找出和实现项目全体相关者的要求、责任、权力、利益合理配置关系的项目全团队集成管理。其三是为找出和实现项目目标四要素、资源三要素与风险要素合理配置关系的项目全要素集成管理。其四是为找出和实现项目全过程、全要素和全团队三者之间合理配置关系的项目全面集成管理。由此可见，项目全面集成管理涉及三个维度以及这三个维度的全面集成管理。

4.1.1　中国式项目全面集成管理的层次模型和原理

上述项目全过程集成管理、全团队集成管理、全要素集成管理和全面集成管理之间在不同的项目上会有不同的集成序列。有些项目需要首先进行项目全过程的集成，而后再进行项目全团队的集成以及项目全要素的集成，即先弄清楚项目究竟要干些什么事情，然后再去找人分别做好这些事情，并由他们做好项目的"多快好省"的集成管理。但是有些项目需要首先进行项目全团队集成，然后再进行项目全过程的集成和全要素的集成，即先找好负责项目实施和管理的人和组织，然后再确定项目工作和管理的过程安排，最终做好项目的"多快好省"的集成管理。但研究结果表明，对于大多数大型和复杂项目而言，人们会按照图4-1所给出的层次模型中的逻辑关系去开展项目全面集成管理的工作，即首先需要做好项目全过程的集成，然后做好项目全团队的集成，进一步做好项目全要素的集成，最终做好项目全面集成管理。

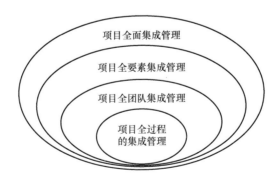

图4-1　项目全面集成管理的层次和逻辑关系模型

如图4-1所示，这种项目全面集成管理的层次和逻辑模型要求相关人员首先进行项目全过程的集成管理，即首先弄清楚项目全过程所要实现的目标、产出物、工作包和活动，并且通过集成管理首先去实现这些方面的合理配置。第二个层面的项目集成管理工作是项目全团队集成管理，即根据项目全过程集成管理所确定的项目工作包和活动去配备好开展这些项目工作或活动的人员、团队和组织。第三个层面的项目集成管理工作是项目目标要素、项目风险要素和项目所需资源要素的集成管理工作，即努力将项目各个要素通过集成管理去实现合理配置的工作。第四个层次是项目全面集成管理的工作，这是将项目全过程、全团队和全要素进行综合集成的管理工作。需要注意的是，按照图4-1所给出的层次和逻辑关系，项目全面集成管理的核心是实现最高层面的项目全面集成管理工作。

4.1.2 中国式项目全面集成管理的模型和原理

有关项目全面集成管理的模型如图4-2所示，其中的基本原理和内容讨论如下。

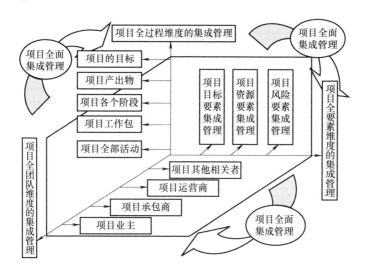

图 4-2 项目全面集成管理内容示意图

由图4-2可知，项目全面集成管理的内容涉及三个维度以及四个方面的全面集成管理。

1. 项目全过程维度的集成管理

这一维度的项目集成管理工作的核心内容是对项目全过程（或项目生命周期）的各阶段（如定义与决策阶段、设计与计划阶段、实施与控制阶段、完工与交付阶段、运行与报废阶段等）、各个工作包、各项具体活动的集成管理，以及项目阶段、工作包和具体活动相互之间的全面集成管理。㊀这要求项目管理者首先给出项目全过程的阶段划分、项目工作包和项目活动的分解，并明确给出项目各阶段、各工作包与各项活动的内容、起始时间、关键节点等方面的安排，然后按照项目全过程集成管理的方法去做好这一维度的集成管理工作。

2. 项目全要素维度的集成管理

这一维度的集成管理涉及三个方面的管理对象，即项目目标四要素（即项目质量、范围、时间和成本）、项目资源三要素（即项目所需人力资源、信息资源、劳力和物力资源）、项目风险要素（即由项目及其环境与条件发展变化所带来的各种风险要素）。这个维度集成管理的原理是：首先要开展项目目标四要素之间合理配置的集成工作，然后根据项目目标集成结果去开展项目资源三要素之间合理配置的集成工作，进一步开展项目目标四要素与资源三要素之间合理配置的集成工作，再进一步做好项目目标四要素、资源三要素与项目风险要素之间合理配置的集成工作。所以，这一维度集成管理的核心在于通过集成管理去实现项目目标四要素、项目资源三要素和项目风险要素的合理配置关系。

3. 项目全团队维度的集成管理

这一维度集成管理的核心内容是项目所有相关者之间的责任、义务、权力、利益等要素的协调与安排，以便能够调动项目所有相关者的积极性去实现项目价值的最大化，并进一步通过合理分配项目所创价值而实现项目价值分配的合理化。因为项目全体相关者所承担的项目责任、义务、权力各不相同，他们既要合理分工又要相互合作去实现项目的价值最大化，并努力争取从项目价值中获得利益，这就要求他们必须从项目全团队集成的角度开展项目价值最大化和项目价值分配合理化的合理配置工作。这一维度的集成管理内容包括合理配置项目所有相关者的期望、要求、目标和利益关系，并借助项目沟通、项目价值创造和利益分配以及项目利益冲突管理等方式做好这一维度的集成管理工作。

4. 项目全面集成管理的内容

由图4-2可知，这是对项目全过程、项目全要素和项目全团队三个维

㊀ 戚安邦. 项目管理学 [M]. 天津：南开大学出版社，2014.

度之间合理配置关系的一种全面集成管理工作,是项目集成管理中最高层次和最为复杂的集成管理。需要指明的是,人们在实际的项目管理过程中虽然没有理论和方法指导去开展项目全面集成管理工作,但是人们会在"不自觉"的状态下去进行努力做好项目全面集成管理的周密思考,这种"不自觉"的状态会造成项目全面集成管理出现不足或缺陷,这就是当今项目管理中存在着大量项目变更和项目管理失误甚至是失败的根本原因。因为如果人们无法实现项目各方面的合理配置关系,结果是项目和项目管理一定会出现各方面无法合理配置的问题而导致项目失败。

4.2 中国式项目风险全面集成管理的原理

如前所述,项目全面集成管理需要实现项目全过程、全要素和全团队三个维度的全面集成管理,所以项目风险全面集成管理也必须从三个维度开展。这种项目风险全面管理所涉及的基本原理及其模型和方法将分别讨论如下。

4.2.1 项目风险事件及其后果的概率分布原理

不管是项目全过程的风险,还是项目全团队的风险,以及项目全要素的风险和整个项目的全面风险,多数都是由于项目及其环境与条件中出现的项目风险事件所导致的(还有一些是由于项目整个系统的不确定所导致的)。因为项目风险事件都是由于项目及其环境与条件出现的偶然情况导致的,所以项目风险事件及其后果具有随机分布的特性。例如,一个新产品上市会有风险,这种风险后果的概率分布情况会是:"好销且销售收益100万元"的可能性为50%,"销售一般且销售收益10万元"的可能性为30%,"不好销而损失300万元"的可能性是20%,其他情况介于这三者之间。这就是项目风险事件及其后果的概率分布情况,图4-3给出了项目风险事件及其后果分布的示意图。由此,人们就可以按照概率分布理论去使用"6δ法"开展具体项目风险事件所导致项目风险的应对和管理。

由图4-3可知,项目风险事件及其后果主要有五种随机性概率分布的情况,即在图4-3中用"1、2、3、4、5"所标示的情况。其中,由数字

"1"所标示的项目风险事件的不确定性最高,因为其发生概率分布的最可能值也只有30%左右,且其所影响的项目目标值分布范围很大;由数字"3"所标示的项目风险事件不确定性最低,因为其发生概率分布的最可能值接近于100%,而且该项目风险事件所影响的项目目标值分布范围很小,这实际上就是人们所说的确定性项目工作或事件。图4-3中由数字"5"所标示的项目风险事件的不确定性也比较高,因为它的最可能发生概率只比50%多一点,但是它所影响的项目目标值分布范围很大;数字"2"和"4"所标示的不确定性及对其项目目标值的影响介于项目工作"1""3""5"三种情况之间,也是典型的项目风险事件的概率分布情况。

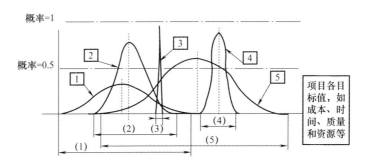

图4-3 项目风险事件及其后果概率分布的示意图

4.2.2 项目风险事件概率分布的"6σ法"原理

根据概率与数理统计学的方法可知,项目风险事件后果的各种可能情况多是一种正态分布(也可以是β分布等)的情况,即如图4-4所示。这种项目风险事件后果的概率分布始于左上部标注有"确定部分"的右侧,这表明此处的左侧都属于确定性部分,而其右侧都属于项目风险事件后果的不确定性部分,人们可以使用"6σ法"给出信度为99.7%的项目风险事件后果不确定性的分布区间。这个分布区间的中点是项目风险事件后果的最可能值,这个分布的左右边界点是项目风险后果的乐观和悲观极值。所以按照概率与数理统计学的原理,项目风险后果的概率分布可以使用这种分布标准差σ去给出描述,通常这种概率分布的±3σ(σ为标准差)就涵盖了项目目标值发展变化的99.7%的分布范围,所以多数项目风险事件后果的分布都可以使用这种"6σ法"去进行度量和管理。通过项目风险度量等技术去找出项目风险后果最可能值(中点或中线)左侧的 -3σ 和右侧的 $+3\sigma$,然后将由 $\pm3\sigma$ 所表示的项目风险后果变化波动情况纳入三个维度的项目风险管理计划之中,以便人们能够安排好时间和资源去应对和管理项目风险。例如,人们最早在项目质量方面的风险管理中使用了这种"6σ 法"。由图 4-4 中可以看出,任何项目风险后果的概率分布都可以使用这种"6σ 法"去给出具有 99.7% 的置信区间的 $\pm3\sigma$ 分布范围。

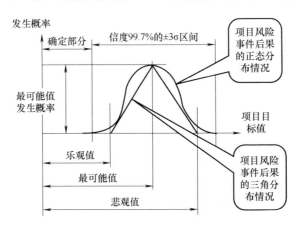

图 4-4 项目风险事件后果概率分布的正态分布及其简化模型

由于概率与数理统计学的正态分布计算过于复杂,所以在美国国防部创建的项目计划评审技术(PERT)中使用三角分布模型去模拟和替代了正态分布以简化计算和使用。由图 4-4 可见,图中三角形和正态分布曲线之间的差异只有很小的部分,这说明使用三角分布模型去代替正态分布曲线所损失的信息量很小。按照信息科学的理论,同一事物的两种描述方法只要信息贡献度大于 80%,人们就可以使用简化描述的方法作为复杂描述方法的替代。图 4-4 中给出的三角分布的模型,使用乐观值、最可能值和悲观值三组数据去确定项目风险事件后果的期望值。其中,美国国防部使用如下公式的固定模式去计算给出项目目标值的期望值,这种一概而论的方法并不科学。

$$期望值 = \frac{乐观值 + 4 \times 最可能值 + 悲观值}{6}$$

研究结果表明,中国式项目风险管理会针对不同的项目风险事件造成的项目目标值的分布情况去使用不同的加权平均数公式,具体如下。

$$期望值 = \frac{乐观值 + N \times 最可能值 + 悲观值}{N+2}$$

例如,对于图 4-3 中标识为 "1" 的概率分布情况的期望值计算,N 可以取 2,即有:期望值 =(乐观值 + 2×最可能值 + 悲观值)/4;而对于其中标识为 "3" 的概率分布情况的期望值计算,N 可以取 10,即有:期望值 =(乐观值 + 10×最可能值 + 悲观值)/12。这样就会充分体现出不同概率分布的项目风险事件后果的期望值的真实情况。由此可以看出,中国式项目风险管理比西方的项目风险管理更为符合项目的实际情况。

综上所述,只要人们能够使用上述 "6σ 法" 去度量和管理项目全过程中的项目目标、项目产出物和项目活动的 $\pm 3\sigma$ 变动范围,和全团队中的人们的责任、权力和利益的 $\pm 3\sigma$ 变动范围,以及项目全要素中的项目目标四要素、项目资源三要素的 $\pm 3\sigma$ 变动范围,就可以去实现这三个维度的项目风险集成管理,以及这三个维度的项目风险全面集成管理。

4.3　中国式项目风险全面集成管理的模型和原理

根据上述讨论的中国式项目风险全面集成管理的基本原理和所需使用的 "6σ 法",人们就可以很好地开展项目全面风险集成管理的具体工作。图 4-5 给出了这种项目全面风险集成管理所涉及项目全过程、全团队和全要素三个维度的风险集成管理步骤、过程和内容模型。

图 4-5 中涉及的项目三个维度的风险集成管理,以及项目风险全面集成管理的具体步骤和基本做法与内容分别讨论如下。

4.3.1　给出项目风险及其影响的 6σ 分布情况

这是项目风险全面集成管理的第一项工作和第一个步骤,因为这是项目风险全面集成管理的基础和出发点。这一步骤工作的核心内容是识别和找出项目风险事件和系统性风险对于项目三个维度各个要素或各个方面影响的 6σ 分布情况。其中,每个项目风险事件都会对某些项目要素或发明造成一定影响而导致具有 6σ 的分布情况,每个项目系统性风险则会直接对项目目标四要素或项目总目标造成影响而出现 6σ 分布的情况。为分析、识别和确定项目风险事件和项目系统性风险所导致的 6σ 分布情况，需要做好下述两个方面的工作。

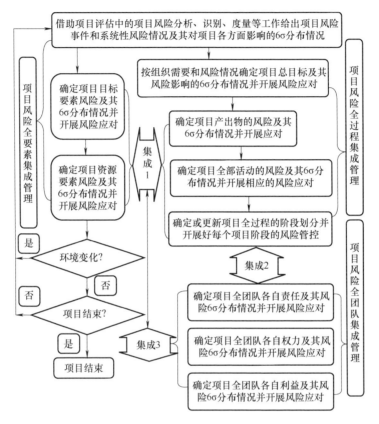

图 4-5　项目全面风险集成管理步骤、过程和内容示意图

1. 项目起始评估中的风险分析、识别、度量工作

任何项目的起始决策都需要开展可行性评估，这种项目起始决策可行性评估的核心任务就是全面分析、识别和度量出在项目全过程、项目全要素和项目全团队中需要应对的项目风险事件和系统性风险情况。这是在项目起始评估中要做的根本工作，因为项目起始评估的根本目的就是要找出项目技术、经济、财务、运行条件和环境影响等各个方面存在的风险，以及这些项目风险的收益和损失的综合结果是否使得项目整体和各方面都可行。这也是项目全面风险集成管理中最为基础性的工作，因为只有这样，人们才能够给出项目风险事件和系统性风险所导致的项目各方面的 6σ 分

布的情况。从管理哲学的原理角度上说,项目管理或者说所有的管理,最根本的就在于对于风险的管理,因为"确定性"事情的结果是"已经确定"了的。这就是图4-5将这一步骤的工作放在第一项的根本原因,人们只有全面认识了一个项目的风险及其影响的分布情况才能够做出正确的项目起始决策。

2. 项目跟踪评估中的风险分析、识别、度量工作

从管理哲学上说,没有项目是按照项目起始决策"一成不变"地去实现项目目标的,因为项目及其风险情况都是不断变化的,所以人们在项目全过程中必须不断地开展项目跟踪评估,以修正和改进项目决策。为在项目跟踪决策的评估中给出项目各方面的风险及其影响的 6σ 分布情况,人们在项目跟踪评估中也必须开展项目风险分析、识别和度量等方面的工作,特别是当项目有重大变更时,人们就必须再次开展这些方面的工作,因为随着项目的展开和项目环境与条件的发展变化,项目各方面的风险也会发生变化而需要重新进行评估。实际上,项目跟踪评估与项目起始评估一样,都是为找出项目技术、经济、财务、运行条件和环境影响等各方面存在的风险,以及这些项目风险的收益和损失的综合结果是否使得项目整体和各方面仍然可行,进一步给出在环境与条件变化以后的项目风险事件和系统性风险所导致的项目各方面的 6σ 分布的情况,所以这也是图4-5中第一个步骤必须开展的工作内容。

上述这两个方面的项目风险分析、识别和度量方面的工作可以使用图4-6给出示意,图中的项目起始评估和项目跟踪评估的核心任务就是分析、识别和度量从项目评估到项目结束之间的时间里可能出现的各种项目风险事件和系统通过性分析情况。

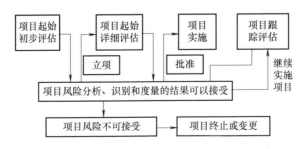

图4-6 项目起始评估与跟踪评估中的风险分析、识别和度量

4.3.2 项目风险全过程集成管理的步骤和内容

这是项目风险全过程集成管理中处在第一位的工作,因为任何项目开展前首先要确定出项目要实现哪些目标,然后需要确定出项目都需要生成哪些产出物,进一步确定出项目需要做哪些方面的工作或活动,并在此基础上确定出项目目标、产出物和活动中的风险,才能够开展后续的项目全团队风险集成管理或项目全要素的风险集成管理。项目风险全过程集成管理包括四个具体的步骤,这四个步骤的根本作用就是识别和找出在项目全过程中各种项目风险对于项目总目标、项目产出物和项目工作包与项目具体活动影响的 6σ 分布情况,然后根据项目风险情况去开展所需的项目风险应对和管控工作。

1. 确定项目总目标及其风险影响的 6σ 分布情况并开展风险应对

项目风险全过程集成管理的第一步是借助上述在项目起始评估和跟踪评估中的项目风险分析、识别、度量等工作结果,去分析和给出项目风险事件和系统性风险因素等情况对项目总目标的影响以及这种影响的 6σ 分布情况,然后开展相应的风险应对,以消减对项目总目标所造成的风险损失和提高对项目总目标所造成的风险收益。这需要人们首先根据组织的战略需要去确定出一个具体项目的总目标,然后识别和度量项目全过程中会直接对项目总目标的实现造成风险影响的相应情况(不是所有的项目风险事件都会对项目总目标造成影响,多数项目风险事件只是对于项目的具体目标四要素会造成影响,多数情况下,只有系统性风险要素会对项目总目标造成影响)以及这种影响的 6σ 分布情况。然后人们需要制定针对项目总目标各种风险情况的应对措施,并借助这些应对措施去管控项目总目标的积极影响和消极影响,这是项目风险全过程集成管理中最为重要的一个项目风险管理步骤。例如,如果组织战略需要一个项目的总目标是能够为组织提供每年 10 亿元的利润贡献值,根据项目评估得知的项目系统性风险及其应对后的结果会使得项目年利润出现一定范围内的波动,最坏的情况是只能实现 9 亿元的年度利润贡献,最可能的情况是可以实现 11 亿元的年度利润贡献,最好的情况是可以实现 13 亿元的年度利润贡献,由此可知,该项目总目标的风险影响的 6σ 分布情况是:分布范围为 4 亿元,期望值是 11.17 亿元，由于期望值高于组织的战略目标，所以该项目从这一总目标上看是可行的，且项目风险收益高于项目风险损失。

2. 确定项目产出物的风险及其 6σ 分布情况并开展应对

根据项目风险全过程集成管理的原理，人们在确定了项目总目标以后就可以使用层次分析方法开展分解总目标得到项目产出物的工作。这一工作的基本方法是一种结构化和层次化的方法，先分解和给出为实现项目总目标所需的项目产出物的功能，然后分解出实现这些功能的项目产出物。这种方法是按照"自上而下"的过程进行层次分解的，最上一层是确定给出项目总目标，然后是分解确定实现项目总目标所需的项目功能，然后根据项目功能去分解得到实现这些功能的项目产出物。这项工作还必须贯彻"充分必要"的原则和开展这方面的审批，从而实现最终的项目产出物必须能够为实现项目总目标服务，并且所有为实现项目总目标的项目产出物一项也不能少（充分），所有不是为实现项目总目标的项目产出物一项也不能有（必要）。所以项目风险全过程集成管理的第二个步骤就是分析和确定项目的产出物，并在此基础上进一步去分析、识别和度量，给出与此相关的各种项目风险事件和系统性风险情况，以及由此造成的项目产出物可能发展变化的 6σ 分布情况。这包括技术、成本、环境等方面的风险可能对于项目产出物的数量、质量、性能等事关功能的方面的影响及其 6σ 分布情况，然后人们就可以针对项目产出物的这些风险去开展相应的项目风险应对工作，从而实现项目风险全过程集成管理第二个方面的风险管控目标。

3. 确定项目全部活动的风险及其 6σ 分布情况并开展相应的风险应对

由图 4-5 中可以看出，项目风险全过程集成管理的这一步骤涉及两个方面的工作。第一个方面的工作是根据项目产出物分解得到项目工作包和项目具体活动的清单，这一工作同样需要使用上述的结构化和层次化的方法，即先根据项目产出物分解得到项目工作包，再进一步分解得到项目的全部活动。这也是按照"自上而下"的方法和过程通过层次分解方法完成的，这项工作也必须贯彻"充分必要"的原则和开展这方面的审批，这是指最终分解和界定给出的项目全部活动中，凡是为生成项目产出物的项目活动一项也不能少（充分），而不是为生成项目产出物的项目活动一项也不能有（必要）。由此可知，这种"自上而下"的层次分解方法从项目总目标分解开始，经过从项目总目标到项目产出物，再从项目产出物到项目工作包和项目活动的层层分解后，最终形成了一种能够按照"自上而下"方法和根据"充分必要"原则全面分解得到项目全过程活动的结果。这一步骤的第二个方面的工作就是分析、识别和度量每个项目活动的风险及其 6σ 分布情况，这主要是对于风险事件的分析、识别和度量，以便在此基础上开展相应的风险应对措施的制定和实施这些项目风险应对措施而获得"趋利避害"的结果。

4. 确定或更新项目全过程的阶段划分并开展好每个项目阶段的风险管控

这是项目风险全过程集成管理最后一项工作，也是项目风险全过程集成管理的全面集成的工作。这首先要根据上述项目层层分解得到的项目工作包和项目活动分解结果，去按照项目各项活动在时间上的优先序列和项目之间的依存关系，以及工作性质的相似性去开展项目工作包和项目活动的排序，然后根据排序结果和便于考核的项目节点去划分项目阶段。再根据上述关于项目总目标、项目产出物和项目工作包与项目活动的风险识别、度量等情况去计划安排和实时开展项目各个阶段的风险管理和控制方面的工作。这涉及项目全过程各个阶段的时间安排、资源配置、应对措施选择和风险应对措施实施等一系列的项目风险管控工作。这里需要特别说明的一点是，项目风险全过程集成管理是按照项目阶段组织开展的，因为项目阶段是按照项目时间优先序列划分的，而项目风险管控必须按照项目风险发展变化的时间进程去开展，不管是对于项目风险事件的管控还是对于系统性风险因素的管控都是如此。另外，可以使用"6σ 法"去给出每个项目阶段的风险影响分布情况，因为一个阶段中所有项目风险事件和系统性风险因素影响的分布情况的集成也符合概率统计学的分布规律，所以也可以使用"6σ 法"去开展风险管控。

综上所述，项目风险全过程集成管理涉及四个方面的步骤和工作，主要的内容是分析和确定项目风险及其影响的 6σ 分布情况，并在此基础上开展项目风险的应对和管控，以便最终能够实现"趋利避害"的管理结果。有关这四个方面的项目风险影响及其 6σ 分布情况如图 4-7 所示，其中左边虚线部分是 -3σ 分布情况，而右边虚线部分是 $+3\sigma$ 分布情况，中间实线部分则是项目的确定部分。

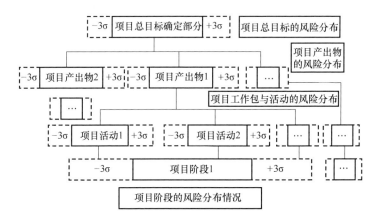

图 4-7 项目总目标、产出物、活动和阶段的风险 6σ 分布情况示意图

4.3.3 项目风险全要素集成管理的步骤和内容

对于自我实施的项目而言,项目风险全要素集成管理是第二项项目风险全面集成管理的工作;对于外包实施的项目而言,项目风险全要素集成管理是排在第三的项目风险全面集成管理的工作。因为对于外包实施的项目而言,人们首先需要使用项目风险全团队集成管理去划分好项目风险的责任和权利,才能决定是由项目业主还是承包商或其他相关者去开展项目全要素的风险集成管理。对于自我实施的项目而言,由于项目风险的所有者和承担者都是同一个组织,所以该组织需要首先努力做好项目风险全要素集成管理的工作。本节将按照自我实施项目以及全面承担项目风险的承包商等情况,去讨论那些项目风险所有者就是项目风险承担者的项目全要素风险集成管理的具体步骤和内容。

1. 确定项目目标要素风险及其 6σ 分布并开展风险应对

这实际上就是努力实现项目目标四要素与项目各方面的风险要素集成管理的工作,这是最能体现中国式项目风险管理的核心所在。因为中国人做事情或项目强调按照"多快好省"的最高境界去实现项目目标四要素的合理配置,特别是强调通过合理配置应对项目目标四要素风险的各种资源,和开展项目目标四要素风险的积极应对去保障项目总目标的实现。项目目标四要素风险影响及 6σ 分布的确定主要依据两方面的信息。其一是在项目评估中所获得的项目风险事件和系统性风险要素及其 6σ 分布情况,其二是在项目风险全过程集成管理中所确定的项目总目标、项目产出物和项目工作包与活动的风险及其 6σ 分布情况的信息。这一方面是因为项目目标四要素就是根据项目总目标分解得到的项目在范围、时间、质量和成本四个方面的具体要求和指标，所以人们必须根据这些方面的信息去分析、识别、度量和确定项目目标四要素各自所存在的风险及其 6σ 分布情况。在此基础上，人们才有可能根据项目目标四要素的风险及其 6σ 分布情况，去确定如何合理配置项目资源三要素，特别是配置好应对和管控项目目标四要素风险所需的资源，从而实现项目全要素的合理配置关系和相应的项目目标全要素的风险集成管理。实际上，项目范围、时间、质量和成本四个方面的具体目标之间是相互关联的，它们之间的合理配置关系需要同时通过项目风险全要素集成管理去实现，详见图 4-8 和 4-9。

2. 确定项目资源要素风险及其 6σ 分布情况并开展风险应对

项目资源要素包括三种，其一是项目所需信息资源的要素，其二是项目所需人力资源的要素，其三是项目所需物力和劳力资源的要素，三者各有自己的风险及其 6σ 分布情况。例如，项目所需信息资源和人力资源的要素都有资源短缺的风险，而项目所需物力和劳力资源的要素都有价格上涨的风险等。同时，项目资源三要素相互之间也有合理配置关系方面的风险，如项目所需人力资源短缺就必然造成项目信息资源的短缺，因为项目信息资源多是借助项目人力资源加工处理而生成的。所以在项目风险全要素集成管理中，人们必须首先识别和确定项目资源要素风险及其 6σ 分布情况，然后针对项目目标四要素的风险情况和自身的风险情况去做好项目资源三要素的合理配置。例如，如果项目范围目标会出现扩张或拓展的风险，那么就必然会需要更多的项目资源去应对这种项目范围方面的风险，所以就必须做好项目各种资源的应急储备，还要在项目成本预算方面留出必要的应急储备金。只有这样，在项目范围出现扩大时，人们才能够有足够的资源去确保扩大后的项目范围目标的实现。实际上，不管是项目范围的扩大或缩小、项目质量的提高和降低、项目时间的缩短和延长，还是项目成本的增加和减少，这些项目目标四要素风险的应对都需要通过合理配置应对和管控这些风险的资源储备去提供保障。因此，项目风险全要素集成管理必须努力实现项目目标四要素之间、项目资源三要素之间涵盖风险的全面集成,以及项目目标四要素和项目资源三要素之间涵盖风险的全面集成。具体见图4-8和4-9。

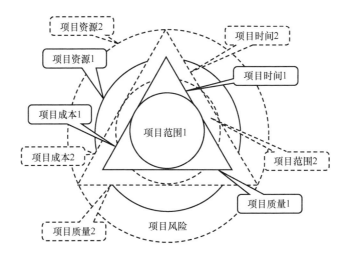

图4-8 涵盖了风险的项目全要素配置模型

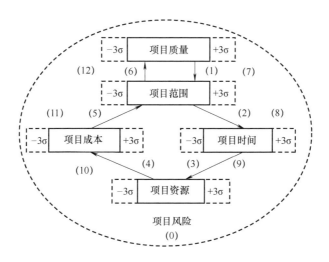

图4-9 项目全要素风险及其6σ分布的集成模型

图4-8给出了涵盖了风险的项目目标四要素和资源三要素合理配置关系的示意,其中实线表示各个项目要素的确定部分,虚线和实线之间的部分表示各个项目要素的风险分布情况。很显然,项目风险要素是基础变量,项目范围目标要素是自变量,而项目成本、时间和质量要素是因变量,项目资源要素是约束变量,当项目目标要素的风险变动范围超过资源

要素的最大限量，那么项目就是不可行的了。

由图4-9可知，项目风险要素的分析、识别和度量是第一位的，在图中使用"（0）"表示的是最为优先确定和作为基础的项目要素。项目目标和资源要素的风险及其6σ分布情况都是根据项目风险要素的情况确定的。图4-9中每个要素左边虚线到实线的部分是该要素风险的-3σ分布情况，右边虚线到实线的部分是该要素风险的$+3\sigma$分布情况。项目这些目标和资源要素之间的集成过程是按照从（1）到（6）的步骤按"两两分步集成"的方法开展的，并且需要按（7）到（12）的步骤做最后的集成结果确认，最终实现这些项目全要素的集成。

4.3.4 项目风险全团队集成管理的步骤和内容

如前所述，项目风险全团队集成管理对于自我实施项目是排在项目全面风险集成管理第三位的风险集成管理工作，因为自我实施项目的风险全团队集成管理基本上是在同一个组织中完成的（项目业主和承包商是一家），所以此时的项目风险全团队集成管理主要是项目实施和管理团队通过内部分工合作去完成的，相对而言是一种比较简单的项目风险全团队集成管理。然而，对于委托和外包实施项目来说，项目风险全团队集成管理就涉及多个组织之间项目风险责任、义务和权利等方面的转移和安排，所以是一种相对复杂的项目风险全团队集成管理，因此，本节将围绕这种相对复杂的项目风险全团队集成管理展开讨论。由图4-5可知，项目风险全团队集成管理有三个主要步骤，具体分别讨论如下。

1. 确定项目全团队各自责任及其风险6σ分布情况并开展风险应对

在项目风险全过程集成管理中所分解得到的项目阶段和项目工作包与项目活动都需要有人和组织去完成，按照市场经济机制，最理想的方法就是按照社会分工和市场竞争机制去寻找和确定合适的项目实施者。因为多数项目投资者或业主并非都具有项目实施的专业能力，而项目承包商是专门从事项目实施的组织，项目供应商则是项目所需各种资源的专业生产组织。所以项目各方面的工作应该按照市场经济机制中的"社会分工"和"社会竞争"等做法去确定承担实施责任的组织，从而实现创造更多社会新增价值的作用。特别需要指出的是，这可以最大化地消减项目风险损失和提高项目风险收益,具体示意请见图 4-10 给出的不同项目实施者的风险分布情况。所以寻找和确定合适的项目实施者去承担项目实施工作是项目风险全团队集成管理的首要工作,然后借助商业合同去确定出项目业主、承包商、供应商、贷款银行和保险商等项目相关利益者的风险责任。在此基础上,进一步确定出项目全团队每个成员各自的风险责任,以及他们所承担风险的 6σ 分布情况,最终项目全团队每个成员根据自己的项目风险责任区开展各自的项目风险应对和管控工作。

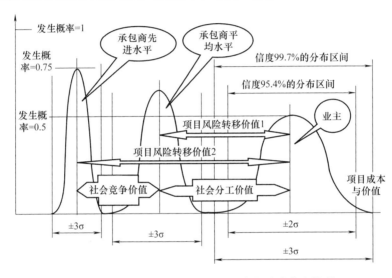

图 4-10 市场机制下不同项目实施者的风险分布情况

由图 4-10 中可以看出,如果由非专业的项目业主去开展项目实施工作,那么会有两个方面表现出风险很高,其一是项目风险概率分布的 $\pm 3\sigma$ 分布情况很宽,其二是项目风险最可能值的发生概率很低。如果按照社会分工去选择专业项目承包商实施项目,则项目实施的风险会大大降低,不但项目风险概率分布的 $\pm 3\sigma$ 分布情况变窄,而且项目风险最可能值的发生概率变高(约 65%)。由此可以实现更多的社会新增价值,因为项目承包商实施项目的成本远远低于项目业主实施项目的成本。更进一步,如果使用市场竞争的方法去选择先进水平的项目承包商实施项目,则项目实施的风险会进一步降低,不但项目风险概率分布的 $\pm 3\sigma$ 分布情况变得更窄,项目风险最可能值的发生概率变高(约 80%),而且由此可以实现市场竞争所创造的社会竞争新增价值,因为先进水平的项目承包商实施项目的成本会低于平均水平的项目承包商实施项目的成本。最为明显的是，这样按照市场经济社会分工和市场竞争手段去确定项目风险管理责任，可以让项目风险转移给更能管控项目风险者而创造出"项目风险转移价值"，即图中标出"1"和"2"的两种"项目风险转移价值"。由此可见，项目风险全团队集成管理的首要任务是借助市场机制去确定项目全团队成员的风险责任，然后使其各自去开展相应的项目风险应对和管控。例如，项目业主和承包商各自承担相应的项目实施中的风险责任，项目供应商承担供给资源方面的风险责任，项目贷款银行承担某些金融风险责任，而项目保险商承担被保险人的项目风险责任等，只有借此全面明确项目全团队各个成员的风险责任，才能够各负其责做好项目风险管理。

2. 确定项目全团队各自权力及其风险 6σ 分布情况并开展风险应对

任何人在承担了某种责任的同时，也就具备了某种相应的权力（即有权去做某些事情），所以项目风险全团队集成管理还必须进一步确定出各个成员所拥有的相应权力。在市场经济这种契约社会中，任何一种合同或契约都是一种关于责任和权力的具有法律效力的文件，所以在项目风险责任分配和转移的同时也就产生了项目某些方面权力的转移。需要特别指明的是，任何合同都应该明确规定项目风险所有权的转移而造成的项目风险管理责任和权力的相应转移情况。例如，若项目业主和承包商约定使用"固定总价合同"而将项目实施的风险全面转移到项目承包商身上，那么项目承包商就有权在项目全过程中按照自己的计划和安排去开展项目的实施（当然必须按照合同约定的时间和质量完成项目实施任务）。这种项目风险责任和权力的转移就造成了项目全团队成员各自拥有不同的项目权力方面的风险及其风险 6σ 分布情况，所以他们各自就需要按照自己的责任与权力去开展项目风险管理的工作。因此最为重要的是，所有项目相关者在项目风险管理责任和权力方面的安排必须实现合理配置关系的集成管理，否则就会出现项目风险管理的责任与权力不匹配而导致的项目风险管理失效或不当，甚至会出现项目全团队成员之间在项目风险管理权力与责任方面的交错甚至冲突，从而导致项目风险全团队集成管理不当而形成项目风险损失或丧失项目风险收益的机遇。

3. 确定项目全团队各自利益及其风险 6σ 分布情况并开展风险应对

任何人在承担了某种责任并具备了某种相应的权力之后，就应该能够从中获得必要的收益。所以，项目风险全团队集成管理还需更进一步确定出各个成员所拥有的项目风险管理的收益。实际上，图4-10中所给出的"项目风险转移价值1或2"，必须在项目业主和承包商之间进行必要的合理利益分配。例如，在欧洲流行的"成本加成加奖励"项目实施合同中，项目业主承担所有项目消耗或占用资源所应支付的项目成本，然后按照社会平均水平或社会先进水平给项目承包商相应比例的利润。最重要的是，如果项目承包商能够在项目预算范围内节约项目成本，那么节约的项目成本部分由项目业主和承包商进行分成。由于实际上项目承包商节约的成本就是项目风险损失消减和项目风险收益提高所造成的项目风险收益，所以欧洲流行的这种合同加"奖励"的分成使项目承包商最高可获得80%的项目风险收益，项目业主虽然只收到20%的项目风险收益，但是他们认为由于这种"奖励机制"，使得他们不但获得额外20%的风险收益，而且避免了可能出现的更大的项目风险损失。由此可见，项目风险全团队集成管理还必须要很好地安排项目风险收益的分配，借此鼓励和激励项目全团队成员积极开展项目风险集成管理而获得更多的项目风险收益，最终通过某种机制的项目风险收益分配使得全团队成员都能够获得一定的利益。相关研究表明，如果不能做好项目全团队成员各自利益的分配，以及相关风险的6σ分布情况和应对措施安排，那么最终会破坏整个项目的风险管理，从而降低或丧失项目风险收益，增加或扩大项目的风险损失。

4.3.5 项目风险全面集成管理的步骤和内容

上述三个维度的项目风险集成管理不但需要独立开展，而且最终需要实现全面的集成，这种集成就是图4-5中所给出的"集成1、2、3"三个方面的工作。如前所述，根据项目究竟是自我实施还是外包实施，项目风险全面集成管理的顺序会有所不同。通常，自我实施项目是先有项目风险全过程集成管理，然后是项目风险全要素集成管理，最后是项目风险全团队集成管理；但是对于外包实施的项目则是先有项目风险全过程的集成管理，再有项目风险全团队的集成管理，最后才是由项目实施者去开展项目风险全要素集成管理。有关"集成1、2、3"三个方面的全面集成管理的讨论分述如下。

1. "集成1"所涉及的项目风险全面集成管理工作的内容

这方面工作的核心是将项目评估和项目风险全过程管理中所分析、识别、度量出的项目总目标、项目产出物和项目工作与活动的风险及其6σ分布情况，通过项目目标要素和资源要素的角度去做进一步分析、识别和度量，以便人们能够将项目风险影响及其6σ分布情况落实到具体的项目要素上，使人们能够针对项目实际管理和控制的项目目标和资源要素去开展更有针对性的项目风险应对与控制。确切地说，项目风险事件和系统性风险要素是一种客观存在，人们可以将这些项目风险影响的可能结果分别赋值给项目全过程的构成成分，也可以将它们赋值给项目全要素的构成成分，这样人们就可以从不同的项目风险影响的可能结果的赋值对象去开展两个维度的项目风险集成管理工作，从而更好地实现"趋利避害"的管理效果和目标。所以"集成1"的主要工作就是一种将客观存在的项目风险及其影响，从项目全过程的构成成分转变到项目全要素的构成成分，然后分别从两个不同的角度去开展好项目风险的全面集成管理的工作。

2. "集成2"所涉及的项目风险全面集成管理工作的内容

这方面工作的核心内容是划分项目风险管理的责任、权力和利益，不管是自我实施项目还是外包实施项目都是如此。前者主要是在同一组织的项目实施团队中分配项目风险管理的责权利，并借此去落实项目风险实施的责权利而实现项目风险全面集成管理的目标和要求。后者则是在不同组织之间分配项目风险管理的责权利，并借此去落实项目风险实施的责权利而实现项目风险全面集成管理的目标和要求。这涉及两个方面的主要工作，其一是项目风险责任、权力和利益转移与分配的商业合同签订工作，其二是按照商业合同规定的责权利由负有责任的项目全团队成员去开展项目风险全过程的集成管理，从而实现项目风险全过程和全团队的全面集成的项目风险管理。实际上，真正的项目风险管理具体工作都是在项目风险责任分配以后正式开展的，在此之前开展的项目风险管理工作多数会由于责权利不明确而出现遗漏或利益冲突等问题。所以真正的项目风险全面集成管理是以项目风险全团队集成管理为根本和基础去开展的，只有这样才能够将项目风险管理的责任和工作落到实处。

3. "集成3"所涉及的项目风险全面集成管理工作的内容

这方面的核心任务是将项目风险全要素集成管理所确定的项目目标和

资源三要素的风险管理责任落实到不同的项目全团队成员身上，并且按照全面衔接和合作的要求去由项目全团队成员分工合作去管控项目各个要素的风险情况。例如，项目承包商和项目业主需要根据相互签订的"固定总价""成本加成"或"综合单价"合同的规定去决定各自所承担的项目目标四要素和资源三要素的风险管理责任、权力和利益，然后各自去做好自己所承担的项目风险管理任务并承担相应的项目风险结果。根据研究结果显示，多数项目风险的全面集成管理是按照"集成3"的模式开展的，即首先分析、识别和度量出项目目标要素和资源要素的风险情况，然后按照签订的合同去分配项目全团队成员的风险管理责任，从而开展项目风险的全面集成管理。

综上所述，中国式项目风险管理是一种按照"集大成"思想去开展的项目风险全面集成管理，而不是独立开展的项目风险管理。现有多数西方的项目风险管理教科书都没有这方面的思想和方法，所以至今西方的项目风险管理还是一种"孤立"的项目专项管理。这导致许多项目在风险管理方面存在三种严重问题，其一是出现项目风险责任不清或安排配置不当的情况，结果导致项目风险只有部分责任是落实的，而有些项目风险责任是落空的（或说无人负责的）；其二是项目全要素风险的合理配置关系不清楚而使得项目风险管理计划不周，最终导致控制了某个项目要素风险的积极和消极结果却有更多项目要素出现风险管理失当的情况，其三是项目全过程中的项目总目标、产出物和活动中的风险识别与度量和应对出现漏项，结果导致项目最终无法形成所需的产出物和实现项目的总目标。总之，只有按照上述项目风险全面集成管理的思想、原理和方法去开展中国式"集大成"的项目风险管理，才能够真正实现项目风险全面集成管理"趋利避害"的最终目标。

第 5 章

中国式项目评估中的风险评估

在项目的全过程中，人们需要对项目及其环境与条件的各个方面进行必要的可行性评估，这包括项目起始评估、项目跟踪评估和项目后评估。由于项目后评估是在项目完成以后开展的，而对于项目全过程的风险管理没有任何贡献或作用，所以本章将只讨论在项目起始评估和项目跟踪评估中的风险评估内容和方法。中国式项目风险管理认为，项目评估中的风险评估是项目评估工作的核心，因为项目是否可行最根本的判据就是项目风险收益是否大于项目风险损失，所以项目风险评估是整个项目评估的核心所在。同时，项目风险评估也是项目风险管理的基础和起点，人们只有借助项目风险评估对于项目风险具有了相应的认识以后，才有可能制订出项目风险管理的计划，这也是中国式项目风险管理与西方项目风险管理最大的不同所在。因为根据权威的 PMI 给出的 PMBOK 的规定，西方项目风险管理的第一项工作是制订项目风险管理计划，但是实际上，如果没有在项目评估中给出项目风险评估结果，是没有办法制订相关计划的。

5.1　项目评估和项目风险评估

项目评估有时又被分成项目论证与项目评估两大部分，其中的项目论证主要是指对项目方案和变更方案所做的论证方面的工作，而项目评估则主要是指对项目方案的评价和可行性研究方面的工作。虽然二者在内容、作用和方法等方面有所不同，但是由于二者的根本作用都是为项目决策提供支持和依据，所以本书将二者统称为项目评估。项目评估的概念也有狭义与广义之分，狭义的项目评估是指对于一个项目财务可行性的评估，即从企业角度出发评估项目是否能够收回投资并盈利。广义的项目评估是指对于项目的必要性、可行性、合理性和风险性等方面的全面评估,这种项目评估是指为做出项目决策而开展的一系列项目论证与评估工作,包括对于项目的必要性、技术可行性、经济可行性、环境可行性、运行条件可行性和项目风险性等各个方面的论证与评估工作,以便为项目决策提供支持。

5.1.1 项目评估的主要特性

根据上述对于项目评估的定义和相关概念的讨论可知,项目评估是项目管理中一项十分重要的工作。有关项目评估所具有的主要特性讨论如下。

1. 支持项目决策的特性

所有的项目管理都始于项目决策,因为人们要开展任何项目管理工作或活动,首先必须做出相应的项目决策。但是,人们要想制定出正确的项目决策就必须要有相对完备信息的支持,而这种相对完备的项目决策支持信息都是通过项目评估提供的,实际上项目评估就是对与项目相关的各种数据的加工、处理和应用。所以项目评估最根本的作用和特性是为项目决策提供支持和服务,因为项目评估本身就是为支持项目决策所开展的项目信息加工和处理性的工作。不管是项目起始评估还是项目跟踪评估都有这个作用和特性。因为人们只有借助项目评估给出的分析研究结果,再加上决策者的判断和选择,才能做出正确的项目决策,然后才能够根据项目决策去开展项目实施和管理工作。

2. 多方案比较分析的特性

任何项目评估都必须具有多方案比较分析的作用和特性,即人们必须首先制定出多个项目备选方案,然后分析给出这些项目备选方案在各种可能的环境与条件下的确定性和风险性结果,并通过比较分析它们而去找出相对满意的项目可行方案,从而最终做出正确的项目决策。"优中选优"指的就是为了实现项目目标,人们可以从多种不同的项目备选方案中,通过比较分析找出最满意的项目备选方案,做出正确的项目决策。

3. 假设前提条件的特性

这是指在项目评估中所使用的数据有两种情况,一种是对于项目现有实际情况的描述数据，另一种是根据人们对于项目及其环境和条件等预测信息提出的各种假设前提条件。因为项目评估都是在项目实施之前做出的，此时人们只有项目的预测数据和推断数据，即建立在某种人为假设前提条件基础之上的信息。项目评估所依据的信息实际上包括两种，其一是过去类似项目给出的经验信息，其二就是根据人为假设前提条件做出的各种预测信息。这些假设前提条件的信息最大的用处就是在项目实施过程中，人们可以据此去做出项目风险的识别和度量，因为只要项目实际情况与假设前提条件不一致就会导致项目风险。

4. 项目评估信息的时效性

项目评估信息的时效性是指任何项目评估所给出的信息都只是在一段时间中具有足够的信度和效度，项目评估信息一旦过了时效期就不再能为项目决策提供支持。例如，当项目的环境与条件出现重大变化的时候，人们此前所给出的项目评估信息就已经不再有效和可信了，所以一旦"时过境迁"人们就必须再次开展新的项目跟踪评估。因此，任何项目在制定项目起始决策时都需要开展项目起始评估，而当项目环境与条件发生较大变化的时候就需要开展项目跟踪评估。前面讨论的"道可道也，非恒道也"指的就是项目评估信息具有时效性，因此人们就需要不断地开展"故恒无欲也，以观其眇"的项目评估。

5. 以项目风险评估为核心的特性

这是指项目评估的核心内容应该是项目风险评估，不管人们是开展哪类项目的起始评估还是跟踪评估，都需要对项目技术、经济、环境等方面的风险情况及其各种可能后果情况进行全面的评估，以便能够根据项目风险损失和风险收益的综合结果（或叫期望值）去做出项目是否可行的评估和判断。项目评估主要并不是针对项目或项目变更确定性情况的评估，而是针对项目或项目变更的不确定性和风险性情况的评估，因为项目确定性的情况对于项目或项目变更可行性的影响不大，而项目或项目变更的不确定性和风险性情况才是需要研究和评估的根本对象，所以项目评估还具有以风险评估为核心的基本特性。

另外，项目评估还有许多其他的特性，如项目评估中存在某种主观性，项目综合评估需要的集成性，以及项目评估的复杂性等。

5.1.2 项目风险评估的主要作用

项目风险评估的根本作用是分析、识别、度量并为项目风险的管控提供信息,从而为项目决策提供支持和服务。因此,在项目评估中人们必须运用项目风险评估的方法,对项目各方面的风险及其可能的后果情况进行全面而综合的分析、评价和研究。项目风险评估的主要作用包括如下几个方面。

1. 它是项目决策的核心依据

在项目决策所需的项目评估中,人们必须开展项目风险评估,以获得必要的项目风险信息。因为实际上项目决策是一种对于项目方案或计划的抉择,而项目风险评估给出了项目各种可能结果的预测信息,所以项目决策的正确与否,最核心的依据就是项目风险评估的情况和信息。所以中国式项目风险管理关于"故恒无欲也,以观其眇"的要求,就是对于项目未来的发展变化和项目风险导致可能出现的各种结果做出合理的预测,以便项目决策者能够根据这些信息选择最满意的项目方案和计划。

2. 它是获得项目投资或融资的依据

任何项目实施都需要占用和消耗资源从而需要项目投资,而在很多情况下项目投资会有一定比例是通过融资获得的,这种为项目提供的融资多是以项目风险评估结果作为依据和前提条件的。为此,大多数为项目提供融资的机构都会要求申请项目融资者提供项目风险评估方面的文件,并且为项目提供融资的机构还会进一步自己去对项目做更深入的项目风险评估。这就是国际和国内外各种金融机构都设立有项目风险评估部门的原因,他们甚至还会让第三方项目风险评估机构为其提供这方面的服务。

3. 它是改善项目管理的手段和方法

项目风险评估所提供的各种信息也是项目业主、投资人或实施者以及供应商等项目相关利益者开展项目管理的根本依据和出发点。人们通过项目起始评估中的风险评估去预见项目可能出现的各种后果情况,从而去制订项目风险管理计划和开展项目风险管理工作;然后通过项目跟踪评估去发现项目实施中出现的各种环境与条件发展变化所带来的风险及其可能结果,然后据此去制订项目变更方面新的项目风险管理计划和开展项目后续阶段的风险管理。确切地说，正确的项目管理源于科学的项目决策，而科学的项目决策源于及时有效的项目风险评估，所以说项目风险评估是改善项目管理的手段和方法。

4. 它是开展项目风险管理的前提和基础

项目风险评估的根本作用是为项目风险管理提供支持和服务，所以项目风险评估是人们开展项目风险管理的前提和基础。因为人们要想开展项目风险管理就必须制订项目风险管理计划，而要想制订项目风险管理计划首先就必须了解项目风险的基本情况。虽然在项目风险评估中人们只是相对粗略地给出了项目风险情况的概况，但是这已经可以作为前提和基础去制订项目风险管理计划和指导后续的项目风险管理工作了。因为在整个项目风险管理的后续工作中还会有项目风险识别、度量、监测与应对等一系列具体工作，而这些项目风险管理具体工作都是以项目风险管理计划和安排为前提，项目风险管理计划则是以项目风险评估的结果为基础去制订的。

项目风险评估还有很多其他方面的作用，如用于指导项目成本风险储备和应对项目风险事件等，因此，项目评估中的风险评估是项目风险管理中十分重要的一项工作。

5.1.3 项目风险评估的主体

项目风险评估的主体就是组织和开展项目风险评估的人或组织，项目风险评估的客体就是需开展风险评估的项目或项目的某几个方面（甚至整个项目）。根据第四章中关于项目风险全团队集成管理的原理，不同的项目相关者对于项目风险有不同的责任、权力和利益，所以项目风险评估会有不同的评估主体。同时，不同的项目风险评估主体会有不同的项目风险评估目的和要求，所以不同的项目风险评估主体需要使用不同的评估方法。项目风险评估的主体主要有项目业主或发起人、项目实施者或承包商、项目贷款银行或融资者和项目政府主管部门等，他们会分别从自己所承担的项目风险责权利出发去做出不同的项目风险评估。这些不同项目风险评估主体所做的项目风险评估内容和所使用的项目风险评估方法将分述如下。

1. 项目业主或发起人的项目风险评估

项目业主或发起人是项目的投资者,所以他们开展的项目风险评估主要是为保证项目能够为实现自己的战略目标服务。所以他们会根据是自我实施项目还是委托承包商实施项目,以及与承包商之间是签订固定总价、成本加成还是综合单价合同,从而确定出他们自身应该承担的项目风险责任和义务,去开展必要的项目风险评估。多数情况下,项目业主的风险评估主要是根据国家现行财税制度、价格情况和经济状况,对项目财务、技术、运行与投资回收等方面去开展的项目风险评估。但由于他们是项目风险的最终承担者,所以他们的项目风险评估更倾向于是一种全面性的项目风险评估。

2. 项目实施者或承包商的项目风险评估

他们是承担整个项目实施责任和义务的组织,其项目风险评估的根本目的是确认他们是否有能力去实施项目,以及他们能否通过项目实施去获得应有的项目确定性收益和项目风险性收益。实际上,他们需要根据与项目业主或发起人所签订的项目实施合同中规定的项目风险责任和权利与利益,从保护自身利益的角度出发对项目实施中各种属于自己责任的风险进行全面的评估。这种项目风险评估的主要内容是对发展变化的项目资源、环境、条件等方面的评估,以及对项目实施过程中各种风险情况及其可能后果的风险收益和风险损失的评估。他们的项目风险评估主要包含:项目的可实施性评估,项目实施环境与条件发展变化的评估,项目实施风险及其可能结果的评估等。

3. 项目贷款银行或融资者的项目风险评估

他们作为项目十分重要的相关利益者也需要从自己的角度对项目风险进行评估,主要是从项目及其贷款或融资的经济、技术、运行等风险方面去做全面的评估。实际上,项目的贷款或融资本身就是一个独立的金融投资项目,所以他们必须对这种贷款项目或融资项目的整个生命周期进行全面的风险评估,这包括从项目贷款或融资的宽限期到还本付息期的每个环节。这种项目风险评估是为支持贷款或融资决策服务的,以项目贷款或融资的回收与收益为中心,这类项目风险评估的主要内容包括:对于项目盈利风险的评估,对于项目还本付息能力及其风险情况的评估、对于金融市场机会成本和风险的评估,以及对于项目贷款或融资回收的风险评估等。

4. 项目政府主管部门的项目风险评估

他们对于项目的风险评估主要是从三个方面开展的,其一是项目的国民经济可行性和风险性的评估,其二是项目对于社会环境的影响及其风险的评估,其三是项目对于自然环境的影响及其风险的评估。这类项目风险评估涉及项目对于整个社会在政治、经济、文化、环境、技术政策等许多方面可能风险后果的评估,这是一种全面考虑全社会总体利益与长远利益和风险的评估,是一种全面考虑项目对于整个社会的稳定和健康发展与繁荣的风险情况的评估,也是一种全面考虑项目对国家或地方的自然生态环境造成危害和风险影响的评估。以政府主管部门为主体的项目风险评估多数时候是一种需要政府审查批准的项目风险评估,涉及对于项目全团队所有相关利益者各方面风险的全面评估。

另外,还有一些不同的项目成员也需要根据自己的项目风险责任、权力和利益去开展各自的项目风险评估。例如,项目供应商需要从其所供应商品或劳务的各方面风险去开展项目风险评估,而项目所在社区居民则需要通过项目公开听证或公共磋商等机会去开展自己的项目风险评估。

5.1.4 项目风险评估的客体

项目风险评估的客体是指项目风险评估的具体对象,即项目风险评估主体根据其各自的责任确定的项目风险评估的具体内容。所以不同的项目评估主体会有不同的项目风险评估客体或对象,而项目评估主体在不同的项目阶段也会有不同的项目风险评估客体。不管是对于项目业主还是项目承包商而言,最主要的项目风险评估的客体包括:项目、项目备选方案、项目变更方案、项目所处环境与条件等各方面的项目风险情况。

1. 不同项目阶段的项目风险评估客体

对于不同的项目评估主体而言,他们在项目前评估、跟踪评估和后评估这三个不同的项目阶段中所评估的项目客体也是不同的,甚至在项目前评估中的不同阶段,他们的项目评估客体也是不同的。项目跟踪评估的客体则是在项目开展实施后的某个时点上的项目变更方案和项目环境与条件发展变化等情况,而且不同的项目跟踪评估时点上的评估客体也是不同的。主要有三种不同的项目后评估客体，其一是项目完工与交付成果的后评估客体，其二是项目运营一段时间后的项目可持续发展方案的后评估客体，其三是在项目全生命周期的终点所做的项目全生命周期的后评估客体。

2. 不同项目风险评估主体的评估客体

对于不同的项目评估主体而言，他们的项目评估客体也是不同的。项目业主评估的对象就是其投资项目本身和项目各种备选方案以及项目所处的环境与条件。项目实施者评估的对象是项目的实施方案、项目实施的环境与条件以及项目合同之类的有关文件。项目融资者评估的主要对象是项目的融资方案、项目融资的环境与条件以及项目融资的还本付息计划安排等。政府及其主管部门除了对项目业主所做项目评估结果进行全面审查外，最主要的是以与国家利益和全社会福利有关的项目方面作为评估对象。例如，对于项目业主而言，在项目初步可行性评估和项目详细可行性研究两个阶段各自的评估客体就是涉及不同深度的项目方案；而对于项目承包商而言，他们在项目初步可行性和详细可行性研究中的评估客体是项目施工组织方案和技术方案以及项目实施的环境与条件。

5.2　项目风险评估的基本原则

中国式项目风险管理始于项目风险评估，无论项目风险评估的主体和客体有什么不同，人们都需要遵循最基本的项目风险评估的原则。因为只有遵循这一基本原则，才能够为项目决策提供科学的支持。在做项目风险评估中必须遵循以下基本原则。

5.2.1　实事求是与客观公正的原则

实事求是是指任何项目风险评估必须从实际情况出发找出项目的各种风险及其发展变化的规律，客观公正是指任何项目风险评估不能够掺杂主观意志或人为夸大或缩小风险情况。

1. 项目风险评估实事求是的原则

在项目风险评估中人们首先必须要坚持实事求是的基本原则，即人们既不能为了争取项目获得批准而人为地缩小项目的风险及其影响情况，也不能为了获得更多的风险收益而夸大项目风险及其影响情况，更不能为了应付国家有关规定程序或屈从某方面的压力而在项目风险评估中弄虚作假。在项目风险评估中坚持实事求是的基本原则，就意味着人们要坚持以科学的态度、采用科学的方法和遵循科学规范的程序去开展项目风险评估。其中，坚持科学态度就需要项目风险评估工作者深入地、实际地去对项目及其各种环境与条件做周密的调查研究，而采用科学的方法是指在项目分析评估中必须使用国内外项目风险管理实践证明了的项目风险评估方法，遵循科学规范的程序是指项目风险评估必须按照一定的程序进行，以便从过程控制上保障项目风险评估的实事求是原则。

2. 项目风险评估客观公正的原则

在项目风险评估中人们还需要坚持客观公正的基本原则，其中客观是指在项目风险评估中必须要尊重客观实际而不能具有主观随意性和自以为是，公正是指项目风险评估者的立场必须坚定而不能受权威或利益的干扰。项目风险评估既不能屈从某方面的权威压力而违心地进行，也不能出于私心和小团体的利益而放弃公正立场。因为只有这样项目风险评估才能为项目决策者提供客观、科学而公正的支持信息。在项目风险评估中坚持客观公正的原则就是要坚守项目风险评估的职业道德，即项目风险评估工作者不管是为哪个项目风险评估主体进行项目风险评估工作，都必须坚持尊重事实的基本原则，都不能只轻信项目风险评估主体提供的数据和资料。即项目风险评估工作者在项目风险评估中不能有任何徇私的行为，必须从客观公正的立场出发去开展项目风险评估工作。

5.2.2 项目风险损失和风险收益的评估原则

项目风险评估的关键是识别和评价项目风险及其影响情况，项目风险评估工作者必须坚持同时评估项目风险收益和项目风险损失的基本原则，因为只有这样人们才能够综合平衡项目风险收益和损失情况去做出正确的项目决策。中国人有三句话表明了项目风险损失评估方面的基本原则，其一是"两害相权取其轻"，其二是"两利相权取其重"，其三是"利害相较大于零"。

1. 项目风险损失的评估原则

任何项目风险评估的首要任务是分析和识别项目风险可能带来的风险损失后果，并且必须合理评价这些项目风险损失对于项目成败的影响情况。特别是在对于项目备选方案的比较评估中，人们必须坚持先做项目风险损失评估，以预防因为先做项目风险收益评估而出现"利令智昏"的情况，导致项目整体风险评估出现失误。这一原则要求项目风险评估者必须首先找出可能导致项目风险损失的各种项目风险事件和系统性风险要素的情况，同时这一原则要求项目风险评估者不能轻视或美化对于项目风险损失的评价。实际上，西方的项目风险管理中只考虑项目风险损失，而不评估项目风险收益（或较积极的项目风险后果）也体现出了西方更为重视项目风险损失的评估倾向和原则。

2. 项目风险收益的评估原则

项目风险评估的第二个任务就是分析和识别项目风险可能带来的风险收益后果情况，并且也必须合理评价这些项目风险收益对于项目成败的影响情况。在对于项目备选方案的比较评估中，人们必须要在先做项目风险损失评估的基础上，进一步去做好项目风险收益评估，以便最终能够通过综合评估项目风险损失和收益去衡量项目是否符合"风险收益＞风险损失"（即"利害相较大于零"）的情况。这一原则要求项目风险评估者必须找出可能产生项目风险收益的各种项目风险事件和系统性风险的情况，同时这一原则要求项目风险评估者不能侧重或夸大对于项目风险收益的评价。实际上，中国式项目风险评估中的项目风险收益更好地体现了中国人"凡事有一利必有一弊"的项目风险损失和收益评估的原则。

5.2.3　系统性和规范化的项目风险评估原则

在项目风险评估中，项目风险评估工作者还必须坚持系统性和规范化的项目风险评估原则，即将整个项目看作一个完整的系统去按照规定的程序开展项目风险评估。

1. 系统性的项目风险评估原则

这是指在项目风险评估中要全面系统地评估项目各方面的风险情况，并且最终要综合评估项目风险所导致的整体结果。这需要将项目及其环境与条件看作一个系统，因为任何项目风险都与项目的环境和条件的发展变化直接相关，要系统性地全面评估项目及其环境与条件可能导致的各种风险情况。在项目风险评估中坚持这种系统性原则还意味着人们在项目风险评估中必须要有系统性的观念和方法，即要系统性地考虑项目风险问题，系统性地收集项目风险信息，系统性地确定项目风险评估指标体系和系统性地综合评估项目各方面的风险。

2. 规范化的项目风险评估原则

这是指在项目风险评估中所使用的方法和程序必须符合企业或行业、国家统一的规范程序和方法，这包括国家或地方政府以及企业或组织自身的各种规范化的项目风险评估办法、项目风险评估参数和指标以及项目风险评估程序和步骤等。人们需要参照相关权威部门发布的具体规定去进行项目风险评估，如国家在很多行业都有现行的"风险合规"管理所规定的项目风险评估程序和方法。对于项目风险评估参数和指标的规范化而言，人们需要采用国家或地方甚至行业规范的统一项目风险评估指标去进行评估，因为只有这样才能保障项目风险评估结果的系统性和有效性。

5.2.4　时点、时期和滚动项目风险评估原则

这是指项目风险评估必须考虑对于项目某个时点的风险情况的评估和项目未来一定时期的风险情况评估，同时，项目风险评估还必须坚持动态滚动评估的原则。特别是当一个项目的全生命周期时间跨度比较大的时候，项目风险评估就必须按照动态滚动的原则，每过一段时间开展一次风险评估。这是为了应对项目及其环境与条件不断发展变化而导致项目风险动态变化所需要坚持的项目风险评估原则。

1. 坚持时点和时期相结合的项目风险评估原则

这是指在开展项目风险评估时，不但要评估在当前时点所存在的项目风险及其影响情况，而且还必须开展从该评估时点开始的未来一定时期的项目风险评估。其中，对于具体时点的项目风险评估是一种静态的评估，即分析和评价该时点当前的风险情况以便开展及时的项目风险应对和管控。对于未来一定时期的项目风险评估是指在对于当前（具体时点）项目风险评估的基础上，使用预测信息对未来一定时期的项目风险进行评估，

做好项目风险应对预案和给出未来项目风险的征兆，以便未来更好地开展项目风险监测。通常，任何项目环境与条件发生变化的时候就是需要开展项目风险评估的主要时点（即当前），而未来项目环境与条件相对稳定的一段时间就是项目风险评估的未来一定时期。

2. 坚持滚动开展项目风险评估的原则

项目风险评估还必须坚持动态滚动评估的原则，随着人们不断获得更多的项目信息和对项目有了更为深刻的认识，人们就需要及时根据所获信息去开展项目风险评估，这就形成了一种项目风险评估的动态滚动的情况，这样才能够更好地开展项目风险的管控。这种滚动评估的原则要求人们首先归纳总结上一次项目风险评估和管控情况，然后根据所获项目及其环境与条件的信息去对未来一段时间内的项目风险进行必要的分析、识别和评价。这种项目风险滚动评估的原则要求在项目全过程中不能够有任何未做评估的项目阶段或时期，以及要求人们在项目出现重大变化的时候，在项目此前评估过的未来一定时期内选择新的项目风险评估时点，并向后延伸一段时间去开展新的未来一定时期的项目风险评估。

5.2.5 项目风险及其应对措施配套评估的原则

人们开展项目风险评估的根本目的是为了在项目风险发生阶段去及时开展项目风险的应对，所以，项目风险评估还必须坚持对于项目风险及其应对措施同时进行配套评估的这一基本原则。实际上，项目风险会有两种以上的可能后果，而所谓项目风险应对措施指的就是针对每种项目风险可能后果的应对办法或方案，所以二者必须开展配套评估才能够真正识别项目风险是否可以管控和最终项目风险管控的结果，从而实现项目风险评估为项目风险管控服务的目的。

1. 项目风险应对措施的评估

在西方的项目风险评估中并不包括项目风险应对措施的评估，但是中国人讲究的"兵来将挡，水来土掩"的风险应对原则，要求人们在分析和识别出项目风险及其各种可能的后果以后，必须针对项目风险的各种可能后果去制定具体的应对措施，只有这样才能够真正评估出项目风险以及应对所能够获得的最终结果。所以，项目风险评估还必须坚持项目风险与其应对措施配套评估的原则，因为项目风险及其后果并不是最终的项目风险管理后果，采取项目风险应对措施以后所获得的结果才是项目风险管理的最终后果。由于项目风险指的就是发生损失或收益的可能性，所以任何项目风险都会有几种可能后果（如果只有一种后果那就是确定性的事情而不是风险性的事情了），人们必须针对一个项目风险事件所存在的多种风险后果去制定出相对应的项目风险应对措施。项目风险应对措施的评估就是应对项目不同风险可能后果的具体管控方案，所以对于项目风险应对措施的评估不但要对每个项目风险应对措施的效果进行评估，还必须对管控一个项目风险事件的多种项目风险应对措施的综合管控结果进行评估，从而综合给出对一个项目风险的最终结果评价。

2. 项目风险及其应对措施的配套评估

实际上，项目风险评估最终需要的就是解答关于项目风险是否会导致项目目标因风险而无法实现的问题，由于人们可以使用项目风险应对措施去改变项目风险的结果，所以这就要求人们必须对项目风险及其应对措施进行配套评估。例如，一家企业的新产品上市可能会出现"60%的可能是销售良好而获利200万元，30%的可能是销售一般而获利2万元，或10%的可能是销售差而亏损400万元的市场销售情况。这就是西方只评估这一风险事件的三种可能情况所造成的三种可能风险后果的办法，但是中国式风险管理认为人们可以针对这三种情况去分别采用不同的应对措施，从而改变该企业新产品上市的市场风险后果。比如，对于销售良好的情况采取企业满负荷生产而获利1000万元的措施。对于销售一般的情况采取保守应对措施以保证收回项目投资和经营成本，对于销售差的情况采取改进产品功能或取消生产销售该产品的措施而消减风险损失。此时，人们对于同一项目风险事件的最终评估结果就是一种积极改变项目风险后果的方法，而不同于西方消极接受项目风险的项目风险评估的方法。

5.3　项目风险评估的对象

在项目风险评估中，人们首先需要分析和识别出项目及其环境与条件可能导致的项目风险事件，因为所谓项目风险指的就是由这些风险事件导致的多种可能后果的情况。项目风险评估的第二个对象是项目系统性风险，这是指项目及其环境与条件中存在的某些不确定性因素或缺口出现后可能导致项目目标发生偏离的情况，如项目所需资源受到整个社会生产资料涨价（PPI 指数）的影响而导致项目成本或造价全面上升，就是一个项目系统性风险要素。

5.3.1 项目风险事件的评估

项目风险评估的首要任务是分析、识别和评价项目全过程中可能存在的各种项目风险事件，即那些有多种可能后果的项目具体事件。例如，项目可能出现的环境污染事件，人身或设备安全事件，材料或资源的短缺或不配套的事件，以及各种因项目环境与条件发展变化所导致的有预警和无预警信息的事件等。项目风险事件的具体分类情况讨论如下。

1. 具有风险损失的项目风险事件评估

西方对于项目风险事件的定义就是可能出现风险损失的项目事件，这说明西方人更重视对于项目风险损失的规避和消减的项目风险管理理念和思想。但是同时也必须看到，这种具有风险损失的项目风险事件是出现最多的项目风险事件，因为人们开展项目各种活动的根本目的或目标就是为了盈利，如果出现具有风险损失的事件对于项目盈利目标就有根本影响，所以人们必须分析、识别和评价会给项目带来风险损失的项目风险事件。这也是西方项目风险评估和管控的主要对象，甚至至今有很多西方公司的项目风险管理的核心或唯一内容就是项目风险损失的消减（mitigation）。这种项目风险事件的评估最重要的是评估两个方面，其一是项目风险事件各种可能后果的风险损失分别是多大，其二是各种风险损失后果的发生概率是多大，最终使用二者乘积去计算出这种项目风险事件的风险损失期望值，从而给出这种项目风险事件的综合评估结果。

2. 具有风险收益的项目风险事件

项目风险事件评估还需要分析、识别、评价那些具有项目风险收益的项目风险事件，虽然西方多数人并不评估具有风险收益的项目风险事件，但是中国式项目风险管理需要很好地分析、识别和评价这种项目风险事件，因为中国人认为任何风险或危机都具有获得额外风险收益的机会。实际上，在一个项目的全过程中的确会出现"天上掉馅饼"之类的项目风险情况，即出现带来风险收益的项目风险事件。例如，项目的某个潜在竞争对手的突然退出，就会给企业新投资项目带来竞争优势或增加市场份额与销售收入。对这种项目风险事件的评估也需要找出各种可能的风险后果情况，即各种情况的项目风险收益的大小和发生概率的大小，然后计算得出项目风险事件后果的期望值，从而给出这种项目风险事件的综合评估结果，以便人们能够通过风险应对措施去扩大项目风险收益。

3. 兼有风险损失和收益的项目风险事件

实际上，项目风险事件多数情况下的各种可能后果中，既有带来项目风险损失的可能后果，也有带来项目风险收益的可能后果。这就是中国人说的"凡事有一利必有一弊"，即项目风险的可能后果中会有"有利"的项目风险收益后果情况，也会有"有弊"的项目风险损失后果情况，甚至会有"喜忧参半"的项目风险后果情况。对于这种项目风险事件的评估就必须针对这两方面的可能风险后果情况分别进行评价后，再综合评估这两方面风险的可能后果去给出项目风险结果期望值，从而得到对于项目风险评估的最终结果。这种项目风险事件的评估就需要找出每一种可能风险后果的收益与损失的大小和发生概率的大小，然后将项目风险损失记为负值，而将项目风险收益记为正值，按照正负值相互抵消的原则去计算得出项目风险事件的后果期望值，从而给出这种项目风险事件的综合评估结果，以便人们能够通过制定扩大项目风险收益和消减项目风险损失的项目风险应对措施，去开展好项目风险的应对和管控工作。

5.3.2 系统性项目风险要素的评估

系统性项目风险要素的评估是指项目的某个不确定性要素最终会导致整个项目目标体系发生改变的风险情况，它与项目风险事件最大的不同是这种风险具有系统性的影响，而项目风险事件只具有对于某个或某几个项目目标的局部影响。实际上在项目风险的构成中有很多情况是这种系统性项目风险要素，即一旦这类项目风险要素出现就会导致项目整体目标遭受影响和发生某种改变。这种项目整体目标的系统性改变有可能带来积极的结果（项目整体性风险收益）或者可能带来消极的结果（项目整体性风险损失），所以针对系统性项目风险要素的评估也是项目风险评估中十分重要的内容。

1. 系统性项目风险要素的评估

系统性项目风险评估的第二项任务是分析、识别和评价项目各方面所存在的系统性项目风险要素，即项目究竟有哪些系统性因素是不确定性的，以及这些项目系统性风险因素的不确定性究竟有多大（概率）。例如，项目所需社会生产资料价格上涨就是一种项目系统性风险要素，它的存在会对于项目整体目标形成系统性影响。这种系统性项目风险要素多数是因为项目及其环境与条件发生了较大变化，从而使得项目计划时的假设前提条件与项目的实际情况产生了某种背离而造成的。例如，在制订一个跨国投资项目的整体计划时，人们假设人民币与美元的汇率是 1 美元兑 8.27 元人民币，但是随着美元指数的下跌和人民币的升值而出现了 1 美元兑 6.27 元人民币的实际情况，此时就会全面影响该跨国投资项目的成本和收益以及投资回收期等一系列的项目整体目标。实际上，这种系统性项目风险要素所造成的风险后果往往会比一个项目风险事件的影响大很多，因为这种风险影响的是整个项目目标体系，所以这方面的项目风险评估具有更为重要的意义。

2. 系统性项目风险后果的评估

这是指对于系统性项目风险要素所导致的可能后果的评估，这方面的评估与项目风险事件后果大小的评估有很大的不同，因为这是一个项目风险后果发展变化范围的评估。例如，在众多投资项目的评估中，人们都需要开展被称为"敏感性分析"的项目系统性风险后果的评估，这种评估方法就是根据某个系统性项目风险要素的发展变化范围，去确定项目的系统性风险要素是否对项目风险结果具有"敏感性"的影响。比如，某投资项目投产后的"销量"和"销价"是投资项目系统性风险要素，其中"销量"和"销价"负向变动多大百分比会导致该投资项目出现亏损且无法收回投资，从而使得项目变得不可行，这种负向变化范围的极限值就符合"敏感性分析"的结论。所以系统性项目风险要素的风险后果评估通常并非是寻找出离散的多种项目风险可能后果，而是找出对于项目可行性"敏感"的相对和绝对范围。

5.4 项目风险评估的程序

项目风险评估的程序由一系列的项目风险分析、识别与评价的过程和步骤组成,这些项目风险评估的具体步骤如图 5-1 所示,其中的各个具体步骤讨论如下。

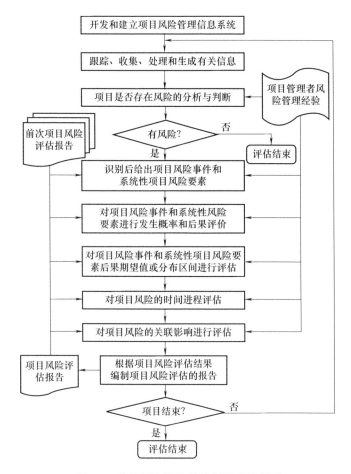

图 5-1 项目风险评估的程序模型示意图

5.4.1 项目风险评估的过程模型

项目风险评估的过程模型涉及项目起始评估和项目跟踪评估中对于项目风险的评估,这种项目风险评估中所包括一系列的步骤都是为最终做出项目风险评估报告服务的。

由图 5-1 可知，项目风险评估是在项目及其环境与条件发生变化，从而使得项目假设前提条件与实际情况出现较大差异的时候，开展的一种项目风险管理的滚动性的工作。这种项目风险评估工作始于对各种相关信息的收集和加工与处理，终于项目没有风险或项目全过程结束。

5.4.2 项目风险评估的主要步骤

由图 5-1 给出的项目风险评估程序模型可知，项目风险评估的过程中包括一系列的具体工作或步骤，具体步骤分述如下。

1. 项目风险管理信息系统的开发与建立

人们首先要根据项目风险评估和管理的需要，建立项目风险管理方面的相关信息系统。这种信息系统既可以是以计算机和人为基础的"人—机"信息系统，也可以是纯人工开展项目风险信息处理的信息系统。这一信息系统的功能是及时收集、处理、存储有关项目每个具体活动与过程的各种风险信息，以便为项目风险的分析、识别和评价提供信息服务。由于项目风险就是因为缺乏信息而产生的，所以要开展项目风险评估首先必须建立该系统。

2. 项目风险信息的跟踪、收集、处理和生成

这是指使用上述项目风险管理信息系统去跟踪项目全过程工作和活动以及项目环境与条件的发展与变化，去收集、处理和生成有关项目过程中系统性风险要素和风险事件的相关信息的工作。这不仅是个一般性的项目信息收集与处理工作，而且是为开展项目风险分析、识别与评价所需信息的加工处理工作，是一个为项目风险评估提供信息资源的工作。

3. 项目是否存在风险的分析与判断

这是初步分析和判断项目是否存在风险的工作，具体是运用项目风险管理信息系统所生成的信息，加上项目管理人员的风险管理经验，去分析和判断项目是否存在风险。由于项目存在风险的根本原因是缺乏项目某些信息，所以这一工作需要运用专家经验和智慧去开展分析与判断，因此项目管理者和专家的经验和判断就成了这一工作中必不可少的条件。一旦这种分析和判断认定项目存在风险，则会进行后续的项目风险的详细分析和评估。

4. 识别后给出项目风险事件和系统性项目风险要素

在分析和判断项目存在风险后，人们就需要进一步按照项目风险事件和系统性项目风险要素去开展项目风险的分析和识别，以便更加深入地认识项目风险的情况和属性。然后人们就可以按照这两大分类给出项目风险事件的清单和系统性项目风险要素的清单，从而生成在项目风险管理中这两个十分重要的基础文件，以便人们在后续工作中能够分门别类地对项目风险事件和系统性项目风险要素各自对于项目具体目标和整体目标的影响进行管理。

5. 对项目风险事件和系统性风险要素进行发生概率和后果评价

这是对所有已分析和判断出的项目风险事件和系统性项目风险要素分别开展项目风险后果及其发生概率的度量，以便为制定项目风险应对措施和开展项目风险管控奠定基础。其中，对于项目风险事件的评价应该给出每个项目风险事件有哪些可能的后果情况以及每一种后果情况的发生概率和后果方向（正负）与大小，对于系统性项目风险要素的评价要给出它们对于项目整体目标影响后果的发生概率和方向与大小。

6. 对项目风险事件和系统性项目风险要素后果的期望值或分布区间进行评估

这是对项目风险事件的各种风险可能后果及其严重程度的评估。其中，对于项目风险事件，人们需要根据上述步骤所得到的项目风险事件各种可能后果的发生概率、方向和大小去确定项目风险后果的期望值。对于系统性项目风险要素，人们需要根据上述步骤所得到的系统性项目风险要素对于项目目标所造成的影响情况给出相应的分布区间，这种项目风险综合评估的结果是确定开展项目风险应对和管理优先序列的主要依据。

7. 对项目风险的时间进程进行评估

这是指对上述已评价和给出的时间与系统性项目风险要素的发展进程及其出现或发生的时间方面的评估，对项目风险的时间进程评估的目的是要找出各个项目风险事件和系统性项目风险要素将会在项目全过程中的哪个时期或时点发生或出现，以及项目风险事件的各种可能后果的具体发生时间。这方面的评价结果信息是开展项目计划及其变更和开展项目风险应对及管控所必需的信息,人们需要依据这种信息去按照"抵近原则"安排项目风险管理的优先序列。

8. 对项目风险的关联影响进行评估

这是指对全部项目风险事件和系统性项目风险要素所进行的各种可能风险后果会引发的关联影响的评估,这一工作或步骤的根本目的就是度量一个项目风险事件或系统性项目风险要素是否具有某种"多米诺效应"类的关联影响。例如,如果夫妻两个人没有孩子就离婚只是"妻离",如果两个人有孩子后再离婚就会出现"妻离子散"的关联影响或效应。这种关联影响或效应的信息也是人们计划和开展项目风险应对和管控所必需的信息。

9. 根据项目风险评估结果编制项目风险评估的报告

根据上述项目风险评估的步骤和结果,人们需要编制出一份项目风险评估的报告,这种项目风险评估报告是后续项目风险识别、度量、应对和监控的根本依据。由图5-1可知,这种项目风险评估报告同时还可以作为后续开展的项目风险评估的依据和参考信息。项目风险评估报告中需要包括上述各个步骤中给出的项目风险清单、系统性项目风险要素清单、项目风险专项评估结果和项目风险综合评估结果等内容。

10. 在项目及其环境与条件发生变化时再次开展上述工作

由图5-1可知,项目风险评估工作并不是"一蹴而就"的,而是需要在项目及其环境与条件发生变化的时候再次进行的项目风险评估循环。这种一旦需要就必须开展的项目风险评估循环,只有在项目全过程结束的时候才能够停下来。

综上所述,项目风险评估是项目风险管理首要的工作和每次项目出现变更都必须再次开展的工作。

5.5 项目风险评估的依据和方法

项目风险评估必须依据各种相关的信息和数据,同时,开展项目风险评估必须有一定的技术方法,这两方面的内容讨论如下。

5.5.1 项目风险评估所需的信息和依据

人们要评估一个项目的风险情况就需要找到足够的相关项目数据和信息，这些相关项目数据和信息就是项目风险评估的依据，主要数据和信息包括如下几个方面。

1. 项目目标的信息和数据

项目风险最根本的特性就是会对项目具体目标或整体目标造成积极或消极的影响，所以项目风险评估所需的首要信息和数据就是对于项目目标的描述或界定的信息和数据。因为人们需要这方面的信息和数据作为"标杆"去"对标"分析、判断和评价项目风险事件和系统性项目风险要素究竟会对项目目标造成哪些影响，以及这些影响会使项目目标偏离计划和安排的程度或概率分布范围。

2. 项目产出物的信息和数据

这也是项目风险评估的主要依据之一，因为项目风险的直接影响就是使项目所生成的项目产出物的功能、范围、质量、时间等某个方面出现偏离原有计划的情况。所以项目产出物的描述和要求信息就成了评估项目风险的另一个"对标"的对象，只要能够导致项目产出物在质量、数量、交货期等任何一个方面偏离既定计划和要求的就是项目风险。因此，项目产出物的描述信息中给出的项目产出物数量、质量、交货期和技术要求特性等各方面的信息就是人们开展项目风险评估的重要依据之一。

3. 项目的各种计划的信息和数据

项目风险最主要的特征就是导致项目偏离既定的计划和安排，从而导致出现项目计划需要变更或者人们不变更项目计划就必须接受项目风险后果的情况。因此，项目的各种计划信息和数据就成了项目风险评估的主要依据之一，这包括项目集成计划和项目各种专项计划中所包含的全部信息和数据。这方面的信息既是项目风险评估的依据，又是项目风险评估的"对标"对象。例如，项目的成本和时间计划信息都是项目风险评估的重要依据，而且项目成本和时间计划也是项目风险评估的对象，通过评估项目计划能否完成去评估项目风险情况。

4. 已完成历史类似项目的相关数据与资料

这是指企业或组织以前所完成的类似项目的风险评估和实际风险情况

与后果的数据和资料,它们具有借助"由此及彼"去评估新项目风险的作用。所以在项目风险评估中,人们还要全面收集这种已完成历史类似项目的信息和数据,特别是已完成历史类似项目在风险评估和管控方面的经验教训的信息。在这些已完成历史类似项目的信息中应包含有该项目出现风险的原因和项目风险所造成的损失和收益等信息,这些也是项目风险评估的重要依据之一。

5. 商业性或市场化的历史类似项目数据库

有许多项目管理咨询公司保留有大量历史项目风险管理方面的信息和统计资料所构成的数据库,他们通过提供这种社会化的项目风险管理信息与资料去开展相关盈利经营活动,所以人们可以通过这类项目管理咨询公司获得商业性的项目风险评估和管理的各种历史类似项目的信息。这种项目管理咨询公司可以从历史类似项目的实施组织处购买得到这类信息,甚至包括人们保留的历史类似项目的各种原始记录,如造价工程师就会保留项目预算中所出现的各种项目成本风险评估和实际风险结果的资料和信息。

6. 历史类似项目团队成员的专家经验

完成过历史类似项目的团队成员们既会保留该项目风险评估和风险结果的相关信息和原始数据,也会自行总结历史类似项目风险评估和管控方面的经验和教训。这是一种思想型的历史类似项目风险评估和管理的信息,这种信息也是项目风险评估和管理的重要依据之一。但是这种信息通常难以收集,因为这是一种专家经验或是一种思想型的信息,所以多数需要通过与参与过类似项目团队成员开展访谈等方式去获得,或者邀请他们直接参加新项目的风险评估去使用他们的专家经验。

综上所述,项目风险评估必须充分收集各方面的信息和数据,因为只有这样人们才能更好地评估一个新项目的风险情况。如果项目风险评估缺乏依据信息和数据会导致项目存在更多的潜在风险。

5.5.2 项目风险评估的主要方法

项目风险评估的主要方法就是概率与数理统计学和风险管理方面的基本方法和技术。项目风险评估的具体方法有很多种,本节只介绍三种具体的项目风险评估方法。第一种是针对项目风险事件的评估方法，第二种和第三种是针对系统性项目风险要素的评估方法，这三种方法的讨论分述如下。

1. 项目风险事件的期望值评估方法

每个项目风险事件都会有几种不同的项目风险后果，这是项目风险事件的根本特性。所以人们要评估一个项目风险事件的综合影响或后果就需要使用期望值的评估方法。这种方法的基本原理或计算公式如下。

$$REV = \sum_{i=1}^{n}(RP_i \times RR_i)$$

其中：REV 表示项目风险期望值，RP_i 表示第 i 个项目风险事件可能后果的发生概率，RR_i 表示第 i 个项目风险事件可能后果的严重程度。

由上述公式可知，任何项目风险事件的综合影响是由项目风险事件各种可能结果的期望值给出的，而这种项目风险期望值是项目风险事件每一种可能后果的发生概率和后果严重程度的乘积之和。其中，项目风险事件每种可能后果有正有负，当某种项目风险事件的可能后果会带来项目风险收益的时候为正值，而当某种项目风险事件的可能后果会带来项目风险损失的时候为负值。只有当项目风险事件的期望值大于等于 0 的时候，项目风险事件才是可以接受或容忍的，否则就需要对项目风险事件的可能后果实施项目风险应对措施，以保证在有管理的情况下项目风险事件的期望值能够大于等于 0。

2. 项目风险评估的盈亏平衡分析法

这是分析和评估系统性项目风险要素所造成的项目后果分布范围的方法，所以这种方法通常被叫作项目的量、本、利分析或评估。主要用于分析项目投入运营后的项目产品的产量、成本和售价这三个系统性项目风险要素，对于项目盈利目标的影响及其分布范围。这种方法使用这三个因素为分析变量，去找出项目盈亏平衡点，并据此判断这三种系统性风险要素会导致项目收益目标出现亏损和收益的风险分布情况。这是一种非常简便实用的系统性项目风险要素对于项目目标影响及其后果分布区间的评估方法，其表达公式和图解示意如下面的公式所示。

$$P \times Q_0 = F + C_v \times Q_0$$

其中：Q_0 为项目产品的量本利平衡点的产量，P 为项目产品价格，F 为项目产品的固定成本，C_v 为项目产品变动成本。

该公式的图解如图 5-2 所示，具体含义的讨论如下。

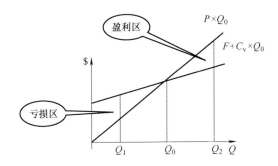

图 5-2　项目盈亏平衡分析法的图示

图 5-2 中 Q_0 是指项目产品的量本利均衡点，即项目产品的总成本和总收入达到了 $P \times Q_0 = F + C_v \times Q_0$ 的情况。当项目产品产量这个系统性项目风险要素变化到 Q_1 的时候，项目风险后果就处于了图 5-2 中的"亏损区"，即项目风险后果会导致项目风险损失。当项目产品产量要素变化到 Q_2 的时候，项目风险后果就会处于图 5-2 中的"盈利区"，即项目风险后果会导致项目风险收益。所以通过这种项目风险评估可以给出系统性项目风险要素（包括项目产品产量，项目产品价格，项目产品固定成本，项目产品变动成本）的发展变化所造成的项目风险影响或后果的分布情况。

3. 项目风险评估的敏感性分析法

这是分析和测算系统性项目风险要素的发展变化会导致项目净现值等指标的风险后果分布范围的方法，借此可以给出各种系统性项目风险要素的变化对项目实现预期收益目标的影响程度，以及系统性项目风险要素发展变化的承受能力（敏感程度）的评估方法。在项目全生命周期中有许多系统性风险要素会对项目的净现值目标造成影响，找出这些系统性项目风险要素相对于项目净现值指标最大的"容忍值"即可能使项目的可行性出现否决的"值"，这就是"敏感性分析法"。这样人们在开展项目风险管理的时候就可以对那些"敏感"的系统性项目风险要素进行监督和控制，从而使项目的实施和运行风险得以控制。这种方法的公式和图解如下所示（见图 5-3）。

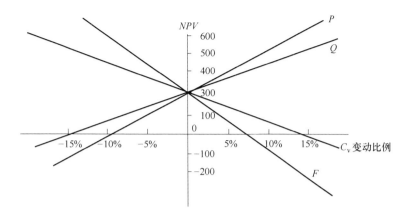

图 5-3 项目风险评估中的敏感性分析法图示

$$NPV = \sum_{t=0}^{n} (C_I - C_O)_t \times (1 + i_c)^{-t}$$

其中：NPV 表示项目净现值，C_I 表示项目现金流入，C_O 表示项目现金流出，i_c 表示项目所投资行业的基准收益率，t 表示项目的计算年限。

在这种评估方法中，系统性项目风险要素包括：项目产品产量 Q，项目产品价格 P，项目整体投资 F 和项目产品成本 C_v 等。这些要素都会对 NPV 这一目标指标造成风险影响，判定这些风险影响是否会导致项目可行性发生改变的主要判据就是 $NPV \geqslant 0$。同时，人们可以根据这些要素的风险影响结果方向和大小的变化所造成的 NPV 变动情况去分析项目风险影响的分布范围，下面的表 5-1 给出了这种方法所涉及的系统性项目风险要素及其风险影响后果的分布情况数据，图 5-3 给出了项目净现值分布范围的图示。

表 5-1 项目敏感性分析示意表（单位：万元）

风险因素	变动比例						
	-15%	-10%	-5%	0	5%	10%	15%
	NPV						
项目产品产量 Q	0	100	200	300	400	500	600
项目产品价格 P	-150	0	150	300	450	600	750
项目整体投资 F	900	700	500	300	100	-100	-300
项目产品成本 C_v	600	500	400	300	200	100	0

表 5-1 的中间部分的数据是由于系统性项目风险要素 Q、P、F 和 C_v 的发展变化而造成的项目净现值的变动情况,这些变动情况可以体现在图 5-3 中。

由图 5-3 可知,系统性项目风险要素 Q 最大可以降低 10%,再降低就会导致项目净现值指标变成负值而导致项目不可行。同样,系统性项目风险要素 P 最大可以降低 15%,而系统性项目风险要素 F 最大可以提高 7.5%,系统性项目风险要素 C_v 最大可以提高 15%,所有这些变动比例就是这些系统性项目风险要素"敏感"的分布范围的临界点。

综上所述,项目风险管理的首要任务是开展项目风险的初始评估和跟踪评估,以便为项目风险计划和管理奠定基础。

第6章

中国式无预警信息项目风险事件的管理

随着当今经济快速发展和社会发展得越来越先进和复杂，使得人类所处的各种环境变得越来越不确定，各种无预警信息风险事件不断发生。人们常说的"黑天鹅"或"灰犀牛"事件，实际就是出乎人们意料的无预警信息项目风险事件。这种无预警信息项目风险事件的管理原理和方法与本书后续章节介绍的有预警信息项目风险管理多有不同，无预警信息项目风险事件的管理更加非程序化、非结构化和具有更高的复杂性。

不管是那些"极其罕见且有出乎意料风险的黑天鹅事件"，还是那些"习以为常而忽视后导致风险后果的灰犀牛事件"，实际上都是无预警信息项目风险事件，都必须使用无预警信息项目风险事件管理的原理和方法。无预警信息项目风险事件在很多时候被称为"突发事件"（以下这二者含义相同），而这方面的管理也被称为突发事件的"应急管理"。因为"突发事件"最大的特征在于它的"突发"，而"突发"的根本原因就是人们没有这类事件的预警信息，结果使得这类事件在人们"不知不觉"的情况下突然发生了。

6.1 无预警信息项目风险事件的基本概念和特性

有关突发事件或无预警信息项目风险事件的定义、特性和分类分述如下。

6.1.1 无预警信息项目风险事件的基本概念

无预警信息项目风险事件是项目风险中的一种，这种项目风险最大的独特性是人们无法预知它何时发生和为什么会发生，即这种项目风险会在没有任何风险预警信息的情况下"突然"发生并产生风险后果。有关无预警信息项目风险事件的定义及其独特性分别讨论如下。

1. 无预警信息项目风险事件的定义

本书对于无预警信息项目风险事件的定义是：无预警信息项目风险事件是一种人们无法预知或预测的突发性的项目风险事件，由于无法预知，使得人们既不知道它会有多少种可能后果，也不知道它会在何种情况或条件下发生和出现后果。因此，这类项目风险事件也被称为"突发事件"，这表明这类项目风险事件是在人们没有任何信息的情况下突然发生的一种风险事件。

2. 无预警信息风险的独特性

无预警信息风险同样也有风险损失和风险收益两个方面的后果，但是由于无预警信息风险的突发性导致的风险损失后果具有让人们"措手不及"的效果，所以对于无预警信息风险的管理更多的是针对这种风险事件所导致的项目风险损失的后果所开展的管理工作，而对于项目风险事件所导致的项目风险收益后果的管理相对较弱。另外，由于无预警信息项目风险事件的后果到来得十分突然，人们很难去开展更多的项目风险应对或转化，所以更多的是开展项目风险损失后果的消减和灾害后果的恢复，而对于项目风险事件的风险收益后果的管理主要是"被动接受"的管理而已。

6.1.2 无预警信息项目风险事件的主要特性

为了充分认识无预警信息项目风险事件，人们还需要知道无预警信息项目风险事件所具有的各种特性，无预警信息项目风险事件具有如下几个方面的特性。

1. "突然发生"的特性

无预警信息项目风险事件最突出的特性就是它所具有的突发特性，这是由于人们对这种风险事件没有任何预警信息造成的，即它会出乎人们意料地突然发生。这种特性是人们缺乏对于这种项目风险事件的预警信息和对于这种风险事件的事前充分认识所导致的。按照中国人的说法，这就是"出乎意料"的事情使得人们"措手不及"的情况。按照信息科学的理论，这种项目风险事件最根本的特征就是"无预警信息"，这是与预警信息项目风险事件和其他项目风险的最不同的根本特性。

2. "十分奇特"的特性

这是指无预警信息项目风险事件都具有十分独特的发生情况和十分独特的后果,由此使得每个无预警信息项目风险事件都是"与众不同"的。甚至即便是在同类的无预警信息风险事件或突发风险事件中,也会有某些方面是独特的,可以说世界上没有任何两个无预警信息项目风险事件是一样的。例如,2003 年突发的 SARS 和 2020 年的新冠肺炎疫情都是公共卫生突发事件这一类的无预警信息项目风险事件,但是二者在很多方面都是完全不同的,所以人们对 2020 年新冠肺炎疫情的应对就不会照搬应对 SARS 的做法。

3. "发展变化"的特性

这是指每个无预警信息项目风险事件都是不断发展变化的,特别是对于那些持续时间长的无预警信息项目风险事件而言,这种"发展变化"的特性会使得风险后果和影响更大。由此可见,无预警信息项目风险事件具有很明显的"发展变化"的特性,这使得对其的管理更加困难。

4. "无预警信息"的特性

这是无预警信息项目风险事件最根本的特性,即人们在这种风险事件进入风险发生和风险后果阶段之前,对这类项目风险事件没有任何的"预警信息"。人们可能会对这种项目风险有某些方面的信息或认识,但就是不知道这种风险事件发生的征兆或阈值。这种"无预警信息"的特性大大制约了人们对于这种项目风险事件的管理能力,因为即使人们可以根据某些相关信息去制定"应急预案",但是不知道这种风险事件何时或如何发生,也很难做好应对这种风险事件的准备,包括应对这种风险事件的各种资源储备。

5. "危害"管理的特性

按照项目风险管理原理,任何项目风险都可能有两种后果,其一是风险损失或危害,其二是风险收益或机遇。由于无预警信息项目风险事件所具有的"突发性"和"发展变化性"等特性,人们对于无预警信息项目风险事件的管理更偏重于对风险损失和"风险危害"进行管理。对于这种项目风险事件所造成的风险收益的应对和管理只能是"消极接受"的管理，很少有人会去努力抓住无预警信息风险事件的风险收益或机遇。所以，无预警信息项目风险事件的管理很多时候又被称为"救灾和减灾"以及"恢复和重建"的管理。

6. 其他方面的特性

除了上述特性以外，无预警信息项目风险事件还有其他一些特性。这包括无预警信息项目风险事件的复杂性和风险后果的不可挽回性等一系列的特性。这些都是上述无预警信息项目风险事件特性所引致和衍生出来的关联特性，它们与上述无预警信息项目风险事件特性相互关联、相互影响和共同作用，构成了无预警信息项目风险事件的独特性，人们必须针对无预警信息项目风险事件的这些特性去开展无预警信息项目风险事件的管理。

6.1.3 无预警信息项目风险事件的主要分类

为了更深入地认识无预警信息项目风险事件，人们还需要根据无预警信息项目风险事件所具有的特性对这种项目风险进行必要的分类。根据上述有关无预警信息项目风险事件特性的讨论可知，对于无预警信息项目风险事件的主要分类方式有如下几种。

1. 按照无预警信息风险引发的原因分类

根据无预警信息项目风险事件的引发原因，具体可以分成自然灾害、生产事故灾难、公共卫生事件和社会安全事件四类无预警信息项目风险事件，这四类无预警信息项目风险事件的具体说明如下。

(1) 自然灾害引发的无预警信息项目风险事件。这是指人们所赖以生存的生态环境发生自然灾害，导致项目出现无预警信息项目风险事件的一类。这种无预警信息项目风险事件的管理以应对自然灾害发生所导致的无预警信息项目风险事件损失为主。

(2) 生产事故灾难引发的无预警信息项目风险事件。这是指在人们的生产活动中因人为因素或自然因素而导致项目出现无预警信息项目风险事件的一类。这种无预警信息项目风险事件的管理以应对生产事故所导致的无预警信息项目风险事件损失为主。

(3) 公共卫生事件引发的无预警信息项目风险事件。这是指由于全国或某个地区的公共卫生突发风险事件而导致出现无预警信息项目风险事件的一类。这种无预警信息项目风险事件的管理以应对公共卫生事件所导致的无预警信息项目风险事件损失为主。

(4）社会安全事件引发的无预警信息项目风险事件。这是指在全国或某个地区的社会安全突发风险事件而导致项目出现无预警信息项目风险事件的一类。这种无预警信息项目风险事件管理以应对社会安全突发风险事件所导致的无预警信息项目风险事件损失为主。

2. 按照无预警信息风险后果的严重程度分类

这是指按照无预警信息项目风险事件可能导致后果的严重程度的一种分类，这种分类可分为特别重大、重大、较大、一般和较小后果这五类，这种分类的具体说明如下。

(1）特别重大后果的无预警信息项目风险事件。这是指一旦这类无预警信息项目风险事件发生会直接导致项目失败或项目风险损失十分重大，这种无预警信息项目风险事件需要由政府或组织的主管调动组织的各种资源去应对和管理。

(2）重大后果的无预警信息项目风险事件。这是指一旦这类无预警信息项目风险事件发生会导致项目风险损失相对重大，这种无预警信息项目风险事件多数需要由项目经理去组织和管理，因为这种风险需要调动整个项目团队的资源去应对和管理。

(3）较大后果的无预警信息项目风险事件。这是指一旦这种无预警信息项目风险事件发生会导致项目风险损失较大，这种无预警信息项目风险事件多数也需要由项目经理去组织和开展管理，或者由项目风险管理负责人去开展管理。

(4）一般后果的无预警信息项目风险事件。这是指一旦这种无预警信息项目风险事件发生会导致项目风险损失一般，这种无预警信息项目风险事件只需要由项目风险管理人员去组织和开展管理，因为这种风险不需要调动更多的资源去应对和管理。

(5）较小后果的无预警信息项目风险事件。这是指一旦这种无预警信息项目风险事件发生会导致项目风险损失较小，这种无预警信息项目风险事件只需要由项目风险管理人员去组织和开展管理，甚至可以不需要开展特殊的无预警信息风险管理。

3. 按照无预警信息风险的复杂性分类

无预警信息项目风险事件还具有复杂性，所以根据复杂性可以将无预警信息项目风险事件分成五种不同的分类，以便人们可以对无预警信息项目风险事件进行有效的管理。

（1）结构复杂性的无预警信息项目风险事件。这是指由于项目的范围、时间、成本、质量以及项目所需资源等要素的不确定性，从而出现的结构复杂性的无预警信息项目风险事件，多数大型或超大型项目会具有这种结构复杂性的无预警信息项目风险事件。

（2）技术复杂性的无预警信息项目风险事件。这是指由于项目实施技术、工艺技术、技术装备和技术系统复杂而使得人们无法全面掌握相关技术要素，从而出现的技术复杂性的无预警信息项目风险事件，使用全新技术的项目会有这种无预警信息项目风险事件。

（3）方向复杂性的无预警信息项目风险事件。这是指由于人们对项目目标、方案或实施途径等有不同的理解且无法达成共识而出现的无预警信息项目风险事件，这包括项目决策者、管理者、实施者们之间有分歧而会出现的一种无预警信息项目风险事件。

（4）渐进复杂性的无预警信息项目风险事件。这是指随着项目的实施、由于项目所处环境与条件的发展变化而使得项目越来越复杂，从而出现的渐进复杂性的无预警信息项目风险事件，这是随着时间的推移而越来越复杂的一种无预警信息项目风险事件。

（5）综合复杂性的无预警信息项目风险事件。这是指具有上述两种及以上的复杂性的一类无预警信息项目风险事件，即多种复杂性共存的无预警信息项目风险事件。实际上，多数无预警信息项目风险事件是具有综合复杂性的无预警信息项目风险事件。

6.2　无预警信息项目风险事件管理的概念和特性

对于有预警信息项目风险的管理，人们可以根据项目风险征兆去选择预定的项目风险应对措施，去做好项目风险潜在阶段和项目风险发生阶段以及项目风险后果阶段的管理。但是突然发生的无预警信息项目风险事件没有任何事前的征兆,所以只能按照紧急应对的方法去开展项目风险后果阶段的管理。本节将讨论这种无预警信息项目风险事件管理的概念和特性,以说明这种项目风险事件管理所应使用的管理原理和方法。

6.2.1 无预警信息项目风险事件管理的概念与目标

无预警信息的项目风险是一种十分独特的项目风险,其项目风险事件的管理的基本概念、目标和独特性分述如下。

1. 无预警信息项目风险事件管理的定义

根据上述无预警信息项目风险事件的特性可知,这种项目风险事件的管理就是一种为应对突然发生的项目风险事件所导致的各种危害而开展的一种项目风险管理,所以这种项目风险管理的根本目的是应对突发事件的负面影响,以及消减由此已经造成或可能进一步造成的各种风险损失。同时,这种无预警信息项目风险事件的管理主要是对于突发事件所造成损失的补救和灾害的恢复,这是不同于有预警信息项目风险的一种独特项目风险管理工作。

因此,无预警信息项目风险事件管理的定义是:运用各种相关的知识、技能、方法与工具,为消减突发事件所造成或者未来可能造成的项目风险损失或各种危害,所开展的对于无预警信息项目风险事件的积极应对、风险后果的消减以及风险后果的补救和灾害恢复等方面的项目风险管理活动。

2. 无预警信息项目风险事件管理的目标

无预警信息项目风险事件的管理工作有三个方面,其一是努力预防和预警这种项目风险事件发生方面的管理工作,其二是积极消减这种突发项目风险事件所造成或者可能造成的风险损失的管理工作,其三是全面恢复或重建这种突发项目风险事件所造成的各种危害的管理工作,所以无预警信息项目风险事件管理有三个方面的根本目标。

(1)"禁于未发之前"的目标。这是无预警信息项目风险管理的第一个目标,即努力预防和预警这种项目风险事件发生的目标,也是一种无预警信息项目风险事件事前预防的管理目标。显然,如果能够预防这种项目风险事件的发生，就会避免无预警信息项目风险事件发生后所造成项目风险损失和灾害的后果。但是由于无预警信息项目风险事件的"突然发生"和"无预警信息"等特性，使得人们很难完全预防和预警它们的发生，所以人们多数时间只能退而求其次，努力设法去实现"消减风险损失"的第二个无预警信息项目风险事件管理的目标。

(2)"救人或救火"的目标。无预警信息项目风险事件管理的第二个目标，是一种类似于"救人或救火"的目标。对于这种项目风险事件的管理最主要的目标就是通过采取正确的应对措施去消减由它所引发的风险损失后果。因为这种项目风险事件没有"风险征兆"或"触发信号"，所以人们很难完全预防它的发生，只能"退而求其次"去设法通过"救人或救火"的方法，消减这种项目风险事件的后果和降低这种项目风险事件的损失。例如，工程建设项目遇到地震的情况就属于这类事件，所以对"地震"这种无预警信息项目风险事件管理的主要目标是"救人救火""抗震救灾"。

(3)"灾后重建"的目标。这是无预警信息项目风险事件管理的第三个目标，是一种类似于"灾后恢复和重建"的目标。这种管理目标是针对无预警信息项目风险事件"突然发生"所带来的灾害后果的，是对于这种项目风险事件所造成的"既成事实"的挽救和修复甚至是恢复类的管理目标。因为这种项目风险事件不但很难进行预防，而且即便是开展了"救人或救火"风险后果消减措施，也会留下已经被这种项目风险事件破坏了的项目及其实施或运行条件，所以人们如果需要继续运行项目的话，就必须开展相应的"灾后重建"或"恢复项目及其环境与条件"的管理并实现这方面的管理目标。

6.2.2　无预警信息项目风险事件管理的特性

充分认识无预警信息项目风险事件管理的特性是开展无预警信息项目风险事件管理的前提条件，无预警信息项目风险事件管理的主要特性包括如下几个方面。

1. 无预警信息项目风险事件管理的突发应对性

无预警信息项目风险事件管理是为应对突发风险事件所开展的一种管

理，而这种项目风险事件的"突发性"使得人们难以十分完善地进行预先的计划和安排，人们虽然可以根据经验教训去预定一些应急方案，但没办法做出准确无误和切实可行的无预警信息项目风险事件应对和管理方案。所以对于无预警信息的项目风险事件，人们多数时间只能是去"仓促迎战"，而无法像对于有预警信息项目风险事件的管理那样，可以根据识别和度量后的项目风险事件的几种可能结果分别制定出有针对性的具体应对措施和应对方案。所以对于这种具有突发性的无预警信息项目风险事件的管理具有"仓促应战"的突发应对的特性，这是这种项目风险事件管理的首要特性。

2. 无预警信息项目风险事件管理的不确定性

无预警信息项目风险事件管理最根本的特性是不确定性，这种项目风险事件有两个方面的不确定性需要开展管理：其一是无预警信息项目风险事件发展变化的不确定性，其二是无预警信息项目风险事件的应对策略或方案的不确定性。任何项目风险事件的根本原因都是不确定性，而项目的不确定性又是由于人们缺乏相关信息引起的。无预警信息项目风险事件是人们拥有信息最少的风险事件，因为人们既不清楚这种风险事件会有几种风险后果，也不知道每种风险后果的发生概率及其触发原因。所以无预警信息项目风险事件是具有最大"信息缺口"和不确定性程度最高的项目风险事件，因此它的风险识别、度量、监测和应对等方面的管理工作都存在很大的不确定性，从而使得这种项目风险事件是最难管理的一类项目风险事件。

3. 无预警信息项目风险事件管理的复杂性

如前所述，无预警信息项目风险事件具有某种或多种复杂性，所以无预警信息项目风险事件的管理也具有复杂性的特性。通常，在特别重大后果的无预警信息项目风险事件管理中，人们开始会碰到结构复杂性的管理问题（即不清楚这种项目风险事件需要开展哪些应对工作以及会得到何种结果），更进一步会碰到技术复杂性的管理问题（即不知道需要采取何种技术手段去应对这种项目风险事件），而到后期还会遇到方向复杂性的管理问题（即由于这种项目风险事件及其环境的发展变化使得人们失去了方向），同时还会遇到渐进复杂性的管理问题（即这种项目风险事件的管理会变得越来越复杂）。因此无预警信息项目风险事件管理具有复杂性的特性。

4. 无预警信息项目风险事件管理的集成性

这是指无预警信息项目风险事件的管理需要对这种项目风险事件发展的整个过程，涉及的全部项目要素，影响的各个项目利益相关者进行全面的集成管理。因为所有这些无预警信息项目风险事件的过程、要素和相关利益者之间都有它们应有的合理配置关系，无预警信息项目风险事件的管理者必须设法找出这些方面的合理配置关系，并使用集成管理的方法去实现这些方面的合理配置关系。因此，无预警信息项目风险事件管理的一个重要特性就是管理的集成性，这包括：无预警信息项目风险事件全过程的集成管理、全要素的集成管理和全团队（全体相关者）的集成管理，而不能在这种管理中出现"顾头不顾尾""单打一"和"利益侵害"等方面的问题。

5. 无预警信息项目风险事件管理的跟踪决策性

无预警信息项目风险事件管理的特性还有一个方面，那就是跟踪决策的特性。这是因为这种项目风险事件的管理没有预警信息，所以其管理的初始决策多是在一种"束手无策"或"不知所措"的状态下做出的。这就要求人们随后在无预警信息项目风险事件的管理过程中不断地获得新的信息，并据此不断地变更或修正无预警信息项目风险事件的管理决策。实际上，多数这种项目风险事件是没有"前人经验"可以借鉴的，人们只能靠"吃一堑长一智"的"跟踪决策与管理"的过程去找出针对具体无预警信息项目风险事件的管理方案和方法。这就使得无预警信息项目风险事件的管理只能按照"与时俱进"的跟踪决策去开展。

6. 无预警信息项目风险事件管理的强制命令性

因为人们需要在这种项目风险事件发生后最短的时间内去应对和管理它，所以这种项目风险事件的管理必须采用统一指挥和强制命令等手段。这种项目风险事件的管理进程会采用由"应急指挥机构"负责管理的模式，采取统一领导、组织、协调、指挥去应对这种突发风险事件的管理方法。由此可知，无预警信息项目风险事件管理具有强制命令的特性，因为只有按照"令行禁止"的模式迅速应对突发的项目风险事件，才有可能更好地消减这种项目风险事件所带来的风险损失和危害。人们没有过多的解释和说服的时间，只能先使用强制命令开展无预警信息项目风险事件管理。

7. 无预警信息项目风险事件管理的专家主导性

由于领导人们去开展无预警信息项目风险事件管理需要很高的概念性技能（急中生智）和专业技术知识与经验，所以很多时候无预警信息项目风险事件会由那些具有专长的专家们负责管理，而且多数时候无预警信息项目风险事件的管理需要设有专家委员会或专家组去组织和开展相应的管理工作。因为如果由行政干部或企业职能部门负责人去组织和领导开展无预警信息项目风险事件的管理，就需要消耗很多时间去咨询专家们的技术意见与建议，这就是为什么无预警信息项目风险事件管理具有专家主导的特性。按照中国人的说法"将在外，君命有所不受"，在很大程度上就是为了应对战争这种无预警信息项目风险事件的特性。

综上所述，无预警信息项目风险事件的管理具有十分独特的特性，所以需要使用完全不同的管理原理和方法去开展其独特性的管理。

6.3 无预警信息项目风险的管理过程和内容

无预警信息项目风险事件的管理是一类特殊的项目风险管理，这种管理的过程及其阶段划分内容与有预警信息项目风险有所区别，最主要的差异体现在这种突发项目风险事件管理的过程向前和向后延伸。这种项目风险事件管理的起始早于突发项目风险事件发生之前，而这种项目风险事件管理工作的结束却延伸至对于突发项目风险事件所造成影响的有效恢复与重建为止。典型的无预警信息项目风险管理阶段的划分及其内容讨论如下。

6.3.1 无预警信息项目风险的管理过程模型

无预警信息项目风险的管理包括四个主要阶段，即对于突发事件的预防与应对准备阶段、监测与预警阶段、应对与消减处置阶段、事后恢复与重建阶段。这四个阶段所构成的无预警信息项目风险管理过程模型如

图 6-1 所示。

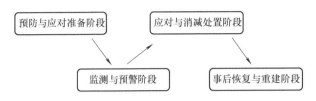

图 6-1 无预警信息项目风险管理过程模型

图 6-1 给出的这种项目风险的管理过程模型所包含的是一种典型的四阶段突发项目风险事件的管理模型,还有几种类似的管理模型,具体分述如下。

1. "危机-应急-消灾-恢复"的四阶段管理模型

有一种对于无预警信息项目风险事件管理的模型,它将整个管理过程分为四个项目阶段。其中:第一个阶段是危机管理阶段,第二个阶段是应急管理阶段,第三个阶段是消灾管理阶段,第四个阶段是恢复管理阶段。其中的"危机管理阶段"与上述模型中的"预防与应对准备阶段"有所不同,"危机管理阶段"是在无预警信息项目风险事件已经发生但尚未进入风险后果阶段的管理工作,而上述模型中的"预防与应对准备阶段"是在无预警信息项目风险事件尚未发生的时候所开展的项目风险管理工作,所以本书采用上述的无预警信息项目风险事件管理模型。

2. "预防-准备-应对-恢复"的四阶段管理模型

还有一种应用较为广泛的无预警信息项目风险事件管理模型,也将这种管理过程分为四个阶段。其中,第一个阶段是预防阶段,第二个阶段是准备阶段,第三个阶段是应对阶段,第四个阶段是恢复阶段。第一个阶段的预防工作内容包括分析和评估可能导致危机的环境与条件,并尽可能消除引发危机的因素或条件,第二个阶段的准备工作的内容包括制定应对措施和预案并建立危机预警机制,第三个阶段的应对工作以无预警信息项目风险事件发生为起点,及时采取有效措施应对无预警信息项目风险事件和消减风险损失和危害,第四个阶段的恢复工作主要是对无预警信息项目风险事件造成的灾害后果进行补救和恢复。

3. "避免-准备-确认-控制-应对-恢复"的六阶段管理模型

这种无预警信息项目风险事件管理过程的模型将管理过程划分为六个

阶段，这是将上述模型中的前两个阶段进一步细化后而形成的项目无预警信息风险事件的六阶段管理模型。其中：第一个阶段是避免阶段，其工作内容类似于图 6-2 模型中的预防阶段的工作；第二个阶段是准备阶段，这是通过制定各种行动和安排去准备好应对无预警信息项目风险事件发生的工作；第三个阶段是确认阶段，是根据各方面信息判断无预警信息项目风险事件是否已经发生和找出风险原因以便为应对风险提供信息和思路的工作；第四个阶段是控制阶段，这是尽可能地控制风险后果扩散和风险损失扩大的工作；第五个阶段是应对阶段，这是迅速采取有针对性的应对措施的工作；第六个阶段是恢复阶段，其工作内容类似于图 6-2 模型中第四个阶段的工作。

4. "准备-预防-消减-应对-恢复-学习"加"全程监测"的"6＋1"模型

这一模型是在借鉴上述六阶段无预警信息项目风险事件管理模型的基础上增加了一个"学习阶段"和一个"全程监测"的无预警信息项目风险事件管理模型。这一模型中最后的"学习阶段"充分体现了中国人所说的"吃一堑，长一智"的管理哲学思想，是为未来的无预警信息项目风险事件管理奠定基础的管理工作。这种"6＋1"管理模型中的"全程监测"是一项跨阶段的管理内容，在整个管理过程的各个阶段乃至管理的全过程中开展无预警信息项目风险事件的监测工作，可以为整个管理过程中的管理决策提供更多和更及时的决策支持信息。

6.3.2 无预警信息项目风险管理的工作分解

由图 6-1 可知，无预警信息项目风险的管理包括四个阶段的工作，这四个阶段的工作分解如图 6-2 所示。

图 6-2 所给出的无预警信息项目风险管理工作分解结构中所包含的各项具体工作的内容分别讨论如下。

1. 预防与应对准备阶段的项目风险管理工作内容

对于无预警信息项目风险的管理要坚持以预防为主、预防与应对相结合的基本原则，中国人所谓"上医治未病"就是这个道理，由此可见项目无预警信息风险的预防和应对准备阶段处于首要的地位。这种预防与应对

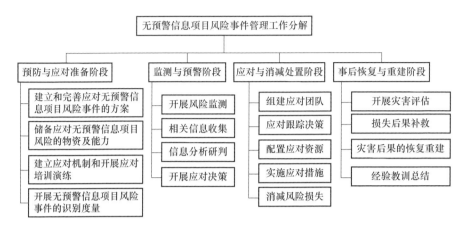

图 6-2 无预警信息项目风险管理工作分解结构示意图

准备阶段的主要工作内容包括如下五个方面。

(1) 建立和完善应对无预警信息项目风险事件的方案。首先人们需要建立和完善应对无预警信息项目风险事件的方案，或无预警信息项目风险事件的应对预案。这种应对无预警信息项目风险事件的方案需要针对无预警信息项目风险事件的性质、特点和可能造成的风险损失与社会危害，有针对性地制定出应对无预警信息项目风险事件工作的团队构成、职责分工，和无预警信息项目风险事件的预防与预警机制、处置程序、应对措施以及开展应对的保障措施等内容。

(2) 储备应对无预警信息项目风险的物资及能力。这包括四项工作内容：其一是建立应对无预警信息项目风险事件的物资储备的规定和用法，其二是建立和完善重要风险应对所需物资的储备、调拨和紧急配送体系，其三是制定应对无预警信息项目风险事件的管理储备资金和必要的浮动时间，其四是明确动用这些应对无预警信息项目风险事件物资的紧急情况规定。

(3) 建立应对机制和开展应对培训演练。这是指制定出应对无预警信息项目风险事件的管理机制，确定应对无预警信息项目风险事件的团队构成或成员，并对他们进行必要的相关培训和事前演练，以便提高无预警信息项目风险事件应对团队及其成员的应对能力和协同与合作的能力。

(4) 开展无预警信息项目风险事件的识别度量。这是指对于可能引发无预警信息项目风险事件的各种因素和环境与条件等所进行的识别、度量、评估、登记、检查和监测等方面的工作。其中，"识别"最为重要，这是指寻找出可能引发无预警信息项目风险事件的各种因素和环境与条件，但是事前找到无预警信息项目风险事件的引发原因是十分困难的。

2. 监测与预警阶段的项目风险管理工作内容

这个阶段的工作总体具有常态化特征，在当前大数据等技术发展的情况下，监测与预警工作应更多地借助技术支持，对于信息完备程度相对较高的无预警信息风险事件，例如洪涝灾害、水质污染等应实现自动或者半自动监测与预警。这一阶段包含的具体工作内容有如下几个方面。

(1) 开展风险监测。这是指开展对于无预警信息项目风险的发展进程和触发情况的监测，虽然这种项目风险事件没有明确的风险征兆或阈值，但人们依然可以通过监测项目环境与条件的发展变化等情况去开展对于这种无预警信息项目风险事件的监测工作，以便在出现困难导致无预警信息项目风险事件的情况时，人们能够做出快速的反应和应对。

(2) 相关信息收集。这是指使用项目风险信息管理系统去收集、汇总、储存和处理有关无预警信息项目风险事件的信息的工作，这种无预警信息项目风险事件的管理信息系统多数是一种"人—机"联动系统，并且建有基础信息数据库，监测并获得无预警信息项目风险事件的完备数据，能够提供必要相关信息的加工处理能力。

(3) 信息分析研判。这是指项目风险管理者应当及时汇总分析突发项目风险事件的相关信息，必要时组织风险管理部门、专业技术人员、外部专家学者进行分析和讨论，以研判无预警信息项目风险事件的可能性及其可能造成的风险损失和灾害，从而为制定无预警信息项目风险事件应对措施的决策提供支持。

(4) 开展应对决策。这是指如果在上述分析研判中发现会有无预警信息风险事件发生，就必须立刻制定出应对无预警信息项目风险事件的相关决策。决策内容包括两方面：其一是究竟是开展哪种预警的决策，如红色、橙色、黄色和蓝色预警的决策；其二是究竟采取哪种无预警信息项目风险事件应对措施或预案的决策，即针对不同的无预警信息项目风险事件的可能结果去选定相应的应对措施的决策。

3. 应对与消减处置阶段的项目风险管理工作内容

由于无预警信息项目风险事件发展变化和后果千差万别，因此这个阶段的管理工作不确定性较强，人们需要根据实际的无预警信息项目风险事件的情况去开展的主要管理工作如下。

(1) 组建应对团队。这种专门团队是在无预警信息项目风险事件发生后，有权统一组织和领导开展无预警信息项目风险事件应对及其管理工作的团队，他们有权调动组织的储备资源去开展无预警信息项目风险事件的应对工作。在情况危急的时候，他们有权调用组织各方面的资源去开展对于无预警信息项目风险事件的应对工作。

(2) 应对跟踪决策。这是指由上述专门团队根据无预警信息项目风险事件及其环境与条件的发展与变化去不断调整与应对工作相关的决策工作，因为无预警信息项目风险事件会在整个过程中不断地出现变化，从而会导致新的风险损失或灾害，所以人们要想成功应对无预警信息项目风险事件就必须开展跟踪决策去不断地调整和变更过时的决策。

(3) 配置应对资源。这是指在这个阶段中专业团队需要根据应对无预警信息项目风险事件的需要去合理配置各种应对所需的资源，这包括应对这种项目风险事件所需的人员、信息、资金、设备、设施、场地、交通工具和其他资源以及应对这种项目风险事件所需的各种社会服务等。

(4) 实施应对措施。这是本阶段中最为重要的工作内容，涉及由上述的专门团队去使用合理配置的各种资源开展相应的应对行动。这种项目风险应对措施的实施不同于有预警信息项目风险应对措施的实施的那种"一蹴而就"，这种应对无预警信息项目风险事件的措施的实施需要不断地调整和变更应对措施的方案和工作。

(5) 消减风险损失。这既是上述项目风险事件应对措施实施的结果，也是需要专门去开展的一系列"救人救火"的具体工作。这是在无预警信息项目风险事件的后果"盖棺定论"之前所开展的一种积极消减项目风险损失的应对工作。

4. 事后恢复与重建阶段的项目风险管理工作内容

在很多情况下，人们及时开展了无预警信息项目风险事件的应对措施，这种项目风险事件也会造成某些损失或某种灾害，所以人们为了继续整个项目的实施和运营,就必须开展必要的事后恢复与重建阶段的项目风险管理工作,这方面的工作和应对与消减处置阶段的工作会存在时间上的交叉,即人们会在应对与消减处置阶段中就开展或进行到某些方面的事后恢复与重建阶段的工作内容,以最大限度地降低或消减无预警信息项目风险事件造成的损失和危害。这一无预警信息项目风险事件管理阶段的主要工作包括以下几个方面。

(1) 开展灾害评估。这是指在人们应对无预警信息项目风险事件及之后都必须开展对于无预警信息项目风险事件的灾害和损失的识别、度量和评估等方面的工作,以便人们能够根据实际的损失和灾害情况去制定出恢复与重建项目及其环境与条件的决策和相关工作。

(2) 损失后果补救。这是指针对无预警信息项目风险事件所导致的项目风险损失后果,去开展各种损失的恢复工作。这包括对于无预警信息项目风险事件所导致的项目成本和价值损失方面的补救工作,无预警信息项目风险事件所造成的时间资源损失的补救工作,以及无预警信息项目风险事件对项目质量和范围等方面造成损失的补救工作。

(3) 灾害后果的恢复与重建。这是指对于受无预警信息项目风险事件影响的项目各方面的重建工作,这既包括对于项目的通信条件、施工条件和物流保障条件等各方面的灾害恢复工作,也包括对于那些被彻底破坏的项目实施条件(如工程建设项目的施工现场需要"七通一平"等条件)的重建工作。

(4) 经验教训总结。这是指在整个无预警信息项目风险事件的应对和恢复与重建工作完成以后,人们还需要开展总结无预警信息项目风险事件应对工作的经验和教训,制定未来无预警信息项目风险事件应对措施和体系的方案,进一步将这些作为组织或公司的经营资产(组织知识)进行保存和使用的工作。

综上所述,无预警信息项目风险事件的管理与有预警信息项目风险事件的管理在原理和方法上是十分不同的,所以作者将针对无预警信息项目风险事件的管理原理和方法单独作为一章进行了全面的阐述和讨论,以便人们能够更好地开展针对突发性的项目风险事件的管理。

第 7 章

中国式项目风险管理计划

如前所述，这是计划和安排在项目全过程中如何开展项目风险管理的工作，是根据项目评估结果去开展的一项项目风险管理的计划性工作。这一工作给出的项目风险管理计划书是整个项目后续阶段风险管理的指导性文件，是人们后续开展项目风险管理的指南。所以人们需要在项目全过程中按照这一计划去开展后续各项项目风险的活动以及分配项目风险管理的责任，其中还包括如何定期修订这一计划等方面的规定。项目风险管理计划的重要之处在于它描述了在整个项目生命期中项目团队如何组织和开展项目风险识别、度量、监测和应对项目风险，以及如何开展相关的管理活动，所以这一工作的产出物——项目风险管理计划书就是一份指导项目团队进行项目风险管理的纲领性文件。

7.1 项目风险管理计划的概念和内容

从广义上说，计划是管理的四大基本职能（还有组织、领导和控制）之一，并且是管理的首要职能，所以任何管理活动都始于计划和安排。项目风险管理计划就是确定项目风险管理相关活动的计划安排、规划和设计如何进行项目风险管理活动的工作，它是项目风险管理的首要工作。这一工作的结果是给出一份项目风险管理计划书，其主要内容包括选择适合的项目风险管理办法，定义项目团队成员的项目风险管理职责，给出项目风险管理的预算和时间安排等。随着项目风险管理的开展，项目风险管理计划也需要动态修订和不断迭代，而且项目风险管理计划的使用也必须具备灵活性。在具体的项目风险管理过程中，人们必须根据项目所面临的实际情况，按照灵活性原则去适当调整项目风险管理计划，以提高项目风险管理的效果和提高项目成功率。

7.1.1 项目风险管理计划的任务

项目风险管理计划工作的根本任务是制定并给出一份具体的项目风险管理计划书，从而规定项目风险管理中的项目风险识别、度量、监测和应对等各项工作的内容和方法，给出系统性的全面项目风险管理大政方针和技术方法，以及项目风险管理中所需使用的相应技术和工具。因此，项目风险管理计划制订的主要任务有两个方面：其一是制定项目风险管理的大政方针，其二是制订项目风险管理的具体工作计划。

对于项目风险管理的大政方针，这主要是根据具体项目的章程、项目相关者的项目风险偏好与项目风险承受能力、项目风险管理政策等，制定一套在项目风险管理过程中项目有关各方能够普遍接受的指导性原则，以建立起在项目风险管理过程中大家共同遵循的原则和共同协作的平台。

对于项目风险管理的具体工作计划，这主要是为项目风险管理计划的使用者制定其所需应对各种项目风险的具体工作计划和相应的各方面安排。这方面的计划规定了计划使用者在其所承担的项目风险管理责任中如何去开展项目风险识别、度量、监测、应对等工作，这方面的内容甚至包括像项目风险可容忍与不能容忍的界线、项目风险各种可能后果的应对措施规定（如购买保险和使用项目风险管理储备金等）。这方面的项目风险计划内容也是制定项目各种保险和分包合同的重要参考和依据，因为任何项目合同都会涉及项目风险分担问题，所以需要按照项目风险管理计划去开展谈判和合同管理。

7.1.2 项目风险管理计划的内容

项目风险管理计划的主要内容有：项目风险管理方法、项目风险管理角色和责任安排、项目风险管理预算、项目风险管理任务的时间安排、项目风险管理的具体技术方法、项目风险征兆（阈值）的规定、项目风险跟踪评估的规定，项目风险管理报告的格式和内容等。

1. 项目风险管理方法

任何项目风险管理的工作都必须采用一定的科学方法去进行，这需要项目管理者结合自身的知识和经验，从组织成员的知识水平、管理水平、团队文化氛围，团队应对项目风险的能力，特别是应对项目风险的资源等实际情况出发，选择出适合具体项目的风险管理方法。有效的项目风险管理方法应该与项目风险管理者的能力相结合，并根据具体项目的复杂程度和它所处的项目全过程的环境与条件的发展变化情况做出选择。

中国人一直认为，风险管理本来就是组织领导者和企业高管们所应该承担的管理责任。因为他们是组织或企业的决策者，只有他们才能够开展这种整合的、系统的、特定性的项目风险管理工作。同时，他们最清楚组织或企业所具备的项目风险管理责任和能力，从而会选定适合组织或企业的项目风险管理方法，然后通过有效监控来做好项目风险管理。

2. 项目风险管理角色和责任安排

在项目风险管理的全过程中，参与这一工作的每个人或组织都有各自的项目风险管理责任和义务，只有他们各自明确并承担好自己的角色和责任，才能管理好整个项目的风险。所以在项目风险管理计划中要界定和给出项目风险管理的领导者、支持者和实施者的角色和责任。这些负有项目风险管理责任的人员，在项目风险管理过程中各自负责开展不同的工作。

其中，有些人或组织是项目风险后果的承担者和项目风险管理的决策者，如项目业主或为项目承保的保险商。有些人或组织是项目风险管理的实施者和项目风险管理具体工作责任的履行者，如项目承包商负责项目风险的监测和项目风险应对措施的实施等。甚至会有专业的组织去开展项目环境影响风险的监测与应对工作，如某些具有环保风险评估和控制专业资质的组织去开展项目风险环境影响方面的管理控制。

3. 项目风险管理预算

这是指在项目风险管理计划中要计划和安排好用于项目风险管理的预算资金，因为开展任何项目风险管理工作都必然会占用或耗费资源而需要资金，并且为开展或采用项目风险应对措施就需要项目风险储备金方面的预算。所以项目风险管理预算所需考虑的占用与消耗资源包括：为发现项目环境与条件发展变化而去搜集相关信息所需的资金，为开展项目风险识别、度量、监测所需的各项资金、为实施项目风险事件应对措施所需的资金储备，为应对系统性项目风险要素影响的项目管理储备金等。

项目风险管理预算的确定主要涉及两个方面，第一方面是实际所需开展的项目风险管理工作的资金预算，第二方面是项目风险事件各种可能后果的应对措施，和针对系统性项目风险要素影响的应对措施所需的风险性储备资金的预算。项目风险管理的风险性储备资金预算需要按照项目风险事件和系统性项目风险要素去分别制定。因为对于项目风险事件而言，一个项目风险事件可能会有两个、三个甚至多个可能后果，每种项目风险事件的可能后果都需要制定相应的应对措施，但是最终只会有一种可能后果发生，所以这方面的项目风险管理储备的预算只要按照最大化原则去制定即可，即只要找出项目风险事件可能后果中应对措施所需资金最多的情况，并照此制定风险管理储备资金即可（否则会有重复计算的情况）。但是对于系统性项目风险要素的影响而言，由于这种风险影响是一个波动范围（见上一章敏感性分析的讨论），所以这方面的项目风险管理储备资金的预算就必须按照这个波动范围的上限（或叫敏感点）去制定。

4. 项目风险管理任务的时间安排

这是指在项目风险管理计划中要计划和安排好项目风险管理的时点和时期等时间计划，这包括在项目全过程中多长时间进行一次项目风险的识别和度量，项目风险监测的时间周期如何安排，以及何时去实施项目风险应对措施等。在项目全过程中必须对项目风险进行反复的识别、度量、监测和应对，只有这样才能及时识别、度量和应对项目风险。另外，在项目风险管理计划中必须制定出项目风险报告的时间安排，以保证项目风险管理信息的时效性。

由于项目环境和条件，有时甚至是项目的目标都会发展变化，这会使得项目原有的风险识别、度量和评估等结果已经不再是"正确的"了。所以从项目起始到结束的全过程中只要出现项目环境和条件以及目标的变化就必须再次进行项目风险的分析、评估、识别、度量和监控，从而实现项目全过程的动态性和实时性的风险管理，以便及时根据项目环境与条件和目标的发展变化去开展相应的项目风险管理工作。

5. 项目风险管理的具体技术方法

这是指在项目风险管理计划中要给出项目风险识别、度量、监测和应对的具体技术方法，有关项目风险识别、度量、监测和应对的技术方法分别讨论如下。

(1) 项目风险识别的技术方法。项目风险识别涉及对于项目风险事件的识别和对于系统性项目风险因素的识别，所以在项目风险管理计划中应该明确给出对于项目风险事件的识别方法和对于系统性风险要素的识别方法，因为这两种不同的项目风险情况需要使用不同的项目风险识别方法，所以需要分别给出它们各自的风险识别技术方法。

(2) 项目风险度量的技术方法。项目风险度量包括四个方面的工作，其一是对于项目风险可能后果的评价和估量，其二是对项目风险发生可能性或概率大小的评价和估量，其三是对项目风险事件发生时间及进程的评价和估量，其四是对项目风险事件的关联影响的评价和估量，需要分别给出它们各自的风险度量的技术方法。另外，对于有预警信息项目风险还需要给出项目风险征兆（阈值）的度量技术方法。

(3) 项目风险监测的技术方法。项目风险监测包括两种任务，其一是对有预警信息项目风险的监测，其二是对无预警信息项目风险的监测。对于前者，人们需要根据项目风险度量给出的风险征兆（阈值）去进行项目风险监测，在出现项目风险征兆时就去启动相应的项目风险应对措施。对于后者，人们则需要监测项目风险的发生和进展情况（因为无法预知），并采取相应的项目风险消减措施。

(4) 项目风险应对的技术方法。每个项目风险事件都会有多种可能后果而需要相对应的风险应对措施，这包括应对项目风险损失的措施和抓住、利用项目风险收益的措施两大类。所以在项目风险管理计划中应该给出这两大类不同项目风险应对措施的相关技术方法。同时，系统性项目风险要素的影响也需要有相应的项目风险应对的技术方法（如对于大量使用的建筑材料的期货保值措施等），所以项目风险管理计划中也必须有这方面的技术方法规定。

6. 项目风险征兆（阈值）的规定

项目风险征兆（阈值）的确定直接与组织承受项目风险的能力和组织的项目风险管理政策有关，所以在项目风险管理计划中还必须给出对于项目风险征兆（阈值）的规定。这是一种组织对于有预警信息风险的可接受水平的规定，比如组织对于项目成本风险的阈值为 -5%，这说明当项目的成本风险超过5%的时候就必须采取风险应对措施。

由于不同组织的项目风险偏好不同和项目风险承受能力不同，因此在项目风险管理计划中必须规定组织认定的项目风险征兆（阈值），以便人们能够及时开展项目风险应对措施的实施。例如，项目业主更加关注项目投资风险，所以会对项目投资风险给出相应的投资总额波动或变化的阈值，而项目承包商更关心项目造价的变动风险，所以会对项目所需材料和机械等方面的成本风险给出相应的阈值规定。

7. 项目风险跟踪评估的规定

项目风险管理计划中的项目风险跟踪评估主要是指对各种项目风险管理工作和过程的跟踪审计，在项目实施过程中不断监督项目的风险，进行各种项目风险的跟踪识别和度量，并对项目风险管理计划进行更新。项目相关者应该在对项目风险进行初始识别、度量的基础上，选择适合的时间对项目风险进行跟踪评估。由于项目环境的动态性，项目风险管理也必须是一个动态的过程，因此要对项目风险进行跟踪评估，这方面的内容包括：监测已识别出的项目风险变化，监测项目实际环境的发展变化、监测新项目风险的产生，使用项目风险管理计划程序去处理项目实施过程中出现的新风险和新情况。

8. 项目风险报告的格式和内容

项目风险管理计划中还应该规定项目风险管理报告的格式、内容以及报告周期和频率，这包括项目风险管理各个方面的分报告和项目风险管理综合情况的总报告。其中，项目风险管理的总报告是按照一定周期或具体时间节点（如出现项目环境与条件重大变化的时点），以及规定的格式和内容去编制并报告给项目主管者，以便项目风险管理者能够根据项目风险管理的"当前情况"和对于未来的"预测情况"去制定新的项目风险管理决策。项目风险报告的格式一般根据组织的习惯和要求而决定，只要能够满足项目管理者们进行所需的沟通即可，即保证项目风险管理信息能够及时为项目风险管理决策提供支持即可。

项目风险管理的分报告主要包括：项目风险识别的报告、项目风险度量的报告、项目风险监测的报告以及项目风险应对措施实施情况的报告。这四种分报告都是在每次开展项目风险识别、度量、监测和应对活动后直接编制和上报的,其中项目风险识别和度量多是同时进行,所以这二者多数是按照同一时点去编制和上报的项目风险管理分报告,但项目风险监测和项目风险应对措施实施报告都是在每次开展相应的项目风险管理活动以后进行报告的。

7.2 项目风险管理计划的制订

项目风险管理计划的制订是一个系统全面、有机配合和协调一致地计划安排项目风险管理策略与方法并将其形成文件的过程。这一过程还包括项目风险管理计划的修订等贯穿于整个项目生命周期的项目风险管理的计划工作,从而使得项目管理者能够根据每次项目风险识别、度量、评估等工作的结构去动态地对项目风险管理计划进行变更和修改。

7.2.1 项目风险管理计划制订的依据

项目风险管理计划是在对于项目的信息存在不完备的情况下编制的,所以这种计划的制订必须采用"集思广益"的专家会议的方法去确定,参加这种项目风险管理计划编制会议的人员有:组织或企业的领导、企业风险合规管理专业人员、项目经理、项目团队成员、外部的项目风险管理专家,以及项目风险管理计划实施人员和与项目风险管理计划相关的项目相关利益者等,他们通过会议制订项目风险管理计划的主要依据有如下几个方面。

1. 项目章程

项目章程是指规定出项目各方面责权利的文件,是项目相关者开展项目管理的根本大法。项目章程正式授予项目经理和项目团队开展项目及其风险管理的权限,以及规定出他们为开展项目获取信息资源和其他资源的权力。项目章程的主要作用包括:承认和确认项目的起始和存在,授予项目经理为完成项目而在执行组织中使用项目所需资源的权力,总体描述业务需求和项目结果与项目目标。

项目章程一般还包含的信息有:项目所能够满足的项目发起人、承包商、分包商、供应商和项目产品与服务的消费者以及其他项目相关者们的需要、期望和要求，项目投入运营后所能够形成的产品或服务的质量与技术要求，项目的主要目标及其目标确认的依据，正式指派的项目经理及其权限和权利，项目的阶段和里程碑计划，项目相关者的风险责任安排；企业职能部门的参与和所需提供的服务，项目所处的组织、环境、条件和各种假设前提条件，项目的投资回报情况，以及预算概要等。

2. 组织的项目风险管理政策

这是开展项目风险管理计划制订的核心依据之一，这是指组织和项目团队在开展项目风险管理时使用的一些基本政策和行为原则，是整个组织处理各种项目风险问题的基本指南和指导性政策。组织在项目风险管理活动中都必须遵照这一基本原则行动，项目管理者的任何项目风险管理行为必须符合组织的项目风险管理政策。项目风险管理政策在很大程度上取决于一个组织或企业的抗风险能力和对于项目风险的容忍能力，所以不同的公司或组织会有不同的项目风险管理政策。多数组织或企业要求在项目风险可以接受的水平上去开展项目，但是也有一些企业或组织更愿意规避或遏制项目风险。项目风险管理政策涉及在项目实施和运营的环境中开展项目风险控制的政策规定，还涉及如何在项目的产品和服务定价中反映项目风险管理的投入或支出的规定。本章后面的附表 7-1 给出了一家科技公司的项目风险管理政策说明书的范例。

由附表 7-1 可知，项目风险管理政策说明书的内容基本分为两个部分：一是项目风险管理政策的基本表述；二是项目风险管理重点和上限的规定和特殊要求。这种项目风险管理政策说明书对顺利开展项目风险管理工作具有重要规范和指导作用，它可以使项目风险管理者们的职责明确，也可以保障他们与其他部门开展项目风险管理沟通与协调时减少障碍，最重要的是它能够使企业或组织的项目风险管理工作保持政策的一致性。

3. 项目风险管理的责任和义务

这方面的依据也是制订项目风险管理计划过程中最基本的依据之一，这包括对于整个项目风险责任和义务在全体项目相关者之间的安排，以及项目管理者、项目实施者、项目风险管理人员等各方面人员的责任和义务的安排。因为在项目风险管理计划中必须有关于项目风险管理的责任、义务和任务的规定，以便确保项目的各种风险都有专门的组织和人员负责管理。在大型项目的管理中应该任命专门的项目风险管理责任者,他们的主要职责就是从项目风险管理的角度对项目风险管理计划进行把关和提供专业意见与建议,然后是监控和寻找可能出现的各种项目风险情况,及时提出项目风险应对的策略和措施方案,随时处理和应对出现的各种项目风险情况等。

以最为典型的工程建设项目为例,对于整个项目风险责任和义务在全体项目相关者之间的安排,包括对于这种项目的业主、承包商、保险公司、中介机构、行业协会、政府主管部门以及项目所在社区等在工程建设项目风险管理中所承担角色、责任和义务的安排,详见本章后面的附表7-2。虽然项目风险管理计划是每个项目相关者自己的风险管理计划安排,但是这种计划必须考虑项目所有相关者在项目风险管理方面的角色、责任、义务、能力和安排。

4. 组织或企业的项目风险承受能力

一个组织或企业的项目风险承受能力也是制订项目风险管理计划的重要依据之一,不同组织对项目风险的承受能力不同,则会有不同的项目风险容忍程度,从而对项目风险的偏好也不同,最终会导致组织或企业的项目风险管理政策的不同,所以在项目风险管理计划中还必须考虑组织或企业的风险承受能力,以及由此产生的组织或企业对待风险的态度和风险容忍程度。通常,一个组织或企业的整体实力越强,它的项目风险承受能力就越高。一个组织或企业的领导者的项目风险偏好越高(敢于承担风险),则这个组织或企业的项目风险承受能力就越高。这是衡量一个组织或企业的项目风险承受能力的主要方面,组织或企业对于项目风险管理的学习能力与实践经验等方面也对他们的项目风险承受能力有较大的影响。

另外,一个组织或企业的风险承受能力还取决于组织或企业的领导者们对项目风险的偏好或观念。因为有的组织或企业领导者承受风险的能力较强(敢于冒险者),那么该组织或企业的项目风险承受能力就比较高;而有的组织或企业领导者承受风险的能力较弱(谨小慎微者),那么该组织或企业的项目风险承受能力就比较低。按照马克思和恩格斯关于"统治阶级的思想在每一个时代都是占统治地位的思想"的理论,显然组织或企业领导者承受风险的能力,对于组织或企业的项目风险承受能力具有很大的影响。同时，不同国家、民族和信仰的人在风险承受能力方面也有所不同，因为政治、经济、社会、法律、政策、文化等各方面因素的影响，会使得人们在项目风险承受能力方面有很大的不同，这一点在跨国项目风险管理计划中尤为重要。

5. 项目风险管理计划的模板

项目风险管理计划模板是借助于组织或公司以前使用过的项目风险管理计划编制的标准要求和格式而得到的一种项目风险管理计划的标杆，或者是项目管理咨询公司和项目管理协会等商业机构提供的一种项目风险管理制定的平台工具，是编制项目风险管理计划的重要依据之一，因为这种模板是人们（组织或咨询公司等）在以往项目风险管理过程中不断积累起来的各种知识的集合。由于同类项目的项目风险管理计划具有一定的相似性，所以组织或企业甚至是其他公司的项目风险管理计划都可以作为新项目风险管理计划使用的模板，以便人们能够借鉴他人在项目风险管理计划和控制中的经验和教训。

这种项目风险管理计划编制用的模板中，多数规定了项目风险管理应有的基本程序、项目风险管理的主要工作、项目风险征兆的预警信息使用、项目风险的检测标准和措施、项目风险管理的责任划分、项目风险应对措施的选用等一系列的内容和要求，所以使用这种项目风险管理计划模板可以使项目风险管理计划更加规范化和科学化。本章后面的附表7-3给出了一个项目风险管理计划模板的示例。

6. 项目风险管理的各种制约情况

项目风险管理的制约情况包括：项目风险管理所需资源的制约、项目风险管理能力方面的制约、项目风险管理社会化服务方面的制约等。其中，项目风险管理所需资源的制约和项目风险管理能力方面的制约是项目风险管理计划制订的根本依据，由于项目风险管理社会化服务是解决组织或企业项目风险管理能力方面制约的途径和手段，所以这方面的制约也是在制订项目风险管理计划时必须考虑的依据之一。

另外，组织或企业的领导者对待项目风险及其管理的态度和观念也是一种项目风险管理的制约因素，项目管理者和实施者的项目风险管理的态度和观念同样是一种项目风险管理制约因素。同时，项目保险市场的成熟程度和保险服务的配套性，社会化项目风险管理中介服务的成熟程度和配套性等，也都是项目风险管理的制约因素。有关这些方面的讨论，详见本章后面的附表7-4。

7.2.2 编制项目风险管理计划的方法

项目风险管理计划编制所采用的主要方法是项目风险管理计划编制会议的方法，这是一种"集思广益和群策群力"的项目风险管理计划制订方法。这种方法的最大好处是可以尽可能获得项目风险管理计划所需的信息，因为参加会议的人们可以从不同的角度去提供自己的意见和建议，从而实现群策群力增加更多信息。这种方法是项目风险管理的主要人员通过开会协商与分析，而最终形成项目的风险管理计划，这种方法所涉及的主要要素分述如下。

1. 参会的主要成员

参加项目风险计划编制会议的人主要包括：企业领导、项目经理、项目团队成员和负责管理项目风险的人，以及开展项目的管理人员等。由于企业领导在企业风险管理中承担着主导和责任人的角色，所以项目风险管理计划编制会议需要他们的参与。由于项目经理在项目风险管理中占主导地位和是责任人的角色，所以他应该是项目风险计划编制会议的组织者和主导者。同时，项目管理团队的主要成员都必须参会，因为他们是未来开展项目风险管理的主角和主力。另外，项目风险管理人员、项目实施管理人员，甚至是外部项目风险管理专家也都应该参加项目风险管理计划编制会议。

2. 会议的主要内容

项目风险管理计划编制会议的核心内容是对项目风险管理的基本过程、项目风险管理的基本原则、项目风险管理决策的形成过程、项目风险管理的汇报关系、项目风险管理方法等内容进行充分的协商，对项目风险管理方法和项目风险管理报告的频率及格式要求等达成广泛的共识。同时，项目风险管理计划编制会议还必须将项目风险管理计划与项目的时间、成本、质量、资源等项目专项计划进行集成，从而使整个项目的专项计划形成一个有机的合理配置关系的整体。另外，项目风险管理会议还有一个十分重要的统一项目风险管理思想的内容,从而为整个项目的风险管理统一思想,奠定指导思想和理念一致性的基础。

3. 会议的结果

项目风险计划编制会议的结果就是制订出一份完整的项目风险管理计划,该计划描述了如何安排与实施项目风险管理工作和过程。这种项目风险管理计划是项目管理类的计划,即对于项目风险管理工作的计划安排。如前所述,项目风险管理计划中包括的主要内容有:项目风险管理的方法,项目风险管理的角色、责任与义务,项目风险管理的预算,项目风险管理工作的时间安排,项目风险跟踪评估和再次识别与度量的频度,项目风险应对措施的选用,项目风险应对和监测的预案等。

7.2.3 项目风险管理计划编制的过程

有关项目风险管理计划的编制过程主要包括如下几个方面的内容。

1. 项目风险管理计划编制模型

项目风险管理计划编制模型如图 7-1 所示,包括了项目风险管理计划编制的输入和输出,以及如何将输入转化为输出的项目风险管理计划编制工作,图 7-1 中各个部分的讨论如下。

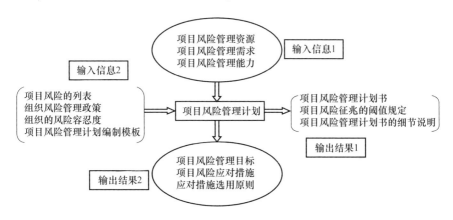

图 7-1 项目风险管理计划编制模型

2. 项目风险管理计划编制的内容和步骤

由图 7-1 中的项目风险管理计划编制模型可知,项目风险管理计划的编制涉及如下几个方面的步骤和内容。

(1) 输入信息1。项目风险管理计划的编制受项目风险管理资源、项目风险管理需求和组织与项目团队的项目风险管理能力等方面的条件约束，这些要素构成了项目风险管理计划编制所需的输入信息1的部分。其中，项目风险管理资源涉及项目风险管理所需的人、财、物、时间和信息等资源，项目风险管理需求涉及组织和项目团队有哪些项目风险管理的实际需要，而项目风险管理能力涉及组织和项目团队所具有的项目风险管理方面的能力。

(2) 输入信息2。项目风险管理计划的输入信息2包括：项目风险的列表、项目风险管理政策、组织的风险容忍度、项目风险管理计划编制模板等，这些都是项目风险管理计划编制过程的主要依据。另外，项目目标、项目相关者、项目复杂程度、项目风险管理经验、项目风险管理授权情况、项目管理信息系统等也是项目风险管理计划编制所需的输入信息，因为这些是项目风险管理计划制订必需的输入信息。

(3) 输出结果1。项目风险管理计划编制的输出结果1中主要包括：项目风险管理计划书、项目风险征兆的阈值规定和项目风险管理计划书的细节说明。其中，项目风险征兆的阈值规定给出了在何种项目风险发生征兆时，人们就需要立刻执行项目风险应对行动。项目风险计划书的细节说明则给出了关于人们如何具体实施项目风险管理计划的细节说明。实施好项目风险管理计划的关键在于掌握必要的信息和及时开展项目风险管理工作，项目风险管理计划的细节说明在这些方面给出了很具体的规定和说明。

(4) 输出结果2。项目风险管理计划的输出结果2主要包括三个方面的内容：其一是项目风险管理目标，即项目风险管理最终成功的要求和规定；其二是项目风险应对措施，即对于项目风险事件各种可能结果的应对措施和针对系统性项目风险要素的应对措施方案，其三是应对措施选用原则，这主要是针对项目风险事件各种可能结果出现时如何选用既定的项目风险应对措施方案的原则要求。

3. 项目风险管理计划编制的工作与活动

项目风险管理计划编制的工作与活动主要是按项目风险管理的需要去设计和制定开展项目风险识别、度量、监测和应对的项目风险管理具体任务的计划安排，即系统性地计划和安排整个项目过程中所需开展的项目风险管理工作的内容和步骤。项目风险管理计划编制最核心的工作是确定项目风险管理的目标，明确项目风险管理具体人员的职责和角色，以及规定开展项目风险识别、度量、应对与监测的程序和方法，还有规定项目风险管理报告的编制和报告程序以及最终的项目风险管理文档的格式与要求等。

7.3 项目风险管理计划的使用和修订

项目风险管理计划编制完成后就可以投入使用，但是在项目风险管理计划的使用过程中如果遇到问题，则需要对项目风险管理计划进行修订。特别需要注意的是，当项目环境与条件发生重大发展变化的时候，人们也需要对项目风险管理计划（以及其他的项目专项管理计划）进行必要的修订。

7.3.1 项目风险管理计划的使用

项目风险管理计划的使用就是按照这种计划去开展项目风险管理的工作，在使用项目风险管理计划的过程中人们需要遵循下列几个方面的原则和做法。

1. 宏观指导的原则和做法

在项目风险管理计划的实施过程中必须坚持以项目风险管理计划为宏观指导的原则，即不能偏离项目风险管理计划去开展项目风险管理工作。因为项目风险管理计划与项目各方面相关者的项目风险损失和收益都有关联，所以只有使用项目风险管理计划作为项目管理的宏观指导才能在项目风险管理中不伤害项目其他相关者的利益、责任和义务。

2. 灵活性的原则和做法

在项目开展过程中，环境和条件会发展变化，因此项目风险管理计划的使用必须具备灵活性。项目风险管理计划不是一个一成不变的计划安排，在项目风险管理过程中，人们必须根据项目所面临的实际情况实时和适当地对项目风险管理计划做出必要的调整或修订，而且在项目风险管理过程中还必须按照灵活性的原则去开展具体的项目风险应对活动。另外，在进行项目风险管理计划的调整和修订时，也必须根据项目相关者的责权利和项目环境的发展变化去修订项目风险管理计划的某些安排。

3. 学习性的原则和做法

项目风险管理的过程就是一个学习的过程，而且多数时间是一种"吃一堑长一智"的学习过程。实际上，项目风险管理计划的编制和执行过程都是一个学习的过程，这种学习过程就是人们在项目风险管理计划实施过程中所形成的典型学习曲线。在项目风险管理计划的实施过程中，人们还需要努力收集项目风险信息和学习新的项目风险管理技术与方法。

4. 选择合适的管理工具的原则和做法

在项目风险管理计划的使用和实施过程中，人们一方面要遵守项目风险管理计划宏观指导的原则和做法，另一方面还必须根据项目风险管理的实际情况和项目组织自身的能力状况去选择合适的项目风险管理工具和技术方法。俗话说，"计划永远赶不上变化"，项目风险管理本身就是针对"变化"的管理，所以项目风险管理必须按照灵活性的原则和做法去选用最为合适的项目风险工具和方法。

5. 发挥主观能动性的原则和做法

项目风险具有不可完全预知的特性，项目环境与条件具有不断发展变化的特性，项目风险管理计划具有变化的特性，这就要求人们在项目风险管理中必须根据项目及其环境与条件的发展变化，努力充分发挥项目风险管理者的主观能动性去开展好项目风险管理。这样就会使项目风险管理能够在计划的基础上开展"必要的权变"，即积极主动地寻求项目风险管理的最佳方案和应对办法，而不是"死守"项目风险管理计划的"条条框框"。

6. 构建好风险管理环境的原则和做法

项目风险管理计划的使用对项目风险管理环境有较高的要求，因此在项目风险管理计划使用的过程中必须做好项目风险管理环境的建设工作。因为在某些情况下，项目风险本身就是由于项目相关者之间的博弈而造成的，通过构建良好的项目风险管理环境可以很好地消减这种人为因素造成的项目风险。另外，项目风险管理计划会随着项目的进展以及项目相关利益者利益关系的变化而需要进行修订，这种项目风险管理计划的修订同样需要在良好的项目风险管理环境下才能够开展。

7.3.2 项目风险管理计划的修订

项目风险管理计划需要随着项目实施的进展而在需要的时候进行修订，需要修订的最主要的时候就是项目及其环境与条件发生重大变化的时候，以及每个新的项目阶段开始的时候。因为这两个时期都是项目实施和管理发生变更或调整的时候，所以必须开展项目风险管理计划的修订，以便项目风险管理计划能够适应发展变化以后的项目及其环境与条件。项目风险管理计划的修订需要遵循如图 7-2 给出的程序和步骤进行。

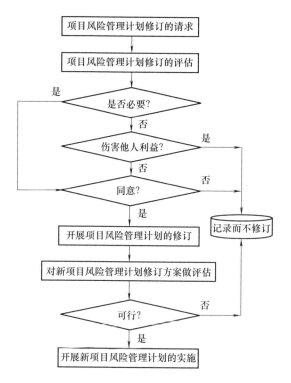

图 7-2 项目风险管理计划的修订过程示意图

由图 7-2 可知，项目风险管理计划修订的程序包括如下几个方面的主要步骤和内容。

1. 提出修订请求

项目风险管理计划的修订请求可以由组织高管、项目经理或项目风险管理团队中的成员提出，需要以书面形式提出并获得批准和认可后才能够进行项目风险管理计划的修订。一般而言，项目风险管理计划是在项目及其环境与条件出现重大变化的时候，或者是需要开展一个新的项目阶段的时候才需要进行修订。在可能对项目总体目标和项目目标四要素中的项目范围、时间、成本或质量目标造成较大影响，甚至是对于项目所需资源造成重大影响，以及对其他项目相关者造成某种影响（如无法满足某些利益相关主体的需要等）的时候才可以进行项目风险管理计划的修订。

2. 修订请求的评估

这种评估的主要内容包括两个方面，其一是项目风险管理计划修订方案是否会损害项目主要相关者的风险管理责任和义务与利益，其二是项目风险管理计划修订是否真有必要，和修订后的项目风险管理计划是否会更好地指导未来的项目风险管理工作。因为任何项目风险管理计划的修订必然会涉及项目风险管理责任、义务、权力和利益等方面的变化，而这种变化对于未来的项目风险管理工作和最终的项目相关者的利益都有着非常重要的影响。所以在项目风险管理计划修订前，人们必须认真地对这两个方面进行分析和评估，只有这两个方面都是可行的，人们才能够通过项目风险管理计划的修订去改进未来的项目风险管理工作。

3. 充分必要分析与修订请求审批

然后，人们需要根据对于项目风险管理计划修订的充分必要性进行分析，并对于那些符合充分必要条件的项目风险管理计划审批的请求给予批准。这种"充分必要"分析最主要涉及三个方面：其一是项目风险管理计划的修订是否有必要，当项目及其环境与条件发生的变化不大时这种修订就是不必要的；其二是项目风险管理计划的修订是否会损害其他项目相关者的权利和利益，如果损害严重的话就必须与相关人员进行项目风险管理责权利的重新安排；其三是组织或企业的领导以及项目经理等项目负责人是否批准修订项目风险管理计划的请求。

4. 开展项目风险管理计划的修订

项目风险管理计划修订的请求或要求一旦通过审批而获得认可，人们就可开展项目风险管理计划的修订并最终提出一套全新的方案。在这一修订工作中，需要那些参与项目风险管理者们充分发表各自的意见和看法，因为项目风险管理计划的修订必然会改变原有的项目风险管理工作和项目风险管理的角色、责任和义务，所以在制订新的项目风险管理计划过程中要保证他们的充分参与。另外，项目风险管理计划的修订还会涉及项目管理的其他专项计划的改变，所以人们还需要在做好项目风险管理计划修订的同时，做好项目其他各个专项计划的合理配置与全面集成的安排。

5. 对新修订方案做评估和批准

一旦形成新的项目风险管理计划方案，人们还需要对新修订的项目风险管理方案进行可行性和可实施性等方面的评估。这包括：新修订的项目风险管理方案是否具有足够的组织保障，即新方案是否做好了项目风险管理角色、责任、权利和义务等组织方面的全新安排；新修订的项目风险管理方案是否具有足够的资源保障，即新方案是否给出了足够的资源合理配置和时间安排以及风险管理储备资金等；新修订的项目风险管理方案是否具有足够的实施环境与条件的保障，即新修订的项目风险管理方案是否安排好了项目其他相关者的责任和义务以及利益，从而使得实施新方案的各方面条件都是可行的。

6. 修订后的计划执行与监督

完成了上述项目风险管理计划修订工作和步骤后，人们就必须按照新的项目风险管理计划去开展项目风险管理工作。在这个过程中，必须有专门的人员来负责监督和推动新的项目风险管理计划实施与落实情况。多数情况下，这需要由项目经理亲自监督和推动，因为项目经理最主要的责任就是开展项目风险管理工作。

综上所述，项目风险管理计划从制订到修订，相比其他的项目管理专项计划，是一项相对重要和繁杂的计划管理工作。这一方面是因为项目风险管理是整个项目管理中最为重要的工作，而另一方面是因为项目风险管理的核心是对于项目不确定性的管理。实际上，任何事物的不确定性管理都是最为重要和最为复杂的，因为事物的不确定性本身就是一种复杂多变的管理对象和内容，所以项目风险管理计划是项目各个专项计划中最为重要和复杂的计划。

附表7-1 项目风险管理政策说明书

××科技公司

我公司项目风险管理政策的规定如下,这些政策规定必须在项目风险管理中予以遵守。

本公司项目风险管理政策除要配合公司总体目标外,还必须以维持公司生存、合理保障成本、科学保障公司资产、维护公司员工与社会大众安全为最高目标。

本公司的项目风险控制与项目收益并重,并特别重视在项目风险管理中有效地开展项目管理沟通,以获得项目风险控制所需的信息资源。

本公司在项目风险控制方面应注重项目风险的事前防范与事中的紧急应变。项目风险理财应权衡保险市场与资本市场,适当规划。

本公司每个年度可承受的项目风险总体水平,最高以过去3年公司平均营业额的1%为上限,超过这个上限的项目风险应该予以规避(放弃项目)。

鉴于科技进步和企业环境与条件的快速变化以及环保意识的增强,本公司项目风险管理尤其要重视对于项目环境风险的管理和控制(环境风险一票否决)。

附表7-2 项目相关者在项目风险管理中的角色、责任和义务
以工程建设项目为例

项目相关者	各自的项目风险管理角色、责任和义务
项目业主	项目业主的项目风险管理角色是项目投资和收益风险的承担者。如果项目业主选择自我实施一个项目,那么项目业主就需要承担项目实施和运行中的全部风险及责任,积极管理好工程建设项目风险以保证项目目标实现。但是多数情况下,工程建设项目的项目业主会委托他人(总包商或承办商)为其实施项目,此时项目业主的风险管理角色、责任和义务就需要依据其与项目承包商所签订的合同而定,因为工程建设项目的固定总价合同、成本加成合同和综合单价合同对应的项目业主和项目承包商的项目风险管理角色、责任和义务是不同的。
项目承包商	项目承包商所承担的工程建设项目风险是有限的,多数时间主要是承担项目实施过程中所出现的归属于承包商的项目风险。当然,项目承包商与项目业主的承包合同不同,则项目承包商的风险管理角色、责任和义务也不同。其中,在工程建设项目固定总价合同的情况下,承包商承担着项目实施过程中的全部风险责任,在成本加成合同的情况下只承担主观错误类风险的责任,而在综合单价合同的情况下承包商与业主共同分担项目实施过程中各种风险的责任和义务。
项目供应商	项目供应商只承担自己提供给项目的资源或服务的质量和供应时间等方面的风险,以及资源价格变动的风险。所以项目供应商在项目风险管理中的角色、责任和义务就是对于自己所供应项目的资源本身的风险负责。
项目保险商	项目业主经常通过购买保险的方法去转移项目的风险,如中国的工程建设项目多要求购买工程一切险,由此可见项目业主购买项目保险会使得项目风险管理的角色、责任和义务转移到项目保险商一方。这样项目保险商就需要接过项目业主在项目风险管理方面的全部或某些角色、责任和义务。同样,当项目承包商认定项目需要使用风险应对措施的时候,也会通过购买工程保险的方法来将自己承担的项目风险管理角色、责任和义务转移给项目保险商。项目保险商究竟应该承担哪些项目风险管理责任和义务,这需要根据项目保险合同条款决定,通常项目业主或承包商支付的保险费越高,则项目保险商承担的项目风险管理责任和义务就越大。

(续)

项目相关者	各自的项目风险管理角色、责任和义务
项目贷款银行	项目贷款银行主要承担的是项目业主或承包商获得的项目贷款方面的金融风险责任，这包括无法收回贷款本金和利息以及金融市场波动等因素导致的金融风险后果。通常，如果项目贷款是项目业主或承包商按照企业贷款获得的，则项目贷款银行的风险相对较小（因为这种贷款是具有无限追索权的贷款）；如果项目贷款是以项目收益为保障的项目融资贷款，则项目贷款银行的风险就比较大（因为这种贷款只是具有有限追索权的贷款）。
中介咨询机构	工程建设项目的风险管理是一项专业性和技术性很强的管理工作，需要大量的数据和丰富的经验，这在客观上要求项目有专门提供工程项目风险管理中介咨询服务的机构。实际上，拥有造价工程师和监理工程师等的独立执业机构就属于这类中介咨询机构，招投标代理公司等也都属于这类中介咨询机构。这些中介咨询机构在项目风险管理中承担的角色、责任和义务与项目业主或承包商所签署的中介服务合同的规定以及相关的国家法律规定有关，实际上，这类合同就是合同双方风险责任和义务的官方文件。
政府主管部门	政府主管部门对工程建设项目风险管理有些是直接参加或者是直接干预的，如我国工程建设项目需要支出的文明施工费就是政府对建筑从业者的安全健康保障和大众环境卫生等诸多方面的直接干预。另外，对于工程建设项目从规划到审批一直到发放开工证等诸多环节都属于政府主管部门所承担的项目风险管理角色、责任和义务。此外，政府通过法律法规的形式对工程建设项目风险管理进行干预，如我国的建设工程工程量清单计价规范就是一种政府主管部门对于工程建设项目风险管理进行干预的例证。
行业协会	中国工程建设方面的行业协会多数归中华人民共和国住建部管辖（如中国工程造价管理协会等），它们都有为工程建设项目风险管理提供某种服务的职能。例如，协会会对自己所管辖的各种执业资质的人员的职业技术能力和职业道德等方面进行培训和管理，以提高他们在工程建设项目风险管理中的能力，他们还通过对自己的会员执业资质的管理去规范工程建设项目管理人员在项目风险管理方面的责任、义务和行为等。
项目所在社区	项目所在社区也负有相应的工程建设项目风险管理的责任和义务，如监督项目承包商在项目实施中不要污染社区环境（包括粉尘、噪音、建筑业固体废弃物等）和影响社区居民的日常生活等。实际上，项目所在社区在项目风险管理方面所担任的角色、责任和义务更多是保护自己的利益不被侵犯，如防止项目承包商夜间施工造成扰民等风险问题方面的责任和义务等。
其他项目相关者	项目风险管理实际上是全体项目相关利益者共同的责任，只是每一方的责任不同而已，如上述各个工程建设项目相关者的角色、责任和义务一样，其他项目相关者也都有在项目风险管理方面所应扮演的角色和所应承担的责任和义务。

附表7-3 项目风险管理计划模板示例

<项目名称>版本<1.0>
项目风险管理计划模板中的内容目录

标号	内　　容
1	简介 项目风险管理计划的简介应提供整个文档的概述。包括此项目风险管理计划的目的、范围、定义、首字母缩写词、缩略语、参考资料和概述。
1.1	目的 阐明此次项目风险管理计划安排的目的。
1.2	范围 简要说明此项目风险管理计划的范围：它的相关项目，以及受到此文档影响的任何其他事物。
1.3	相关词汇定义 提供正确理解此项目风险管理计划所需的全部专业术语和相关词汇的定义。这些方面的信息可以通过引用项目词汇表来提供。
1.4	参考资料 完整地列出此项目风险管理计划中其他部分所引用的所有文档。每个文档应标有标题、报告号（如果适用）、日期和发布组织。列出可从中获取这些引用的来源。这些信息可以通过引用附录或其他文档来提供。
1.5	概述 说明此项目风险管理计划中其他部分所包含的内容，并解释文档的组织方式。
2	项目风险概要 对项目及其风险进行简要的概述，并总结给出项目所涉及风险对项目目标的总体影响，和对于项目目标四要素的总体影响情况。
3	项目风险管理任务 简要说明将在项目中执行的项目风险管理任务。在本节应说明以下内容： 用来识别和确定项目风险的方法，以及对项目风险清单列表的要求，给出分析和确定项目风险应对优先级的方式。 将采用的项目风险管理的策略，其中包括对重大（如最主要的10个）项目风险采取的降低、规避或预防策略，和抓住项目风险收益的措施。 监测各个主要项目风险事件和系统性项目风险要素状态的措施，以及项目风险事件和系统性项目非响应的预警信息（征兆或阈值）等。 项目风险跟踪评估与再次识别、度量和评价的规定与要求。 项目风险报告时间安排和工作任务，项目风险分析报告应作为每次迭代/阶段验收复审的一部分。
4	项目风险管理组织和职责 列出计划安排的负责项目风险管理活动的具体组织或个人，并说明他们各自在项目风险管理中的角色、责任、任务和职责。

(续)

标号	内　　容
5	项目风险管理预算 明确给出可用于项目风险管理的预算，最主要包括两个部分，其一是项目风险管理的不可预见费，其二是项目风险管理的管理储备金，这都是根据项目风险责任和义务以及项目风险应对措施所需的成本或投入决定的。
6	项目风险管理工具和技术 列出在项目风险管理中开展项目风险信息沟通、项目风险跟踪评估、项目风险状态监测、项目风险应对措施实施、生成项目风险管理报告的具体工具和技术方法，以及相应的项目风险报告内容与格式要求。
7	项目风险管理工作的内容 列出计划安排和确定的各项具体项目风险事件后系统性项目风险要素管理方面的工作内容，可以具体列出项目风险管理活动一览表。对于列出的每项项目风险活动都需要确定项目风险管理的目标和要求以及项目风险应对的措施和策略，特别是项目风险管理工作的过程和步骤等。

附表 7-4　项目风险管理的其他方面的制约因素

以工程建设项目为例

制约因素	制约因素的描述
保险市场的制约	目前我国的保险公司虽然开展了一些项目保险业务，但很不完善且配套性也不好。项目风险管理领域很多方向并没有保险公司从事那些项目风险的保险业务，项目承包商之间的同业担保也没有很好地开展起来，国家对设立专门的项目保险公司和专门的项目发展性担保业务也缺少必要的立法和行业规定。项目风险保险服务产品究竟应符合哪些条件、如何审批、如何监督等都尚无明确规定，所以国内的项目保险业务对项目风险管理的制约是十分明显的。
企业家和政府的风险意识制约	我国企业家和政府项目主管人员的项目风险意识较为淡薄，这在很大程度上是受"计划经济"时期国家包揽一切风险后果的影响所致，而这也是制约项目风险管理的因素之一。例如，我国《建设工程工程量清单计价规范》规定这种计价方法适用于综合单价合同，但是大多数企业家和政府主管人员在工程建设项目合同中愿意采用固定总价合同，结果导致按照国家规定的在建设工程材料涨价超过5%后必须调整工程项目造价时，出现项目合同与项目风险责任和义务无法匹配的问题（固定总价合同不能修改工程造价）。由此可见，我国在这方面也存在项目风险管理方面的制约。

（续）

制约因素	制约因素的描述
项目风险应对措施和手段落后	项目风险管理的最后手段是在项目出现严重可能后果的时候，选用对应于这种项目风险后果的应对措施去应对风险。但是我国的项目风险管理现状有两个方面的制约，其一是人们多数针对一个项目风险事件只制定一个应对措施而不是针对每一个可能后果都制定一个相应的应对措施，所以当项目风险事件的某个可能后果真的出现的时候，找不到相应的项目风险应对措施；其二是因为缺乏从事项目风险保险的公司和产品，使得很多项目风险无法转移到具有专业风险管理能力的公司去进行管理。由此可见，我国在项目风险应对措施的计划安排、应对措施的实施等方面都存在某种制约。
其他方面的制约	除了上述这三个方面的项目风险管理制约因素以外，我国还存在一些项目风险管理制约因素。例如，由于通信等方面问题造成的项目风险信息滞后性（或叫时延性），从而导致项目风险管理出现制约，由于项目沟通管理和国人对于项目信息优势地位的滥用而导致的项目风险信息沟通不畅也是十分重要的项目风险管理的制约因素。

第 8 章

中国式项目风险的识别

人们制订出项目风险管理计划以后就需要去开展项目风险管理计划的首要工作，即开展项目风险识别的工作。因为项目风险识别是开展项目风险度量和应对的基础，而且只有进行项目风险识别，人们才能够认识一个具体项目的风险构成和导致项目风险的影响因素，以及项目风险可能带来的损失和收益等信息。项目风险识别工作的主要结果包括识别出的项目风险事件和系统性项目风险因素，项目风险事件又进一步分成无预警信息的项目风险事件和有预警信息的项目风险事件以及这种风险事件的征兆等。在项目全过程中，人们需要在项目环境与条件发生大的变化时，再次开展项目风险识别的工作。

8.1 项目风险识别的概念和内涵

项目风险识别是项目风险管理中一个非常重要的环节，它直接决定了项目风险管理的成败。因为如果人们不能识别出项目中存在的风险，那么任何项目风险管理的后续环节都无从谈起。因此，人们在项目风险管理中必须十分重视和投入足够的资源与时间去做好项目风险识别工作，实际上，进行各种项目论证与评估的根本目的就是要识别出项目面临的风险。

8.1.1 项目风险识别的概念

项目风险识别是项目风险管理中的首要环节，是项目风险度量、项目风险监测、项目风险应对等工作的基础，项目风险识别的好坏与否直接决定着项目风险的成败。从概念上说，项目风险识别就是指识别出项目所存在的风险，以及这些项目风险的影响因素和可能造成的后果。项目风险识别的主要任务是识别出项目风险事件和系统性项目风险因素，并对项目风险事件的各种可能后果做初步的预计。项目风险识别的目的、对象、原则、特性、文档化管理、关键成功因素介绍如下。

1. 项目风险识别的目的

项目风险识别的目的就是通过这种项目风险识别工作去尽早地发现项目所存在的不确定性及其可能导致的风险后果。通常人们一旦确定了项目风险管理计划，项目风险识别的工作和过程就开始了，虽然人们不太可能在一开始就识别出所有的项目风险，甚至不可能确定项目是否具有风险，但一定是越早发现项目风险越好。因为随着项目进程的推移，项目风险发生的可能性及其后果都会发生变化。项目风险识别的根本目的就是揭示和记录所有已识别的项目风险，以便认识到这些项目风险的引发原因和可能后果，为项目风险度量、应对和监测等后续管理工作提供必要的信息。所以当项目风险被识别出以后，人们必须将其记录在已识别项目风险清单之中，以便在适当时采取项目风险管理后续行动。

项目风险的不确定性要求项目风险识别和管理过程都必须是迭代进行的，人们应该每隔一段时间就要开展一次项目风险识别活动，以发现以前没有显现的项目风险情况。识别项目风险的主要目标包括：首先是尽早识别项目的各种风险，其次是一旦项目环境与条件发生变化就需要再次开展项目风险识别工作，最重要的是全面识别所有的项目风险事件和系统性项目风险要素，必须识别和分清楚项目风险损失和项目风险收益并明确识别项目风险带来的各种机会，同时要从项目全过程（项目阶段、项目产出物、项目工作包等）、全要素（项目目标四要素和资源三要素）和全团队（项目所有相关者）的角度出发，客观和无偏见地识别项目风险，并给出完整的项目风险识别报告声明。

2. 项目风险识别的对象

项目风险识别的对象是三类项目风险情况，其一是有预警信息的项目风险事件，其二是无预警信息的项目风险事件，其三是系统性项目风险要素，具体讨论如下。

（1）有预警信息的项目风险事件。这是指人们知道项目某个事件或活动会有几种可能后果，并且知道这些项目事件或活动每种可能后果的发生概率，还知道当出现什么样的征兆项目风险事件就会发生。其中的项目风险征兆就是项目的预警信息，或项目风险事件发生的触发器，这种触发器多数是由一定的项目风险事件的阈值描述的。这类项目风险事件是项目风险识别中最重要的对象和识别目标，所以多数项目风险管理的教科书将这种项目风险事件作为项目风险识别的唯一对象。但是实际上项目风险事件还有一类是无预警信息的项目风险事件，以及系统性项目风险要素所导致的风险情况。

(2) 无预警信息的项目风险事件。这是指人们不知道项目某个事件或活动会有几种可能后果，也不知道这些项目事件或活动每种可能后果的发生概率，而且不知道出现什么样的征兆项目风险事件就会发生。因为这种项目风险事件是突然发生的，事前并没有任何的项目风险征兆，所以这种项目风险事件被称为无预警信息的项目风险事件。这种项目风险事件的突然发生的特性，使得对于这种项目风险事件的应对和管控完全不同于有预警信息的项目风险事件的管理。这类项目风险事件同样是项目风险识别中的重要对象和识别目标，虽然这种项目风险事件是没有预警信息的，但是无预警信息项目风险事件也是需要去识别和应对的。

(3) 系统性的项目风险要素。这是指那些能够影响项目整体目标或某个项目目标要素的实现及项目环境与条件的因素，它们的发展变化会导致项目出现系统性风险后果。实际上，所谓项目风险就是指导致项目目标实现出现问题的情况或事情，系统性风险因素就是指那些可能导致项目目标发生差异的项目及其环境与条件的因素。例如，项目所处的宏观经济条件中发生通货膨胀这一因素，就会导致整个项目的成本这一目标出现上升和项目价值这一目标出现降低，所以通货膨胀就是一个系统性项目风险要素。这种系统性项目风险要素不属于项目风险事件的范畴，因为并没有任何项目风险事件发生，而只是对于项目整体目标或项目目标四要素造成影响的因素出现或发生而已。

在此需要特别注意的是，上述有无预警信息项目风险事件的分类方法很大程度上是中国式项目风险管理的特色。因为在西方的项目管理理论和方法中很少提及无预警信息的风险，最具代表性的是 PMI 在最近出版的

《项目组合、项目群和项目风险管理标准》[一]中对于项目风险事件的定义是"个体风险是不确定的事件或状况",他们并不区分有无预警信息的项目风险事件。同时,PMI 对项目风险事件的征兆或阈值的解释也显示了这一点。PMI 认为"风险阈值是衡量目标周围可接受变化的指标,反映了组织及其项目相关者的风险承受能力。风险策略的关键是建立监测企业、项目组合、项目群和项目的风险阈值。风险阈值的实例包括:风险记录中应包括的最低风险暴露水平,风险评级的定性或定量定义,以及触发升级之前可以管理的最大风险敞口"。由此可见,PMI 认为项目风险征兆或阈值是所有项目风险事件都具有的,这说明他们将所有的项目风险事件都看成有预警信息的项目风险事件。这显然与中国人对于项目风险事件的认识有很大差别,事实是项目的确有突发性风险,而突发事件没有风险征兆和阈值,否则就不会被叫作突发事件了。

3. 项目风险识别的原则

项目风险识别需要按照诸多的原则,首先将项目风险分解为许多具体的项目风险方面,然后再进一步分析找出项目风险事件和系统性项目风险因素,以及形成这些项目风险的原因和项目风险的各种可能后果。在项目风险识别过程中,人们需要遵循几项基本的原则,以便能够识别出项目风险及其可能后果。这些原则具体分述如下。

(1) 系统性的原则。这是项目风险识别中最重要的基本原则,即通过使用系统分析的方法把一个项目系统分解成一系列的系统要素,并进而找出这些要素中可能存在的各种项目风险。因为只有按照这种系统原则进行项目风险的识别,才能做好项目风险识别工作。

(2) 全面性的原则。项目风险识别工作的第二个原则,即项目风险识别的全面性原则。人们不能忽略对任何一个项目风险的分析识别,所以还必须在全面性原则的指导下去开展项目风险识别,这包括对于项目全过程、全要素和全团队的全面项目风险识别。

4. 项目风险识别的特性

项目风险识别是一项十分独特的项目风险管理工作,其主要特性有在

[一] PMI,The standard for risk management in portfolios,programs,and projects [S/OL]. Pennsylvania:PMI Inc,2019.

于如下几个方面。

（1）项目风险识别贯穿于整个项目过程。项目风险识别必须在项目各阶段中反复进行，所以这是一项贯穿项目全过程的风险管理工作。因为随着项目的进展，项目环境与条件的变化，会有很多新的项目风险需要进行识别，所以项目风险识别需要迭代进行。

（2）项目风险识别需要涉及项目各个方面。项目风险识别不仅包括对项目全过程、全要素和全团队的全面风险识别，还要识别出究竟是有预警信息项目风险还是无预警信息的项目风险，以及它们给项目各方面目标可能造成的影响。

（3）项目环境与条件变化就要再次开展项目风险识别。项目风险多是项目环境与条件的不确定造成的，因此当项目环境与条件发生变化时就必须重新对项目进行风险识别，这也是项目风险识别的一个十分重要的特性。

（4）项目风险识别结果中要给出项目风险的征兆。对有预警信息项目风险而言，在项目风险识别中给出它们的风险征兆是十分重要的，因为人们需要据此去建立项目风险监测和应对的程序和方法，所以这也是项目风险识别的特性之一。

5. 项目风险识别的文档化管理

在项目风险识别工作中一定要做好文档化管理，这方面的工作包括两个方面：其一是记录人们识别和给出的项目风险事件和系统性项目风险要素以及有预警信息项目风险的征兆等，其二是汇总项目风险识别的各方面信息并编制和给出项目风险识别报告。其中，项目风险识别报告的主要内容包括：已识别出的项目风险事件和系统性项目风险影响因素，引发这些项目风险的主要原因或来源，有预警信息项目风险事件的风险征兆，无预警信息项目风险事件的可能表现，以及下一次项目风险识别工作的计划和安排等。

6. 项目风险识别的关键成功因素

成功地识别和给出项目风险是整个项目风险识别工作的根本目标，若要实现这一目标就必须抓住相关的几个要素。其一是对于项目风险的早期识别，因为早识别出项目风险就会给人们足够的时间去开展项目风险应对方案的制定和准备，进而更好地管控这些项目风险。其二是多次开展项目风险识别的迭代，因为随着项目及其环境与条件的发展变化，项目所存在的风险情况也会发展变化，所以人们需要多次开展项目风险识别去发现新的项目风险。其三是全面识别一个项目的风险情况，这包括从不同的角度和不同的方面去识别项目风险，包括有预警信息项目风险事件和无预警信息项目风险事件以及系统性项目风险因素的全面识别内容。其四是多视角开展项目风险的识别，包括项目全过程、全要素和全团队风险识别等不同视角的项目风险识别内容。其五是项目目标导向的风险识别，即任何项目风险识别都要以是否影响项目目标或项目目标要素作为项目风险识别的根本依据。其六是对于项目风险所有权的识别，这是指识别出的项目风险必须根据项目合同对责任与权力的规定去明确项目风险的所有者，以便人们按照项目风险的责权利关系去开展好项目风险的管控。其七是确保项目风险识别及其结果的客观性，即不能以主观判断作为项目风险识别的方法和手段，虽然人们可以使用一些先验概率等依据，但是必须按照客观的原则去开展项目风险识别。最后是必须通过积极开展沟通等手段去获得足够的项目及其环境与条件的信息，这样才能做好项目风险的识别。

8.1.2　项目风险识别的内涵

项目风险识别的内涵包括四个方面：项目全过程风险的识别，项目全要素风险的识别，项目环境风险的识别，以及项目全团队风险的识别。同时，项目风险识别还可以按照项目风险事件或系统性项目风险要素是属于内部因素造成的，还是外部因素造成的进行分类并予以识别。因为一般项目内部因素引发或造成的项目风险相对比较好控制和管理，而项目外部因素引发或造成的项目风险就相对比较难控制和管理。另外，项目风险识别还必须包括对于项目风险损失和项目风险收益两个方面可能后果的识别，以便能够在制定项目风险应对措施和开展项目风险监控工作中去努力消减项目风险损失和提升项目风险收益。有关项目风险识别的内涵分述如下。

1. 项目全过程风险的识别

项目风险存在于项目全过程中，所以人们可以按照项目阶段、项目工作包和项目活动去进行风险识别，识别出项目各阶段、项目各工作包以及各项具体项目活动可能存在的风险。然后对这些项目风险进行初步的评估，以明确项目各个风险的基本情况。项目全过程风险识别的另外一层含义是，项目风险识别活动不仅仅在项目起始阶段进行，还需要随着项目开展过程不断地跟踪进行，即在项目全过程的各阶段中迭代地进行项目风险识别。

2. 项目全要素风险的识别

项目目标是由项目目标四要素，即项目范围、进度、成本、质量要素构成的，所以项目风险识别首先就是识别对于项目目标四要素的实现造成影响的项目风险事件和系统性项目风险要素。其次，项目所需信息资源、人力资源和物力与劳力资源是项目资源三要素，这些项目资源要素受到项目环境与条件的影响而会出现各种风险，所以项目风险识别还需要包括对项目各要素带来的项目风险进行识别。

3. 项目全团队风险的识别

项目风险识别还需要识别项目全体相关者（即项目全团队）的期望和要求发生变化所引起的项目风险事件或系统性项目风险因素，这其中项目风险识别主要是分析项目中"人们主观意愿变化"的因素所带来的项目风险。因为项目相关者在与项目相关的主观判断上会出现失误、信息不完备和各种博弈行为，而这些都会给项目带来风险。其中，项目经理会主观判断认为某些项目风险事件不值得重视，项目合同双方的疏忽或项目沟通不善可能会引发的项目相关者纠纷而带来项目风险等，这些原因造成的项目风险也需要识别。

4. 项目环境与条件变化的识别

引起项目风险的主要原因是项目所处环境与条件的发展变化因素，即实际的项目环境与条件和制订的项目计划中人们假设的项目环境与条件出现了巨大差异，从而导致了项目风险的发生。所以项目所处环境与条件的发展变化是引起项目风险的关键因素，因此这也是项目风险识别的主要内容之一。项目所处环境与条件主要包括政治、经济、社会、技术、法律和自然环境等，它们的发展变化很多时候就是一种系统性项目风险要素。

8.2 项目风险识别的内容

因为项目风险存在于整个项目生命周期和项目的各方面，而且随项目的实施和开展项目风险还会不断地发展变化,所以人们必须很好地开展项目风险的全面识别工作,项目风险识别的内容是否全面有效会直接决定项目风险管理的成败,人们不能遗漏任何项目风险识别的内容和工作。这也是中国式项目风险识别最为重要的特色所在,因为西方并没有关于项目全要素、全过程和全团队管理以及项目全面集成管理的思想和方法。

8.2.1 项目风险识别内容的模型

项目风险识别的内容主要涉及三个方面,具体分述如下。

1. 项目风险识别内容的关系模型

因为所有影响项目目标实现的例外情况都属于项目风险的范畴,所以项目风险的出现涉及项目各种要素变化、项目环境变化、项目全团队主观因素变化等方面,项目风险识别的内容就包括从项目全过程、全要素、全团队以及项目环境与条件变化四个方面开展的识别工作,这四个方面的项目风险识别的相互关系模型如图 8-1 所示。

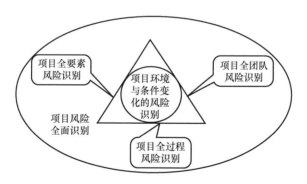

图 8-1 项目风险识别四个方面的相互关系模型

由图 8-1 可知,项目环境与条件变化所引发的风险是最主要的,因为一旦人们在项目定义与决策阶段和项目计划与设计阶段所认定(或假定的)的项目环境和条件与实际的项目环境与条件出现差异,就会导致既定项目决策、计划和设计方案等不符合项目的实际情况,出现项目风险。同时,在项目的实施全过程中、在项目的全要素中,以及项目全团队的利益方面都会因这一变化而导致出现项目风险。因此,项目环境与条件变化所引发的风险识别工作是第一位的,这相当于是对项目风险"自变量"的识别,所以在模型中以内接圆予以表示。三角形的其余部分表示项目全过程、项目全要素和项目全团队风险识别。另外,人们分别从项目全过程、全要素、全团队和环境与条件变化这四方面开展项目风险识别所得到的结果是相互交叉和相互关联的,所以人们分别从这四个方面识别出的项目风险可以用于交叉检验,以保障项目风险识别结果的有效性和科学性。

2. 项目风险识别工作内容的关系模型

项目风险识别不但要识别出项目的风险,而且要识别出项目风险的引发原因、可能结果,以及项目风险的发生征兆。风险识别中这些具体工作的相互关系模型如图8-2所示。

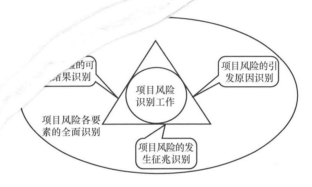

图8-2 项目风险识别四方面工作相互关系模型

由图8-2可知,项目风险识别具体工作涉及对于项目风险三个方面具体要素的识别。这包括对于项目风险的引发原因、可能结果和发生征兆的识别,因为这三者是项目风险存在的具体表现和根本属性所在。这三个方面的项目风险识别具体工作既是相互关联的,又是相互独立的,人们必须分别开展项目风险的引发原因、可能结果和发生征兆的识别工作,并使用这些识别结果对每个识别出的项目风险进行描述和展示,从而保障项目风险识别结果的有效性和应用性,并为后续的项目风险度量、应对和监控奠定基础。

3. 项目风险识别工作的循环模型

项目风险识别工作不是一次性完成的工作,人们必须在整个项目过程中的不同阶段和时间去不断地进行项目风险识别工作,这也被称为项目风险的跟踪识别或项目风险识别的迭代。因为随着项目的展开和进行,项目所处的环境和条件都会发展和变化，这会导致项目过程、要素、团队利益等发生变化，而这些变化必然会形成新的项目风险，所以人们必须不断地开展项目风险识别迭代工作，这种项目风险识别跟踪和迭代的模型如图 8-3 所示。

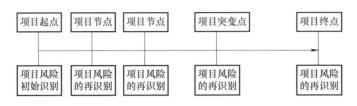

图 8-3　项目风险识别工作的循环模型

8.2.2　项目环境与条件发展变化的识别

项目所处的环境与条件是不断发展变化的，这种发展变化多数是由于项目环境与条件的不确定性造成的，这种变化会造成整个项目出现新的风险，所以对于项目环境与条件发展变化的识别也是项目风险识别的内容之一。项目环境与条件的变化包括项目资源环境与条件、项目市场环境与条件、项目竞争环境与条件和项目宏观环境与条件等方面。实际上，如果项目的环境与条件发生变化了，项目原有决策、计划和设计的前提条件就变化了，而项目的原有设计和计划就会面临新风险，所以项目环境与条件发展变化也属于项目风险识别的范畴。

1. 项目资源环境与条件的发展变化

项目资源环境与条件是项目实施的人力和物质基础条件，项目实施所需要的各种资源构成了项目资源环境与条件，这包括项目实施所需的自然条件，物料资源、人力资源、资金资源、燃料、动力、通信、物流、资源供应条件，外部协作和配套条件等。如果项目实施所需各种资源的供需发生变化，就会导致项目所需资源的价格、质量、供应等存在变化的风险，进而引起项目的资金短缺和人员紧张等方面的风险。

2. 项目市场环境与条件的发展变化

项目投入运行以后所处的市场环境与条件是检验项目成败的关键，由于项目运行时所涉及的市场环境与条件一旦变化就会影响项目投资的回收和项目运营的盈利，所以人们必须识别项目市场环境与条件的发展变化。人们利用现有数据和市场预测数据已对市场环境与条件有了一定的认识，一旦项目市场环境与条件发展变化使得人们已有的认识出现偏差，就会给项目带来风险，甚至可以导致整个项目的失败。

3. 项目竞争环境与条件的发展变化

在项目实施和运营过程中都会存在着各种各样的竞争，一旦项目的竞争环境与条件发展变化了，项目同样会面临新的风险。这种发展变化包括：新竞争者的进入、潜在竞争者的威胁，竞争对手的各种竞争措施变化，竞争对手的新产品和新项目进入市场的时间与方式变化等，这些都会影响项目的实施和运行从而带来风险。如项目潜在竞争者们的同类产品或替代产品降价或促销就是一种项目竞争环境与条件的变化，这就会影响项目的成功。

4. 项目宏观环境与条件的发展变化

上述三个方面的项目环境与条件发展变化都是微观环境的发展变化，但是对于项目影响最大的是项目宏观环境与条件的发展变化。这包括经济、政治、法律、社会、自然环境等宏观环境与条件的发展变化。项目宏观环境与条件的发展变化既可能为项目带来风险收益，也可能给项目带来风险损失，从而导致项目出现新的风险。如国家出台新的优惠政策就会使项目实施和运行得更好，从而使得项目能够获得风险收益。

综上所述，任何项目都会面临着各种环境与条件的发展变化，人们对项目各种环境与条件的发展变化也需要进行不断的识别，以便据此去做好项目风险的识别。

8.2.3　项目全过程的风险识别

一个项目的全过程从项目可行性研究开始，经过项目定义与决策阶段，计划与设计阶段，实施与控制阶段，最后到项目完工与交付阶段。在这些项目阶段中都会存在着风险，而且随着项目的开展，项目各阶段的风险也会发生变化。同时，根据学习曲线理论可知，项目信息是在项目发展过程中不断得以完备的，所以项目风险识别也需要伴随着项目全过程的开展而不断进行，从而分析给出项目不同阶段中的风险及其发展变化。这就是项目全过程的风险识别,有关项目各个阶段的风险识别工作分述如下。

1. 项目定义与决策阶段的风险识别

项目定义与决策阶段的风险主要是项目定义和决策失误类的风险,由于在这个项目阶段中信息是不完备的,可能导致人们在项目决策方面出现失误类的风险。这要求人们在项目机会研究阶段、项目建议书阶段、可行性分析阶段必须尽可能地收集项目相关信息,同时对项目决策方案进行严格的评估和审批。这个阶段的主要风险具体分述如下。

(1)项目机会研究阶段的风险识别。人们开展项目或是为了抓住机遇,或是为了解决问题,所以在项目机会研究阶段人们要分析和识别存在的问题和机遇,然后提出解决问题或抓住机遇的项目,并且对其进行技术经济分析和风险评价。由于人们此时存在很大的信息缺口可能导致错误判断和决策,从而就有做出错误项目决策方面的风险。

(2)项目建议书阶段的风险识别。在项目建议书阶段,人们要去明确项目具体目标、项目产出物、项目工作等,从而给出一个项目的基本描述以便使项目决策者们能够做出项目立项的正确决策。此时最大的项目风险是项目选择的依据不足或项目建议书存在偏差或错误,最终可能导致项目决策方面的失误,从而出现项目决策失误方面的风险。

(3)项目可行性分析阶段的风险识别。在这一阶段人们要对项目的技术、经济、运行条件、环境影响、社会影响、项目风险以及项目宏观环境的可行性等进行全面的评估,由于人们对于项目这些方面的分析和评估可能会出现偏差,结果就会导致项目出现决策失误的风险。所以此时必须收集足够的信息和开展客观的评价,从而尽可能避免出现项目风险。

(4)项目可行性分析报告审批的风险识别。项目在决策之前需要由相关专家和项目决策者对项目可行性分析报告进行审批,以审查项目可行性报告的科学性以及准确性,防止项目决策者在审批项目可行性报告时出现失误而导致出现项目决策类的风险,从而避免由于人们的主观武断或认识偏见等导致项目审批失误的决策类项目风险。

2. 项目计划与设计阶段的风险识别

项目计划与设计阶段的风险识别的主要工作就是识别项目方案设计和项目各种计划无法实现类的风险,这主要包括:项目各种资源计划的风险，项目各专项计划的风险，项目集成计划的风险，以及对项目产出物和项目工作设计的风险等。另外，在这一项目阶段必须识别的风险也包括通过委托他人进行设计所存在的风险。

（1）项目目标和目标四要素的风险识别。在项目计划与设计阶段人们需要根据此前决策定出的项目总目标去制定项目范围、时间、质量和成本四个具体目标要素的目标值和具体要求，这一工作就会存在人们所做出的项目目标四要素的规定有误或四者无法合理配置等方面的风险。这种项目目标四要素的计划与设计方面的风险会事关项目的成败，因为所谓项目风险就是项目目标无法实现的可能性，所以这种项目风险的识别至关重要。

（2）项目产出物和项目工作设计中的风险识别。在项目计划与设计阶段，人们需要根据项目目标四要素去对项目产出物和项目工作从技术方面、质量方面、数量方面、经济方面等做出设计和规定，此时就会存在人们所做出的项目设计和规定不全面或有误的风险。这种项目风险同样事关项目的成败，因此对于项目产出物和项目工作设计方面的风险识别也是至关重要的，而且对于这种项目风险越早识别出来越能够成功地去应对和管控。

（3）项目目标四要素计划及其集成计划编制中的风险识别。在制定出项目目标四要素和项目产出物以及项目工作设计的规定之后，人们就可以开展项目目标四要素计划及其集成计划的编制工作了。此时的项目风险既有项目目标四要素计划不周或有误所导致的项目风险，也有项目集成计划未能很好地实现项目目标四要素的合理配置关系方面的风险，所以此时最重要的是项目目标四要素计划和集成计划编制风险的识别工作。

（4）项目资源计划和承发包的风险识别。人们在制定出项目目标四要素计划和集成计划以后，就可以确定项目所需的各种资源计划，以及项目如何通过承发包而委托他人实施的计划。此时人们可能会对项目资源质量、数量、获得时间等方面缺乏信息和估计不足，出现项目资源计划不准确或失误类的风险。当项目需要使用承包商或供应商时，还需要开展承发包与合同订立工作不正确或不合理等原因引发项目风险的识别。

3. 项目实施与控制阶段的风险识别

项目实施与控制阶段最主要的工作就是依据项目计划和设计方案去开

展和完成项目的实施，因为项目实施所涉及的影响因素多且项目实施环境与条件发展变化快等因素都会引发项目风险，所以人们还必须做好这一阶段的项目风险识别工作。

(1) 项目实施与控制标准制定的风险识别。由于人们选择项目实施与控制标准的指标和指标值时可能会出现带有主观意愿、个人经验不足或计划不切合实际等情况，这就会产生项目实施与控制标准的指标和指标值选择不当的风险，或实施与控制标准不符合实际情况的项目风险。

(2) 项目实施工作中管理失误的风险识别。在项目实施工作中有多种原因都可能造成管理失误的项目风险，这包括项目进度拖延、项目质量存在问题、项目成本超支等项目风险。所以在项目实施工作中人们需要不断收集信息，不断地开展项目风险的识别工作。

(3) 项目实施中纠偏不当或过度的风险识别。人们在项目实施中需要采取各种纠偏行动去纠正项目实施出现的偏差，但是纠偏措施不当或过度都会造成项目风险，这还会带来项目失控或者项目成本超支、进度拖期等风险，因此要对这种风险进行及时的识别。

4. 项目完工与交付阶段的风险识别

这个项目阶段的不确定性是项目全过程中最低的，所以这一阶段的项目风险性也比较低的。这一阶段的项目风险识别工作主要包括两个方面。

(1) 项目完工阶段的风险识别。项目完工阶段中的主要工作是对于项目实施和管理结果进行总结和评估，以确认项目是否已经可以进行交付。此时的项目风险识别工作主要是对于项目实施和管理结果总结和评估有误而造成的风险，这种项目风险会导致项目最终无法交付或在项目交付中出现纠纷。另外，在这一阶段如果发现项目前几阶段工作中存在问题就需要采取纠偏措施，而这会导致项目返工等方面的风险。

(2) 项目交付阶段中的风险识别。在这个项目阶段中人们需要将项目实施与管理的最终成果交付给项目业主或用户，此时最大的项目风险是由于没有做好与项目业主、客户和其他相关者的沟通和协调，从而无法保证项目顺利终结与交付。所以此时的项目风险识别工作包括：在此阶段中的项目相关者的识别，沟通、协调等风险的识别，项目产出物和项目文件无法交付的风险识别，以及在项目交付中出现纠纷的风险识别。

5. 项目全过程集成管理方面的风险识别

除了上述项目全过程四个方面的项目风险识别之外，人们还需要对于项目全过程中这四个方面的集成管理方面的风险进行必要的识别，因为多数由于项目风险导致的项目失败是集成管理不善造成的。有关项目全过程集成管理方面的风险识别内容分述如下。

(1) 项目目标与项目产出物的集成管理风险。 在这方面的风险识别中首先必须开展项目目标和项目产出物的集成管理风险识别，必须识别和给出是否存在全部项目产出物的功能和作用无法实现项目目标的风险。任何项目的目标都是由项目产出物的功能和作用去实现的，所以项目产出物必须按照充分必要的原则去服务于项目目标的实现，否则就会出现这二者无法合理配置和有机集成而导致的项目风险。

(2) 项目产出物与项目工作包的集成管理风险。 在这方面的风险识别中首先必须开展项目工作包是否都是为生产项目产出物的相关风险的识别，从而识别和给出是否存在全部项目包无法生成项目全部工作产出物的风险。任何项目的产出物都是由项目工作包生成的，所以项目工作包必须按照充分必要的原则生成项目产出物，否则就会出现这二者无法合理配置和有机集成而导致的项目风险。

(3) 项目工作包与项目阶段的集成管理风险。 在这方面的风险识别中首先必须开展项目工作包与项目阶段的集成管理风险识别，必须识别和给出是否存在项目工作包与项目阶段的集成不当方面的风险。任何项目阶段都应该是由一系列的项目工作包组成，这些项目工作包必须都是为生产项目阶段性产出物服务的。所以项目阶段的划分必须服务于项目产出物和项目工作包的合理分解，否则就会出现这三者无法合理配置和有机集成而导致的项目风险。

综上所述，项目的全过程中一直存在着风险，而且这些风险都可能影响项目的成败，所以在项目各阶段都需要循环地开展风险识别，这就是项目全过程的风险识别。

8.2.4　项目全要素的风险识别

项目全要素是指项目的目标四要素：项目范围、时间、成本和质量，和项目资源三要素：项目所需信息资源、人力资源和物力与劳力资源要素的总称。从项目全要素的角度进行风险识别可以保证项目风险识别的要素全面而完整。在这种项目风险识别中人们还需要考虑项目各要素的风险关联关系，以及项目各要素风险的相互影响关系，从而全面地开展项目全要素的风险识别工作，以保证能够识别和给出项目各个要素的风险情况。

1. 项目范围目标要素的风险识别

项目范围方面的风险包括项目产出物范围和项目工作范围中存在的风险，以及在生成项目产出物和开展项目工作过程中存在的风险。由于人们对项目产出物和项目工作范围认识不足，就会导致项目范围界定不明确及项目产出物和工作计划不正确所导致的项目风险，这方面的项目风险识别主要包括如下几个方面。

(1) 项目产出物范围的风险识别。这方面的风险识别是指识别项目产出物分解的问题或失误而造成的项目风险，人们要围绕项目产出物分解去开展这方面的风险识别。

(2) 项目工作范围的风险识别。这方面的风险识别主要包括，对于项目工作范围界定、项目工作范围确认、项目工作范围计划编制等方面所存在风险的识别。项目工作范围的风险识别还包括对项目工作的输入、输出及其过程中可能出现的项目风险的识别。

(3) 项目范围管理的风险识别。人们在项目范围管理方面的失误会出现两种风险，其一是项目产出物范围管理方面的风险，其二是项目工作范围管理方面的风险。所以这包括对于项目范围监控和项目变更两个方面的风险识别。

2. 项目时间目标要素的风险识别

这是对项目时间目标可能产生影响的风险所做的识别，主要包括对项目活动分解、项目活动时间安排、项目活动时间估算、项目进度计划，以及项目活动实施中的风险的识别。

(1) 项目活动分解的风险识别。项目活动分解方面的风险有：项目活动分解和确认两方面的风险，人们需要针对这两方面可能出现的项目风险给出项目风险清单，作为这个阶段的项目风险识别结果。这方面的失误或不当，会出现项目活动"充分必要性"不足的风险。

(2) 项目活动排序的风险识别。项目活动排序的风险识别目标主要是项目活动之间关系的信息不完备和不正确等问题引发的项目风险，还有就是由于项目活动相互依存关系分析出现错误或疏漏形成的项目风险，这些会导致项目排序结果有错或不当。

(3) 项目工期估算的风险识别。这主要包括：项目工期估算信息和依据不当的风险，项目估算方法方面错误的风险，项目活动工期估算出错的风险，以及项目总工期估算的风险，这些项目风险主要是由于信息不足或方法使用不当所带来的项目工期估算失误的风险。

(4) 项目进度计划的风险识别。这方面的风险主要包括：在项目进度计划方面出现错误的风险，在项目进度管理计划方面出现错误的风险，在编制项目进度计划和项目进度管理计划时，人们因工作不当或失误而引发的这两个方面的风险。

(5) 项目进度实施与控制的风险识别。这方面的风险主要包括：项目进度控制的准则和标准有误所带来的风险，项目进度的实施绩效度量不当的风险，项目进度偏差和变更管理不善的风险，以及项目变更管理和项目纠偏措施失误的风险等。

3. 项目成本目标要素的风险识别

根据项目成本管理的内容，这方面的项目风险主要包括：项目资源计划编制方面的风险，项目成本估算方面的风险、项目成本预算和项目成本控制方面的风险。

(1) 项目资源计划编制的风险识别。项目成本估算和预算都是基于项目资源计划制订的，因此，如果项目资源计划编制有误就会出现最基础性的项目风险。这包括项目资源需求分析确定方面的风险和项目资源需求裕量估算不周方面的风险，这些都属于项目成本方面的风险。

(2) 项目成本估算的风险识别。这方面的主要风险有两类，其一是由于项目资源计划失误而导致的项目成本估算风险，其二是由于项目成本估算方法选用不当所导致的项目成本估算风险。这些项目风险如图8-4所示。

(3) 项目成本预算的风险识别。这方面存在三个主要的风险，其一是项目成本预算的管理储备确定有误的风险；其二是项目成本总预算和各项活动预算确定不当的风险，其三是项目成本预算书和项目成本预算的

"S"曲线绘制方面的风险。

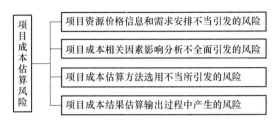

图 8-4 项目成本估算的风险分类与识别

(4) 项目成本控制和预测的风险识别。这方面的主要风险包括两大类：其一是由于项目成本控制方法不当而造成的风险，其二是由于项目成本预测方法不当造成的项目风险。这些风险最终都会导致项目成本控制的失误而给项目带来成本损失的可能性。

4. 项目质量目标要素的风险识别

这方面的风险主要包括项目质量计划编制风险，项目质量保障风险，以及项目质量监控风险，这方面的风险既有人为因素造成的，也有项目客观环境条件变化造成的。这些项目风险最终都会导致项目产出物质量问题而影响项目目标的实现，这方面的风险说明如下。

(1) 项目质量计划编制的风险识别。项目质量计划的风险可以分为三种：其一是项目质量计划有误而导致项目产出物质量方面的风险，其二是项目质量管理计划有误而导致项目工作质量方面的风险，其三是项目工作质量计划（核检清单）有误而导致项目工作质量出现问题进而导致项目产出物质量出现问题的风险。

(2) 项目质量保障的风险识别。这方面最主要的风险包括两类：其一是项目质量保障体系建设方面出现问题而导致的项目风险，其二是项目质量保障工作失误而造成的项目风险。前者包括项目质量保障体系的设计和建设两方面存在不足的风险，后者包括在开展的项目质量保障工作中出现不当或有误而造成的风险。

(3) 项目质量监控的风险识别。这方面风险主要有三类：项目质量目标、计划指标和项目质量控制标准有误带来的风险，项目质量绩效度量报告的可信度、时效性有问题而导致项目质量绩效度量有误的风险，项目质量纠偏和变更措施不当或有误带来的风险。

5. 项目信息资源要素的风险识别

项目信息资源是为项目决策提供支持和保障的，如果项目沟通管理不善而导致项目缺乏所需的信息资源，就会带来众多的项目风险。这包括在获得项目信息资源的沟通过程中由于项目沟通方式方法、沟通时机和时间等选择不当而出现沟通障碍或误解所导致的项目风险。项目信息资源要素的风险识别工作的主要任务包括如下几个方面。

(1) 项目沟通方式方法的风险识别。项目沟通可以采取各种不同的方式和方法，但是每种项目沟通的方式方法都有其适用条件，如果人们选用不当就会造成项目沟通出现风险。这具体包括：项目口头沟通方式方法选用不当而形成误解的风险，书面沟通方式方法选用不当而形成误解的风险，以及非语言沟通方式方法选用不当而造成误解的风险，和电子媒介沟通方式方法发生泄密和数据破坏的风险等。

(2) 项目沟通时机和时间的风险识别。项目沟通时机和时间的选择得当与否，对于有效的项目沟通和获得项目所需信息资源来说是十分重要的，项目沟通时机和时间选择不当可能会使项目沟通出现问题，进而导致项目所需信息资源短缺的风险。

(3) 项目沟通信息不完备的风险识别。项目沟通过程中所发布或接受的信息不完备和不正确是项目沟通方面的主要障碍和风险，所以在项目沟通中必须明确项目沟通的内容、目的、要求和所需信息及其格式等，从而努力保障人们能够提供全面、准确、完整的信息资源。另外，项目沟通过程中的各种干扰因素（包括难以辨认的字迹、环境噪声的干扰等）都会对项目沟通造成障碍而形成项目所需信息资源短缺的风险。

(4) 项目沟通管理的风险识别。为确保项目能够获得足够的信息资源，项目沟通管理工作必须包括：项目沟通计划编制、计划的实施、项目沟通报告的编制与使用等具体工作，这方面的项目风险识别主要包括：制订和实施项目沟通计划工作不当或有误而导致项目决策失误的风险，在编制和使用项目沟通报告方面有误而为项目提供了错误或不当的信息资源，从而导致项目决策失误的风险等。

6. 项目人力资源要素的风险识别

项目人力资源要素是项目所需的重要资源要素，这方面的风险主要有：项目组织规划中出现的风险，项目人员获得与配备方面的风险，项目团队建设与开发出现的风险等。由于项目所需人力资源要素关乎项目的成败，所以识别出这方面的风险也非常重要。

(1) 项目组织规划的风险识别。在项目组织规划过程中最主要的风险是项目组织设计有误或不当而引发的风险，其次是项目人员雇用计划有误和不合理引发的风险，以及项目岗位分析和工作设计有误或不合理所带来的风险，还有项目团队或小组以及每个成员的角色、责任与报告关系有误或者不合理所带来的风险。

(2) 项目人员获得与配备的风险识别。这方面最主要的风险包括：项目人力资源在数量、质量的计划方面有误而造成的风险，项目内部或外部招聘所获人力资源在技能和素质方面存在不足或缺陷所导致的风险，项目团队成员配备不合理而带来的风险，以及项目人力资源管理不当而出现流失或违法乱纪造成损失的风险。

(3) 项目团队建设与开发的风险识别。项目团队的建设与开发是人们开展项目工作并取得项目实施绩效的保证条件，如果在项目团队建设与开发中所采取的建设方案、培训方法和激励方式等出现不当，或者不能很好地处理和协调项目团队成员之间的关系，就会出现项目团队建设与开发方面的项目风险。

7. 项目物力和劳力资源要素的风险识别

项目所需物力和劳力资源是通过市场采购获得的，由此带来的项目风险主要有：项目采购计划不当或有误导致的风险，项目资源在寻求过程中选择了不合格的承包商或供应商的风险，项目采购的物品和劳务没有按时按质提供的风险，项目采购合同出现问题的风险，以及由项目采购问题导致的项目其他方面出错的风险。

(1) 项目采购计划的风险。这方面的最大风险是由于计划不周或错误而造成项目实施所需物力和劳力资源无法按时按质按量获得的风险。另外，这一工作中也存在着物力和劳力资源的市场供求情况变化而造成无法按时按质按量获得项目所需这类资源的风险。

(2) 项目资源寻求计划的风险。这方面的主要风险是由于所用计划方法不当或错误而导致项目资源寻求计划安排不当而无法获得这类资源的风险，最终导致由于使用了不当的项目资源寻求计划而在项目资源寻求中找错承包商或供应商的风险。

(3) 项目资源寻求作业中的风险。 项目资源寻求作业中的主要风险包括：未能及时找到合适的项目承包商和供应商的风险，无法按时完成项目资源寻求作业的风险，和项目资源寻求工作最终合作的承包商或供应商无法满足项目要求的风险。

(4) 项目供应来源选择的风险。 项目供应来源选择中也存在很多风险，其最主要的是由于人为因素所造成的供应来源选择不当甚至错误而导致的风险。其次，有可能出现由于选择方法、选择评价标准或信息不完备等问题导致供应来源选择失误的风险。

(5) 项目合同管理的风险。 这方面最主要的风险是出现合同违约的风险，这是项目采购中最常发生的风险。其次是由于客观环境的变化使得原有项目合同的履约条件发生了变化，从而造成了合同的中止、变更等方面的风险。

(6) 项目合同终结中的风险。 项目合同终结工作中的最大风险是项目合同到期而未能完全履行合同责任从而使项目合同无法终结的风险。其次是经常出现项目合同已经完成但未能履行合同终结手续，使得项目合同处于未终结状态的风险。

8. 项目集成管理方面的风险识别

项目目标四要素和项目资源三要素集成管理的根本目标是实现这些项目要素之间的合理配置，这方面存在的风险包括：项目集成计划编制方面的风险，项目集成计划实施与控制方面的风险，以及项目变更总体控制方面的风险，具体分述如下。

(1) 项目集成计划编制的风险识别。 这方面的风险包括项目各要素配置关系不当的风险，项目集成计划安排不当的风险。例如过度强调项目成本要素而使得整个项目各要素的配置关系不当或有误的风险，这就属于项目集成计划编制和审批有误的风险。

(2) 项目集成计划实施与控制的风险识别。 这方面的最大风险是人们未按正确的项目集成计划去开展项目实施和管理活动的风险，而这方面的具体风险包括：项目实施者对于项目集成计划理解有误的风险，项目实施工作有误的风险，项目协调和调度工作有误的风险。

(3) 项目变更总体控制的风险识别。这方面的最大风险是人们未能按项目各要素合理配置关系去开展项目变更，结果造成在项目变更中项目各要素的合理配置出现问题。这包括：项目变更请求有误的风险，项目变更总体控制有误和控制结果有误的风险。

8.2.5 项目全团队的风险识别

项目风险发生的根本原因是项目的不确定性，而项目的不确定性又是由项目的信息不完备造成的。更进一步说，造成信息不完备的原因既有客观的信息滞后性和信息缺乏，又有项目相关者之间信息不对称性等主观方面的原因。由于项目相关者各有不同的利益、要求和期望，所以他们之间会有某种利益冲突，而为了从项目中获得更多的利益，他们会使用项目信息的不对称性去开展博弈。所以人们还必须从项目全团队（由全部相关者构成的虚拟团队）的角度去开展项目风险的识别。项目全团队风险识别的主要内容分述如下。

1. 项目相关者的冲突风险识别

项目相关者之间有利益一致的一面，也有利益冲突的一面。不同项目相关者的立场、角色、专业背景的差异，都会导致项目相关者间的利益冲突。例如，在工程项目相关者中，项目业主想要"多干活少给钱"，而项目承包商希望"少干活多拿钱"。这种利益冲突会导致大量的项目资源配置不当，并由此带来项目成本和价值方面的风险。所以项目全团队风险识别的首要任务就是识别和给出成员中存在的利益冲突，并借此识别出由此会导致的各种项目风险。

2. 项目相关者的沟通风险识别

由于项目相关者之间的合作和项目的成功都需要他们之间开展各种沟通，而这种沟通的效果和成败会直接决定项目决策的效率和正确与否。所以项目相关者之间如果出现沟通障碍或问题，或因各方面原因造成缺乏应有的交流和沟通，就可能会带来项目决策和项目管理失误方面的风险，甚至会导致他们之间出现误解和冲突，以至于出现项目目标无法实现的重大项目风险。所以项目全团队风险识别就应识别和给出项目全团队成员之间的各种沟通障碍、问题和错误，并借此识别出由此可能导致的项目风险。

3. 项目相关者的博弈风险识别

项目相关者们为了各自的利益必然会开展某种博弈，甚至为了获得更大的利益开展"零和"博弈，这种"零和"博弈的结果多数会造成项目全团队整体利益的受损，从而出现项目无法实现价值最大化和项目利益分配合理化的风险。一旦项目全团队成员之间出现"零和"博弈，其结果必然会导致项目时间出现拖期、项目成本增加、项目质量下降，甚至是项目范围的缩小等一系列的项目风险。所以项目全团队风险识别应识别和给出项目全团队成员各种博弈的情况并借此识别出由此可能导致的项目风险。

4. 项目相关者的要求变更风险识别

项目全团队风险识别中最重要的一种风险是，随着项目实施的进展，出现某个或多个项目相关者的要求发生变更的情况，这样就会导致项目整体计划和目标以及各个项目要素的变化，而这些变化会导致项目出现新的风险。例如，项目业主一旦提出项目目标的变更或项目产出物的设计变更，那么整个项目原有的计划安排和利益分配格局就都会发生变化，由此就会引发一系列新的项目风险。所以项目全团队风险识别的最重要的任务就是识别和给出项目全团队成员各种可能提出的项目变更请求的风险，以及由此所带来的各种新的项目风险，甚至是导致整个项目目标无法实现的重大风险。

5. 项目全团队集成管理的风险识别

项目全团队风险中还有一种由于项目全团队的集成管理出现问题而导致的项目风险，这涉及多个方面的集成管理问题导致的项目风险。其一是项目经理和项目团队成员之间集成管理不当所导致的风险，即项目经理管理控制和指挥命令失灵所导致的项目风险。其二是项目团队与项目实施组织之间集成管理不好所导致的风险，即项目团队无法适应项目实施组织的环境而使得项目团队绩效低下的风险。其三是项目实施组织与项目全团队之间集成管理方面的风险，即项目实施组织无法满足所有项目相关者需求的风险。其四是项目全体相关者之间集成管理方面的风险，即他们无法分工合作去实现项目的价值最大化和价值分配合理化的项目风险，通常这是项目最大的风险所在。

8.3 项目风险识别的方法与技术

项目风险识别的方法与技术有很多种,人们需要根据具体项目风险识别的需要去选用,项目风险识别的主要方法与技术有如下几种。

8.3.1 项目风险识别的假设前提分析法

项目风险识别使用最多的方法是假设前提分析法,先在项目计划制订过程中对项目未来的状态或情况做必要的假设规定,而随后的实际情况一旦与项目计划书中的假设前提条件出现差异,人们就可以认定这是项目出现了某种风险情况。这种方法类似于:我们假设未来是这样,所以我们做出这样的计划安排,现在项目的实际情况不是这样,那么项目就出现了风险。这是一种项目风险跟踪评估、迭代评估的方法,也是一种在项目风险识别方面应用最为广泛的方法,这种方法的具体做法如下。

1. 假设前提分析法的做法和步骤

项目风险识别的假设前提分析法的具体做法和步骤分述如下。

(1) 先给出项目计划的假设前提条件。 要给出项目计划制订和安排的假设前提条件,然后对这个假设前提条件进行相关描述,这包括对于项目实施和运营等各个方面计划的假设前提条件。同时,还要对项目在这种假设前提条件下的计划和安排做出规定和说明,这包括计划给出的项目目标和产出物、项目实施和运行要求的安排等。

(2) 给出假设前提条件变动的范围及阈值。 这是指要给出对项目计划的假设前提条件与实际情况有多大差异(阈值)就意味着项目出现风险情况的规定,以便人们借此去开展项目风险事件和系统性项目风险因素的识别,如出现通货膨胀,项目资源价格会上涨多大比例,包括国家的金融政策对项目资金的影响等。

(3) 分析项目实际情况与项目计划假设前提条件之间的差异。 这是在每次开展项目风险识别的时候所需要开展的首要工作,即将项目计划假设前提条件与项目实际遇到的真实条件和情况进行必要的对比分析。如果出现二者差异大于规定的阈值,则表明项目出现了风险情况,人们就需要对出现的项目风险开展管理。

（4）给出识别出的项目风险的说明和描述。随后人们还需要对识别出的项目风险进行必要的说明和描述，以便人们能够在充分认识这些风险的基础上去修订项目计划和开展项目风险的应对和管控工作。这包括对于项目风险引发原因、可能后果、关联影响范围，以及项目风险的时间发展进程等的说明。

2. 假设前提分析法的作用

这种假设前提分析法的作用主要包括下述几个方面。

（1）识别给出项目风险。这种假设前提分析法的首要作用就是识别和给出，由于项目及其环境与条件发展变化所带来的项目风险。需要注意的是，如果项目实际情况与项目计划制订时的假设前提条件一致，这就意味着项目计划正确且没有项目风险。

（2）分析和识别项目风险的可能后果。这种方法还可以分析和识别给出项目风险的各种可能后果，以促使项目决策者去制定相应的项目风险的应对措施。这实际上类似于诸葛亮派兵打仗前先要分析每一战的多种可能后果，并给予将士多个锦囊妙计的做法一样。

（3）分析和识别项目风险的关联影响范围。假设前提分析法还有一个作用就是分析和给出项目风险所具有的关联影响情况，即分析和给出项目风险可能关联影响的范围，同时给出监视、跟踪和控制项目风险关联影响的具体做法或措施。

（4）分析和给出项目风险的时间进程情况。这种假设前提分析法的作用还包括分析和给出项目风险的时间进程情况，即通过假设前提分析法识别出项目风险大致何时会对项目造成实际的风险损失或风险收益，以便人们能够及时地采取项目风险应对措施。

8.3.2 项目风险识别的核检清单法

这是指用预先编制好的项目风险核检表去识别项目风险的方法，也是一种应用十分广泛的项目风险识别方法和技术。在这种项目风险识别的方法中，人们使用结构化或非结构化的项目风险核检清单，对照该清单中列出的各种可能发生的项目风险，去核检和识别具体项目的某个阶段所存在的具体风险。

1. 项目风险识别核检清单法的做法和步骤

项目风险识别的核检清单法的具体做法和步骤包括如下几个方面。

(1) 设计或编制项目风险识别的核检清单。这种方法首先要设计或编制项目风险识别的核检清单,这种核检清单通常是按照项目风险引发原因或者项目风险可能后果等分类,然后按照一定的层次结构去进行编制。例如,一个系统集成项目的核检清单就会包括两个层次,第一层次的核检要素包括项目实施的技术、财务、商务、承发包等方面,第二层次的核检要素则包括这些方面向下分解得到的成分,如项目实施技术进一步分解得到项目设计技术、项目实施技术方法、项目施工组织方案、项目实施技术装备等。人们可根据历史类似项目的资料和人们积累的知识、经验和教训等着手设计或编制项目风险识别的核检清单。

(2) 运用项目风险识别的核检清单开展核检。设计给出项目风险识别所用的核检清单以后,人们就可以使用这些清单去检查、对照与核对实际的项目情况中究竟存在哪些方面的风险。这是一种对照检查、动手画钩√、从而得出项目风险核检结果的工作。因为项目风险识别所用的核检清单中开列出了项目所有的可能风险情况,所以人们可以使用这种核检清单去对照项目的实际情况,找出具体项目可能发生的每一种项目风险,从而达到识别和给出一个具体项目的全部风险的目的。

(3) 编制给出项目风险识别的核检结果。运用这种项目风险识别的核检清单可得到已识别出的项目风险的清单,就是在项目风险识别的核检清单上摘选出那些已识别出的项目风险形成的清单。然后,人们需要将这些已识别出的项目风险清单汇总编制成一份项目风险识别报告,以供下一步的项目风险度量和项目风险应对等工作使用。这一工作实际就是给出项目风险识别结果报告,所以其内容除了已识别出的项目风险清单汇总以外,还必须包括各种必要的相关细节的说明。

2. 核检清单法的作用

项目风险核检清单的具体作用包括如下几个方面。

(1) 用于识别项目的风险。项目风险核检清单的根本作用是识别出具体项目的风险,这种项目风险识别方法的优点是风险识别过程迅速,识别方法简便易行,而缺点是人们所编制的项目风险核检清单不可能十分全面,而且使用者的识别范围被限制在了核检清单所列范畴之内。

(2) **用于描述识别出的项目风险**。这种方法的另一个作用是用来对已识别出的项目风险进行必要的描述和说明,这包括对于已识别出项目风险的引发原因、可能后果、关联影响情况和时间进程等给予必要的说明。这些对于已识别项目风险的相关细节的说明可以用于随后开展的项目风险管控工作。

(3) **用于积累项目风险识别的经验和知识**。项目风险核检清单还有一个作用是积累项目风险识别和管理方面的经验和教训,如当人们在使用这些清单的过程中碰到了清单中没有的项目风险,就必须将这些新的项目风险识别和管理方面的经验和教训添加到项目风险核检清单中去。由此就形成了对于项目风险识别经验和知识的积累。

8.3.3 项目风险识别的德尔菲法

在项目风险识别过程中,因为有许多问题会涉及项目所属专业领域的专家知识和项目管理方面的专家知识,所以在这种项目的风险识别中就需要征求这些专家的意见,因此在项目风险识别中有时需要使用德尔菲法。这种方法主要通过专家的判断识别项目风险,即通过专家们集体分析判断进行项目风险的识别。

1. 项目风险识别德尔菲法的做法和步骤

使用德尔菲法开展项目风险识别的主要步骤如下。

(1) **成立项目风险识别协调小组**。使用德尔菲法开展项目风险识别的第一步是成立项目风险识别协调小组,其主要任务为:选择专家,编制项目风险识别咨询表,与专家联系,回收、统计、分析项目风险识别咨询表,向专家们反馈信息等。

(2) **成立项目风险识别专家小组**。使用德尔菲法开展项目风险识别的第二步是成立项目风险识别专家小组,组成专家组的人数可根据具体项目的复杂程度和风险大小等情况而定。但是,一般使用德尔菲法开展项目风险识别时专家最好不超过20人。

(3) **编制项目风险识别的咨询表格**。这种方法的第三步是按项目风险识别需要和专家意见去编制项目风险咨询表,以用于询问专家们在项目风险识别方面的意见。在这种项目风险识别咨询表的编制中要请专家提出意见，如增删项目风险识别用的核检清单等。

(4) 使用咨询表格去咨询专家意见。这种方法的第四步是使用咨询表格去咨询专家意见，多数需要经过多轮咨询且每轮都需要整理和汇总各专家的意见，然后通报专家组使其修订自己的判断，最后经过多轮综合专家的意见生成项目风险识别结果。

2. 德尔菲法的作用

使用德尔菲法开展项目风险识别的作用包括如下几个方面。

(1) 识别给出项目的风险。使用德尔菲法开展项目风险识别的根本作用是识别和给出项目风险，特别是对于一些重大、复杂、不确定性高的科研开发项目就需要使用这种项目风险识别的方法。例如，阿波罗登月计划的项目风险识别，我国"两弹一星"项目的风险识别等都需要使用这种方法去给出项目的风险情况，实际上这就是专家评估法中的一个组成部分。

(2) 汇集专家们的真知灼见。使用德尔菲法开展项目风险识别的另一个作用就是汇集专家们对于项目风险识别和应对等方面的真知灼见，因为这种方法的项目风险咨询表中不仅有封闭性问题（以汇总大家的意见），也有开放性问题以收集每个专家在项目风险识别等方面的真知灼见。

8.3.4 项目风险识别的其他技术与方法

项目风险识别还有其他的一些技术和方法，这包括：使用项目流程图分析法去识别项目全过程各项工作中的风险，使用系统分解法去识别项目全要素中各要素的风险，使用博弈分析去识别项目全团队中的风险等。具体何时采用何种项目风险识别的技术和方法，这需要根据项目和组织的具体情况而定。还有一些项目风险识别技术和方法具体说明如下。

1. 专家经验法

项目风险识别所采用的专家经验法中除了德尔菲法以外还包括集思广益法、专家访谈法等具体的技术和方法。

(1) 集思广益法。使用集思广益法的目的是取得一份综合专家意见的项目风险识别结果清单，这种方法能够集思广益去实现项目风险的专业识别。项目负责人在主持专家会议时要推动与会专业人员就项目风险识别进行集思广益，充分识别项目风险，然后和与会者共同分析确定对已识别项目风险的分类和界定。

(2) **专家访谈法**。使用专家访谈法的目的是通过访问有经验的项目风险问题的专家，讨论和识别项目的各种风险。这种方法要求负责专家访谈的人先去物色适合的专家人选，然后向他们简明扼要地介绍项目情况并提供项目信息资料，进一步由被访专家们给出他们识别出的项目风险，最终由负责专家访谈的人归纳和汇总出项目风险识别结果。

2. 图解分析技术

图解分析技术就是利用图形对项目风险及其原因、流程、结果等进行分析的技术和方法。图解分析技术主要包括因果图法、系统流程图法、过程流程图法以及影响图法等。其中，因果图法主要用于对引发项目风险的原因进行分析，系统流程图法主要用于显示项目系统各要素之间相互联系和集成的风险，过程流程图法主要用于分析和识别项目工作流程中的风险以及项目过程发展变化的风险，影响图法主要用于显示项目风险因果影响以及项目风险与结果之间的关系等风险，具体这些项目风险识别的技术和方法简略叙述如下。

(1) **项目系统流程图法**。项目风险识别中最常用的一种方法是利用系统流程图的原理将一个复杂项目分解成子系统或系统要素，从而识别各子系统或系统要素造成的项目风险的方法。比如，投资建造一个化肥厂的项目，人们可以通过对于化肥厂工艺流程的系统流程图分解给出项目系统流程中各个阶段和要素的风险。

(2) **项目过程流程图法**。项目过程流程图是给出一个项目的实施工作流程，从而使人们可分析出各个环节中存在的风险。项目过程流程图法主要是使用过程流程图去全面分析和识别项目全过程中的风险，这种方法的结构化程度比较高，对于识别项目实施流程中的风险，以及项目过程中各个环节上存在的风险和风险的影响因素是十分有效的。

3. 系统性项目风险要素的识别方法

这是指对那些能够使项目整体目标或项目目标四要素发生改变的系统性项目风险要素进行识别的独特方法，这类方法多数是针对项目所处环境与条件引发的系统性项目风险要素的识别方法，前文中讨论过的量本利分析方法和敏感性分析方法等都属于这一类项目风险识别的方法。同时还包括如下几个方面的系统性项目风险要素的识别方法。

(1) SWOT 分析法。 SWOT（S 优势、W 劣势、O 机会和 T 威胁）分析法是一种从项目的角度去识别给出项目所存在风险收益机遇和风险损失威胁的方法，这种方法可以确保对项目环境与条件中存在的威胁和机遇的全面识别。SWOT 分析法也十分关注项目自身所具有的优势条件和劣势情况。这种方法首先要求人们分析和识别给出项目及其环境与条件中的优势和劣势，然后根据项目及其环境与条件的优劣势情况去识别给出项目的风险损失威胁和项目的风险收益机遇。

(2) PESTEL 分析法。 PESTEL（P 政治、E 经济、S 社会、T 技术、E 环境、L 法律）分析法是一种偏重于项目宏观环境与条件及其变化所导致项目风险的识别法。这一方法涉及对于项目所处的宏观政治环境、经济环境、社会环境、技术环境、自然环境和法律环境六个方面的分析，并由此识别和发现项目可能存在的项目风险事件和系统性项目风险要素。这种方法首先要求人们对于项目及其所处宏观环境的数据和信息进行全面的收集，并且需要对项目及其宏观环境的发展变化进行预测，然后才能够识别给出项目的风险情况。

(3) 项目风险事件关联影响分析法。 这种方法致力于分析和识别多个相关项目风险事件所具有的根本原因。因为做好这方面的分析和识别有助于识别出项目风险事件之间的关联影响情况，所以这种方法被称为项目风险事件关联影响分析法。由于多个项目风险事件具有共同的根本原因，所以识别出的项目风险肯定是相互关联影响的。根本原因分析可以作为制定先发制人和全面反应措施的基础，并有助于减少项目的复杂性，图 8-5 给出了一个"根本原因图"的绘制方法。

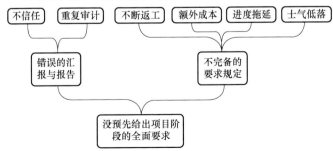

图 8-5　项目风险事件关联影响分析法的"根本原因图"示意

另外，还有很多专用的项目风险识别方法和技术，由于这些方法和技术主要局限于某些专业项目的风险识别工作，所以此处不再展开讨论。

8.4 项目风险识别的循环和步骤

项目风险识别的循环从项目风险评估开始，然后人们在项目定义与决策阶段根据项目的目标、要求、产出物、环境等方面的情况，收集各种相关信息去开展项目风险的首次识别活动。随后人们在项目实施过程中的各个阶段或项目及其环境与条件的重大变动情况下，多需要开展迭代性的项目风险识别工作，从而形成了项目风险识别的循环和步骤。

8.4.1 项目风险评估中的风险识别过程和步骤

项目风险评估中的风险识别是在项目前期阶段开始的，此时人们只能根据项目初步设计方案等方面的信息去开展项目风险识别的首次工作。在项目风险评估中，人们首先需要确定项目风险识别的对象，其次需要收集相关的资料和信息，然后是选择项目风险识别的工具和方法，进而开展项目风险评估中的项目风险识别工作，最后生成项目风险评估的报告。项目风险评估中的风险识别需要从项目初步设计方案和项目实施提案入手，需要使用预测和分析数据去开展项目风险识别（因为项目尚未开始而没有项目的真实数据），最终给出项目风险评估的项目初始风险识别报告。

图 8-6 中的前六个步骤都属于项目风险评估中的项目风险识别的步骤，图中间循环迭代的部分是项目风险跟踪评估中所开展的项目风险识别的工作。

由图 8-6 可见，项目风险评估中的项目风险识别和项目实施过程中所开展的项目风险识别迭代工作中包括如下几个具体步骤。

1. 确定项目风险识别的目标和要求

项目风险识别工作的第一步就是确定项目风险识别的目标和要求，这包括对项目风险识别工作、内容和结果等方面的目标和要求。不同的项目会有不同的项目风险识别工作的目标和要求，具体要根据项目的大小、复杂程度、重要程度和项目风险管理的目标和要求去确定项目风险识别的目标和要求，具体分述如下。

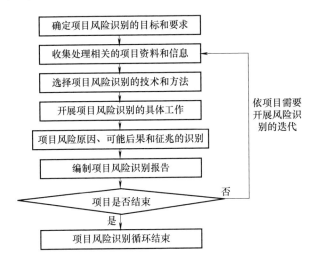

图 8-6　项目风险识别的循环和步骤

(1) 确定项目风险识别的目标。不同类型的项目因其目标和情况以及项目实施过程的不同，人们对项目风险识别的目标也不同。对于不确定性和重要性较低的项目可以将项目风险识别目标定低一些，而对于不确定性和重要性较高的项目就需要定较高的目标，即根据项目具体情况确定项目风险识别的目标。

(2) 确定项目风险识别的要求。人们对项目风险识别的目标不同，对于项目风险识别的要求也会不同。对于不确定性和重要性较低的项目，其项目风险识别的要求就会较低，而对于不确定性和重要性较高的项目其风险识别的要求就会较高。要求高的项目就需要开展项目全过程、全要素、全团队和环境与条件变化的风险识别工作，而且要全面开展项目风险、项目风险原因、项目风险可能后果、项目风险征兆和项目风险时间进程等方面的识别工作。

2. 收集处理相关的项目资料和信息

任何项目风险都是由于信息不完备引起的，所以在项目风险识别工作中首先要做好收集并处理项目有关的各种资料和信息方面的工作，这一工作的内容包括如下几个方面。

(1) 收集项目相关的资料。这包括项目可行性报告、项目计划书等相关资料，所有与项目风险识别有关的项目的实施条件、环境、目标、计划、项目资源情况等都需要收集和处理，因为这些资料是开展项目风险识别最根本和最主要的依据与信息。

（2）收集历史的类似项目信息。收集历史的类似项目信息也是项目风险识别中的一项重要工作，因为历史的类似项目中遇到的各种风险都属于"前车之鉴"的范畴，这包括历史类似项目的风险识别结果记录、报告、应对情况，以及经验和教训等。

（3）收集其他方面的数据和资料。除上述资料以外，人们还需要收集项目相关的其他方面的数据和资料，这包括项目所属专业领域的信息，项目所处微观和宏观环境的信息，项目和项目管理方面的法律规定和政府要求，以及商业数据库、统计年鉴、标准和规范等。

（4）加工和处理这些数据和资料。人们除了要收集这些信息和资料以外，还需要将收集来的数据资料进行必要的加工和处理。这包括去粗取精、去伪存真、由此及彼、由表及里地归纳演绎和推理预测这方面的信息和数据。

3. 选择项目风险识别的技术和方法

根据上述项目风险识别的目标和要求，结合收集和处理的信息与数据，针对项目自身的独特性，人们还需要去选择有效和可行的项目风险识别技术与方法。人们多数需要选用几种项目风险识别技术与方法结合使用，去开展项目风险识别工作，并借此对于不同方法识别出的项目风险识别结果进行交叉检验和确认。这包括在项目风险评估或项目风险识别中既使用计算机仿真模拟法，又使用专家经验法，最终还要使用专家审查法。

4. 开展项目风险识别的具体工作

在选择好项目风险识别技术和方法以后，人们就可以开展项目风险识别的具体工作了。人们可以从项目的全过程、全要素、全团队和项目环境与条件变化四个不同的视角去识别和给出项目的风险，最终给出已识别出的项目风险清单。这一步骤是项目风险识别过程中的核心步骤，因为项目风险识别工作的根本所在和主要结果就是识别和给出项目所存在的各种风险。在这一步骤中最为重要的是承担项目风险识别任务的人员选择，必须使用具有项目风险识别经验和能力的人去组织和开展工作。

5. 项目风险原因、可能后果和征兆的识别

人们在识别出项目风险后还需要对引发项目风险的原因、项目风险导致的可能后果以及项目风险发生的征兆和时间进程进行分析和识别，从而为项目风险度量和监控提供依据。

（1）识别引发项目风险的原因。这是指找出那些项目风险事件发生的原因或影响因素，以便人们能够根据这些引发项目风险的原因去开展项目风险管理的工作，尤其是开展项目风险应对措施的制定工作，所以这也是项目风险识别的重要内容之一。

（2）识别项目风险导致的可能后果。这是指找出项目风险事件发生后会造成的各种结果，这包括项目风险可能导致的风险损失或风险收益的结果。任何项目风险都会有几个可能的后果，人们只有知道了项目风险的可能后果情况才能够针对每种后果制定应对措施。

（3）识别项目风险发生的征兆。对于有预警信息项目风险而言，项目风险识别还需要给出项目风险发生征兆方面的信息。因为有了这一信息，人们就可以在项目风险监控和应对中根据项目风险征兆去开展项目风险的应对，从而做好项目风险的管控工作。

（4）识别项目风险的时间进程。项目风险多是逐步演进到一定的阈值后才发生的，所以项目风险识别还必须给出项目风险的时间进程信息。这是关于项目风险大致可能在何时发生或出现风险后果的信息，这种项目风险识别结果同样对项目风险应对和管控十分重要。

6. 编制项目风险识别报告

在识别出项目风险及其相关信息以后，人们就可以编制项目风险识别报告。在项目风险识别报告中，不但需要报告项目风险识别的结果，而且需要对于项目风险引发原因、项目风险的可能后果、项目风险的征兆、项目风险的时间进程进行报告。这种报告还需要对于项目风险识别结果进行分类，可以按照引发项目风险的原因以及项目风险可能后果分为：项目环境变化的风险、项目目标要素或资源要素方面的风险、项目过程或工作方面的风险、项目团队或组织管理方面的风险等，再进一步分为项目范围、质量、成本、进度、资源等方面的风险，以及项目内部因素或外部因素的风险等。

8.4.2 项目风险再识别的循环和步骤

项目风险评估给出项目风险识别的结果后,项目就进入后续的实施阶段,此时项目会随着环境与条件的发展变化而开展项目风险的再次识别或迭代识别工作。实际上,随着项目实施的展开,人们对于项目的信息会不断增加,所以当项目每个阶段完成以后人们就需要进行项目风险的再识别,而且当项目环境与条件发生重大变化的时候人们也需要进行项目风险的再识别工作。所以项目全过程的风险识别是一个不断循环、更新和迭代的过程,人们需要定期或不定期地开展项目风险的再次识别,进而对项目风险识别结果不断进行更新,以用于指导人们进行项目风险的管理。

1. 根据需要决定开展项目风险的再识别

按照项目管理、决策、计划,控制等方面的具体需要,不同的项目和项目阶段会有不同的项目风险再识别的具体要求、内容和工作,有些项目或项目阶段的项目风险再识别是局部性和附加性的,而有些项目或项目阶段的项目风险再识别是全面性和更新性的。另外,有些项目或项目阶段的项目风险识别活动是迭代性的,而有些项目或项目阶段的项目风险识别活动可能只需要对于其环境与条件的发展变化所导致的项目风险进行识别。

2. 保持项目风险识别的关联性

由于每个项目阶段或项目节点所开展的和项目风险再识别工作都是互相关联的,在具体安排项目风险再识别的过程中需要考虑它们彼此之间的互相影响。每一次后续的项目风险再识别都需要以前一次的识别结果为基础和出发点,并且要去审视、评估和分析前一次项目风险识别工作中的问题和不足,以便在新的项目风险识别工作中能够"吃一堑长一智"。所以每一次新的项目风险识别都是在前一次项目风险识别基础上的进步和发展。

3. 开展项目全生命周期的风险识别迭代

一个项目的风险再识别循环必须等到项目结束才能终止,甚至即便是项目实施完成了,人们还需要在项目运行过程中去开展项目风险再识别的工作。因为即使在项目投入运营以后,也还是需要不断地开展在项目运行中的风险识别,这就是图 8-6 中使用"项目是否结束"而不是"项目实施结束"的根本原因。因为"项目是否结束"包括两层含义,其一是"狭义的项目"(即项目实施阶段)是否结束,其二是"广义的项目"(项目全生命周期)是否结束,项目风险再识别的循环可以一直到"广义的项目"结束才能终结。

8.4.3 项目风险识别报告及其使用

在每次的项目风险识别之后,人们都要给出项目风险识别报告。

1. 项目风险识别报告的编制

项目风险识别报告的内容包括:已识别出的项目风险清单,已识别项目风险的引发原因,已识别项目风险的可能后果、已识别项目风险的征兆,以及项目风险的时间进程等信息。项目风险识别报告必须全面而具体,并能够根据项目风险管理的需要而有一定的针对性,因为项目风险识别报告是后续项目风险度量和项目风险监控与制定应对措施的主要依据。同时,项目风险识别报告的格式应该是既有文字性的说明,又有图表式的汇总。总之,项目风险识别报告的编写要能够为项目风险管理服务。

2. 项目风险识别报告的使用

项目风险识别报告的使用是指如何用它去为项目风险管理服务,不管是对于项目风险评估给出的初始项目风险识别报告,还是对于后续项目风险再识别给出的报告,人们都必须用它们去指导项目风险的管理工作。首先人们需要根据已识别出的项目风险清单去指导对哪些项目风险开展管理,其次人们需要根据已识别出的项目风险引发原因去指导如何应对项目风险,然后人们需要根据已识别出的项目风险可能后果去指导项目风险应对措施的制定,再次人们需要根据已识别出的项目风险发生征兆去指导项目风险监控和及时应对,最后人们需要根据已识别出的项目风险时间进程去制订项目风险应对的进度计划。

第 9 章

中国式项目风险的度量

在人们识别出项目风险之后,接下来就需要对项目风险进行定性和定量的度量。这包括对于项目风险发生可能性的度量,对于项目风险损失和收益后果的度量,对于项目风险关联影响程度的度量,以及对于项目风险时间进程的度量等工作。

9.1 项目风险度量概述

项目风险识别的结果是项目风险度量的基础,而项目风险度量的结果是制定项目风险应对措施的基础,所以项目风险度量工作是项目风险管理中一项十分重要的工作。

9.1.1 项目风险度量的概念

每个项目所存在的每个风险的发生可能性、可能后果的严重程度、关联影响的程度和时间发展进程都是不一样的。通常,当一个项目风险发生的概率高、项目风险可能后果严重、项目风险关联影响范围大和项目风险发生的时间紧迫时,这个项目风险就必须引起项目管理者的高度重视,并尽快去开展该项目风险的管控。反之,如果项目风险度量结果显示这四个方面的数据都比较低,那么人们就可对已识别的项目风险按照"静观其变"的原则去"予以容忍"。另外,项目风险度量还必须包括对于项目风险综合情况的度量,以便根据项目风险度量的全部结果去规划和开展有效的项目风险管控。

9.1.2 项目风险度量的内容

项目风险度量的内容主要包括:项目风险发生可能性的度量、项目风险可能后果严重程度的度量、项目风险关联影响程度的度量以及项目风险发生时间进程的度量。这四个方面都有定性和定量两方面的度量，项目风险度量内容的模型如图9-1所示。

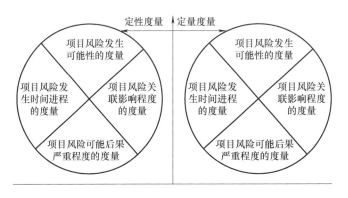

图9-1 项目风险度量内容的模型

有关图9-1给出的项目风险度量内容模型的讨论如下。

1. 项目风险发生可能性的度量

这是具体分析、估计和给出项目风险发生的概率的项目风险度量工作，因为如果一个项目风险的发生概率越高，项目风险可能后果就越有可能转变为现实，所以在项目风险度量中人们首先需要分析、确定和给出项目风险发生的可能性大小。这种度量既有定性的度量（如项目风险发生的可能性很高、较高、一般、较低、很低），也有定量的度量（如项目风险发生的概率为95%或3%）。对于简单而风险小的项目可以采用定性的度量，但是对于复杂而风险大的项目就必须给出定量的度量。

2. 项目风险可能后果严重程度的度量

这是指分析、估计和确定项目风险可能造成的后果严重程度的工作，即度量项目风险可能给项目带来的风险损失和风险收益大小的度量工作。这也是项目风险度量中的一项非常重要的工作，因为即使一个项目风险发生的概率不大，但如果它一旦发生后果十分严重，人们就要对这类项目风险进行十分严格的管控。特别需要注意的是：因为项目风险可能后果包括直接后果和间接后果两个方面，其中项目风险的直接后果属于项目风险可能后果严重程度的度量范畴，而项目风险的间接后果属于项目风险关联影响程度的度量范畴，所以不能在项目风险可能后果严重程度的度量中计算项目风险的间接后果，否则就会有重复度量的问题。项目风险可能后果严重程度的度量也有定性和定量两种，其定性度量只要给出项目风险可能后果是否严重的定性描述即可，而定量度量则需要使用数量或价值等指标给出度量结果。

3. 项目风险关联影响程度的度量

这是指分析、估计和给出项目风险可能造成的关联影响范围和大小的度量，即度量给出某项目风险发生后可能会关联影响到项目的哪些目标、方面和工作以及这种关联影响的严重程度。有些项目风险发生后会产生关联影响，如项目进度出现问题就有可能对项目成本和质量产生关联影响。所以项目风险需要对关联影响程度进行度量，而这就是对项目风险间接后果严重程度的度量。所以项目风险度量还必须给出项目风险的关联影响情况和范围方面的定性和定量度量。项目风险关联影响的产生机制可见图 9-2 给出的示意，它给出了正确度量项目风险关联影响程度的逻辑和模型。

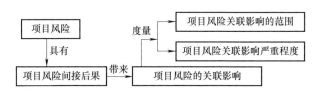

图 9-2　项目风险影响的传递和度量机制

由图 9-2 可知，项目风险关联影响程度的度量就是对于项目风险的间接后果可能导致的关联影响范围（影响项目的哪些方面）和严重程度（影响会导致的损失和收益）的度量。

4. 项目风险发生时间进程的度量

这是指分析、估计和给出项目风险发生时间及其发展进程的度量，即给出项目风险可能的发生"时点"和项目风险可能的发生"时期"的度量。因为人们必须根据项目风险发生的时间进程去安排项目风险控制和应对措施，通常人们对于马上就要发生的项目风险须优先进行管控，而对后续可能发生的项目风险可以"暂时容忍"和"静观待变"。实际上，人们多是根据项目风险发生的时间进程来安排项目风险管理的有限序列，所以人们必须认真进行项目风险时间进程的度量。然而，项目风险的时间进程是很难度量的,或者说是很难准确度量。特别是对于无预警信息的项目风险更是如此,因为这种项目风险连基本的风险征兆和预警信息都没有。对于项目风险事件进程的定量度量要求人们给出项目风险发生的具体"时点",而对于项目风险进程的定性度量只要求人们给出项目风险发生的"时期"即可。

9.1.3 项目风险度量的过程和步骤

项目风险四个方面的度量是逐步完成的,项目风险度量的过程和步骤如图9-3所示,其中的具体步骤和工作内容及其所有工具分述如下。

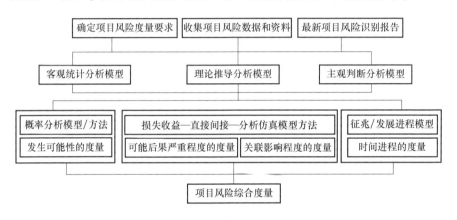

图9-3 项目风险度量过程示意图

由图9-3可知,项目风险度量是分步完成的,图9-3中各个具体步骤的说明总结整理如下。

1. 确定项目风险度量要求

项目风险度量工作的首要步骤是确定和给出对于项目风险度量工作的要求,其中最重要的是给出究竟是进行项目风险的定性度量,还是开展项目风险的定量度量,还是开展定性和定量两方面的项目风险度量。这种要求还包括:对于定性度量而言,究竟需要划分多少个定性描述的等级,如对项目风险发生可能性的度量分成:非常高、很高、高、中、低五级,还是只有高、中、低三级;对于定量度量而言,度量的精度如何制定,如对项目风险可能后果严重程度的度量是按照损失或收益万元、千元、百元还是十元的精度去度量。总之,项目风险度量的首要工作是规定和给出对于项目风险度量工作各方面的要求和规定。

2. 收集项目风险数据和资料

项目风险度量的第二步就是要收集和项目风险相关的各种数据和资料，这些数据和资料可以从过去类似项目的经验总结或记录中取得，也可以从一些官方发布的统计数据取得。人们所收集的项目风险数据和资料必须要客观和真实，最好能具有统计规律和意义。另外，现有最新的项目风险识别报告也是项目风险相关的数据资料，甚至包括最新的项目各种计划文件、合同文件和绩效报告文件等项目风险度量所需的相关数据资料。还有就是此前确定给出的"项目风险度量的要求"以及相应的计划安排等，也都是项目风险度量所需的相关信息和重要资料。甚至包括项目风险管理人员和专家的知识和经验（先验/后验），也属于需要收集的项目风险度量相关信息和资料的范畴。

3. 建立项目风险度量的模型或方法

项目风险度量包括定性和定量两方面，因而选用的项目风险度量模型或方法也有定性和定量两大类。在项目风险度量中，人们必须选用正确的方法和模型去度量，以便给出正确的结果。项目风险的定性度量需要选用定性描述的模型或方法，这类模型或方法相对比较简单且易于操作，但是其主观性强且度量结果的信度与效度有限。项目风险的定量度量多是用信息科学和数学等方法，通过建立或选用能够反映项目风险有关变量之间关系的模型或方法，如蒙特卡罗模拟、敏感性分析法、层次分析法等方法和模型。由图9-3可知，人们在项目风险度量中使用的模型包括三大类：其一是客观统计分析模型，这多是使用概率统计分析的方法；其二是理论推导分析模型，这多是使用仿真模拟的方法；其三是主观判断分析模型，这多是使用专家经验和主观判断的方法，最终借助这些模型或方法去度量给出项目风险的度量结果。

4. 项目风险四个方面的度量

在建立或选用了项目风险模型或方法之后，人们就可用这些模型或方法去度量出一个项目风险的发生可能性、后果严重程度、关联影响程度和时间进程了。需要注意的是，这四个方面的度量也必须按照一定顺序依次进行。通常人们需要先进行项目风险发生可能性的度量，因为如果某个项目风险发生的可能性很小（小概率事件），人们多数时间就不用进行后续的项目风险度量工作。其次，人们需要开展项目风险可能后果严重程度的度量，因为如果项目风险后果不严重或很小，人们多数时间就不用进行后续的项目风险度量工作了。然后，人们需要开展项目风险关联影响程度的度量，最后进行项目风险时间进程方面的度量，而且只有在前三项项目风险度量结果认定有必要进行后续度量工作的时候，人们才应进行项目风险时间进程的度量工作。

5. 给出项目风险综合度量的结果

在完成上述项目风险四个方面的度量以后，人们还必须对项目风险做出综合度量，这包括对每个具体项目风险的综合度量和对于整个项目的风险综合度量两个方面。对于某个具体项目风险所进行的综合度量，用于人们决策采取何种项目风险应对措施和如何管控该项目风险。这种单个项目风险的综合度量需要将项目风险上述四个方面的度量按照具体项目给予这四个方面的权重去开展综合度量，这种综合度量的方法可以是"连乘""连加"或"连加带乘"的方法。人们多数时间使用"连加"的方法进行项目风险的综合度量，只有当项目风险的某个方面具有一票否决性的权重才会使用带有"乘法"的方法。对于整个项目风险的综合度量是用于决策项目风险管理大政方针的，如当项目整体风险的综合度量是项目风险收益小于项目风险损失时，人们就应该放弃该项目。

9.2 项目风险发生可能性的度量

项目风险度量的首要任务是分析、估计和确定项目风险发生可能性（概率）的大小，即对于项目风险发生可能性进行度量。这需要根据项目风险识别报告等信息，去对已经识别出的每个项目风险进行其风险发生可能性方面的度量。

9.2.1 项目风险发生可能性度量的概念

任何一个项目在资源或环境与条件等方面都会受到某种制约或限制，这些制约和限制都有可能导致项目出现风险甚至是项目风险后果，因此人们必须知道已识别项目风险发生可能性方面的情况并进行度量。项目风险发生可能性包括两方面的含义,其一是指某个具体项目风险发生的可能性,其二是指项目风险的每种可能后果的发生可能性。

1. 某个具体项目风险发生的可能性

这主要是针对系统性项目风险要素所导致的项目风险所进行的项目风险发生可能性的度量,这种项目风险发生可能性的度量结果是决定人们开展项目风险应对和管控的重要信息。例如,"通货膨胀"是一种系统性项目风险要素,当它出现的可能性为"很高"时,多数项目发生成本超预算风险的可能性会达到"非常高"的情况。对于任何一个项目来说,项目的某个风险的发生概率越高,人们采取项目风险应对措施的必要性就越高。但是如果项目某个风险的可能后果很严重,即便是该风险的发生可能性很低,人们也会积极采取项目风险应对措施。例如,人们坐飞机旅行会有飞机坠毁的风险,虽然这种风险发生的概率很小,甚至远远小于乘火车或汽车出现意外伤害事故风险的可能性,但是大多数人还是会买航空意外保险,因为这种风险一旦发生便会造成机毁人亡的严重后果。

2. 项目风险事件的每种可能后果的发生可能性

这是指对项目风险事件各个可能后果的发生可能性的度量,因为项目风险事件指的就是人们知道项目会有多个可能结果,且知道这些项目可能结果的发生概率。例如,某项目投产后在市场销售方面会有风险,这种风险的后果有"销售良好""销售一般"和"销售差"三种可能后果情况,所以人们就需要度量给出这三种市场销售可能结果情况各自的发生概率。其中,"销售良好"的发生可能性是50%,而"销售一般"的发生可能性是30%,"销售差"的发生可能性是20%。这种就是项目风险事件每种可能后果发生可能性的定量度量结果,而针对这种项目风险事件的每种后果发生可能性的定性度量只要给出"高、中、低"之类的定性描述即可。另外,这种度量不但要给出项目风险事件各种可能后果发生可能性的大小或高低,而且还要给出这种度量结果的信度和效度方面的说明,甚至包括这些度量结果的依据和证明等方面的信息。

总之,在项目风险发生可能性的度量中,人们首先必须区分是要度量某个项目风险的发生可能性,还是要度量某个项目风险事件不同可能后果的发生可能性。其次，人们必须度量出项目风险的发生可能性和项目风险事件各种可能后果的发生可能性，因为人们不仅需要根据这些度量结果信息去应对项目各个风险，而且需要根据这些度量信息去应对项目风险事件的各种可能后果，从而开展好"兵来将挡，水来土掩"的项目风险管理工作。

9.2.2 项目风险发生可能性度量的方法

用于项目风险发生可能性度量的方法有很多，其中最主要的有：概率分布与数理统计的方法、模拟仿真的方法、专家判断的方法等，人们应当根据实际项目风险情况正确选用。在项目风险具有统计资料的情况下，应以选用概率分布与数理统计的方法为主。在项目风险具有可供模拟仿真的数据与模型的情况下，应以选用人工或计算机模拟仿真的方法为主。当这两种项目风险度量所用数据和方法不适用的情况下，人们就可以选用专家判断的方法。此外，不同项目阶段的项目风险发生可能性度量会有不同的精度而需要选用不同的度量方法，如人们要度量市场开发项目的风险发生可能性时，在项目初期阶段可以选用专家判断的方法，根据专家们的"先验概率"去度量项目风险发生可能性，项目中期阶段人们可以采用试销等方法获得具有统计意义的项目风险发生可能性度量数据，然后使用概率分布与数理统计的方法去获得项目风险的"后验概率"和项目风险发生可能性的度量结果。最终，人们甚至可以使用"贝叶斯分析"等概率分析方法去综合"先验概率"和"后验概率"，最终得出项目风险发生可能性的度量结果。

一般来说，项目风险发生可能性的度量应该根据类似的历史项目信息资料去进行，这可以通过项目数据库或商业化的项目数据公告等渠道获得。当项目没有足够的历史类似项目信息和资料时，人们就只能使用主观设定的概率分布模型或理论概率分布模型去确定某个项目风险的发生概率。项目风险管理者在很多情况下会使用自己和专家的经验和判断，去按照主观的判断确定项目风险的发生概率及其分布，这样得到的项目风险概率被称为主观判断概率。虽然主观判断概率是凭人们的经验估算或预测出来的，但由于这种主观判断可以有很多人去分别做出，所以它不是纯粹主观随意性的东西。实际上,项目风险管理者和专家们的主观判断也是依照他们自己过去的经验做出的,所以这种主观判断仍然具有一定的客观性,因此同样可以使用统计分析的方法给出项目风险发生可能性的度量。在项目风险发生可能性的度量中,人们主要可以应用以下两种具体的方法。

1. 概率分布与数理统计的方法

任何项目风险或项目风险事件的可能后果都有其发生可能性或概率,为了说明项目风险发生可能性度量所需使用的概率分布与数理统计的方法,特列举下述实例给出简要说明。

例如,现有布置某新产品发布会现场的项目,对于该项目来说,灯光照明事关成败。所以保持良好的照明效果是该项目的主要目标。因此,灯光系统无法达到预期效果就是该项目的一种风险,这种项目风险会有多种情况。首先是该灯光系统的某个或某些灯泡坏掉(各灯泡并联,独立),这属于项目风险事件而且有多种可能的项目风险后果,如有2个及2个以上灯泡同时坏掉,则认为无法达到预期灯光效果;其次是该灯光系统的电力供应短时间中断,这属于系统性项目风险要素导致的风险;再次是该灯光系统的电路出现故障而无法使用,这也属于系统性项目风险要素导致的风险。根据人们多次开展这种项目所获得的数据可知,每个灯泡在发布会期间坏掉的概率为千分之一,如果整个发布会会场一共使用了20只灯泡,那么由于任意一个灯泡坏掉导致无法达到最佳灯光效果的概率为:

$$P_1 = (1/1000) \times 20 = 1/50 = 2\%$$

而n个灯泡同时坏掉而影响项目灯光效果的概率为:

$$P_i = \prod_{i=1}^{n} [(1/1000) \times 20]$$

如发生2个灯泡同时坏掉而影响项目灯光效果的概率为:

$$P_2 = 2\% \times 2\% = 0.04\%$$

因为整个灯光系统有两条电路(一条是备用的),每条电路出现故障的概率为二十分之一,那么两条电路都不能使用而导致无法达到预期灯光效果的概率为:

$$P_3 = (1/20) \times (1/20) = 1/400 = 0.25\%$$

根据从电力供应部门得到的历史数据表明,该地区发生停电(P_4)

的概率为0.1%，则灯光系统无法达到预期灯光效果的项目风险的概率（忽略3个及3个以上灯泡同时坏掉的情形，因为其发生概率很小）为：

$$P = P_2 + P_3 + P_4 = 0.04\% + 0.25\% + 0.1\% = 0.39\%$$

由上述实例可知，使用概率分布与数理统计的方法的基本步骤是：在识别出每个项目风险事件和系统性项目风险因素的基础上，分别计算出每个项目风险可能后果的发生概率，如果这些项目风险可能后果的发生均是独立的，那么该项目整体风险的发生概率就是所有项目风险后果发生概率之和，这可用公式表示为：

$$P = \sum_{i=1}^{n} P_i$$

其中：$i = 1, 2, 3, 4, 5, 6, \cdots, n$；

如果这些项目风险可能后果共同发生时，该项目整体风险发生的概率为所有项目风险各种可能后果发生概率的乘积，用公式可以表示为：

$$P = \prod_{i=1}^{n} P_i$$

其中：$i = 1, 2, 3, 4, 5, 6, \cdots, n$。

2. 人工或计算机模拟仿真的方法

模拟仿真的方法可以用计算机系统进行模拟仿真分析去度量项目风险的发生可能性，也可以使用人工模拟的方法去度量项目风险的发生可能性。在这种项目风险发生可能性的度量方法中，人们多数使用的是蒙特卡罗模拟、三角模拟和估计、正态分布模拟和估计等计算机仿真模拟的具体模型和技术方法。使用这类方法可以度量各种能够量化的项目风险发生概率，因为它可以通过使用计算机系统仿真模拟的方法，去模拟项目风险发生可能性的各种条件和影响因素与项目风险事件各种的可能后果情况，然后使用计算机模拟仿真的模型和参数去开展仿真模拟的计算，最终给出项目风险发生可能性的概率及其分布，包括给出项目风险事件各种可能后果的发生概率的度量结果，并最终得到项目整体风险发生可能性的度量结果。

另外，在项目成本风险发生可能性的度量中，人们经常会使用三角模拟仿真的模型和方法。这种方法会给出"乐观值""最可能值"和"悲观值"三种项目成本风险可能后果的度量，以及项目成本风险最可能后果的发生可能性的概率及其分布情况。实际上项目的质量、范围、进度、成本和资源要素都可以使用这种"乐观值""最可能值"和"悲观值"的度量去给出项目风险可能后果的变动范围,并且度量出这些项目要素风险"最可能值"的发生概率及其分布。有关三角模拟仿真方法的图示模型见图9-4。图9-4中的项目风险发生可能性与后果大小是由正态分布曲线表示的(多数偶然因素导致的项目风险概率呈现正态分布),而这可以使用三角模拟仿真的方法予以替代,因为这种三角分布曲线与正态分布曲线相比只有很少量的信息丢失,而按照信息科学的规定,信息贡献度在80%以上就可以相互替代使用。所以这种三角仿真模拟给出的项目风险发生可能性的度量及其分布情况是可信的。同时,这种方法还可以给出项目风险各种可能后果的"最可能值""悲观值"和"乐观值",所以被广泛应用在项目风险度量中。

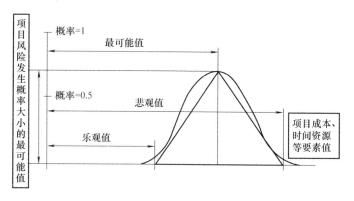

图9-4 项目风险发生可能性度量的三角模拟仿真方法示意图

3. 专家判断决策法

专家判断决策法也是在项目风险发生可能性度量中经常使用的技术方法,它可以代替或辅助概率分布与数理统计和人工或计算机模拟仿真的方法,通过专家打分或专家给出核检清单的方法,从而给出项目风险发生可能性的度量。例如,运用专家们的经验和判断去做出项目范围、进度、成本、质量等目标要素的风险发生可能性的度量就是常用的方法。从应用层面上讲,这种方法已经足够准确和可靠,有时甚至比上述两种方法确定的项目风险发生可能性的度量更切合实际一些。因为专家们依据自己多年的经验,再加上人们可以使用多位专家的经验和判断相互验证,所以这种方法的可信度足够了。

特别是在项目风险发生可能性的定性度量中,由于人们只要求给出高、中、低三点项目风险发生可能性的估计,这种方法多数时间更好用一些。实际上,人们在很多项目风险的管理中并不需要精确程度很高的项目风险发生可能性的度量,只要人们能够得到足够的信息而使项目决策者做出项目风险应对措施的正确决策即可,而使用专家判断决策法去做项目风险发生可能性的度量,其结果一般都足够准确,能满足人们制定决策的需要。需要注意的是,在项目风险发生可能性的度量中,使用专家判断决策法必须要设法取得专家们的真实经验判断,因为"人非圣贤,孰能无过",有时候专家意见中会带有个人的偏见或者是受到自己历史经验的束缚而导致他们的判断出现偏差,人们可以使用德尔菲法等方法从多个具有历史类似项目经验的风险管理专家们那里获得信息,还可以将这种方法与其他方法结合使用,以便相互验证与交叉检验项目风险发生可能性度量的结果。

综上所述,人们需要根据项目和项目风险的具体情况去决定选用哪种方法更为科学和适用。通常,人们会先使用专家判断决策法,然后使用概率分布与数理统计或模拟仿真的方法,最终通过交叉检验而给出项目风险发生可能性的更为准确的度量结果。

9.2.3　项目风险发生可能性的度量结果

不同类型和规模的项目风险和风险后果与不同的项目相关者,对于项目风险发生可能性度量结果的具体要求会有所不同,多数项目风险发生可能性的度量结果会有以下几个方面。

1. 项目风险发生可能性的具体数值

对于某些项目而言,人们需要给出定量度量的项目风险发生可能性具体数值。这方面最好的例证就是很多城市气象预报中给出的"降水概率",如京津地区的气象预报节目就会给出"今天的降水概率是85%"这样的具体数值。这种项目风险发生可能性的度量结果多数用于那些一旦发生就会带来严重直接后果和间接后果(关联影响)的项目风险,以便人们能够有相对精确的度量数值结果作为依据去制定应对措施。再比如,对于投资较大的加工制造业项目,为了管控产品市场变化造成的后果,人们就需要分析和度量项目市场风险发生可能性的定量度量数值。由于获得项目风险发生可能性的具体数值需要时间和成本，所以人们必须谨慎确定是否需要项目风险发生可能性度量的具体数值。

2. 项目风险发生可能性的概率分布值

有很多项目对项目风险发生可能性度量结果的要求是给出项目风险发生可能性的概率分布曲线或区间。例如，某地区的多年高考录取情况为5000人参加而录取4000人左右，那么该地区考生被录取的可能性的概率分布就是以80%为轴心的一种正态分布曲线，这就是项目风险发生可能性的区间值和概率分布情况。如图9-4所示，这种项目风险发生可能性的概率分布曲线可以使用三角模拟的方法，通过仿真或判断给出项目风险发生可能性的概率区间，因为多数时候项目风险发生概率的三点分布给出的区间即可满足制定项目风险管理决策的要求。因此在多数情况下，人们没有必要去浪费很多的人力、物力和财力去获得精确的项目风险发生概率的分布曲线，而只需要给出能够表明项目风险发生可能性的三点估计区间值即可。

3. 项目风险发生可能性的定性说明

大多数项目风险发生可能性的度量是无法使用统计分析或仿真模拟的方法给出概率分布和准确数值的，因为有很多项目具有很高的独特性或首创性而没有任何类似历史项目统计数据可供使用。所以这种项目风险的发生可能性度量只能是给出定性说明，即只能通过专家判断决策法给出项目风险发生可能性的定性度量。这种项目风险发生可能性的定性度量说明可以使用"高、中、低"这样的三级划分结果，也可以使用"很高、高、中、低、很低"这样的五级划分结果，甚至可以进一步使用1~9的标度。

9.2.4　项目风险发生可能性度量结果的应用

根据项目风险发生可能性的度量结果，人们就可以去开展具体项目风险管控工作了。上述三种项目风险发生可能性度量结果的具体应用，将使用下面的实例予以分别说明。

1. 项目风险发生概率的具体数值的应用

项目风险发生概率的具体数值的应用主要有两种情况。首先，这可以用在项目风险事件多种可能后果的发生可能性定量度量的情况。例如，某个消费品生产项目的市场销量风险会有三种可能后果,其一是项目产品在市场上"销售良好"(销量为1万)的可能性为50%,而项目产品在市场上"销售一般"(销量为5000)的可能性是30%,"销售差"(销量为200)的可能性为20%。这种对于项目风险发生可能性度量的具体数值的应用,可以结合项目市场风险三种可能后果的严重程度的度量结果,一起来制定该项目市场风险的管控办法。如果已知上述项目市场风险的后果严重程度分别为:"销售良好会盈利1000万元""销售一般会盈利100万元","销售差会亏损2000万元",图9-5给出了项目风险发生概率数值的应用情况。

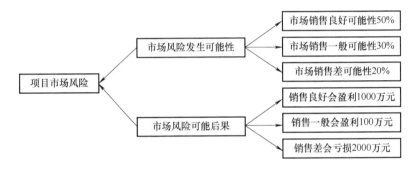

图9-5 某项目市场风险发生概率具体数值应用的示意图

由图9-5可以看出,人们可以使用该项目市场风险发生概率的具体数值和可能后果的情况,去提出应对项目市场风险的具体措施与办法。很显然,对于项目产品销售良好的可能后果,人们可以抓住这种风险机遇去扩大生产;对于项目产品销售一般的情况,人们可以不采取任何项目风险应对措施;对于项目产品销售差的情况,人们就必须想办法去消减风险。另外,人们还可以使用这些项目风险发生概率的数值去给出项目风险的综合度量,即使用下述公式去给出该项目市场风险的期望值。

$$E = \sum_{i=1}^{n}(P_i \times V_i)$$

其中:E 为项目风险期望值,P_i 为第 i 种项目风险可能后果的发生概率,V_i 为第 i 种项目风险可能后果的价值(风险损失为负值,风险收益为正值),$i = 1, 2, 3, 4, 5, 6, \cdots n$。

因此,上述举例的项目风险期望值为:

$$1000\,万 \times 50\% + 100\,万 \times 30\% + (-2000\,万) \times 20\%$$
$$= 500\,万 + 30\,万 - 400\,万 = 130\,万(元)$$

由此可知,该项目的市场风险情况总体度量结果是正的 130 万(元),所以该项目的整体风险是可以接受或容忍的。

其次,项目风险发生概率的具体数值还可用来针对系统性项目风险因素的应对方面。假设某个露天施工的工程建设项目,降水概率为80%,若下雨而导致露天施工停工损失 10 万元,若不下雨而开工会有收益 20 万元。所以该项目风险中降水概率80%的这种可能性度量数值可以使人们直接做出项目风险期望值为:

$$(-10\,万) \times 80\% + 20\,万 \times 20\% = -8\,万 + 4\,万 = -4\,万(元)$$

很显然,在这种情况下人们需要去寻找"下雨天开工"的风险损失应对措施,如使用各种防雨措施去消减"下雨天开工"的风险损失,或"下雨天不开工但可以为闲置的人工和机械寻找新的用途"等,都属于应对这一项目风险的具体措施。

有些项目比较容易获得有统计意义的风险发生可能性的数据,如上述天气预报的发生概率数值就是气象站免费发布的。但是有些项目就很难获得相关的统计数据而难以获得项目风险发生概率的具体数值,如详细而准确的气候信息和数据的获得就相对较难,因为天气导致的项目风险发生可能性的具体数值很难确定。

2. 项目风险发生可能性区间值的应用

这方面的应用主要也有两类情况:其一是用于要求相对精确但不需要花费过多去获得的项目风险发生概率具体数值的情况;其二是用在不能使用相对精度过低的项目风险发生可能性定量说明的情况。因为这种项目风险发生可能性的度量给出的就是一种区间数值,所以只能用在人们既不需要过高精度也不能使用过低精度的项目风险发生可能性定量度量的情况。例如,在上述某地区的每年高考考生为5000人而录取名额为4000人左右的例子中,实际上对于该地区的考生、家长和高中学校而言,只要知道每年考生录取的可能性是75%~85%,而录取率最可能的数值是80%左右就足够了。因为如果他们一定要使用项目风险发生概率的具体数值,就必须弄清楚该地区在新的一年中可能有多少人报名和会有多少个新增录取名额，但是要想预先获得这些数据是十分困难或根本不可能的。

实际上，即使人们想方设法弄清楚了新的一年的这些具体数值，也需要花费很大成本和精力去分析和处理这些数据。所以在这种情况下，人们可以直接使用项目风险发生概率的区间值，而没有必要千方百计地获得项目风险发生概率的具体数值。

3. 项目风险发生可能性定性描述的应用

如上所述，并非所有项目风险发生可能性度量的结果都能表示为具体数值或区间值，有很多项目风险发生可能性的度量结果只有定性描述或说明。其主要原因为：有些项目风险是前所未有的，所以人们没有统计数据去给出定量度量；有些项目虽然能够度量出项目风险发生可能性的数值或区间值，但是需要花费过多成本和精力而没有实际意义，有些项目人们只要有项目风险发生可能性的定性描述就能够满足项目风险管控的需要。例如，某公司在郊区建立了新厂房，现需要把原市中心厂房的机器设备搬迁过去，这些设备在搬运途中有发生丢失或损坏的风险。由于该公司从未搬迁过，所以没有这方面的数据和资料，只好使用专家判断决策法来进行搬迁项目风险发生可能性的度量，最终采用专家判断决策法得出如下该项目风险度量结果：设备在搬迁过程中出现丢失的概率"很低"，但是设备在搬迁过程中出现损坏的概率"较高"，而设备在搬迁过程中出现损毁的概率"一般"。

所以该企业在搬迁过程中采取了三方面的项目风险应对措施，其一是安排本企业的保安人员跟随搬迁设备的车辆，以保护设备在搬运途中不会发生丢失的风险；其二是购买设备搬迁保险和采取防范设备在搬迁过程中出现损坏风险的保障措施，以转移和消减在搬迁过程中的损坏风险；其三是做好搬迁设备的保障和加固措施，以降低在搬迁过程中出现损毁的风险。这就是一个典型的应用项目风险发生可能性的定性描述去开展项目风险管控的实例。显然，这个实例表明这种项目风险发生可能性的定性描述已经能够满足项目风险管理的要求，所以没有必要为这种项目风险寻找更为精确的项目风险发生概率的度量数值或区间值。

9.3 项目风险可能后果严重程度的度量

项目风险度量的第二项任务是分析和给出项目风险可能后果的严重程

度，即度量项目风险可能带来的各种可能后果的大小或严重程度。这也是项目风险度量中的重要工作，因为一个项目风险即使发生概率并不大，可如果其后果十分严重的话，人们就必须对它进行严格的管理控制。项目风险可能后果的严重程度度量的方法有很多，选择和运用合适的方法对于项目风险可能后果严重程度的度量至关重要，因为项目风险的应对和监控会用此做决策依据。

9.3.1 项目风险可能后果严重程度度量的概念

项目风险可能后果的严重程度是指项目风险一旦发生所可能造成的后果的直接影响程度，这包括两种项目风险后果度量的情况。其一是项目风险事件各种可能后果的严重程度度量，其二是系统性项目风险要素所导致后果严重程度的度量。

1. 项目风险事件各种可能后果的严重程度度量

例如，在前述项目市场风险的示例中，人们就定量给出了项目市场销售风险事件的三种可能后果严重程度的度量。这种项目风险可能后果严重程度的度量结果由项目风险可能后果的性质和大小两方面组成，其中项目风险可能后果的性质又分成项目风险收益和项目风险损失两种，而项目风险可能后果的大小多是使用项目风险损失或收益的价值或数量指标予以描述。例如，在前述的项目市场风险示例中，这种风险的三种可能后果会有三种后果严重程度：其一是项目产品销售良好情况下的风险收益为 1000 万元，其二是项目产品销售一般情况下的风险收益为 100 万元，其三是项目产品销售差情况下的风险损失为 2000 万元。

2. 系统性项目风险要素所导致后果严重程度的度量

例如，通货膨胀导致项目成本超预算的风险就是这种系统性项目风险要素的风险后果严重程度的度量。这种项目风险可能后果严重程度的度量结果也是由项目风险可能后果的性质和大小两方面组成，同样，其中项目风险可能后果的性质又分成项目风险收益和项目风险损失两种，而项目风险可能后果的大小多是使用项目风险损失或收益的价值或数量指标予以描述。例如，如果当年的通货膨胀率高达 20%，则项目会因钢材涨价而出现风险损失 5000 万元，如果企业不能承受这种损失则需要提前在期货市场上交付5%的保证金去"锁定"价格，而到企业需要使用钢材的时候再进行"实物交割"从而应对好这种项目风险。

人们需要在度量项目风险可能后果的发生概率后，去进行项目风险可能后果严重程度的度量。通常，项目风险发生可能性的度量和项目风险可能后果严重程度的度量是最为重要的项目风险度量内容，因为项目风险管控措施和方案主要是依据这两个方面的项目风险度量结果制定的。所以ISO在其最新的《风险管理指南》（ISO31000）中将项目风险发生可能性的度量和项目风险可能后果严重程度的度量的组合成为"风险的重要度"，并且将它们作为风险评价的根本内容，用于项目风险应对措施的决策。[1] 因为当项目风险发生的可能性很高而项目风险可能后果的严重程度很低时，人们多可以容忍这类项目风险而不采取任何措施。但是如果项目风险发生的可能性虽然很小，而项目风险的可能后果很严重，即项目风险损失十分巨大时，人们就必须积极采取项目风险管控措施。

9.3.2　项目风险可能后果严重程度的度量方法

可用于项目风险可能后果严重程度度量的方法也有很多，人们需要根据实际项目风险情况和组织的项目风险管理需要去正确选用。通常，在项目风险具有统计意义资料的情况下，人们以选用数理统计法和敏感性分析方法为主；在项目风险具有可模拟仿真的数据与模型的情况下，人们可以选用人工或计算机模拟仿真法；只有当这两种情况均不成立时，人们才可以选用专家决策法或借助于专家决策的层级分析法。

此外，在项目的不同阶段，因项目风险管控需要的不同，人们也需要选用不同的项目风险可能后果严重程度的度量方法，每个阶段还要综合使用项目风险可能后果严重程度度量的各种方法去获得度量结果（即前面讨论的期望值）。例如，新产品市场开发项目的初期阶段，人们可以选用专家判断决策法，根据专家经验给出项目风险可能后果严重程度的度量。在该项目的后续阶段，人们可以采用试销方法去获得具有统计意义的数据，

---

[1]　ISO. Risk Management—Guidelines，ISO 31000 [S/OL]. Geneva：International Organization for Standardization，2018.

然后使用数理统计法去获得更为精确的度量结果。同样，项目风险可能后果严重程度的度量有定性和定量两种，所以也有定性和定量度量两类方法，以下是这两类方法中典型方法的介绍。

1. 专家决策法

在项目风险可能后果严重程度的度量中，专家决策法的基本原理与项目风险发生可能性度量中使用的专家判断决策法是一致的，这都是基于选用对具体项目风险管理有经验的专家去做出项目风险可能后果严重程度的度量。这些专家凭借他们的知识和经验，来对项目风险的各种可能后果的严重程度进行主观的判断和度量。例如，在发射人造卫星或航天飞船的项目中，多数会使用专家集体的智慧去给出项目风险可能后果严重程度的度量。有关专家决策法中所需注意的事项和具体做法在前文中已有所论述，在此就不再加以重复。

专家决策法在项目风险可能后果严重程度的度量中应用比较广泛，因为专家们经历过历史类似项目的同类项目风险的情况，这些专家们的亲身经历形成的专家经验会作为一种思想型的信息而存在，专家决策法就是使用这些专家经验去做出项目风险可能后果严重程度的管理。另外，即使某个项目风险是"前所未有"的，专家们的智慧也可以使他们通过"由此及彼"的归纳演绎和推理去给出独特性项目风险的可能后果严重程度的度量。

2. 模拟仿真法

这是通过建立仿真模拟模型，然后使用人工或计算机模拟，对项目风险可能后果的严重程度给出度量的方法。例如，在航天研发项目中，人们为了能更大程度地度量项目风险可能后果的严重程度，多数时间会使用"太空飞行"方面的模拟仿真的方法，去度量"太空飞行"项目风险可能后果的严重程度。这需要人们先建立计算机仿真模型和算法，然后使用这一方法去度量"太空飞行"各种可能后果的严重程度。项目风险可能后果严重程度度量的仿真模拟方法在出现了计算机仿真技术之后获得了很大的发展，现在已经有很多实用性的计算机仿真模拟方法和系统在市场上销售，以供人们度量项目风险可能后果的严重程度。

现在有很多软件可用于项目风险可能后果严重程度的度量，如 Isograph 软件的风险评估分析模块就是功能强大的概率风险评估专用分析工具，而 Decision Tools Suite 是一组在 Microsoft Excel 中运行的风险分析和决策制定的软件，使用蒙特卡罗模拟方法度量项目风险的软件工具最著名的是@RISK 系统软件和 RISKOptimizer 软件，最常用的是 Oracle Crystal Ball 这一能够提供项目风险识别与度量结果的软件（它可以自动完成上千次不同的 What if? 情况的仿真模拟结果）。另外还有 Agenarisk Desktop 可使用贝叶斯网络去开展项目风险分析和度量并做出智能决策，还有像 Risk Project 这种高级项目风险管理和项目进度风险分析和度量的软件等。

3. 敏感性分析法

敏感性分析法是一种评估系统性项目风险因素所导致项目风险可能后果的敏感区域和数值的一种重要的项目风险度量方法，它通过分析系统性项目风险因素变化对项目各方面目标的敏感性程度来给出项目风险后果严重程度的度量。敏感性分析法是为从众多系统性项目风险因素中找出对项目目标的影响相对或绝对敏感的风险后果严重程度，并分析和测算出这些因素对项目目标的影响程度的敏感性高低。根据人们每次进行分析的系统性项目风险要素的数量，敏感性分析法可以分为单要素敏感性分析法和多要素敏感性分析法两种。

（1）单要素敏感性分析法。这种方法每次只变动一个系统性项目风险要素，而使其他系统性项目风险要素保持不变，从而分析给出项目风险后果严重程度的敏感性分析法。单要素敏感性分析法在度量特定的系统性项目风险要素对项目目标影响的严重程度时，必须保持其他系统性项目风险要素不变，但在实际中这种情况是很少的，因为多个系统性项目风险要素通常是并发的，所以单要素敏感性分析法很难准确反映系统性项目风险要素所导致项目风险后果的严重程度的真实情况，因此人们多数时间需要使用多要素敏感性分析法。

（2）多要素敏感性分析法。多要素敏感性分析是指分析两种或两种以上系统性项目风险要素所导致的项目目标变化情况，即项目风险会导致的风险后果严重程度的敏感点或区间。这也需要在保持其他系统性项目风险要素不变的条件下，通过分析、计算而确定出某个系统性项目风险要素变化所导致的项目风险结果的严重程度（即项目目标的变动情况）。需要注意的是，这种多要素敏感性分析方法相对比较复杂，所以现在许多人已经使用像"Senslt"之类的敏感性分析软件去开展这种项目风险的敏感性分析工作了。

4. 层次分析法

层次分析法的英文简称为 AHP（The analytic hierarchy process），是20世纪中后期由运筹学家托马斯·萨蒂正式提出的。它是一种使用系统化和层次化结构进行定性和定量相结合分析和决策的方法，由于它在处理和简化复杂决策问题上的实用性和有效性，很快在世界范围内得到重视。它的应用已遍及各个领域，项目风险可能后果严重程度的度量也可以使用这种方法。只是它需要依靠专家经验，并且需要进行各种分析和计算。层次分析法主要有以下四个基本步骤，具体讨论说明如下。

（1）建立层次分析的结构模型。对于项目风险可能后果严重程度的度量而言，一般使用项目目标、项目风险因素、项目风险后果三个层次。其中，项目风险后果在最下面一层，其上一层是项目风险要素（即系统性项目风险要素），最上层是项目目标。所以，用于项目风险可能后果严重程度度量的层次分析法中，最上层为项目目标这个因素，中间是对项目目标造成影响的项目风险要素，而最下层为这种影响所构成的项目风险后果（会有多种不同的项目风险结果）。结构模型的中间层也可以增加几个项目细分风险层次，具体要看项目复杂程度和项目风险分类情况而定。当项目风险要素过多时（譬如多于9个），人们则应进一步分解出子项目风险层。例如，前面所提到的项目市场风险，就可以进一步分解成市场销量的风险和市场销价的风险。

（2）构造成两两比较的矩阵。这种层次分析法要求从第二层开始（即从项目风险层开始），通过将同一层次中的要素按照两两比较的方法去确定每个要素的权重。例如，对于项目风险要素这个层次，人们就需要根据项目风险要素对项目目标的影响大小进行两两比较，并根据比较结果编制出两两比较的矩阵。然后，人们还需要对项目风险后果层次的各个要素去进行两两比较，从而给出某个风险的多种风险后果情况的两两比较的矩阵。这种两两比较的矩阵需要使用 1~9 的标度予以表示，这种比较矩阵多数是由专家们根据自己的经验判断给出的。在人们有了两两比较的矩阵以后就可以使用比较矩阵的结果，按照下述方法计算出项目风险后果严重程度的度量。

(3) 计算每个要素的权重向量并做一致性检验。对于项目风险或项目风险后果的每个两两比较的矩阵，人们都需要通过计算比较矩阵的最大特征根及相应的特征向量而给出权重向量的计算结果。然后，人们可以使用比较矩阵的一致性指标、随机一致性指标和一致性比率指标等，去对这种比较矩阵进行人为比较结果的一致性检验。若这种一致性检验的结果显示人们做出的两两比较矩阵具有一致性即可获得通过，从而使用这种计算获得的特征向量作为下一步"和积法"计算的权重向量。否则，人们需要重新构成两两比较的矩阵直至给出具有一致性的比较结果。

(4) 利用"和积法"计算给出项目风险后果严重程度的度量结果。首先人们需要计算最下层的项目风险后果要素对"项目风险"的组合权重向量，然后乘上其上一层次的项目风险要素的权重，从而得出每一个"项目风险"汇集了各种"项目风险结果"的权重向量。如果有多个项目风险层次的话，那么还需要再次进行"和积法"的计算，从而最终根据各个项目风险的权重而找出对于项目目标影响后果最为严重的那个项目风险。图 9-6 给出了具体的层次分析法模型。

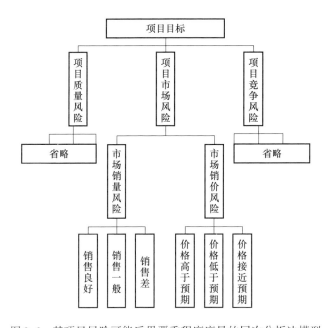

图 9-6 某项目风险可能后果严重程度度量的层次分析法模型

由上图中可以看出，该项目识别出三种风险。其中，项目市场风险又进一步分成市场销价风险和市场销量风险，这两种项目市场风险进一步会有三种不同的风险后果。从这个模型中我们可以看出：层次分析法模型的最下层是项目风险后果，因为这个模型就是用于度量项目风险可能后果的严重程度的；而模型的最上层一定是项目目标，因为度量项目风险可能后果严重程度最重要的就是看项目风险对于项目目标的影响大小和程度；这种模型的中间可以有两层，因为模型将项目市场风险细分成了市场销量和销价的风险。

据此就可以给出这个项目风险可能后果严重程度度量的两两比较的矩阵，这种比较矩阵所使用的 1~9 的标度含义为：1 表示一样严重（自己同自己比得1），3 表示相对严重，5 表示相对较严重，7 表示相对很严重，9 表示绝对很严重。其中，模型第二层相对于第一层的两两比较矩阵如表 9-1 所示，由表 9-1 可知项目市场风险最严重，其次是项目质量风险，而项目竞争风险并不严重。

表 9-1 某项目三种风险的两两比较矩阵

项 目 风 险	项目质量风险	项目市场风险	项目竞争风险
项目质量风险	1	1/5	7/5
项目市场风险	5	1	7
项目竞争风险	5/7	1/7	1

表 9-2 给出的是相对于项目市场风险而言，项目市场的销价风险与销量风险的比较矩阵。表 9-3 给出的是相对于项目市场销量风险而言，它的三种可能风险后果的比较矩阵。表 9-4 给出的是相对于项目市场销价风险而言，它的三种可能风险后果的比较矩阵。表中各个比较结果数据的含义，同前文中给出 1~9 的标度。

表 9-2 项目市场的销价风险与销量风险的比较矩阵

项目市场风险	市场销量风险	市场销价风险
市场销量风险	1	1/5
市场销价风险	5	1

表 9-3 市场销量风险的三种可能风险后果的比较矩阵

市场销量风险	销售良好	销售一般	销售差
销售良好	1	5	9
销售一般	1/5	1	9/5
销售差	1/9	5/9	1

表 9-4 市场销价风险的三种可能风险后果的比较矩阵

市场销价风险	价格高于预期	价格接近预期	价格低于预期
价格高于预期	1	3	5
价格接近预期	1/3	1	5/3
价格低于预期	1/5	3/5	1

上述两两比较矩阵在一致性检验获得通过后，就可以按照"和积法"去计算给出对于项目风险后果严重程度的度量结果了。必须指出的是，这种度量结果并不是项目风险后果的绝对度量，而是对于项目风险后果哪一种更大的相对度量。从上述实例的两两比较矩阵的情况可知，在项目的三种风险中，项目市场风险是最严重的，而项目市场风险中的**市场销量风险**是最严重的，而在市场销量风险的三种后果中，**销售差**是最严重的。由此可以看出，层次分析法可以用于项目风险可能后果严重程度的度量，但是由此方法给出的结果只是一种对于严重程度的度量。不过由于层次分析法具有简洁明了的特点，所以使用这种方法进行项目风险可能后果严重程度的度量多数时候是足够精确的，因为人们多数时间只需要知道哪个项目风险的后果最为严重而需要重点关注就可以了。

9.3.3 项目风险可能后果严重程度的度量结果

项目风险可能后果严重程度的度量结果主要由以下几个方面的内容组成。

1. 项目风险所造成的可能后果的性质

不同类型的项目会有不同的项目风险所造成的后果，人们在度量项目风险的严重程度时，首先必须给出项目风险所造成的后果的性质。项目风险所造成的后果的性质主要有两种，其一是项目风险所带来的不利后果，属于项目风险损失或灾害,其二是项目风险所带来的有利后果,属于项目风险收益或机会。这种项目风险可能后果的性质,决定了人们在制定项目风险应对策略和开展项目风险管理的过程中,如何按照"趋利避害"的方针去开展工作。需要特别注意的是,西方的风险管理理论认为所有的风险后果只有风险损失,但这是不对的。中国式项目风险管理认为,项目风险中机会与损失并存,所以人们需要开展项目风险管理去收到"趋利避害"的管理效果。

2. 项目风险所造成后果的种类

项目风险可能后果的严重程度度量的结果中还要给出所有项目风险后果所属的种类,以便能够"分门别类"地去开展管理。常见的分类有以下几种:项目风险所造成的环境后果,项目风险所造成的经济后果,项目风险所造成的人员后果,项目风险所造成的技术后果,以及项目风险所造成的其他后果。在实际情况中,有些项目风险往往同时会有多种类别的项目风险后果。例如,在某化工项目中存在有毒气体泄露的项目风险,这种项目风险可能会造成环境污染、人员伤亡、经济损失等多方面的风险后果,在这种情况下,人们必须使用多种应对的办法去开展项目风险管理,因此给出项目风险所造成后果的分类也是项目风险可能后果严重程度度量的结果之一。

3. 项目风险所造成后果的大小

有了项目风险所造成后果的性质和种类之后,人们还需要度量出项目风险所造成后果的大小。这方面的度量包括定性度量和定量度量,由于只有定性度量的情况人们很难制定出项目风险应对措施,所以多数情况下需要给出具体大小的定量度量。例如,对某化工厂项目发生有毒气体泄露的风险的后果就必须给出:环境污染造成的风险损失后果为 2000 万元,而人员伤亡方面的风险损失会造成附近的居民伤亡 50 人,从而造成的赔款金额总计为 5000 万元,项目其他方面的风险损失为 3000 万元,项目风险后果共计损失 1 亿元。

9.3.4 项目风险可能后果严重程度度量结果的应用

根据这种度量所给出的结果和项目相关者对项目风险的不同态度与要

求，人们就可以应用项目风险度量结果去开展具体项目风险应对和监控方面的管理工作。有关项目风险可能后果严重程度度量结果的应用情况分别说明如下。

1. 项目风险后果性质的应用

人们首先需要应用这种度量给出的项目风险后果的性质，因为这是人们确定项目风险应对措施和监控方法的基础。确切地说，如果项目风险后果的性质是会带来项目风险损失或灾害，那么这种项目风险后果的性质就是"负值"，所以人们制定的项目风险应对措施和监控方法就都属于"避害"措施和办法的范畴。如果项目风险后果的性质是会带来项目风险收益或机遇，那么这种项目风险后果的性质就是"正值"，所以人们制定的项目风险应对措施和监控方法就应该属于"趋利"措施和方法的范畴。人们首先应用项目风险后果性质这一度量结果，因为这是项目风险应对和监控的基础和出发点。

2. 项目风险后果种类的应用

其次，人们需要应用项目风险后果的种类或分类，因为这也是人们确定项目风险应对措施和监控方法的基础。确切地说，项目风险后果的种类或分类多数是按照人、财、物、环境等划分的，对于项目风险会带来其中哪个或哪几个方面的项目风险损失或收益，这同样是人们制定项目风险应对措施和监控方法的根本依据。"兵来将挡，水来土掩"这句话指的就是根据项目风险后果的分类去制定项目风险应对措施和监控方法的意思。所以人们还应该应用这种度量工作给出的项目风险后果的种类，去制定和实施项目风险应对措施或预案，并借此去开展正确的项目风险应对和管理工作。

3. 项目风险后果大小的应用

除了应用上述两方面的度量结果外，人们还必须应用项目风险后果大小的度量结果。因为对于项目风险应对而言，最基本的项目风险应对措施必须满足"利大于弊"的要求，即应对项目风险所能够获得的价值必须大于应对项目风险所采取措施的成本大小。任何项目风险管理和应对都不应该采取"得不偿失"的应对措施，所以人们必须使用这种度量中给出的项目风险后果大小的度量结果。

9.4　项目风险关联影响程度的度量

这是指分析、估计和确定项目风险关联影响程度的大小,即项目风险可能存在的各种间接后果的度量,这包括对于项目风险会关联影响到项目哪些方面和影响程度大小两个方面的度量。这也是项目风险度量的另一项重要工作,因为如果一旦项目风险发生就会关联影响到项目多个方面或引发多个其他项目风险,此时人们就必须对它进行严格的管理与控制,避免给整个项目造成"多米诺骨牌"效应。这种度量所给出的项目风险关联影响程度的度量结果,也是项目风险度量报告的内容之一。

9.4.1　项目风险关联影响程度度量的内涵

项目风险的关联影响指的是项目风险发生后所能产生的触发或引发项目风险间接后果的情况,即项目风险发生后可能会关联到项目哪些方面及其影响大小。实际上,项目风险可能后果严重程度度量的只是项目风险的直接后果,而项目风险关联影响程度度量的是项目风险的间接后果。因此,项目风险关联影响程度度量指的就是对项目风险会引发或导致的关联范围、关联方式和影响大小三方面进行评价和计量,这三个方面的具体内涵讨论如下。

1. 项目风险关联影响的范围

这是指项目风险一旦发生会关联影响到项目的哪些方面,或者说由此会产生哪些项目风险的间接后果。例如,当某项目的经理因各种原因出现无法工作的风险,一旦发生就会关联影响到整个项目各个方面的决策和管理,即便是找人代替该项目经理去开展项目管理也需要损失一定的时间和费用;但是当该项目实施团队一名普通员工出现无法工作的风险,其关联影响的范围就会相对小很多。由于项目风险应对和管控必须考虑项目风险的关联影响程度范围,所以这方面的度量首先需要给出项目风险关联影响的范围。

2. 项目风险关联影响的方式

这是指项目风险一旦发生以何种方式去造成关联影响,或者说项目风险关联影响的引发模式。其中，一旦某个项目风险发生会直接触发另一种项目风险的发生就是一种关联影响方式，而如果某个项目风险发生虽然不会触发其他项目风险，但会导致一些间接项目风险损失就是另一种关联影响方式。例如，婚姻破裂的风险发生了，不但会有"妻离"的直接结果，而且有可能会导致"子散"风险的触发（关于小孩的抚养权）；而如果"妻离子散"后导致"众叛亲离"就是另一种关联影响。由于项目风险应对和管控必须考虑项目风险的关联影响的方式以便精准地去应对，所以人们还需要度量出项目风险关联影响的方式。

3. 项目风险关联影响的大小

这是指项目风险一旦发生而造成关联影响的后果严重程度，或者说项目风险关联影响后果的价值大小。由于项目风险关联影响本身就是项目风险间接损失或收益，这种项目风险关联影响大小的度量相对比较困难。但是由于项目风险应对和管控必须考虑项目风险的关联影响的大小，所以人们需要度量出项目风险关联影响的大小。

9.4.2 项目风险关联影响程度的度量方法

项目风险关联影响程度的度量方法有很多种，包括因果分析法、逻辑框架法、关键路径法、关键链分析法、专家决策法、流程分析法、WBS（项目工作分解结构）和 AL（项目活动清单）分析法等，其中最常应用的度量方法有以下几种。

1. WBS 和 AL 分析法

WBS 分析法主要是用于对项目各工作包之间的风险关联影响程度进行分析和度量，而 AL 分析法主要是用于对项目具体活动之间的风险关联影响程度进行分析和度量。这两种方法首先都是对项目去开展项目工作包和项目活动的分解，从而生成按照层次模型给出的项目工作分解结构（WBS）和项目活动清单（AL）。然后按照这种分解的层次模型对项目的 WBS 和 AL 中的每个工作包和项目活动之间的关联影响进行分析和度量，以便最终给出在整个项目实施和管理过程中各个项目工作包和具体项目活动之间的项目风险关联影响方面的分析和度量结果。

2. 关键路径法

关键路径法实际上是用于分析和制订项目进度计划的技术方法，由于在确定项目进度的关键路径中，人们首先要进行项目各项活动之间的客观依存关系、主观依存关系和内外部依存关系的分析，从而关键路径法也可以用于分析和给出项目具体活动之间的关联关系及其影响程度的度量。实际上，关键路径法给出了从项目进度目标角度来看，直接和间接影响项目进度目标的具体活动所构成的关键路径，所以在关键路径上的项目活动如果出现风险就会关联影响整个项目进度管理的成败。实际上，这种方法就是通过分析具有风险的项目活动是否位于关键路径上，以及它会影响到哪些关键路径和非关键路径上的项目其他活动，从而给出项目风险关联影响程度的度量结果。

3. 专家决策法

人们在对项目风险关联影响进行度量时，也会广泛应用到专家决策法。在这种方法中，专家们依据项目风险识别的结果、项目风险发生可能性和后果严重程度的度量结果，以及项目工作分解结构和项目关键路径的网络图等方面的资料，然后加上专家们自身的经验和判断去分析和给出项目风险的关联影响的度量。这种方法集中了多个具有丰富经验的相关专家们的专家知识和判断，以及项目风险识别和度量方面的已有成果，而做出项目风险关联影响的度量。通常专家们能够分析给出项目风险关联影响的范围、项目风险关联影响的方式、项目风险关联影响造成的后果大小三方面的结果，而且通常以专家决策法做出的这方面度量结果还是相对具体和准确的。

4. 因果分析法

这是另一种通过借助因果图来分析和度量项目风险关联影响程度的方法，这种方法借助的因果图又被称为特性要因图或鱼骨图（见图9-7）。这种方法最早是由质量管理专家用来寻找产生质量问题原因的一种方法，所以人们借用这种方法来分析项目风险的原因以及项目风险的关联影响情况。因为这种图反映的因果关系直观、醒目，所以用来度量和给出项目风险的关联影响不但方便，而且效果比较好。使用这种方法分析项目风险的关联影响首先要分清项目风险之间相互影响的因果地位，其次要注意分析项目风险之间相互影响的方式和结果大小。这种项目风险关联影响分析和度量的方法所使用的是"原因型鱼骨图"，图中用"鱼头"表示项目风险，用"鱼骨"给出项目风险的关联影响，这种图示可以给出项目的关联影响及其度量结果。

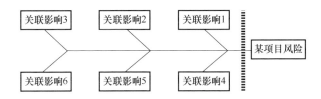

图9-7　项目风险关联影响程度度量的因果分析图

5. 关键链分析法

这种方法是一种改善项目进度管理的方法，是在确定关键路径后将争夺资源的关键量的影响也考虑进去，以确定出项目资源限制导致的项目进度计划的关键环节。所以关键链分析法也是一种项目进度网络分析的技术方法，这种方法可以根据有限的资源对于项目某些关键环节的影响来进行项目进度计划的调整。借助关键链分析法中对于项目关键链的分析，人们也可以将这种方法用于对项目风险关联影响的度量。这种项目风险关联影响程度的度量方法就如同在找寻关键链的时候考虑关键资源的冲突问题一样，在确定出项目风险以后去找出由此关联影响到的项目其他工作方面或风险。实际上，这种方法类似于"多米诺骨牌"分析，找出一个项目风险的"骨牌"会推倒的"其他骨牌"。

6. 逻辑框架法

这种方法从确定待解决的核心问题入手，向下逐级展开去分析得到关联影响及结果，向上逐层推演找出引发关联影响的原因。这种方法使用"问题树""目标树"和"规划矩阵"等具体技术来给出项目风险的问题、原因、解决办法和结果。这种方法可以用一张简单的框图来清晰地分析一个复杂项目内部的因果逻辑关系，使用"如果"出现某种情况，"那么"就会产生何种结果的分析和度量方法。由这些逻辑框架法的核心概念可以看出，这种方法可以用于分析、估计和度量项目风险关联影响程度。这种方法通过明确的总体逻辑框架，把项目风险相关的各个方面和因素加以分析，以确定项目风险可能造成的关联影响程度情况。

综上所述，项目风险关联影响程度的度量有很多种方法，但是多数情况下这些方法给出的都是一些定性的度量，最多给出项目风险关联影响到的项目工作或因素的数量。

9.4.3　项目风险关联影响程度的度量结果

项目风险关联影响程度的度量结果主要包括以下三个方面：项目风险发生后关联影响范围的度量，项目风险关联影响方式的度量，和项目风险关联影响后果大小的度量。这些度量结果可直接用于项目风险应对措施的制定和项目风险监控方法的制定和实施之中。

1. 项目风险关联影响范围的度量结果

项目风险关联影响范围的度量结果是指给出的项目风险关联影响的其他项目风险、项目工作或项目因素，即某个项目风险发生后可能引发哪些其他的项目风险，可能给哪些项目工作或项目因素带来哪些发展变化，从而人们可以使用这种项目风险度量结果去做好项目风险的应对和管理。例如，若某项目风险发生只会影响到项目的进度，那么这个项目风险的关联影响程度范围就很单一，若其发生会影响到项目进度、成本和质量，那么这个项目风险的关联影响程度范围就很大，而这两种大小不同的项目风险关联影响范围需要不同的管理对策。

2. 项目风险关联影响方式的度量结果

对于某项目风险发生会直接触发另一种项目风险发生的关联影响方式，人们需要按照应对项目风险"连锁反应"的模式去开展项目风险的应对和管控。针对某项目风险发生不会触发其他项目风险，只会导致一些间接项目风险损失的关联影响方式，人们就需要按照"切断关联"的模式去开展项目风险的应对和管控。所以项目风险的关联影响方式的度量结果，在很大程度上决定了项目风险应对和管控的大政方针和具体方法。

3. 项目风险关联影响后果大小的度量结果

项目风险关联影响后果大小的度量结果是指项目风险关联影响后果的大小或严重程度，即某个项目风险发生后可能引发的间接项目风险结果的严重程度，这也是人们做好项目风险应对和管理的重要依据和信息。需要特别注意的是，要严格区分这种度量与项目风险可能后果严重程度的度量。项目风险关联影响后果大小或严重程度的度量是对于项目风险间接后果严重程度的度量，而项目风险可能后果严重程度的度量是对于项目风险直接后果的度量，二者既不能混淆，也不能重复进行度量。

9.4.4　项目风险关联影响程度度量结果的应用

上述项目风险关联影响程度的度量结果是供项目风险应对和管理使用的，主要用于指导项目风险应对措施的制定和项目风险监控办法的制定，具体它们的应用分述如下。

1. 项目风险关联影响范围度量结果的应用

这种结果主要应用于决定项目风险的应对策略和项目风险监控的范围，通常对于没有关联影响或关联影响范围单一的项目风险，人们多数只要针对关联影响范围去制定一种或几种应对措施即可，甚至多数人们只会采取"容忍"项目风险关联影响的应对策略，和相对较松的项目风险监控方法。但是对于项目风险关联影响范围较大的项目风险，人们就必须针对项目风险关联影响范围中的每一种关联影响去制定相应的应对措施，而且必须采用相对严密的项目风险监控的措施和方法。

2. 项目风险关联影响方式度量结果的应用

这种结果主要应用于选择项目风险的应对措施的大政方针和具体种类，因为不同的项目风险关联影响方式需要按照不同的模式去开展项目风险的应对和管控。对于具有"连锁反应"模式的项目风险，人们的应对和管控就必须十分精准和严密，否则这种"连锁反应"所带来的"多米诺骨牌"效应会导致整个项目的失败。对于只会导致一些间接项目风险损失的关联影响方式，人们就可以按照"切断关联"的方法去消减项目风险关联影响带来的项目风险间接损失，或采用"增强关联"的方法去增加项目风险关联影响带来的项目风险间接收益。其中，项目风险的关联影响方式的度量结果，在很大程度上决定了项目风险应对和管控的大政方针和具体方法。

3. 项目风险关联影响后果大小度量结果的应用

项目风险关联影响后果大小的度量结果主要应用于制定具体的项目风险应对策略和项目风险监控方法。通常，对于项目风险关联影响后果较小的情况，人们可以对其采用"容忍"的项目风险应对策略和相对宽松的项目风险监控方法。但是对于项目风险关联影响后果较大的情况，人们就需要使用"规避"或"转移"等项目风险应对策略和监控方法。

9.5 项目风险时间进程的度量

有了上述项目风险的三种度量结果以后，人们还需要开展项目风险时间进程的度量，即具体分析、估计和确定项目风险可能发生的时点和时期。

9.5.1 项目风险时间进程度量的概念

项目风险时间进程的度量也十分重要，因为人们需要依据它去开展项目风险的应对和管控。所有的项目风险都是在项目某个时点或者某个时期发生的，多数情况下人们需要找到项目风险发生的时点或时期，才能制定出相应的项目风险应对措施和项目风险的管控办法，因此项目风险时间进程的度量就成了项目风险管理中一项很重要的工作。

1. 无预警信息的项目风险时间进程的度量

并不是所有的项目风险都可以进行时间进程度量，因为对于那些无预警信息项目风险而言，由于项目风险是突发性的，所以很难进行项目风险时间进程的度量。因此对于无预警信息项目风险，人们最多可以通过收集和处理各种信息而做出对于这种项目风险的大致发生时期的估计，而无法进行这种项目风险时间进程的深入度量，因为人们无法收集到这种项目风险发生的预警信息或征兆，所以难以做出这种项目风险的时间进程的度量。

2. 有预警信息项目风险的时间进程的度量

有预警信息项目风险的时间进程的度量最主要的内容是找出项目风险所具有的风险潜在阶段、风险发生阶段和风险后果阶段的时间进程，并且分析和给出项目风险发生时刻和项目风险的征兆。人们通过对于这类项目风险时间进程的度量来确定项目风险可能的发生时刻或时期，然后据此去制定项目风险应对和管控的措施和安排。这样人们就可以按照最先可能发生的项目风险优先进行应对和管控的原则去开展整个项目的风险管理，而对于那些后发生的项目风险可延后制定和采取风险应对和管控措施。这样人们就能依据项目风险时间进程的度量结果去监控项目风险的发展进程,和做进一步的项目风险的应对和控制。

3. 项目风险时间进程度量的内容

项目风险时间进程度量的内容包括两个方面,其一是找出项目风险发展进程中的风险潜在阶段、风险发生阶段和风险后果阶段,其二是给出项目风险发生时点和时期以及可能出现的项目风险征兆,这两个方面的度量内容都是为开展项目风险管理服务的。

(1) 项目风险时间进程的阶段。这是指项目风险发展进程可分为三个阶段,度量出这三个阶段及其划分可帮助人们分别制定出在项目风险不同阶段的管控措施。在项目风险潜在阶段,人们可以采取项目风险规避、容忍、转移或分担的应对措施;在项目风险发生阶段,人们必须采用项目风险遏制和转移等应对措施;在项目风险后果阶段,人们可以采取消减项目风险损失与提高风险收益等措施。所以项目风险时间进程度量给出的风险潜在阶段、风险发生阶段和风险后果阶段的划分及其可能时间的度量结果很重要。

(2) 项目风险时间进程的时点或时期。度量出项目风险时间进程的三个阶段之后,人们还需要进一步分析和度量出项目风险发生的可能时点或时期,这包括项目风险时间进程三个阶段各自的可能时点或时期的度量结果。因为只有预先知道了项目风险可能在何时发生,以及项目风险发生以后的时间进程情况,人们才能够开展实时的项目风险应对和管控措施。这对于项目风险应对资源的获得和风险应急储备的管控都具有十分重要的依据作用。

(3) 项目风险发生的征兆。项目风险征兆的度量结果用于帮助人们制定项目风险应对决策和时间安排。因为有预警信息项目风险的发生是以项目风险征兆出现为标志的,所以人们必须根据项目风险征兆去启动项目风险应对措施。因此,项目风险征兆的度量结果能够用于制定何时应对项目风险的决策和选用相应的项目风险应对措施。

9.5.2 项目风险时间进程的度量方法

项目风险时间进程的度量方法也有很多,主要分成定性度量和定量度量这两类。其中，项目风险时间进程的定性度量方法主要是专家决策法等，而项目风险时间进程的定量度量方法主要是统计分析法等。

1. 专家决策法

在项目风险时间进程的定性度量中，人们主要采用的是一种专家决策的方法，在这种方法中，专家们用其自身的经验做出有关项目风险时间进程方面的分析和判断。通常，这种方法需要找一定数量的项目风险专家或项目专业领域方面的专家，然后请他们给出具体已经识别出的项目风险的时间进程度量。这包括项目风险时间进程三个阶段的分析和度量结果，这三个阶段的发生时点和时期的度量结果，以及项目风险发生征兆的度量结果。

2. 统计分析法

项目风险时间进程的定量度量主要采用的是统计分析法，这需要使用与项目风险时间进程相关的大量统计数据和资料，然后根据统计分析结果给出具体项目风险时间进程的度量结果。通常，这种方法还要求这些相关数据资料与具体项目风险有一定的相关性，然后使用统计分析法给出的项目风险时间进程度量结果才具有较高的可靠性。这种项目风险时间进程的定量度量方法同样要求先给出项目风险时间进程的三个阶段度量结果，然后给出项目风险发生征兆的度量结果，从而形成具体项目风险时间进程度量的结果。

综上所述，项目风险度量结果有四个方面，这包括：项目风险发生可能性的度量、项目后果严重程度的度量、项目风险关联影响程度的度量和项目风险时间进程的度量。这四个方面的项目风险度量结果是相互联系的，需要人们综合运用去开展项目风险管理。

第 10 章

中国式项目风险的应对

在完成项目风险识别和度量以后,人们就可以根据项目风险的具体情况和项目的环境与条件,去分析和制定项目风险应对措施和项目风险应对计划。在选择和制定项目风险应对措施时,人们还需要参考组织或企业对于项目风险的偏好和态度,以及组织或企业对于项目风险的承受能力。因为只有这样制定出的项目风险应对措施,才能够实现"趋利避害""兵来将挡"和"水来土掩"的项目风险管控效果。

10.1 项目风险应对的概述

在具有了项目风险识别和度量的信息以后,人们就可以依据这些信息和组织或企业所具备的项目风险管理环境与条件,去制定项目风险应对措施和项目风险应对计划,然后开展项目风险的监测和应对措施的实施工作。这方面的相关概念讨论如下。

10.1.1 项目风险应对工作的概念

对于项目风险应对措施及其计划安排的概念人们尚无统一的认识和定义,甚至对于项目风险应对措施和计划的名称也不统一。有的人将项目风险应对措施称为项目风险处置方案,有的人则将其称为项目风险处理方案,还有的人将其称为项目风险应对预案等。

1. 西方对项目风险应对工作的定义

在 PMI 和西方的项目风险管理理论中,项目风险应对措施和计划是指为项目目标增加实现机会、减少失败威胁而制定方案和决定应该采取何种对策的工作。同时,西方的项目风险管理理论认为,项目风险应对计划是在项目风险识别和度量之后进行的,包括确认与指派相关个人对已得到认可并有资金支持的项目风险应对措施担负起实施责任等方面的计划安排。虽然这种对于项目风险应对措施及其计划的定义要比西方认定的"项目风险应对措施就是消减项目风险损失的行动"这种定义要好很多,但是这与中国式的项目风险应对措施和计划的概念有很大不同。

另外,西方有人认为,项目风险处理是指对项目风险进行辨识、评价、选定并实施应对方案的过程,目的是在给定的项目约束条件和目标下使项目风险保持在可接受的水平上。项目风险处理包括确定应当做些什么、应于何时完成、由谁负责、需要多少费用这样一些具体的问题。[1]很显然,这种项目风险处理是一个比项目风险应对措施和计划更为宽泛的概念,因为按照上述定义,项目风险处理还包括项目风险识别和度量等方面的内涵。

西方人还认为,项目风险应对措施和计划就是针对项目风险分析的结果,而为降低项目风险的负面影响而采取的应对措施。[2]这一定义过于狭义,因为项目风险应对工作不光是项目风险应对措施的实施,还必须有项目风险应对措施的制定和如何实施这些项目风险应对措施的计划和安排等一系列的内容。更重要的是,项目风险应对也不仅是为降低项目风险的负面影响而采取的应对措施,还包括为提高项目风险的正面影响而采取的应对措施。因为项目风险有可能造成正面和负面两种后果,所以项目风险应对应该是为"趋利避害"而开展的项目风险应对措施的计划和实施全部工作。

2. 中国式的项目风险应对工作的定义

不同于上述西方各种对于项目风险应对工作的定义,中国式的项目风险应对工作的定义为:项目风险应对工作是在项目风险识别和项目风险度量工作的基础上,去开展项目风险应对所需多项工作的集合。项目风险应对工作的根本目的是减少项目风险损失和提高项目风险收益,所以项目风险应对工作具有"趋利避害"两方面的工作内容。项目风险应对工作涉及

---

[1] 刘晓红,徐玖平. 项目风险管理[M]. 北京:经济管理出版社,2008.
[2] 郭捷. 项目风险管理[M]. 北京:国防工业出版社,2007.

的具体工作包括：项目风险应对措施的制定工作，项目风险应对措施的集成和计划安排，项目风险应对计划的实施工作和项目风险应对结果的报告。

(1) 项目风险应对措施的制定工作。这是根据项目风险识别和度量的结果以及组织可以选用的各种应对措施去选择和制定应对具体项目风险各种可能结果的方式和做法，因为每个项目风险事件会有多个可能后果，每种可能后果都需要一种具体的应对措施。

(2) 项目风险应对措施的集成和计划安排。这种计划还包括对于整个项目风险应对工作的集成计划和安排，以用于指导整个项目风险的应对工作，该计划中应该给出项目风险应对所需的资源、存在的约束和应对的责任、内容、目标、任务和方法等具体内容。这种计划还包括对每个项目风险事件各种可能后果的应对措施所进行的配套和集成安排，以便在项目风险事件的应对中实现分类应对的效果。

(3) 项目风险应对计划的实施工作。这是指当人们在项目风险监测过程中发现某个项目风险进入了发生阶段，就必须立即根据项目风险征兆指示的风险可能后果情况，去选择项目风险应对措施的集成计划中给定的具体项目风险应对措施去开展应对工作。

(4) 项目风险应对结果的报告。这是指当人们完成了上述项目风险应对工作以后，还必须对项目风险应对的结果进行审查和报告。这种报告的作用有两个方面，其一是确认项目风险应对工作的结果，其二是修订项目风险应对工作的计划安排。因为每一次项目风险应对措施的实施都会改变项目风险的实际情况，都需要再次进行项目风险的识别、度量和应对措施及其计划安排的制定等方面的工作。

10.1.2 项目风险应对工作的具体内容

项目风险应对工作的根本目标是根据项目的发展变化和风险情况，及时消除和降低可能出现的项目风险损失和积极增加和创造可能出现的项目风险收益，从而在确保项目目标实现的基础上争取获得更大的项目收益。项目风险应对工作的具体内容分述如下。

1. 项目风险应对目标的确定

项目风险应对工作的首要任务是制定人们应对项目各种风险所要实现

的目标，这种目标是制定项目风险应对措施和计划的重要依据。例如，人们在应对项目风险的过程中究竟是只需要规避各种项目风险损失，还是也要抓住各种项目风险收益的机遇。人们只有明确了项目风险应对所要实现的目标，才能合理有效地选择项目风险应对措施，才能优化好项目风险应对所需投入的资源，以及计划和安排好项目风险应对的责权利，进而人们才能够更有针对性和更好地去开展项目风险的各种应对工作。

2. 项目风险应对措施的选择和制定

项目风险应对工作中的第二项任务是依据项目风险识别和度量的结果，并根据组织或企业所具备的资源和抗风险能力，以及市场上可获得的项目风险应对措施（如市场上有没有相应的保险险种供人们购买保险去转移项目风险）等方面的信息，去选择或制定出项目风险各个阶段中所需采用的项目风险措施（以便分阶段进行项目风险的应对），以及项目风险各种可能后果的具体应对措施（以便针对项目风险事件每一种可能后果使用相应的应对措施），并且还要根据项目风险时间进程度量的结果去开展项目风险应对措施的配套和集成安排。例如，对于某个具有项目负面后果的重大风险，人们不但要制定出在项目风险潜在阶段所使用的项目风险规避措施，而且要制定出在项目风险发生阶段所使用的项目风险化解和遏制的措施，更进一步还要制定出在项目风险后果阶段所使用的项目风险消减措施，只有合理和科学地选择或制定出这些不同的项目风险阶段的应对措施并将它们予以有效地集成，人们才能真正做好项目风险的应对工作。再比如，某项目市场风险事件有"销售良好""销售一般"和"销售差"三种可能的风险后果，人们就需要分别制定出三种相应的风险应对措施，以便在其中某个可能风险后果（如销售良好的情况）进入发生阶段时，人们可以根据这种具体的风险后果采取相应的应对措施（如扩大生产去增加盈利的措施）。

3. 项目风险应对计划的安排和编制

在确定出项目风险应对目标和选择与制定出项目风险应对措施以后，人们还必须按照项目风险应对目标去制订一份项目风险应对计划，以用于指导整个项目的风险应对工作。因为如果没有项目风险应对计划，人们不但无法开展项目风险应对措施的实施，也无法安排项目风险应对工作所需的各种资源、责任、任务和时间等,那样项目风险应对工作的开展便无从谈起。项目风险应对计划的内容有:项目风险应对的范围、项目风险应对的措施安排、项目风险应对措施的实施时间、项目风险应对措施的实施责任、项目风险应对措施的资源保障,以及其他项目风险应对方面的要求和安排等。总之,项目风险应对计划是指导人们去开展项目风险应对工作的具体计划和安排。

4. 项目风险应对措施的实施

由于不同项目所面临的风险性质不同和发生时间与条件不同等因素,如何及时有效地采取预先制定或临时变更的项目风险应对措施是这项工作的核心和重点。在项目风险监测过程中,当人们发现了项目风险发生征兆或情况后,如何选择和实施正确的项目风险应对措施是项目风险应对工作的关键。甚至,有些项目风险应对措施是在项目风险的潜在阶段就开始实施,如在项目风险发生之前购买保险以转移项目风险损失等措施的实施。另外,项目风险的消减措施多数是在项目风险后果已经出现后实施,这是人们为了消减项目风险负面后果而采取的应对措施(如救火救人等措施)。总之,项目风险应对工作的核心任务是积极开展项目风险应对措施的实施工作,因为只有这样才能够实现"趋利避害"和"因势利导"的项目风险应对工作的根本目标。

5. 项目风险应对经验教训的总结

项目风险应对工作的最后一项任务是开展项目风险应对经验教训的总结,并且编制出项目风险应对工作报告。项目风险应对工作报告可以是项目风险应对整体情况的报告,但多数是某项项目风险应对措施实施以后的总结报告。这项工作的根本目的是要实现"吃一堑长一智"的效果,和进一步开展"亡羊补牢"的项目风险管理的后续工作。所以,项目风险应对工作报告的内容还需要给出:在项目风险应对措施实施的过程中,人们究竟规避或减少了哪些项目风险损失,提高或获得了哪些项目风险收益,以及现有项目风险应对计划需要做哪些修订,特别是后续人们如何进一步提高项目风险管理的效果和目标等。

10.1.3 项目风险应对的流程

项目风险应对工作的过程是从确定项目风险应对目标开始,到给出项目风险应对工作报告为止，具体流程详见图 10-1。

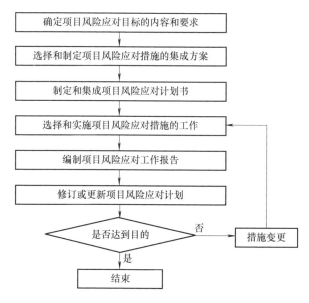

图 10-1 项目风险应对流程图

对于图 10-1 中项目风险应对工作流程中各项工作的内容和要求分述如下。

1. 确定项目风险应对目标的内容和要求

项目风险应对目标是开展项目风险应对工作的目的、要求和具体考核指标，这是指导人们开展项目风险应对活动的指南和规定，也是指导人们选择和制定项目风险应对措施的大政方针和具体要求。所以人们要在选择项目风险应对措施和编制项目风险应对计划之前，确定项目风险应对工作的目标。该目标的制定必须以项目风险识别和度量结果为依据，项目风险应对的目标就是为实现项目风险管理目标服务的。在制定项目风险应对目标时，人们必须考虑以下几个方面。

（1）组织或企业承受项目风险的能力和风险偏好。不同组织或企业的项目风险承受能力不同，对于项目风险的偏好也是不同的。有的组织或企业抗风险能力比较强，而且喜欢承担一定的项目风险去获得相应的项目风险收益，这种组织或企业的项目风险偏好导致它们的项目风险应对目标会相对积极和要求高一些。但有的组织或企业应对项目风险的能力比较差，其风险偏好和态度是不喜欢承担任何的项目风险,这种组织或企业的项目风险应对目标就会制定得相对消极和低一些。

(2) 组织或企业的项目风险应对资源约束情况。项目风险应对目标的制定还需要考虑组织或企业应对项目风险的资源、方法和措施的约束情况。因为如果组织或企业的资金、方法和措施存在较大的约束,人们选择项目风险应对措施的余地就比较小,所以项目风险应对目标就不能制定得过高。例如,组织或企业在项目风险应对方面不仅存在人员和资金的限制,而且存在许多应对条件或方法方面的制约(如没有相应的保险险种,或没有相应的项目风险管理人员等),这些都会限制对于项目风险应对目标的制定。

(3) 组织或企业对项目风险应对成本收益的权衡。项目风险应对目标的制定还必须考虑项目风险应对成本和收益之间的均衡,因为项目风险应对方面的投入过多,虽会消减项目风险的损失或增加项目风险的收益,但是如果项目风险应对方面的投入存在"得不偿失"的情况,那么开展这种项目风险应对就没有意义了。例如,为转移某种项目风险而购买保险,但是如果保险费用比风险损失还要高,那就属于"得不偿失"的情况。所以在确定项目风险应对目标时,人们还要根据项目风险应对的成本和收益情况,权衡和找出可行的目标。

2. 选择和制定项目风险应对措施的集成方案

在制定出项目风险应对目标以后,人们就可以根据这些目标和要求去开展选择和制定项目风险应对措施的工作了。人们在开展这项工作时需要依据如下两个方面的信息,所以搜集、处理和使用这两方面信息也属于制定项目风险应对措施工作的范畴。

(1) 社会能够提供的项目风险应对措施的信息。人们在搜集和处理了这方面的相关信息后,会由此发现社会上提供的一些项目风险应对措施。比如,对于乘坐飞机的风险而言,保险公司可以提供在乘飞机前购买的航空意外险,人们可以通过购买航空意外险转移部分因飞机出意外而产生的风险损失。再比如,对于工程项目而言,保险公司提供工程一切险,工程项目业主可以通过购买工程一切险去转移或部分转移工程项目的某些项目风险损失。因此,人们需要去搜集和处理社会能够提供的项目风险应对措施的信息，以便针对具体项目风险应对的要求而进行比较和选择，确定是否采用这方面的项目风险应对措施。很显然，如果社会上不能提供这种商业化的项目风险应对措施，人们就只能根据企业或组织实施的项目自行制定项目风险应对措施。

(2) 组织或企业在项目风险应对能力方面的信息。组织或企业应对项目风险的能力也是决定项目风险应对措施选择和制定的依据之一。这包括：企业或组织承受项目风险的能力，企业或项目团队应对项目风险的能力，组织或企业所具有的项目风险应对资源等。同时，组织或企业在项目风险应对方面的经验、教训和业绩等也是制定和选择项目风险应对措施的重要依据之一，因为这些是组织或企业应对项目风险的前提条件和资质情况。实际上，任何企业或组织在具体项目的风险应对中可选择的应对措施都是有限的，在选择和制定具体项目风险应对措施的时候，人们需要集成计划和安排多种可供选择的项目风险应对措施方案，以便人们在项目风险发生时能够正确选用和综合运用。因此任何项目风险的应对措施都会是多种项目风险应对方法或手段的配套方案，人们需要根据组织或企业应对项目风险的能力和方法，去做出项目风险应对措施的集成和配套安排。

3. 制定和集成项目风险应对计划书

人们在确定出项目风险应对措施集成方案以后，还必须进一步制定和集成给出项目风险应对计划书。这种项目风险应对计划书的主要内容包括四个方面：其一是给出项目风险的应对目标、对象和假设前提条件，其二是给出项目风险应对的具体措施或措施集成方案，其三是给出项目风险应对的责任体系和资源与预算的计划和安排，其四是给出项目风险应对的变更管理办法和程序，这些方面的内容具体分述如下。

(1) 项目风险的应对目标、对象和假设前提条件。如前所述，项目风险应对计划的主要依据是项目风险应对工作的目标和要求，所以人们在项目风险应对计划书中首先必须给出项目风险应对的目标和要求。其次，还需要明确项目风险应对的对象，这是指人们要对项目的哪些风险进行应对，包括是采用项目风险容忍措施还是项目风险规避措施，所有需要采取项目风险应对措施的项目风险都属于应对对象的范畴，都必须在项目风险应对计划书中予以明示。项目风险应对的假设前提条件是一种制定项目风险应对计划的人为假定的前提条件，如在制定跨国项目风险应对的成本预算时，人们必须给定在项目实施和运营期间汇率的假设情况作为计划的前提条件，否则人们就无法制订相关的项目风险应对计划。

(2) 项目风险应对的具体措施或措施集成方案。项目风险计划书中还必须给出针对每个具体项目风险的应对措施或措施的集成方案，这些项目风险应对措施或措施集成方案是在项目风险各个阶段和各种可能后果出现的时候所须选用的应对措施。这种项目风险应对措施或措施集成方案的内容中还必须包括何时且出现何种项目风险征兆或情况，人们需要选用哪种项目风险应对措施的具体描述和说明。项目风险应对措施主要包括规避和消减项目风险不利后果的措施和专注于扩大项目风险有利后果的措施，具体包括项目风险容忍措施、项目风险规避措施、项目风险转移措施、项目风险分担措施、项目风险消减措施、项目风险转变措施、项目风险增值措施、项目风险把握措施等。

(3) 项目风险应对的责任体系和资源与预算的计划和安排。项目风险计划书中必须给出项目风险应对的责任体系，以确保每个项目风险的应对措施都能有具体的所有者、管理者和实施人。其中，项目风险的所有者是项目风险后果的承担人，项目风险的管理者是在项目风险应对措施实施中负责管理的人员，项目风险应对措施的实施人是开展项目风险应对措施的工作人员。同时，项目风险计划书还必须给出项目风险应对所需资源的种类、数量、质量、投入时间等资源保障方面的计划安排。这方面的资源保障主要有三方面：其一是项目风险应对所需的人力资源保障，这是根据项目风险应对的责任体系做出的安排，其二是项目风险应对所需的物力和财力资源的保障，其三是这些资源的成本预算安排。这种预算安排不但要包括项目风险应对措施所需的各种花费（按照项目风险事件所有可能后果应对措施中成本最高的那项去制定预算），而且必须留够项目风险应对所需的管理储备。这方面的管理储备是为开展突发项目风险的应对而预先储备的、一定比例的资金，具体需要多少项目风险应对的管理储备资金要根据项目、组织或企业、项目的环境与条件变化情况确定。

(4) 项目风险应对的变更管理办法和程序。由于在项目风险应对措施的实施过程中所出现的各种变化和对于项目后续风险管理的环境与条件的改变，人们在项目风险应对计划中还必须给出变更原有项目风险应对措施和项目风险应对计划等方面的具体办法和程序的计划安排。因为在人们实施项目风险应对措施的过程中，会有很多项目风险及其风险应对措施的计划安排发生变化的情况，甚至项目还会出现某些没有识别、度量和制定应对措施的新风险，此时人们就必须立即变更原有的项目风险应对计划。另外，人们对项目风险认识的局限性经常会使得项目风险应对措施和预案出现与实际情况不符的问题，这也需要变更原有的项目风险应对计划，所以项目风险应对计划书中还必须包括项目风险应对计划的变更管理办法和程序。

4. 选择和实施项目风险应对措施的工作

在完成上述项目风险计划书的编制以后，人们就可以依据项目风险计划书去开展各项项目风险的监测工作，而一旦监测工作发现需要开展项目风险应对措施的实施，人们就必须立刻开展项目风险应对措施的实施工作。这种实施工作包括如下两方面的具体内容。

(1) 项目风险应对措施的实施和落实工作。这种实施工作主要是按照项目风险计划书的规定和安排，首先依据项目风险征兆去选用项目风险应对措施，然后开展对于选定的项目风险应对措施或措施集成方案的实施和落实工作。在这种实施工作中，人们不但要保证选定的项目风险应对措施的实施和落实，还要在这种实施过程中做好必要的应对措施变更工作。

(2) 项目风险应对工作的监督和控制。在项目风险应对措施的实施和落实过程中，人们还需要不断地监督项目风险应对实施的效果，以及由于实施项目风险应对措施而导致的项目和项目风险等方面的发展变化情况，收集和处理这些方面的信息以及时对项目风险应对措施实施工作进行纠偏和变更。因为所有的项目风险应对措施和计划安排都是提前制定和安排的，而随着项目实施和项目环境与条件的变化，这些措施和计划很可能出现不符合项目实际情况的问题，所以在项目风险应对措施的实施过程中，人们必须开展好项目风险应对工作的监督和控制。

5. 编制项目风险应对工作报告

在完成项目风险应对措施的实施任务以后，人们就需要编制项目风险应对工作报告，以便总结和检查归纳项目风险应对措施的实施效果情况和项目风险应对可能出现的发展变化情况。编制项目风险应对工作报告的作用在于"惩前毖后",其中的"惩前"并不是说一定要追究哪个人在以前的项目风险应对措施实施方面的责任,因为项目风险本身的不确定性和项目风险应对措施实施工作与环境的动态性,使得人们很难查明问题的原因和追究人们的责任,但是人们可以总结和归纳项目风险应对措施实施中的失误和问题以及经验教训。其中的"毖后"指人们要接受这些经验和教训而不再犯同样的错误。这在项目风险应对措施实施工作中是至关重要的。

6. 修订或更新项目风险应对计划

多数时候,在项目风险应对工作报告中会给出需要变更项目风险应对计划的要求,此时人们就必须开展修订或更新项目风险应对计划的工作。实际上,随着项目实施的开展和进行,由于项目外界环境与条件的发展和变化,组织或企业内部条件的发展和变化,以及项目风险自身的发展和变化等一系列原因,人们需要及时去修订、调整或更新原有的项目风险应对计划。人们需要修订或更新项目风险应对计划书的主要情况有以下三种。

(1) 项目所处环境与条件的发展和变化。项目所处环境与条件是一个动态的开放系统,这种系统会随着项目的不断进展而发展变化,因此人们需要根据项目环境与条件的发展变化来变更或修订项目风险应对计划(甚至还应该去重新识别、度量和制定应对措施与计划)。例如,对于已经开工的房地产开发项目而言,由于宏观政治经济和调控政策以及市场的发展和变化,会导致房地产开发项目出现新的项目风险或原有项目风险发生很大变化的情况,此时房地产开发商就需要重新识别、度量和应对这些发展变化了的项目风险,进而修订或更新项目风险应对措施和项目风险应对计划。

(2) 项目相关组织条件的发展和变化。与项目相关的组织或企业本身的能力和条件也是一个相对动态的因素,这种组织或企业的能力和条件也会随着项目的进展而发展变化,因此人们还需要根据组织或企业及其能力和条件的发展变化来重新识别、度量和应对新的项目风险情况,这就同样需要修订或更新项目风险应对措施和项目风险应对计划书。例如,对于已开工房地产开发项目的开发商而言,由于其人力、物力、财力等资源限制情况的改变,以及组织或企业管理能力的改变,都会使得房地产开发项目出现新的风险或原有风险发生变化,所以此时房地产开发商也需要重新识别、度量和应对这些发展变化后的项目风险,从而也必须修订或更新项目风险应对措施和项目风险应对计划书。

(3) **项目本身的发展和变化情况**。除了上述项目的条件和环境发展变化会带来新的项目风险或改变原有风险,项目本身也会出现发展和变化从而带来新的项目风险或原有风险发生变化的情况。例如,人们对于项目设计方案或项目施工组织方案做了较大的修改,这种项目本身的发展和变化也必然需要重新识别、度量和应对这些发展变化了的项目风险,所以这就同样需要修订或更新项目风险应对措施和项目风险应对计划书。实际上,许多项目的设计方案或项目施工组织方案,尤其是科学研究与产品开发项目的方案变更是经常发生的,所以项目本身的发展和变化也需要修订或更新项目风险应对措施和项目风险应对计划书。

10.2 项目风险应对措施的选择和制定

任何项目都不可避免地会有项目风险,项目风险管理的关键环节是选择和制定正确可行的项目风险应对措施。项目风险的应对措施必须依据项目风险自身的特性和组织或企业的风险管理能力、态度和方法等方面的依据去制定和选择。项目风险措施制定的内容分述如下。

10.2.1 项目风险应对措施选择和制定的依据

项目风险应对措施的选择和制定主要依据如下几方面的信息。

1. 项目风险应对措施的目标

项目风险应对措施的目标是指组织或企业实施项目风险应对措施的目的和要求,是人们实施项目风险应对措施的大政方针和目标要求。所以人们要正确地选择项目风险应对措施就必须先确定组织或企业的项目风险应对措施的目标,并在项目风险应对措施的制定中遵循这些目标。这类目标的内容分述如下。

(1) **项目风险应对的大政方针和指导原则**。人们首先要确定项目风险应对措施选择的大政方针,即选用的项目风险应对措施究竟是要消减项目风险损失还是增加项目风险收益。这种项目风险应对措施选用的大政方针不对，就会出现"南辕北辙"的项目风险应对结果。在大政方针确定之后，人们还要给出开展项目风险应对措施选用的指导思想和原则，这是指在项目风险应对措施的选用中，如何规避出现"过犹不及"和"得不偿失"情况的指导原则。

(2) 项目风险应对措施的具体目标和控制指标。其中，项目风险应对措施选用的具体目标是指每个项目风险应对措施应该要消减的项目风险损失和所要增加的项目风险收益大小的规定。项目风险应对措施的控制指标则是指对每个项目风险应对措施实施过程的控制要求以及所需费用等指标的规定。这些项目风险应对措施的具体目标和控制指标都是选择和制定项目风险应对措施的重要依据。

(3) 项目风险应对措施的技术要求与规定。在项目风险的应对目标中，人们还应该给出有关项目风险应对措施选用的技术要求与规定，这包括按照项目目标要素给出的各类项目风险应对的技术要求和规定（如在项目范围、时间、成本和质量方面的具体技术要求和规定），以及按照项目风险阶段给出的项目风险应对措施的技术要求和规定（如在进口设备的运输中，针对陆运风险和船运风险应对的具体技术和规定）。这些也都是在项目风险应对措施选用中必须遵循的技术要求和规定，所以需要在项目风险应对措施的目标中给出。

2. 项目各种风险所具有的特性

项目风险应对措施选用所必须依据的另一方面信息是项目各种风险所具有的特性，这包括项目风险有无预警信息的特性，项目风险引发原因的特性，项目风险可能后果的特性，以及项目风险发展变化的特性等。具体分述如下。

(1) 项目风险有无预警信息的特性。对有预警信息的项目风险，人们可以根据项目风险的潜在阶段、发生阶段和后果阶段的进程去开展不同阶段的风险应对措施，而对无预警信息的项目风险，人们只能按照"突发事件"去开展这类项目风险的应对。所以人们必须根据项目风险无预警信息的特性去选用项目风险应对措施。

(2) 项目风险引发原因的特性。引发项目风险的原因有很多，最主要的三种是：项目环境与条件发展变化的原因，项目各方面集成计划出现问题的原因，以及项目相关者博弈的原因（包括项目风险管理者的决策失误等）。这些项目风险引发原因的特性直接决定了人们对项目风险应对措施的选择和制定，是项目风险应对措施选择的依据。

（3）项目风险可能后果的特性。项目风险可能后果首先分为三个方面，其一是项目风险有多种可能后果（这主要是指项目风险事件的情况），其二是项目风险可能后果呈现概率分布范围的情况（这主要是系统性项目风险要素导致的结果），其三是项目风险可能后果所影响的项目目标的区分（如项目风险后果导致项目延期或项目超预算等）。这些项目风险可能后果的特性也是人们选择项目风险应对措施的依据。

（4）项目风险发展变化的特性。这主要是指项目风险后果的发展变化，包括项目风险后果的方向、大小和性质等方面的特性。如有的项目风险发展变化会具有风险后果变大或变小的特性，有的项目风险发展变化会有项目风险损失转化为风险收益的特性，有的项目风险会从无预警信息向有预警信息转化等。这些都是选用项目风险应对措施的依据。

3. 组织或企业的项目风险应对能力

组织或企业的项目风险应对能力也是选用和决定项目风险应对措施的主要依据之一，因为组织或企业或项目团队的项目风险应对能力是开展项目风险应对的基础和前提条件。组织或企业的项目风险应对能力由许多方面的能力构成，这既包括组织或企业高级经理和项目经理承受项目风险的态度和能力，也包括组织或企业项目团队成员的项目风险管理能力，更包括组织或企业所拥有的应对项目风险的资源和资金等。通常，如果组织或企业的项目风险应对能力高于项目风险所需应对措施的要求，人们在选用项目风险应对措施的时候就会感到得心应手。但人们经常遇到的是组织或企业的项目风险应对能力不足的情况，此时人们就必须按照"量力而为"的原则去选择和制定项目风险应对措施。所以组织或企业的项目风险应对能力也是决定项目风险应对措施选用的主要依据之一。

4. 可供人们选择的项目风险应对措施情况

任何项目风险的应对都有一个可供选择的项目风险应对措施的环境和条件，这包括组织或企业自身所拥有的项目风险应对措施和社会所能提供的项目风险应对措施两个方面，这两方面的信息也是人们制定和选择项目风险应对措施的依据。比如，项目某种无预警信息风险需要通过购买保险的措施去应对，但是如果社会上没有这种保险险种，人们就无法选用这样的项目风险应对措施。再比如，如果某组织或企业自己实施项目的风险很大，那么他们就需要通过承发包而转交给其他组织去实施项目，从而选用和实施这种转移项目风险的应对措施，但是如果社会上没有人能够承包这种项目的实施，那么组织或企业就无法通过采取承发包的方式去转移风险。所以对于组织或企业而言，项目风险有多少种可供选择的应对措施也是选用项目风险应对措施十分重要的依据。

10.2.2　主要的项目风险应对措施种类和内涵

常用的项目风险应对措施可分为两大类，其一是抓住机遇去获得或扩大项目风险收益的应对措施，其二是应对项目风险问题而去避免或消减项目风险损失的应对措施。这两类项目风险应对措施还可以进一步细分为：项目风险容忍、项目风险化解、项目风险规避、项目风险转移、项目风险遏制、项目风险消减以及增加项目风险收益等一系列项目风险应对措施。对于项目风险事件而言，由于一个项目风险事件会有多个可能后果，所以也会有多种应对措施。同时，项目风险在不同阶段需要有不同的项目风险应对措施，如在项目风险的潜在阶段人们可以采取的项目风险应对措施，在项目风险发生阶段人们可以采取的项目风险应对措施，以及在项目风险后果阶段人们可以采取的项目风险应对措施等。

另外，对于同一项目，不同的项目相关者的项目风险和抗风险能力不同，所以他们所选择采用的项目风险应对措施也会有所不同。例如，项目业主非常希望采用"固定总价合同"的承发包方式，借此将项目实施中的风险转移到项目承包商方面，以此作为对项目实施中各种风险的应对措施。但是项目承包商则可能在考虑了自身项目实施能力和承担项目实施风险的能力后选择采用"成本加成合同"的承发包方式，这样可以将项目实施的主要风险推给项目业主，这是承包商应对项目实施风险的措施之一。由此可知，不同的项目相关者会选择使用不同的项目风险应对措施，因此人们就需要开展全团队的项目风险管理，以便选择对于项目各个相关者

"机会平等"的项目风险应对措施。对于项目的不同风险,可供人们选择的项目风险应对措施主要有如下几个种类。

1. 容忍项目风险的应对措施

这是最基本和采用最多的项目风险应对措施,不管是增加项目风险收益,还是消减项目风险损失,人们都可以采用容忍项目风险的应对措施。特别是对于项目风险发生概率较小、项目风险可能后果较轻、项目风险尚处于潜在阶段的情况,人们多数需要采取这种项目风险应对措施。当人们通过项目风险的识别和度量,还没有找到必须立即采取项目风险应对措施的理由或要求的时候,人们首先都会采取容忍项目风险的应对措施。只有当人们通过评估和比较权衡发现需要采取其他项目风险应对措施时,才会放弃这种应对措施而去采用更积极的项目风险应对措施。

采用容忍项目风险的应对措施必须具备三个条件:其一是人们对于项目风险可能性和后果严重性的估计和度量结果表明项目风险的影响很小;其二是组织或企业具有一定的项目风险容忍程度,组织或企业的风险管理大政方针规定容忍一定程度的项目风险;其三是在对比其他项目风险应对措施的经济性和实用性以后,发现只有采用容忍项目风险的应对措施是最经济可行的。另外,容忍项目风险的应对措施通常需要与其他项目风险应对措施进行组合和集成,即当项目的风险发展变化并突破了组织或企业的风险容忍程度以后,人们就必须采用其他可供选择的项目风险应对措施或多种措施的组合。因此在选择容忍项目风险的应对措施的同时,人们必须有与之配套的其他项目风险应对的后备措施。另外,容忍项目风险的应对措施还可以进一步分为主动的容忍项目风险应对措施和被动的容忍项目风险应对措施,具体分述如下。

(1) 主动的容忍项目风险应对措施。这是指在项目风险识别和定性与定量度量之后,人们通过分析发现项目风险仍在潜在阶段且项目风险的影响相对较小,或者是选用其他项目风险应对措施会出现"得不偿失"的情况,此时人们就应该主动采取容忍项目风险的应对措施来应对这种项目风险。这种主动的容忍项目风险的应对措施的特点是人们是在明白、自觉和主动的情况下采取这种项目风险应对措施,而不是在无计可施的情况下采取这种措施。

(2) 被动的容忍项目风险应对措施。这是指人们在没有充分识别和度量项目风险发生概率及其可能后果的严重程度,也没有分析和考虑其他的项目风险应对措施的情况下,或者是在无计可施的情况下,不得已而采取的由自己最终承担项目风险后果的一种应对措施。被动的容忍项目风险的应对措施多数是不可取的,是人们盲目或不得已而采取的一种容忍项目风险的应对措施。特别是对于项目风险发生概率高且后果比较严重的情况,单独采用这种被动的容忍项目风险的应对措施实际上是一种"鸵鸟政策",因为一旦项目风险发生将会对组织或企业造成较大的影响,甚至在某些情况下可能会危及项目和组织或企业的生存与发展。

因此,在项目风险应对的过程中,人们应该采用积极的容忍项目风险应对措施,并且根据不断发展的项目风险识别和度量结果配套使用其他的项目风险应对措施,尽量减少或不去采用那些消极被动的容忍项目风险措施。

2. 抓住机遇的项目风险应对措施

西方的项目风险应对措施都是为消减或规避项目风险损失而采取的风险应对措施,但中国式项目风险管理要求人们必须选择和使用能够抓住项目风险机遇去获得或扩大项目风险收益的应对措施。中国人将这方面的措施叫作抓住机遇的项目风险措施,但是现有项目风险管理书籍和文献之中多缺乏这方面的应对措施。实际上,项目风险应对措施必须包括"趋利"和"避害"两个方面的措施,抓住机遇的项目风险应对措施就属于"趋利"范畴的措施。

现有"趋利"方面项目风险应对措施缺乏的原因有两个,其一是西方项目风险应对理论所存问题的影响,其二是人们在项目风险应对实践方面存在的误解影响。关于西方项目风险应对理论方面存在问题是指这种理论认为,风险就是带来损失的可能性,结果就造成了项目风险应对只是"避害"的工作。关于人们在项目风险应对实践方面存在误解影响是指,现有多数项目风险管理的绩效考核只考核规避和降低项目风险损失的应对效果,而不开展"趋利"方面的项目风险应对措施的绩效考核。

抓住机遇的项目风险应对措施也可以分成两大类,其一是积极创造项目风险收益的应对措施,其二是增加项目风险收益的应对措施,二者的具体内涵分述如下。

(1) 积极创造项目风险收益的应对措施。这种措施是针对已识别和度量出的项目风险收益,通过投入一定资源或成本去创造出项目风险收益的机遇,从而获得超过应对成本的项目风险收益的应对措施。这种应对措施的核心是人们要借此去发掘和抓住大于项目风险应对成本的更多项目风险收益,这是一种"无中生有"的项目风险机遇应对措施。实际上,有许多项目变更就属于这种项目风险应对措施,因为多数的项目风险变更都发生在人们看到通过变更而投入一定的成本能够获得更大的项目风险收益的情况下。例如,某国际医药公司研发的一种著名药物,最初是用于治疗心脑血管疾病的,但是他们在该项目开发的临床试验中发现这种药还有其他功能,而这种功能会给他们带来十分巨大的收益,所以他们就毅然决然地变更了整个药品功能的开发方向,最终获得了超乎想象的项目收益。从广义上说,所有风险投资的项目也都属于这种抓住机遇的项目风险应对措施。

(2) 增加项目风险收益的应对措施。这种项目风险应对措施是努力扩大已识别和度量的项目风险收益而采取的一种积极的项目风险应对措施,这种应对措施的核心是人们在投入一定的项目风险应对成本后能够大大增加项目的风险收益,所以这是一种"将小变大"的抓住机遇的项目风险应对措施。实际上,人们在项目实施过程中所采取的各种改进项目工作方法的措施都应该属于这种项目风险应对措施的范畴,只是现有教科书没有给出这类项目风险应对措施而已。例如,在某个室内装修项目的实施过程中,人们创新了更为有效的施工组织管理或实施技术方面的方法,在很少增加或不增加(甚至减少)成本的情况下使用这种创新或改进的方法,使得该装修项目的造价整体降低了5万元且工期提前了30天,项目质量也使业主满意。这就是一个典型的增加项目风险收益的应对措施,很多这种措施都是通过开展创新或改进的项目实施和管理方法去增加项目风险收益的。

这两种抓住机遇的项目风险措施都是人们该积极采取的项目风险应对措施。需要注意的是,这种积极的项目风险应对措施要严格遵循"谨慎原则",因为由于项目风险的不确定性和动态发展等特性,在选择和制定抓住机遇的项目风险应对措施时,容易出现"冒进"而"得不偿失"的情况。另外，人们一旦决定要采取抓住机遇的项目风险应对措施后，就必须坚决果断地贯彻和实施这些应对措施，而不可患得患失、犹豫不决而导致错失良机。

3. 规避项目风险的应对措施

规避项目风险的应对措施是人们在项目风险应对中采取较多的一种应对措施，当人们识别和度量出项目风险发生概率很大且可能造成的风险后果十分严重时，人们就应该采取这种项目风险应对措施去规避可能出现的项目风险。比如，当项目的某种技术不可靠而使得项目成功可能性很小且项目风险损失达到企业无法承担的程度时，人们就应该放弃使用这种项目技术甚至是放弃整个项目而去规避这种项目风险。再比如，项目可能会因某种资源的短缺给企业带来巨大经济损失，此时人们就应该采取规避项目风险的应对措施。

使用规避项目风险的应对措施的核心是规避和完全消除项目风险可能造成的灾难性后果，这与其他项目风险应对措施只能消减项目风险后果有所不同。但是，规避项目风险的应对措施使用有较大的局限性，因为人们很难在这种灾难性项目风险发生之前就清楚地识别和度量出这种项目风险及其后果，多数时间是当人们认识到项目风险的灾难性后果时已经进入了项目风险的后果阶段，在这种情况下，人们已经无法实施这种项目风险应对措施。另外，很多时候为了规避某种项目风险，人们就不得不去寻求新的可替代项目技术方案或资源，而这些都需要付出时间和成本并且可能会带来新的项目风险。

因此，规避项目风险的措施主要适用的情况有：当某种特定项目风险会造成的风险后果比较清楚（即发生概率高）且项目风险损失后果严重程度超过了组织或企业的风险承受能力，以及人们可供选用的其他项目风险应对措施都无法满足组织或企业"趋利避害"要求的时候。但是人们不能因为惧怕项目风险就去采用规避措施，必须在充分权衡项目风险的损失（包括项目风险应对措施成本）与项目风险收益的基础上，去确定是否采用规避项目风险的应对措施。由于项目的复杂性、一次性和不确定性等特性决定了项目必然具有风险性，所以人们不可能找到规避所有项目风险的应对措施，因此人们需要充分发挥主观能动性，在识别和度量项目风险的基础上,积极使用各种项目风险应对措施。这种规避项目风险的应对措施也必须在项目的早期去使用,因为到项目中后期再采取这种措施就会有较大的风险损失。

4. 转移项目风险的应对措施

这是指将某个组织或企业的项目风险损失通过各种方式和方法转移给另外的组织或企业的一种项目风险应对措施。按照项目风险转移的方式和方法的不同,人们又将转移项目风险应对措施分为购买保险的方式和非购买保险的方式两大类,具体的区别和做法分述如下。

(1) 购买保险的方式。通过购买保险的方式来转移项目风险损失一直是一种最早的、最常用和最主要的项目风险转移方式,即通过购买选定的商业保险策略而将某种或某部分项目风险转移给保险商的方法。随着现代保险业的发展,项目保险的种类越来越多,范围越来越宽,这些为人们选择和使用项目风险转移应对措施提供了条件和可能。各种项目保险可以提供稳定可控的补偿项目风险损失的保障,从而减小或消除了项目风险损失和保障了项目顺利实施和运营。但是现有的项目保险的险种仍十分有限,而且许多项目保险的保费也较高,因此通过购买保险的方式来转移项目风险有时会受到各种各样的限制。

(2) 非购买保险的方式。由于用购买保险的方式去转移项目风险有一定限制,所以人们就创造了非购买保险的方式去转移项目风险。这种转移项目风险的应对措施大多是借助于某种合同或协议的方式,将项目风险可能后果的经济或法律责任转移给他人来承担。这种应对措施并不是借助保险合同去将项目风险可能后果转移给保险商,而是通过两种合同约定去实现转移项目风险的经济和法律后果和责任的应对方式。其一是通过签订某种相关的免除责任的协议或合同的方式,前提是这种免除责任协议或合同必须具有合法性,否则无法达到转移项目风险的目的且还会因此带来更大的项目风险后果。其二是选用有利的项目合同,如项目业主要转移项目实施风险给承包商就可以选用固定总价合同,而承包商要转移项目实施风险给项目业主就可以选用成本加成合同,只是这种选择也必须付出一定的代价或成本。例如,选择固定总价合同的业主需要支付一定的项目风险费用给承包商,只是这部分项目风险费用远远小于自己承担风险可能导致的项目风险损失而已。

实际上，所有的转移项目风险的应对措施都必须支付成本，如购买项目的保险需要支付保险费，而签署某种相关的免除责任的协议或约定也要按照风险责任和风险义务对等的原则进行，所以转移项目风险的应对措施是一种通过支付成本去转移项目风险的措施。

5. 分担项目风险的应对措施

分担项目风险的应对措施是指根据项目风险大小和项目相关者之间应对项目风险能力的不同，由他们合理地去分担项目风险及其后果的一种项目风险应对措施。这也是一种人们经常使用的项目风险应对措施，通常这种项目风险应对措施是通过项目任务的承发包来实现的。这种项目风险分担应对措施的基本原理是，如果项目相关者中有人去实施某种项目任务的风险相对较小（因为此人或组织是专业做这种项目实施任务的），那么就应该通过合同的方式由其承担这部分项目任务的实施，从而分担了项目风险所有者的一部分风险，因此对方都应该获得分担项目风险的收益和风险所得。

通常，凡是企业自身能够把握和承担项目的风险，则项目的实施就由企业自己承担，凡是企业不能够把握和承担项目的风险，则项目的实施就可以通过合同的方式转由项目实施组织去承担。根据市场经济的社会分工理论，人类社会的分工（包括个人和组织在社会中的分工）有两个目的，其一是提高效率为社会创造更多财富，其二是降低风险以降低风险损失，而实际上降低风险损失的最终结果还是为社会创造更多财富。在项目实施组织承担项目业主的项目时，人们就需要按照不同的项目合同方式去分担项目风险的责任和义务。其中，当项目合同采用固定总价合同方式时，承担项目风险的责任就转移给了项目实施组织，此时项目业主就必须支付更高的项目费用；当项目合同采用成本加成的合同方式时，承担项目风险责任的就是项目业主，此时项目承包商能够获得的项目造价就不包括承担风险的费用；当项目采用综合单价合同时，项目业主和承包商按一定比例分担项目风险的责任和义务。

实际上在日常经济生活中，人们会签订涉及各种各样项目的合同，从而来规定各方分担的项目风险权利和义务，在这些项目合同中都会涉及项目风险及其后果的分担条款。例如,在家庭装修项目中人们可以使用"包工包料"的项目合同模式,也可以采用"包工不包料"的项目合同模式,甚至采用不同部分的装修工作使用不同合同模式的方法,从而确保项目风险的合理分担。因此,灵活巧妙地运用项目合同模式是有效分担项目风险的应对措施,这种措施可以使整个社会的项目风险损失达到最小,因为这是根据组织或个人的项目风险应对能力去分担项目风险的方法。但是,在使用分担项目风险的应对措施时,人们签署的各种项目合同必须符合《中华人民共和国民法典》等法律规定;在使用项目合同转移项目风险时必须实现风险责任和义务对等,谁承担项目风险谁就有权获得项目风险收益,不承担风险的人就应支付风险费用。

6. 消减项目风险的应对措施

在项目风险发生阶段和项目风险后果阶段人们需要采取的项目风险应对措施主要是消减项目风险损失或增加项目风险收益的应对措施,因为此时已经无法采取规避、转移和分担项目风险这类在项目风险潜在阶段使用的应对措施了。其中,消减项目风险的应对措施包括两个方面的含义,其一是在项目风险发生但还没有出现后果的阶段中所采取的项目风险化解和项目风险遏制之类的应对措施,其二是在项目风险发生并已造成后果的阶段中采取的项目风险后果减轻和处理与恢复之类的应对措施。这两种应对措施的内容和做法分述如下。

(1) 化解项目风险的应对措施。这是一种在项目风险已经发生但尚未出现风险后果的阶段,人们通过各种方法使得项目风险损失无法产生的化解应对措施。这种应对措施也被称为"转化"类的应对措施,需要投入一定的成本去换得项目风险的化解,如人们通过泄洪或蓄水的方法使得可能发生的洪涝灾害得以化解就属于这种应对措施。通常无预警信息的项目风险多需要采用这种应对措施,因为无预警信息项目风险只有到了项目风险发生阶段人们才会知道它的存在,所以设法化解这种项目风险的危害或损失的措施是有效的。

但是这种项目风险应对措施不但要求项目风险管理者具有十分敏捷的应急反应能力,而且要求组织或企业必须事前做好应急反应的资源储备和具有应急反应的机制与预案。例如,青少年教育项目中会出现学生或孩子离家出走的风险，学校和家长就必须具备一旦这种风险发生就能够动用的力量，去快速找回离家出走的学生或孩子，这会使离家出走所导致的风险损失降到最小（如果马上找回且处理得当也可能没有损失）。反之，如果应对不当，不但不会起到化解这种项目风险的作用，反而会引发学生或孩子的变相抗争，而出现比学生或孩子离家出走更严重的教育项目风险损失。

这种化解项目风险应对措施的采用时机或时效性要求很高，如果人们错过了采取项目风险化解应对措施的时机，那么这种项目风险应对措施就会失去作用。例如，针对学生或孩子离家出走的情况，如果不能在很短时间内找回出走的学生或孩子，他们就有可能在社会上沾染不良习气，甚至有可能被坏人利用或受到伤害。等到这些情况发生的时候人们就无法去化解这种离家出走的风险，而只能采取降低项目风险损失的应对措施。

(2) 遏制项目风险的应对措施。这也是一种在项目风险发生阶段、出现风险后果之前采取的消减项目风险损失的应对措施，此时人们为使项目风险不会产生损失后果可以采用"吓阻"或"制止"等办法达到遏制项目风险损失后果的作用。这种应对措施需要投入一定的成本去消减项目风险后果，如苏联和美国等国家在核武器方面采取的"吓阻"策略就属于这方面的应对措施。但是这种遏制项目风险的应对措施必须实施得当才行，如果这些应对措施失当，所需付出的代价会十分巨大。

这种遏制项目风险的应对措施可以用来应对有预警信息项目风险和无预警信息的项目风险，很多时候并不一定需要等到项目风险进入发生阶段才去采取这种项目风险应对措施，甚至在项目风险潜在阶段也可以采取这种项目风险应对措施。但是，这种项目风险应对措施要求项目风险管理者必须具有足够的"实力地位"，否则他所采取的"吓阻"或"制止"等措施不但达不到消减项目风险损失的目的，甚至会引发或扩大项目风险损失。

另外，遏制项目风险的应对措施不但对采用的时机或时效性有很高的要求，而且要求对需要应对的项目风险及其遏制对象有透彻的认识和了解，因为不同的遏制对象会采取不同的"反遏制"措施，从而形成一种"遏制"和"反遏制"的博弈。如果在选用遏制项目风险的应对措施时不清楚被遏制对象的情况和对方可能的"反遏制"情况,那么采用这种项目风险应对措施就会出现灾难性风险后果。所以遏制项目风险的应对措施多是用于项目相关者之间博弈所引发的项目风险,并且是一种在项目全团队成员之间博弈中处于"强势地位"的一方才能够选用的项目风险应对措施。

(3) 降低项目风险损失的应对措施。这是一种在项目风险后果阶段所采取的项目风险应对措施,此时人们只能努力减少项目风险损失而采取必要的应对措施了。例如,组织或企业和项目现场所设立的各种急救室和急救中心就属于这一类的项目风险应对措施,其所安排的各种救火器材和救火车也属于这类项目风险应对措施。虽然这些项目风险应对措施并不能防止、规避或化解项目风险损失,但是它们可以在项目出现风险损失的时候,努力通过采用"救火"或"救人"这类的措施去消减风险损失后果。

这种降低项目风险损失的应对措施同样可以用来应对有预警信息项目风险和无预警信息项目风险两方面,因为很多有预警信息的项目风险即使采取了规避、转移、化解等各种项目风险应对措施,仍会有一些项目风险进入风险后果阶段,此时人们就必须采取消减项目风险损失的应对措施。实际上,这种降低项目风险损失的应对措施是多数情况下人们应对项目风险的"最后一道防线"。所以即便人们已经采取了规避、转移、化解项目风险损失的各种应对措施,甚至组织或企业并不是项目风险的所有者,人们仍然需要在项目风险后果发生阶段去采取降低项目风险损失的应对措施。

消减项目风险损失的应对措施不但要求人们具有积极应对风险的态度,而且对应对的时机或时效性有很高的要求。例如,当项目遇到失火、地震、洪水等灾害时,不管是项目业主还是项目承包商都必须义不容辞地立刻开展消减项目风险损失的应对行动,因为如果不去采取消减项目风险损失的应对措施就可能触犯法律而需要承担法律责任。

(4) 处理项目风险后果的应对措施。这也是一种在项目风险后果阶段所采取的消减项目风险损失的应对措施,这种应对措施多数时间用于项目风险损失已经形成,但是人们为了项目未来或后续阶段而必须采取某些必要的项目风险后果的处理措施的情况。这实际上是一种"亡羊补牢"的项目风险应对措施，或者是一种"恢复"与"重建"方面的消减项目风险损失的应对措施。例如，组织或企业的项目现场出现"失火"和"伤人"等项目风险损失的后果，此时组织或企业或项目团队就需要开展"清理火场"和"抢救伤员"以及"重建或恢复烧毁的场所"或"治疗伤者和伤者康复"之类的处理项目风险损失后果的措施。

这种处理项目风险后果的应对措施是用来应对项目风险后果发生的情况的，实际上，"抗震救灾"和"重建家园"等活动都属于这一类的消减项目风险后果的应对措施。但是从广义的角度上说，这种处理项目风险后果的应对措施在很多情况下自身就是一种项目，甚至可以是一个独立的全新项目。例如，"抗震救灾"就是一种"应急管理的项目"，而"重建家园"实际上就属于建设新家园的项目。只是从狭义的项目风险应对角度上说，这些项目活动仍然属于消减项目风险损失应对措施的范畴。因此，人们在项目风险后果出现之后还必须采取这类应对措施，以便最终使项目风险损失能够降到最低程度。

7. 增加项目风险收益的应对措施

不管是在项目风险潜在阶段还是项目风险发生阶段，甚至是项目风险后果阶段，人们都可以采取增加项目风险收益的应对措施，其根本目的就是抓住项目风险所带来的机遇去为组织或企业获得更大的项目风险收益。这种增加项目风险收益的应对措施包括三大类，其一是在项目风险潜在阶段所采取的创造项目风险机遇和收益的应对措施，其二是在项目风险发生阶段所采取的扩大项目风险收益的应对措施，其三是在项目风险后果阶段所采取的增加项目风险收益的应对措施。这些应对措施具体分述如下。

（1）项目风险潜在阶段所采取的创造项目风险机遇和收益的应对措施。这是一种在项目风险潜在阶段，人们通过各种方法创造出项目风险收益的应对措施。这种应对措施也被称为"创造"类的增加项目风险收益的应对措施，是一种"无中生有"的增加项目风险收益的措施。很多科学研究和新产品开发项目中出现的"歪打正着"的情况就属于这类项目风险应对措施。例如，青霉素的发现就是因为采取了某种"意外"措施而创造出很大的项目风险收益的示例。显然，无预警信息项目风险和有预警信息项目风险都可以采用这样的应对措施，只是二者采用的具体措施不同而已。

但是这种项目风险应对措施要求项目风险管理者必须具有发现意外、积极创新和独立决策的能力，而且要求组织或企业必须具有积极创新的企业文化和氛围。这种创造项目风险收益的应对措施对采用时机或时效性方面的要求也很高，如果人们错过了采取这种创造项目风险收益应对措施的时机，那么这种项目风险应对措施就不会产生增加项目风险收益的作用。所以项目管理人员要具备当机立断的能力。

(2) 项目风险发生阶段所采取的扩大项目风险收益的应对措施。在项目风险发生阶段尚未出现风险后果时，人们能够采取的增加项目风险收益的应对措施有很多种，此时人们就应采取这些措施使项目风险收益得以提升或增加。这包括三个方面的应对措施，其一是在项目成本不变的前提下去努力增加或扩大项目风险收益后果的应对措施（这是一种成本不变但效益上升的措施），其二是项目风险收益后果不变而努力降低项目风险应对措施所需成本或花费的措施（这是一种效益不变但成本下降的措施），其三是项目风险应对措施成本有所上升但是项目风险收益大大上升的应对措施（这是一种拿小成本换大收益的措施）。

这三种增加项目风险收益的应对措施不但可用来应对有预警信息项目风险和无预警信息项目风险，而且可用来应对系统性项目风险要素导致的风险。其中，第一种应对措施是人们最常用的增加项目风险收益的方法，但这是一种相对保守的增加项目风险收益的方法，因为实际上很难找到保持成本不变的项目风险应对措施。第二种应对措施是最为保守的一种增加项目风险收益的应对措施，这实际上是一种在日常运营中靠"节流"去增加收益的思想的变种，而这种项目风险应对措施能够增加的项目风险收益是十分有限的。第三种应对措施是最为积极的一种增加项目风险收益的应对措施，也是实际上大多数项目风险应对措施的真实情况，因为实际上任何成本都是一种投资或垫付，只要投资或垫付的成本能够收回并使项目风险收益大大增加，就应该是首选的增加项目风险收益的应对措施。

(3) 项目风险后果阶段所采取的增加项目风险收益的应对措施。在项目风险后果阶段所采取的增加项目风险收益的应对措施主要有两大类，这两大类可以使用"惩前毖后"给出区分。其中，"惩前"并非是指要惩罚任何人此前的行为，而是要对已发生的项目风险后果进行"惩前"，这是一种处理采取应对措施之前所产生的项目风险后果的应对措施。"惩后"则是指对于采取应对措施之后所可能造成的项目风险收益进行提升，而对于应对措施所产生的项目风险损失进行消减（此时的消减损失就等于增加收益，因为在项目风险后果阶段的应对措施实施中，如果应对不当，则项目风险可能的收益或损失会直接变成现实的项目损失或收益），另外还包括将项目风险应对经验和教训转化为组织在经营过程中的资产（即组织内化的知识），从而实现一定的实际收益。

这两类在项目风险后果阶段为增加项目风险收益而采取的应对措施同样可用来应对有预警信息项目风险、无预警信息项目风险和系统性项目风险。其中，在"惩前"类的应对措施中，不但包括对于项目已出现的风险损失开展分析风险责任和积极进行索赔等应对措施，以便通过这些应对措施让已发生的项目风险损失后果获得补偿；而且包括支付必要的成本去消除或缩减项目风险损失后果的后续扩大和蔓延方面的应对措施。"惩后"方面的应对措施既包括努力通过采用"救火"或"救人"等措施去增加抢救出来人财物的风险收益后果，也包括通过恢复或重建等措施带来项目风险收益。总之，在项目风险后果阶段，人们能够采取的"惩前"的风险应对措施十分有限，"惩后"的风险应对措施也相对较少，因为项目风险结果在此阶段多数已经是"木已成舟"，所以增加项目风险收益的应对措施最好是在项目风险潜在阶段和项目风险发生阶段执行，这与中国人说的"凡事预则立，不预则废"是一个道理。

8. 项目风险的其他应对措施

除了上述的项目风险应对措施以外，还有一些其他的项目风险应对措施。实际上，凡是在项目风险三个阶段中所采取的各种措施都属于项目风险应对措施的范畴。更广义地说，除了上述项目风险的主要应对措施以外，凡是为了消减项目风险损失和增大项目风险收益的各种应对措施都属于项目风险的应对措施之列。

例如，从消减项目风险损失的角度出发，人们可进一步根据项目风险特性去采取四个方面的应对措施。其一是限制或降低项目风险发生可能性的应对措施，如2008年北京奥运会所采取的"消云减雨"的应对措施；其二是降低项目风险后果严重性方面的应对措施，如在公共场所设置各种防火设施和设立逃生通道的措施等;其三是消除项目风险关联影响的应对措施,如企业通过设立独立的子公司(而不是分公司)去阻断破产或债务关联影响的应对措施;其四是改变项目风险时间进程的应对措施,如各种推迟、延缓或阻断青少年离家出走风险的时间进程方面的应对措施等。

同样,从创造和增加项目风险收益的角度出发,人们也可以进一步根据项目风险特性将项目风险的应对措施划分成四类。其一是引发或提高项目风险发生可能性去获得和增加项目风险收益的应对措施;其二是增加或扩大项目风险后果严重性而获得和增加项目风险收益的应对措施,其三是扩大或增加项目风险关联影响而获得和增加项目风险收益的应对措施,其四是提前或加快项目风险时间进程而获得和增加项目风险收益的应对措施。

综上所述,在项目风险的应对中,可供人们选择的项目风险应对措施有很多,人们必须根据项目风险的特性、组织或企业的风险应对能力、项目风险的识别和度量情况、可供选择的项目风险应对措施情况去做出项目风险应对措施的选择和制定的决策。

10.2.3 项目风险应对措施的选择和制定

这是指人们在项目风险应对过程中首先应该开展"审时度势"的分析和研究,然后根据"因势利导"的原则和方法去选定所应采取的项目风险应对措施,最终才会起到"趋利避害"的项目风险应对的效果。由此可见,这种选择和制定项目风险应对措施的工作十分重要。这部分的工作包括两个方面的内容,其一就是"选择",即在有限的可供选择的项目风险应对措施中找出对于具体项目风险而言最为合适的应对措施,这属于人们在项目风险应对中学习和借鉴他人在项目风险应对方面的经验和教训。其二就是"制定",即在选定的项目风险应对措施种类的基础上,进一步做出适合项目风险实际情况的更动、创新和设计的工作,这是人们在项目风险应对中开展"权变"和"设计"方面的工作,也是对于项目风险应对措施进行"实用性设计"和"集成配套"的制定安排工作。

实际上,在项目风险应对措施的选择和制定中,人们可以从很多不同的角度和方法去开展项目风险应对措施的选择和制定工作,但是最主要的是如下几个角度和方法。

1. 按照项目风险应对的目标和取向选择和制定项目风险应对措施的方法

这种方法以人们开展项目风险应对所要实现的目标为导向，首先看项目风险应对措施究竟是用来增加项目风险收益，还是用来消减项目风险损失，甚至二者兼顾既用来消减项目风险损失也用来增加项目风险收益，然后人们才能够据此去选择和制定项目风险应对措施。这种方法最主要的步骤是：首先决定应对措施的目标或取向，然后根据项目风险应对措施的目标或取向去选择和设计项目风险应对措施，进一步将这些项目风险应对措施进行必要的集成和组合，具体见图10-2给出的图示和说明。

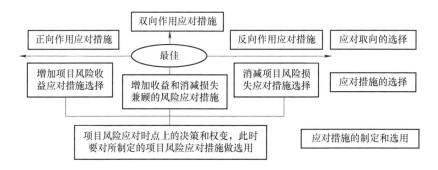

图10-2 按照项目风险应对的目标和取向选择和制定项目风险应对措施的方法

由图10-2可以看出，在按照项目风险应对的目标和取向去选择和制定项目风险应对措施的方法时，人们首先是要在项目风险应对决策时点上做出项目风险应对的目标和取向的选择，然后根据这种目标和取向去做出项目风险应对措施的选择，再进一步根据项目、项目风险和组织或企业的具体情况进行必要的设计、组合和集成，最终给出具体项目风险所应该采取的项目风险应对措施的全面安排。其中，项目风险应对措施的最佳方法显然是既能够消减项目风险损失，又能够增加项目风险收益的"双向作用"的项目风险应对措施。

2. 按照项目风险发生的阶段选择和制定项目风险应对措施的方法

这种方法是针对有预警信息项目风险事件去选择和制定项目风险应对措施的方法，因为有预警信息项目风险事件的发展进程分为三个不同阶段，所以人们可以分别去选择和制定项目风险三个阶段的应对措施。这种方法首先要根据项目风险所处的风险潜在阶段、风险发生阶段以及风险后果阶段的需要，特别是根据项目风险不同阶段所能够采取的项目风险措施去做好选择和制定工作。此外，这种方法要对选择和制定出的项目风险应对措施进行必要的"权变"和"集成"的工作。详见图10-3。

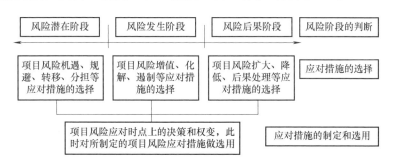

图 10-3 按照项目风险发生的阶段选择和制定项目风险应对措施的方法

由图10-3可以看出，在按照项目风险发生阶段选择和制定项目风险应对措施的方法中，第一步是要在项目风险应对的决策时点上，做出针对后续项目风险阶段的风险应对措施的选择，即究竟选用哪一类项目风险应对措施的决策；第二步则是在做出针对后续项目风险阶段的风险应对措施种类选择的基础上，根据项目、项目风险和组织或企业的具体情况，对于选定的项目风险应对措施种类进行必要的设计、改进和集成，最终在此基础上选用适合具体项目风险的应对措施并实施选定的项目风险应对措施。

3. 按照项目风险的优先序列选择和制定项目风险应对措施的方法

在实际的项目风险管理中，人们会使用按照项目风险的优先序列去选择和制定项目风险应对措施的方法，即按照人们对项目风险的了解及所赋权重的不同去选择和制定项目风险的应对措施，这方面的方法具体分述如下。

(1) 按照项目风险时间进程去选择和制定项目风险应对措施的方法。有的组织或企业主要是依据项目风险时间进程去选择和制定项目风险应对措施，他们会按照"先到先应对"的原则，首先考虑项目近期或马上可能会发生的风险去选择和制定应对措施，而对未来或较远会发生的风险一律采用暂时予以容忍的应对措施。因为他们认为，随着项目的展开每个项目风险都会进一步发展和变化，而且人们对于项目风险的识别和度量以及人们对于项目风险的认识也会不断深化，所以有些项目风险会"自行消亡"或"不了了之"，因此，人们应该按照"先到先应对"的方法去选择和制定项目风险应对措施。很显然，这种方法虽然切实可行并具有一定科学性，但这种方法没有全面考虑"轻重缓急"，而只是按照"缓急"的原则去选择和制定项目风险应对措施，有可能会"捡了芝麻，丢了西瓜"，而错失了对于重大项目风险的应对和管控，所以这种方法在某种程度上存在一定的问题和缺陷。

(2) 按照项目风险可能后果的严重性去选择和制定项目风险应对措施的方法。有的组织或企业会主要依据项目风险后果的严重性去选择和制定项目风险应对措施，这种方法首先考虑的是项目风险的"轻重"，然后按照"趋利避害"去获得项目风险应对的最大价值，选择和制定项目风险应对措施。这种方法不涉及今后项目风险是否会有发展变化，只是按照人们现在看到的项目风险可能后果的严重性，按照项目风险可能后果的严重性的高低去安排项目风险应对措施的优先序列，而对于那些项目风险可能后果严重性相对较低的就采取容忍的应对措施。这种项目风险应对措施的选择和制定方法虽也有科学的一面，但使用这种方法有时会出现轻视"缓急"的情况，从而使得有些早已发生且风险后果不太严重的项目风险没能够及时应对，所以这种方法与中国人"因势利导"的风险管理原理有一些冲突。

(3) 按照项目风险发生可能性去选择和制定项目风险应对措施的方法。有很大一部分组织或企业使用的是根据项目风险发生的可能性去选择和制定项目风险应对措施的方法，此时人们主要考虑的是项目风险发生可能性的大小，这是一种按照"可能与否"的原则去选择和制定项目风险应对措施的方法。使用这种方法的人们认为，项目风险的发生可能性是至关重要的，所以对于发生可能性越大的项目风险就应该越加重视和积极去应对。他们甚至认为，人们对于项目风险后果严重程度的认识有时并不准确，但是人们对于项目风险发生可能性的认识程度要高得多，所以人们应使用项目风险发生可能性作为选择和制定项目风险应对措施的根本依据。但是，使用这种方法过程中会出现"捡了芝麻，丢了西瓜"的后果或情况,因为有些项目风险发生可能性虽然高,但其风险后果的严重性比较低,而且项目风险发生的时间进程比较靠后,如果只是按照项目风险发生可能性去选择和制定项目风险应对措施,就会出现"弄错重点"的问题。

(4) 综合考虑项目风险特性去选择和制定项目风险应对措施的方法。
从理论上说,正确的项目风险应对措施选择和制定方法应该是综合考虑项目风险特性去选择和制定项目风险应对措施。这种方法应该综合考虑项目风险的发生可能性、后果严重性、关联影响特性,以及时间进程特性,据此去选择和制定项目风险的应对措施。这种方法的具体公式如下所示。

项目风险应对措施选择方法 = 项目风险{α 发生可能性、β 后果严重性、γ 关联影响、δ 时间进程}

其中:α、β、γ 和 δ 是项目风险的发生可能性、后果严重性、关联影响和时间进程四个特性各自的权重。这四个方面的权重需要根据组织或企业风险管理能力和偏好、项目本身的重要程度、项目风险四个方面的特性,以及项目所处环境与条件的发展变化速度和程度等因素去具体确定。这种方法及其四个方面特性之间关系的示意详见图 10-4。

图 10-4 综合考虑项目风险特性选择和制定项目风险应对措施的方法示意图

由图 10-4 中可以看出,这种方法需要首先去综合项目风险所具有的四方面特性情况,然后根据综合考虑这四个方面情况去选择和制定风险的应对措施。通常,人们使用最多的是综合考虑项目风险发生可能性和项目风险后果严重性这两大特性,从而根据描述项目风险这两个方面综合结果的期望值去选择和制定项目风险应对措施。但是也有很多人会综合考虑项目风险发生可能性和后果严重性以及时间进程这三方面的特性,去选择和制定项目风险应对措施。综合考虑项目风险这三个方面以及项目风险关联影响性去更准确地选择和制定项目风险应对措施方法的组织或企业相对较少,因为很少有组织或企业能够拥有全面集成考虑所有这四个项目风险特性的能力和成熟程度。

10.3 项目风险应对计划的制订

在人们选择和制定出了项目风险应对措施以后,就需要去制订项目风险应对计划。在项目风险应对计划中,人们不但要最终确定项目风险的责任者及其责任体系,还要根据选择和制定的项目风险应对措施去制定相应的项目风险应对措施所需的资源和预算,更为重要的是,在项目风险应对计划中必须有非常明确的规定和安排,例如何时在何种情况下去实施哪个项目风险应对措施,以及由此需要使用的各种配套措施或手段。

10.3.1 项目风险应对计划的内容和制订过程

项目风险应对计划是用于计划和安排人们如何使用选择和制定出的各种风险应对措施的工作,是对于开展项目风险应对工作和实施项目风险应对措施的计划与安排,是关于项目风险应对工作的目标、任务、程序、责任、方法、预算和措施等一系列内容的全面说明。所以,项目风险应对计划书中应该包括:对于项目风险应对责任的分配和说明,对于如何更新项目风险识别和项目风险度量结果的说明,项目风险应对计划实施程序和方法的说明,以及项目风险应对资金和时间的分配和使用方面的说明。项目风险应对计划的核心内容包括如下七个方面。

1. 项目风险应对的目标和指标

项目风险应对计划首先必须给出这方面工作的目标和十分具体的考核指标,以便人们能够根据这些目标和指标去制定好项目风险应对计划的方案和内容。项目风险应对的目标主要包括:项目风险应对的大政方针和指导原则,开展项目风险应对和采取项目风险应对措施需要实现的具体目标和指标,对于项目风险应对过程的具体要求和规定等内容。其中,项目风险应对工作的具体指标是对于项目风险应对计划目标的分解和细化,这包括项目风险应对具体工作的成本、进度、责任、要求等一系列的具体考核指标和要求与规定。

2. 项目风险应对的任务安排

这是指项目风险应对计划所给出的需要应对的具体项目风险，以及在项目风险应对中所要完成的具体任务内容。项目风险应对的具体任务包括：对项目全过程、全要素和全团队等各方面存在的项目风险的应对，通常这是按照所要应对的项目风险清单的方式给出的。这些项目风险应对任务是根据项目风险识别与度量结果和项目风险应对措施的选择和制定结果给出的，所有人们需要应对的已识别和度量的项目风险都属于这种任务安排的范畴，即使是采取容忍项目风险应对措施的风险任务也都属于这类任务的范畴。但是，项目风险应对任务的安排会随着风险识别、度量和应对措施的变动而进行修订。

3. 项目风险应对的假设前提条件

项目风险应对计划中的假设前提条件是人们在制订项目风险应对计划中给出的各种情况的人为假设，这关乎项目在遇到何种项目风险情况时人们需要使用哪个应对措施去应对，以及人们在采取某种项目风险应对措施时如何去实施这种应对。例如，在前文所举的项目市场风险的例子中，项目市场风险可能会有三种情况，从而人们可选择三种不同的风险应对措施方案，所以项目风险应对计划中必须写明："假如出现销售良好的情况"，则需要采取"生产1000件的方案"；其中的"假如出现销售良好的情况"就属于项目风险应对计划中的假设前提条件。

4. 项目风险应对的措施方案

项目风险应对的措施方案，是指应对各种项目风险的具体措施的集成方案。通常，这部分内容在项目风险应对计划书中需要使用清单和表格的方式给出，或者与上述的项目风险应对计划的假设前提条件一起给出。但是需要注意的是，对于同一个项目风险事件的多个可能后果的所有风险应对措施的集成方案都应该安排在计划书中给出。例如，假如出现甲种项目风险后果，则人们需要使用代号为A的项目风险应对措施，而若出现乙种项目风险后果，则人们需要使用代号为B的项目风险应对措施，如若出现丙种项目风险后果，则人们需要使用代号为C的项目风险应对措施。这就是在项目风险应对计划中所给出的项目风险应对措施及其集成方案的情况，人们会在某种项目风险的假设前提条件发生时，去选择并实施相应的项目风险应对措施。

5. 项目风险应对措施方案和实施办法

项目风险应对计划在很多时候更像是一种项目风险应对的工作指南，所以这种计划书中还应有如何去实施项目风险应对措施的方案、办法、过程和步骤等方面的内容。因为人们需要遵照项目风险应对计划书的这些内容去完成项目风险的应对工作。例如，项目需要采取购买保险的方法去转移风险，此时的项目风险应对计划书中就应该给出购买保险的险种、办法和具体工作安排，这包括从如何选择保险商和险种一直到如何根据合同进行理赔等各方面工作的规定。甚至就算人们选用了容忍项目风险的应对计划，也应该在项目风险应对计划中写清楚对于这些被容忍的项目风险应该间隔多长时间再次进行项目风险的识别和度量，以及在这类项目风险发展变化成为"不可容忍"的项目风险时，人们需要使用什么方法去转而采取"不容忍"的其他项目风险应对措施。

6. 项目风险应对工作的责任体系安排

这主要涉及两方面的问题，其一是具体项目风险的所有者是谁，其二是项目风险应对的责任者是谁，由此二者构成了项目风险应对工作的责任体系。项目各种风险都需要人们去应对，但是实际从事项目风险应对工作的人们并不一定是项目风险的所有者。尤其是在大型项目的风险应对工作中，一个项目的各项风险的应对工作会涉及许多组织、企业、团队和个人，所以在项目风险应对计划中必须明确给出这些组织、企业、团队或个人的责任安排。特别是要明确给出项目风险的所有者和项目风险应对工作的实施者的明确责任划分，因为实际上在项目风险应对中承担"风险所有者"责任的人可以通过出资等方式委托他人去开展项目风险的应对，而项目风险应对的责任者可以通过"出力"和承担"工作失误"的责任去接受委托而代人实施项目风险应对，在这种委托和代理项目风险应对工作中，人们必须有明确的责任划分和规定才能够很好地完成项目风险的应对任务。

7. 项目风险应对所需的资源和成本预算

项目风险应对计划书中还必须给出项目风险应对所需的资源和预算，

因为所有的项目风险应对措施和方案都是需要消耗人力、物力或财力资源的，从而就会形成项目风险应对的成本或费用，所以在项目风险应对计划中没有项目风险应对所需资源和预算，是无法开展项目风险应对的。这包括项目风险应对预算资金多少及其变动范围，预算资金的来源和如何筹措，以及项目风险应对资金如何管理和使用等。项目风险应对计划书中所给出的这些项目风险应对资源和预算需要经过一系列的项目风险应对资源和资金的预测、估算和预算过程去给出，所以项目风险应对的成本预算问题也是这种计划安排中十分重要的一项工作。项目风险应对的资源和预算也是整个项目资源和预算的一个组成部分，所以这部分资源和预算还应该写入整个项目的资源和预算计划安排之中。

上述项目风险应对计划书的内容都需要在编制项目风险计划时予以安排，并且这些内容的计划安排是按照一定的程序和步骤进行的，图10-5是这种项目风险应对计划编制过程的示意图。

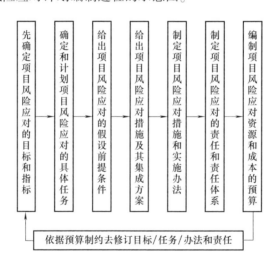

图 10-5 项目风险应对计划编制过程的示意图

由图10-5可知，项目风险应对计划的编制过程中不但包含前述七个方面的内容，而且需要依据项目风险应对计划中的预算情况去调整和修订这七个方面的内容。所以项目风险应对计划的编制和修订是一个动态的过程，这一方面是因为项目风险本身就是不确定的和发展变化的，另一方面是项目风险应对预算限制造成的。

10.3.2　项目风险应对的具体任务和做法的安排

人们在确定项目风险应对目标和具体指标以后,最为重要的计划工作是确定项目风险应对的具体任务和做法的安排,以便构成一套项目风险应对任务和做法的配套体系。

1. 项目风险应对的具体任务和做法的构成

这包含四个方面的内容:其一是项目风险应对具体任务的安排,即人们需要开展的项目风险应对的具体任务;其二是项目风险应对具体任务的假设前提条件,即人们实施项目风险应对措施的各种假定情况或条件;其三是供人们选择和使用的既定项目风险应对措施的方案,即当出现何种项目风险征兆时人们应该采取何种具体的项目风险措施及其集成方案;其四是项目风险应对措施方案的实施办法,即人们如何去开展项目风险应对工作的指南。这些是项目风险应对计划的核心内容,这四个方面的内容构成了一套项目风险应对的具体任务和做法的整体,四者之间的关系和构成模型如图 10-6 所示。

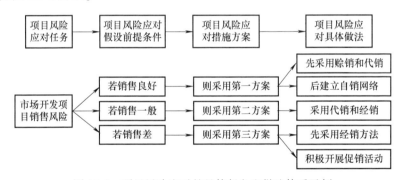

图 10-6　项目风险应对的具体任务和做法体系示例

由图 10-6 给出的示意图可以看出,实际上项目风险应对任务、项目风险应对的假设前提条件、项目风险应对措施方案、项目风险应对具体做法四者之间具有一种类似于"决策树"的相互关系,所以这四方面内容在项目应对计划书中是按整体模式给出的。

2. 项目风险应对的任务和做法的编制

因此,在项目风险应对计划书中,这部分内容的编制需要使用一种"集成性"的方法,因为这种计划内容是一种针对项目具体风险应对工作所制定的各种风险可能后果应对措施所集成的应对预案。所以项目风险应对计划书中这部分内容的制定需要按照图 10-5 中给出的"自左至右"的模式进行，而且需要使用某种"结构化语言"去按照项目风险应对假设前提条件进行编制。这与编制一般的计划书有很大的不同，因为一般的计划书都是确定性任务的安排，但是这种项目风险应对具体任务和做法的安排是根据假设前提条件，按照"多种情况选择"方式制定的。

根据图 10-5 中给出的图示可知，这种项目风险应对计划的内容也可以使用二维表的清单模式给出，即按照："假如出现何种情况"，则人们需要去"做何种的任务"，否则人们需要去"做另一种的任务"的模式编制给出。例如，针对企业员工乘坐飞机出差所需要应对的"航空意外"风险问题，企业在项目风险应对具体任务和做法中就应该写明"如果出差人没有任何亲属，则该出差人不需要购买航空意外险，因为其没有保险受益人；如果该出差人有亲属则需要花费 30 元购买一份能获赔 60 万元的航空意外险"。只有这样企业才能够将航空意外风险转移给保险公司。这就是在项目风险应对计划中有关项目风险应对具体任务和做法的编制安排。

3. 项目风险应对的具体任务和做法的实施

由于项目风险应对计划中的具体任务和做法是有假设前提条件的，所以如何应用这部分内容去指导和考核人们开展项目风险的应对情况也与企业日常运营管理的做法不同。在项目风险应对具体任务和做法的实施中，人们必须注意如下几个方面的问题及其处理。

(1) 项目风险应对计划的动态发展变化。在项目风险应对具体任务和做法的实施中，人们必须注意项目风险的发展变化和项目风险应对计划书本身的动态修订工作。这要求项目风险管理人员根据不断更新的项目风险识别、度量和应对措施的情况去修订和更新项目风险应对计划，这就会使得这种计划书中的具体任务和做法发生改变。所以在项目风险应对计划的实施工作中，人们必须关注和遵循项目风险应对计划书动态变化的原则，及时去修改和调整项目风险应对的具体任务和做法，否则就会出现"计划赶不上变化"的情况。

(2) 项目风险应对具体任务的假设前提条件的发展变化。实际上，不但项目风险应对计划本身是动态和发展变化的，而且项目风险应对措施的实施前提条件也是发展和变化的。例如，原来在项目风险应对计划中那些"能够容忍"的项目风险，随着项目环境和条件的发展与变化会变得"不可容忍了"。此时人们就必须去修订项目风险应对计划书中针对该项目风险的应对措施方案，所以在项目风险应对具体任务和做法的实施过程中，人们还需要付出更多的精力去关注项目风险应对具体任务的假设前提条件的发展变化。

(3) 关注项目风险应对具体任务绩效的发展变化。上述两个方面的发展变化，就会使得项目风险应对具体任务的绩效发生变化，这也是项目风险应对计划需要"随机应变"的一个部分。因此，人们会在项目风险应对的具体任务实施过程中"随机应变"，以便最终能够实现更高的"趋利避害"的应对绩效。由于人们需要按照"随机应变"的方法去实施项目风险应对计划的具体任务，所以就只能以项目风险应对具体任务实施的"趋利避害"实际效果指标去管控这方面的绩效。

总之，项目风险应对计划的具体任务、假设前提条件、项目风险应对措施方案、项目风险应对措施实施办法构成了一种动态发展变化的体系，人们需要根据项目风险监测中发现的项目各方面发展变化去不断地修订这种项目风险应对计划中的具体任务和做法。

10.3.3　项目风险及其应对的责任与责任体系安排

项目风险及其应对的责任与责任体系安排始于对项目风险所有者和管理者的识别、确认和安排，这种安排需要按照项目风险责权利对等的原则，和根据项目合同或协议等法律文件和相关法律法规的要求去进行。这种安排会将项目风险及其应对的责任在不同组织或企业、团队和人员之间做出分配和安排，只有当这种项目风险及其应对责任安排确认之后，人们才可以根据各自应承担的项目风险去承担起项目风险应对的责任。

1. 项目风险及其应对责任和体系的概念

由于项目的所有者和项目的实施者很多时候并不是同一个组织或团队，所以实际上项目风险及其应对会有一系列的责任相关者，这些项目风险的责任相关者在项目风险的应对中所承担的责任是不同的，但他们共同构成了项目风险及其应对的责任体系。所以，人们在项目风险应对计划中还应识别、确认和安排给出项目风险及其应对中的责任和由此构成的责任体系。特别是对于大型和复杂项目而言，项目业主往往需要通过承发包而委托多个不同的组织去实施不同的项目部分，所以更需要在项目风险应对计划书中给出这种责任体系。

例如，对于一个大型建筑项目来说，政府、项目业主、承包商、分包商、供应商等项目相关者在项目风险及其应对中各自承担着不同的责任。其中，政府主要承担项目给社会带来各种风险的应对责任，项目业主则是整个项目各种风险的所有者，但是项目业主可以通过承发包合同的方式去转移或分担项目风险，使保险商或承包商成为项目风险的所有者。当然，项目的设计商、承包商、分包商、供应商也需要根据项目承发包合同的规定去承担自己所分担的项目风险及其应对的责任，从而构成了整个项目的风险及其应对的责任体系。

2. 项目风险及其应对的责任体系须公平合理

项目风险及其应对的责任需要在项目相关者之间进行公平、合理的分配。其中，"合理"是指项目风险的所有者与项目风险应对者如果不是同一个项目相关者时，二者中谁负责应对项目风险应按照"谁的能力高谁应对"的原则去安排，因为这样可以使得整个项目风险损失降低和风险收益提高。例如，项目业主并非专业工程建设企业而缺乏承担工程项目风险的能力，就可以委托项目承包商去实施项目和应对项目风险。这就是整个社会需要开展社会分工的原因所在，而正是由于现有的不断细化的社会分工才使得全社会的效率不断提高，同时使得全社会的风险应对能力和效果得以大大提高。

而"公平"是指项目风险所有者与项目风险应对者之间的责任和义务的安排必须按照公平的原则进行。例如，项目业主通过购买保险和承发包的合同将自己的项目风险转移和分担给了保险商与承包商，所以项目业主就必须向保险商和承包商支付必要的项目风险应对的费用，并且这种风险转移后分包的合同和费用必须做到公平。反过来，既然项目业主通过支付保险商和承包商一定的费用而将项目风险转移或分担给了保险商和承包商，那么项目的保险商和承包商就必须承担起项目风险应对的责任和后果。

3. 项目风险及其应对责任体系的计划与安排

在项目风险及其应对责任体系的计划和安排中，人们首先需要计划和安排项目风险及其应对的两种责任：即项目风险的所有者和项目风险的应对者的责任，以保证在这种责任体系的计划和安排中，每个具体的项目风险都有相应的风险所有者和应对责任者。然后需要安排好项目风险应对者的全部责任，即确定出项目风险应对的决策者、监督者、实施者以及他们各自所应承担的责任，由此构成一个项目风险的应对责任体系的计划与安排结果。即便是项目风险的所有者和应对者是同一个项目相关者，也需要在项目风险应对计划中给出项目风险应对责任体系中关于项目风险应对的决策者、监督者和实施者的责任体系。

这种项目风险应对责任体系的计划与安排包括三个方面的具体内容：其一是识别并确定出项目风险应对的所有参与者，其二是协商并确定项目风险应对者的具体责任，其三是给出项目风险应对责任者的责任矩阵。通常，这种项目风险应对责任体系的计划与安排的内容可以通过表10-1中的项目风险应对责任矩阵表给出。

表 10-1 项目风险应对责任矩阵表

风险	责任			
	决策者	实施者	监测者	审计者
项目风险一	张三	李四	王五	赵六
项目风险二	李四	张三	赵六	王五
项目风险三	王五	赵六	张三	李四

10.3.4　项目风险应对资源和成本的保障

项目风险应对计划还必须对于项目风险应对所需的资源和成本做出计划和安排，最终形成项目风险应对的资源和成本的保障。任何项目风险应对活动都会消耗人力、物力和财力资源，采购或获得这些资源就会形成项目风险应对的成本，所以项目风险应对的资源和成本是开展项目风险应对的一种保障和支持。

1. 项目风险应对所需资源和成本的确定方法

一个项目风险应对措施的实施究竟需要开展哪些活动？这些项目风险应对活动究竟需要多少资源？这些项目风险应对所需资源究竟需要花费多大成本？所有这些问题都应该在项目风险应对计划中做出计划和安排，即项目风险应对计划应该包括对于项目风险应对所需资源和成本的计划和安排。有关实施某个项目风险应对措施所需资源和成本的确定方法有如下几种，它们各自可用于不同的项目风险应对工作阶段。

(1) "基于活动"的项目风险应对所需资源和成本确定方法。 由于项目风险应对资源和成本都是为开展项目风险应对活动而消耗和占用资源形成的，所以在项目风险应对的资源和成本计划安排中，项目风险应对者需要使用"基于活动"的方法去确定项目风险应对所需资源和成本。这是一种从项目风险应对者的角度出发，对于开展项目风险应对活动所需资源和成本的估算和预算的方法，这种方法给出的项目风险应对所需资源和成本都是根据开展项目风险应对活动的实际所需及其相应裕量决定的。所以这是一种在开展项目风险应对计划和安排过程中所使用的估算和预算项目风险应对措施的实施所需资源和成本的技术方法，在这种确定方法中，人们并没有考虑项目风险收益与项目风险损失等方面的影响和结果。

(2) "基于权利义务"的项目风险应对所需资源和成本确定方法。 对于项目风险的所有者而言，他们需要使用"基于权利义务"的方法来确定项目风险应对所需的资源和成本，因为只有这样他们才可能与项目风险应对者达成对于转移或分担项目风险的成本或价格的合意。这种项目风险应对所需资源和成本确定的方法实际是一种"基于项目风险收益和风险损失对等原则"的项目风险应对资源和成本预算的方法。这种方法不是要考虑人们在实施项目风险应对活动中实际所需的资源和成本，而是必须考虑由于项目风险应对责任的转移所造成的机会成本和收益。这种方法给出的项目风险应对所需资源和成本既包括了开展项目风险应对活动的实际所需和相应的裕量，也包括了项目风险应对中"责权利"的对等安排，以及项目风险应对过程中所需的各种不可预见费、管理储备和风险收益等方面的因素。

2. 项目风险应对所需的资源和成本构成

人们要应对项目风险就需要占用或消耗资源和成本，这些项目风险应对所需的资源和成本的构成具体分述如下。

(1) 项目风险应对所需资源的构成。 项目风险应对所需资源包括三种：其一是项目风险应对所需的人力资源，这是一种使用人们聪明才智和远见卓识去开展项目风险应对的重要资源；其二是项目风险应对所需的物力资源，这是在开展项目风险应对活动时消耗或占用的材料、能源、设备等资源；其三是项目风险应对所需的财力资源，这是在开展项目风险应对活动时消耗或占用的资金，这包括需要实际支付的资金和管理储备资金。项目风险应对所需资源从用途上说包括两种：其一是实际占用或消耗的资源，这一部分的资源是在开展项目风险应对活动时通过占用或消耗的形式而实际使用的部分；其二是作为风险管理储备的资源，这一部分的资源是在开展项目风险应对活动时作为储备待用的部分。这些项目风险应对所需资源的构成示意图详见图 10-7。

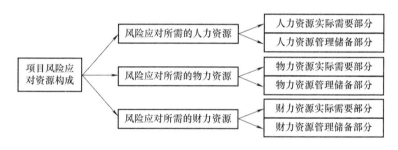

图 10-7　项目风险应对所需资源构成示意图

(2) 项目风险应对所需成本的构成。 项目风险应对所需成本的构成包括两大部分，其一是项目风险应对中直接发生的项目风险应对成本，其二是项目风险应对中用作储备的项目风险管理储备。由于项目风险的不确定性而导致了项目风险所需资源是发展变化的，所以在项目风险应对成本的估算和预算中，人们必须安排足够的项目风险管理储备，以应对这些不断的发展变化，所以在项目风险应对成本预算中会有很大一部分预算是按照项目不可预见费或项目风险的管理储备计入预算的。对于这些项目风险应对所需的直接成本和管理储备的构成，图 10-8 给出了图示说明。

3. 整个项目风险应对计划所需成本的预算

根据上述项目风险应对所需资源和成本的构成，人们就可以去制定整个项目风险应对计划所需的成本预算了。其中，整个项目风险应对的直接

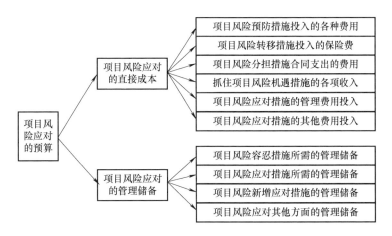

图 10-8　项目风险应对成本预算构成的示意图

成本就是人们开展各个项目风险应对措施所需要支付的直接成本的总和。由于每个项目风险应对措施的直接成本相对比较确定，所以在整体项目风险应对成本估算和预算中，这一部分的预算并不困难。人们采用上述"基于活动"的项目风险应对所需资源与成本确定方法，就能确定出每个项目风险应对措施的直接成本，从而累计得到整个项目风险应对的直接成本预算。

但制定整个项目风险应对的管理储备预算就比较困难了，因为这一部分实际上包含着两种不确定性成本的预算问题，其一是风险性的项目风险应对成本的预算问题，其二是完全不确定性成本的项目风险应对成本的预算问题。按照信息科学的理论，前者是一种发生概率小于1（即$P<1$）的项目风险应对成本的预算问题，后者是一种不知道发生概率（即$P=?$）的项目风险应对成本的预算问题。虽然从理论上说，对于$P<1$的成本预算问题，人们可以使用期望值的方法去给出平均水平，但是对于$P=?$的成本预算问题，人们只能依赖专家的主观认定。

实际上，在人们制订项目风险应对计划的时候所依据的多数项目信息是一些预测性或判断性的信息，在拥有这种信息的状况下，人们要确定项目风险应对的预算是十分困难的。因为此时人们对项目风险、项目风险应对措施、项目的环境和条件、项目风险所有者和应对者的风险偏好和能力等信息知之有限，所以人们必须在项目风险应对成本预算中安排足够的项目风险应对的管理储备。

4. 具体项目风险应对措施所需成本的预算

项目风险的各种应对措施都会发生一定的项目风险应对成本，确定项目风险具体应对措施的成本也是项目风险应对计划中的任务之一。主要的项目风险具体应对措施的成本预算方法讨论如下。

(1) 项目风险转移的保险费确定。 项目风险所有者在通过购买保险去部分或全部转移项目风险时，所需支付的保险费用就成了这种项目风险转移措施的成本预算。通常这种项目风险转移措施所需的保险费多少是由商业保险公司的精算师们按照具体项目风险的发生概率和风险损失后果严重程度，再加上保险公司的风险收益等因素而确定出来的。所以对于这种项目风险应对措施而言，保险费用就是项目风险应对成本的预算。这又分成保险公司既有商业化保险险种的投保费用和针对具体项目风险转移应对措施的保险费用两种。

(2) 项目风险分担应对措施的成本确定。 项目风险分担的应对措施成本是由项目风险业主（风险所有者）和承包商（风险分担者）通过合同谈判共同确定的，有时这种应对措施成本是通过招投标的方式确定的。在这种招投标的过程中，项目业主借助招标书做出"要约邀请"（因为招标书中缺少价格的要件），然后多个项目承包商通过投标书的形式给出他们的"合同要约"，最终确定出的中标者与项目业主签订的项目承发包合同造价中就包括了分担项目风险的应对措施的成本预算部分。

(3) 项目风险容忍应对措施的管理储备。 对于容忍项目风险的应对措施，应留出专项资金作为管理储备去确定相应的应对措施预算。这是为了当项目风险变为不可容忍情况的时候，人们可以使用这部分资金去应对该项目风险。所以人们需要对容忍项目风险的应对措施确定必要的项目风险储备资金，因此，项目风险容忍应对措施的成本预算是根据未来项目风险的可能变化或出现情况进行确定的。

(4) 项目风险应对措施的通胀储备确定。 如果项目存在通货膨胀或汇率变动等方面的风险，人们就需要采取一些购买外汇或商品期货去套期保值的应对措施。这种项目风险应对措施同样会有一定的直接成本和管理储备，其直接成本需要按照外汇或商品期货买卖成本去确定，而且多数情况下，这种项目风险应对措施还必须有足够的管理储备。同时，这种项目风险应对措施还会有机会获得项目风险收益，所以在项目风险应对措施成本预算的确定中也要考虑这一方面的因素。

（5）其他项目风险应对成本的确定。项目风险应对措施的成本预算中除了各种具体项目风险应对措施的直接成本和管理储备以外，还有一些项目风险应对的间接成本会发生。例如，项目风险应对措施所需的公司管理费，因为在项目风险应对过程中会涉及组织或企业的职能管理部门和人员等方面的费用。另外还会有一些其他的项目风险应对的相关投入，这些都应该作为项目风险应对的间接成本列入项目风险应对预算之中。

第 11 章

中国式项目风险的监控

项目风险监控包括项目风险监测和控制两方面的工作，这是在项目风险管理中所开展的风险征兆的监测、项目及其环境与条件的监测、风险应对措施的实施和过程控制等方面的工作，这包括迭代性地进行项目风险的识别、度量，制定项目风险应对措施、实施项目风险应对措施、开展这方面的控制等一系列的工作。由于项目及其环境与条件和组织与企业的风险应对能力等各个方面都会发展和变化，所以人们在完成了初始的项目风险计划、识别、度量和应对计划的制订以后，就进入了项目风险监测和控制的工作，以便借助项目风险监测去发现、识别、度量项目风险，以及借助项目风险控制去实现项目全过程的"趋利避害"的风险管理。

11.1 项目风险监控的概念与原理

项目风险监控作为项目风险管理工作的一部分，同样涉及计划、组织、领导、监测、实施与控制等方面的一系列内容。项目风险的监测和控制两项工作与项目风险评估、项目风险管理计划、项目风险识别、项目风险度量、项目风险应对共同构成了项目风险管理的六个具体工作内容。项目风险监控工作的根本目的是监测项目风险的发展变化，和控制项目风险应对措施的实施，从而对于项目的风险进行有效的管控。由于实际的项目及其环境与条件都是不断发展变化的，所以项目风险监控的核心是发现这些变化并予以合理应对和控制。

11.1.1 项目风险监控的概念

项目风险监控是指在整个项目风险管理过程中，根据项目风险管理计划和项目、项目风险与项目环境的发展变化情况而开展的各种监测和控制活动。所以项目风险监控包括项目风险监测和项目风险控制两层含义,其中的项目风险控制主要是对于项目风险应对措施实施工作的控制。项目风险监控是建立在项目风险所具有的阶段性、渐进性和可控性基础之上,由于项目风险的这些特性要求人们必须监测项目风险发生的可能性、后果的严重程度、关联影响和时间发展的变化,以便人们能够积极应变去对于项目风险应对工作进行有效的控制。有关项目风险监控的内容、作用和基本原理等相关概念分述如下。

1. 项目风险监控的内容

项目风险监控方面的管理工作核心内容包括四个方面,其一是项目风险监控工作的计划安排,其二是按照计划去开展的项目风险及其变化的监测工作,其三是根据项目监测给出的信息去选择和实施项目风险应对措施,其四是项目风险应对的事中和事后控制工作。这四个方面的项目风险监控工作内容之间的关系可见图 11-1 给出的示意图,具体讨论如下。

图 11-1 项目风险监控工作内容之间的关系

实际上就是项目风险管理全部实施工作都涉及项目风险监控,所以项目风险监控是实现项目风险管理目标的核心工作之一,图 11-1 中的项目风险监控四项工作的具体内容分述如下。

(1) **项目风险监控工作的计划安排**。在项目风险监控工作中做好计划和安排是首要工作,这包括四个方面的内容:其一是人们必须首先计划和安排项目风险监控的具体工作和时间安排,其二是计划和安排项目风险监控工作所需的资源和预算,其三是计划和安排项目风险监控工作所需的各种保障措施和方法,其四是计划和安排项目风险监控的各种计划变更管理办法和项目风险应对措施的修订管理方法与方案。

(2) **项目风险及其变化的监测工作**。然后,根据项目风险监控的计划安排,人们就可以去开展项目风险的监测工作了,这方面的内容主要包括五个方面:其一是项目风险的监测,这主要是监测是否出现了项目风险发生的征兆等情况；其二是监测项目风险的发展变化情况，这主要是对于项目及其环境与条件发展变化新情况的监测；其三是对项目风险进行迭代性的识别和度量，即每隔一段时间（定期或不定期）就要根据项目、项目风险和项目环境与条件的发展变化去重新识别和度量项目的各种风险和发现新的项目风险；其四是对项目风险应对措施实施情况的监测，即监测人们计划去开展项目风险应对措施的实施情况；其五是实时给出项目风险监测所获信息的反馈，以便人们能够借此去开展项目风险的控制工作。

（3）选择和实施项目风险应对措施。根据项目风险监测所获得的信息，人们就可以去开展项目风险应对的实施工作。这项工作主要包括三个方面：其一是根据项目风险监测所得出的信息去从项目风险应对计划中、既定的项目风险应对措施中选择合适的项目风险应对措施；其二是按照监测发现的项目风险发展变化情况去修订项目风险应对措施方案，即按照"审时度势"的结果去"因势利导"地制定和实施符合项目风险实时情况的项目风险应对措施；其三是在项目风险应对措施实施过程中实时给出相关的各种信息，即对于具体项目风险应对措施的实施情况和应对结果信息进行收集、加工和输出。

（4）项目风险应对的事中和事后控制。项目风险监控的第四项工作内容是项目风险应对的事中和事后控制，这也包括两个方面的具体内容：其一是对于项目风险应对措施实施工作的事中控制，即努力使项目风险应对措施实施工作处于受控状态，以及在项目风险应对措施实施过程中，若出现失控状态则积极地采取各种纠偏和变更使项目风险应对工作恢复到受控状态，从而确保项目风险应对措施的实施达到"趋利避害"的效果；其二是对于项目风险应对措施实施工作的事后控制，即根据项目风险应对措施实施之后的全新情况去更新和修订项目风险应对计划以及项目风险监控计划和其他文件的工作，包括设法更新和修订后续各种项目风险应对措施的方案，以便使项目风险监控的后续工作能够符合已经发展变化了的项目风险及其环境与条件的实际情况。

2. 项目风险监控的作用

上述四项项目风险监控的工作内容各有其作用，具体而言，项目风险监控的主要作用包括如下几个方面。

(1) 监测项目风险发展变化和征兆的作用。项目风险监控工作的首要作用是通过开展项目风险监测工作去发现项目风险的发展变化,和监测是否出现项目风险发生的征兆。这主要是通过对于项目风险及其环境与条件的发展变化进行严密和实时的监测,以便在出现项目风险征兆后或项目风险事件发展变化达到一定程度的时候,给出项目风险的预警信息,从而使人们能及时做出项目风险应对的决策和做好项目风险应对措施的选择和修订工作。

(2) 监测项目风险应对工作和情况的作用。项目风险监控工作的第二个作用是通过开展对于项目风险监测工作去发现和解决项目风险应对措施实施中出现的问题,并尽快做出应对紧急情况的各种"快速反应"。这主要是通过监测项目风险应对措施的实施情况和效果来发现问题和及时进行应对,最重要的是在项目风险监测中发现问题或应对不当的情况下,立即督促人们去开展改进或改善工作,从而确保项目风险应对措施实施的顺利进行。

(3) 努力保障项目风险应对工作处于受控状态。这是项目风险监控工作最为重要的作用,因为任何管理监控工作的根本目标就是使被监控的工作处于受控状态,项目风险监控工作也不例外。这是通过开展项目风险应对措施实施的事中控制去实现的,具体的作用就是努力通过协调或纠偏,设法使项目风险应对措施的实施工作处于受控状态。实际上,项目风险检测工作就是为实现项目风险及其应对措施的实施工作处于受控状态服务的。

(4) 及时修订或变更项目风险应对措施的工作。在项目风险的监控中,人们很难使得项目风险应对措施的实施工作总是处于受控状态,因为项目风险及其环境与条件的发展变化并不是人们能够控制的。所以在项目风险应对措施的实施中一旦出现完全失控的情况,人们就必须要设法通过修订或变更项目风险应对的措施和工作,去适应项目风险及其环境与条件发展变化以后的新情况,从而在全新基础上实现项目风险应对措施实施的受控状态。

(5) 项目风险监控工作的迭代识别度量作用。除了上述四方面的作用外,项目风险监控还有其他方面的一些作用。其中最为重要的是,项目风险监控工作还具有迭代性地开展项目风险识别和度量等方面的作用，即当项目风险监控中人们发现项目风险及其环境与条件发生了较大变化的时候，或者是由于实施了项目风险应对措施导致项目风险及其环境与条件发生了较大变化，人们就必须立即开展新的项目风险识别与度量方面的工作，以便使得整个项目风险管理工作处于一种实时的受控状态。

11.1.2 项目风险监控的原理

项目风险监控的原理就是管理学中有关管理控制的原理，对于项目风险监控的原理的讨论主要包括三个方面的内容，其一是项目风险监控的基本原理，其二是项目风险监控的基本特性，其三是项目风险监控的基本做法，具体分述如下。

1. 项目风险监控的基本原理

项目风险监控的基本原理与一般的管理控制原理是一致的，管理控制基本原理如图 11-2 所示。

图 11-2　管理控制的基本原理示意图

由图 11-2 可以看出，管理控制的原理是：首先要根据管理控制的目标或计划要求去制定管理控制的界限，因为人们不能使用管理控制的目标、计划或要求去作为管理控制的界限，必须在管理控制目标、计划或要求与管理控制界限之间留出足够的"容忍空间"或"预警空间"。否则，管理控制就会变成"零容忍"和"无预警"的刚性控制，而那种管理控制是无法实现的。其次，管理控制的目标、计划和要求也必须是可以变更和修订的，在管理控制中，人们不能只是一味地设法达到控制界限，当管理控制的界限过高或不符合实际情况时，人们就必须变更和修订管理控制的界限或要求，否则人们可能会面临永远无法实现管理控制的目标、计划和要求的窘境。很显然，项目风险监控属于这种管理控制的范畴，所以必须按照上述基本原理去开展项目风险监控工作。

2. 项目风险监控的基本特性

项目风险监控不但要遵照管理控制的基本原理，而且还必须具备六个方面的基本特性。

(1) 项目风险监控的集成性。这是指项目风险监控必须从系统的角度同时监控项目各种风险和项目风险的各种征兆与项目风险应对的效果情况，因为这些方面都是相互关联和相互影响的，所以项目风险监控必须按照集成性的特性去开展。

(2) 项目风险监控的经济性。这是指项目风险监控必须从项目成本和价值的双向角度去考虑，在安排项目风险监控的投入时必须严格防止"得不偿失"的情况出现，所以项目风险监控工作必须按照"价值大于成本"的经济性特性去开展。

(3) 项目风险监控的客观性。这是指项目风险监控工作中不能掺杂任何个人的偏见或主观臆断，更不能滥用项目风险监控的优势地位去牟利（如骗取保险费等），否则就会使项目风险监控的结果失真并且会带来严重的不良后果。

(4) 项目风险监控的时效性。这是指项目风险监控工作必须及时开展项目风险及其环境与条件发展变化的监控工作，必须实时将项目风险监控所获信息用于开展相应的项目风险应对方面的决策，否则就会出现监控工作所获信息过时而监控失效的结果。

(5) 项目风险监控的动态性。这是指项目风险监控工作必须按照项目风险变化进行相应的动态变化，这包括当项目发展变化剧烈时缩短项目风险监测周期和加大控制工作力度等。实际上，项目风险监控就是为发现项目风险动态变化情况服务的，所以这是它的根本特性。

(6) 项目风险监控的信息完备性。这是指项目风险监控给出的信息必须相对完备（实际上无法实现信息的完备性）和准确，以便满足人们开展项目风险应对措施决策的需要，否则人们开展项目风险监控工作的既定作用和效果就会无法实现。

3. 项目风险监控的基本做法

根据上述项目风险监控的基本原理和特性，项目风险监控工作的基本做法有四个方面。

(1) 科学地确定项目风险监控的对象。 这是指人们必须按照项目风险识别和度量报告及项目风险应对计划等方面的信息，分析给出需要特别监控的关键项目风险事件或系统性风险要素，并安排足够的资源和预算确保对这些关键监控对象开展监测和控制。

(2) 努力改进项目风险监控的方法。 这是指人们必须具有足够敏感度的项目风险监控手段或方法，如人们要想监控不出现超过±1毫米的误差情况就需要使用达到微米级的度量工具，再比如，当发现项目风险发展变化严重时就必须缩短监控周期以提高监控的反应速度。

(3) 积极增强项目风险监控的能力。 为了对项目风险及其环境与条件发展变化做出及时的响应或应对，人们就必须积极增强自己的项目风险监控能力。这包括对于项目风险及其环境与条件发展变化的监测能力，和对于项目风险应对措施实施过程的控制能力。

11.1.3　项目风险监控计划和监控方法

项目风险监控工作必须有一定的计划和安排，以及特定的监控方法。项目风险监控的方法进一步可分成项目风险监测的方法和项目风险控制的方法，这些方面的概念分述如下。

1. 项目风险监控的计划

项目风险监控计划包含两个方面的概念，其一是项目风险监控计划工作的概念，其二是这种工作所产生的项目风险监控计划书的概念。项目风险监控计划工作是指计划和安排项目风险监控的目标、任务、方法、责任、资源和预算等，并最终形成项目风险监控计划书所需开展的各种工作。项目风险监控计划书则是指用于指导人们开展项目风险的监测和对于项目风险实现有效管理和控制的文件，这种计划书必须给出项目风险监测和控制两方面工作的计划安排和行动方案。

项目风险监控计划工作是在项目风险识别、项目风险度量、项目风险应对方案制定之后，在采取项目风险应对措施之前进行的。因此，项目风险监控计划必须与项目风险识别、度量和应对等方面的计划进行必要的协调和集成，从而形成项目风险管理计划体系的全面集成。更进一步，这些项目风险管理计划还必须根据项目风险监控结果去对项目范围、质量、时间、成本等方面的计划一起进行必要的调整，从而形成项目管理的全面集成的计划文件。所以在制订项目风险监控计划时还应当有项目风险所有相关者的积极参与，从而实现项目风险监测与控制计划工作的全团队的认可和集成。

2. 项目风险监测的方法

项目风险监测工作可以进一步分成两个方面，其一是对于项目风险征兆的监测，其二是对于项目风险及其环境与条件发展变化的监测。所以项目风险监测不但是人们及时发现项目风险进入发生阶段的根本手段，而且是了解和掌握项目风险及其环境与条件发展变化的主要手段。由此可见，项目风险监测工作在项目风险管理中是非常重要的，因为如果人们不能监测项目风险的发生和发展变化，就无法正确地开展项目风险的应对工作。

进行项目风险监测工作最根本的原因是项目风险发展变化，这种发展变化导致了项目风险的信息不完备，让人们对于项目及其环境与条件的认识存有信息缺口，从而就形成了项目风险。关于项目及其环境与条件的信息缺口，图 11-3 给出了示意。

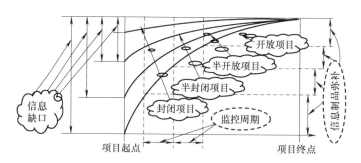

图 11-3　不同项目与其项目信息缺口的关系

由图 11-3 中可以看出，开放项目具有最大的信息缺口，人们对于这种项目的认识或信息在项目起点时几乎为零。半开放项目、半封闭项目和封闭项目同样也存在信息缺口，只是在项目起点人们对其有一定的认识，所以任何项目都存在信息缺口而需要借助项目风险监测去发现新的项目信息，从而弥补项目风险的信息缺口。由图 11-3 还可以看出，项目风险监测的基本方法就是每过一段时间（监测周期）或者在项目及其环境与条件发生重大变化的时候，人们就需要对项目风险及其环境与条件进行再次评估和认识，这包括对于项目风险的再次识别、度量以及对于项目风险应对措施的修订等。另外，为了防止项目风险监测出现人为疏漏，对项目风险监测使用交叉监测的方法，即在人们开展监测的同时安排第二批人开展同一项目风险的检查工作。为了使项目风险监测的方法起到"弥补信息缺口"的作用，项目风险监测的方法还包括将监测所获数据加工成信息的方法。

3. 项目风险控制的方法

项目风险控制是指根据项目风险监测所获得的信息，对于人们开展的项目风险应对措施实施活动所进行的纠偏或变更等，即在人们发现了项目风险征兆后开始采取相应项目风险应对措施的控制工作。其根本目的是为了通过开展项目风险控制使项目风险应对措施的实施处于受控状态。由于这种项目风险控制是应对项目风险及其发展变化采用的，所以项目风险控制必须采用与项目风险监测集成管理的方法。即通过项目风险监测去获得项目风险发展变化的信息，然后用这些信息去开展项目风险控制以获得项目风险应对成功的结果。

项目风险控制的基本原理和方法与一般管理控制的原理和方法是一样的，只是对于项目风险应对措施实施的事中控制和事后控制的方法有所不同。同时，项目风险控制还需要使用不同的方法去针对有预警信息项目风险、无预警信息项目风险和系统性项目风险要素导致的不同项目风险。因为这三种不同的项目风险性质不同，而且对其的项目风险应对措施也不同，所以它们使用的项目风险控制方法也不同。

11.2　项目风险监控的计划

项目风险监控计划是指人们对于项目风险的监测和控制工作所做的安排和部署，这是项目风险监控工作的首要任务。由此给出的项目风险监控计划书描述了在项目全过程中人们开展项目风险监测和控制工作的安排，用于指导人们开展项目风险的监测和控制工作。

11.2.1　项目风险监控计划的作用

项目风险监控计划的作用包括两个方面，其一是项目风险监控计划书的作用，其二是项目风险监控计划工作的作用，二者的具体作用分述如下。

1. 项目风险监控计划书的作用

项目风险监控计划书的根本作用就是用来指导人们开展好项目风险监测和控制工作，项目风险监控计划书对于项目风险管理者的具体作用主要有七个方面：其一是使他们明确和了解开展项目风险监测和控制工作的各种约束条件和假设前提条件，其二是使他们知道所开展的项目风险监测和控制工作的目标和要求，其三是使他们清楚为实现这些目标和要求所需开展的项目风险监测和控制的具体任务，其四是使他们了解为开展这些项目风险监测和控制的任务而需要承担的责任和具有的权利，其五是使他们知晓开展项目风险监测和控制工作所需使用的具体技术和方法，其六是使他们清楚为开展这方面工作所需使用的资源和成本预算，其七是使他们知道当出现项目风险监测和控制工作异常情况时应采取的应急措施和办法。这就是项目风险监控计划书的具体作用。

2. 项目风险监控计划工作的内容

项目风险监控计划工作的内容相对较多，因为这种计划安排的是针对具有复杂性和不确定性的项目风险的监测和控制工作。项目风险监控计划工作的主要内容包括如下方面。

（1）**分析和预测项目风险监控所需开展的工作内容**。项目风险监控计划工作的首要任务是分析、预测和给出项目风险监控所需开展的工作和任务，以便在这种计划中能够科学合理地计划和安排好项目风险监控需要开展的具体工作和任务。

（2）**分析和确定相关的约束条件和假设前提条件**。这是项目风险监控计划工作的第二项任务，即找出人们要开展项目风险监控会遇到哪些制约或约束情况，以及开展这些项目风险监控工作的假设前提条件。

（3）**研究和确定项目风险监控工作的目标和要求**。这是项目风险监控计划工作的第三项任务，即通过研究去给出开展项目风险监控所要达到的目标和要求。这种目标和要求既要满足项目风险管理的目标和要求，也要符合项目风险监控的实际情况和现实条件。

（4）**开展项目风险监测和控制工作的责任和权利**。这是项目风险监控计划工作的第四项任务，即根据项目风险监控的任务、目标和要求去确定开展这方面工作人员的责任，同时为了能够很好地完成项目风险监控工作，人们需要获得哪些方面的授权和利益。

(5) 开展项目风险监控工作所需使用的技术和方法。这是项目风险监控计划工作的第五项任务，即根据项目风险监控的任务、目标和要求去确定给出人们所需使用的监控技术和方法，这包括项目风险监测的技术与方法和对项目风险应对措施实施控制的技术与方法。

(6) 制定项目风险监控工作所需的资源和成本预算。这是项目风险监控计划工作的第六项任务，即根据项目风险监控的任务、目标和要求去确定给出项目风险监控所需的资源清单和相应的成本预算情况，这包括实际需要和管理储备两方面的资源和成本预算。

(7) 确定项目风险监控异常情况所需的应急措施和办法。这是项目风险监控计划工作的最后一项任务，即根据预测分析去确定给出项目风险监控工作出现异常情况的应对预案，这包括如何根据异常情况去改变项目风险应对方案和使项目风险监控恢复正常的办法。

11.2.2　项目风险监控计划编制的依据

项目风险监控计划编制的依据包括：项目章程、项目风险管理计划、项目风险识别与度量报告、项目风险应对计划、相关的各种约束和假设前提条件等，它们的内涵和作用分述如下。

1. 项目章程

项目章程是指由主要项目相关者共同商定的项目管理的"大政方针"，并且其一旦商定，就变成了项目相关者共同遵守的项目管理"根本大法"，是人们开展项目风险监控的依据。人们必须根据项目章程的规定去确定项目风险监控工作的目标和项目风险的所有者、应对者和其他人的项目风险监控的责任和义务，也必须依据项目章程的规定去安排项目风险监控工作所需的资源和预算等。

2. 项目风险管理计划

这是针对整个项目风险管理的计划，而项目风险监控工作本身就是项目风险管理计划安排的内容之一。所以它也是项目风险监控计划的主要依据，其中所包含的有关项目风险监控的目标、任务、方法、工具及数据来源等方面的规定，有关项目风险监控各项活动的决策、实施和支持责任和义务的规定，有关项目风险监控所需的资金、预算、时间周期、核检内容、监控时间和频率等方面的规定都是项目风险监控计划编制的主要依据。

3. 项目风险识别与度量报告

每一次迭代给出的项目风险识别与度量的报告也是编制项目风险监控计划的重要依据，因为这种报告给出了项目各种各样的风险识别和度量结果。所以人们要制订项目风险监控计划就必须用它作为依据，根据已经识别和度量出的项目风险情况去计划和安排项目风险的监控工作。最为重要的是，每一次迭代开展的项目风险识别和度量所给出的报告，都需要作为项目风险监控计划编制的依据，以便人们能够清楚项目风险发展变化的情况。

4. 项目风险应对计划

项目风险应对计划也是项目风险监控的主要依据，因为项目风险监控的根本目的就是要监控项目风险应对的情况如何。所以人们编制项目风险监控计划必须根据项目风险应对计划中有关项目风险发展变化、征兆、应对措施等方面的计划内容作为依据。更进一步说，项目风险监测的对象就是项目风险应对情况，而项目风险控制的对象就是项目风险应对活动，所以项目风险控制计划必须以项目风险应对计划作为直接依据。

5. 相关的各种约束条件和假设前提条件

制订项目风险监控计划同制订任何项目计划一样，人们必须首先找出开展项目风险监控工作的各种约束条件和假设前提条件。项目风险监控工作的约束条件包括：组织能力方面的约束、所需资源方面的约束、所需环境条件方面的约束等。项目风险监控的假设前提条件是人为假设的项目风险监控工作的前提条件，这包括项目实施方面的假设前提条件、项目所需资源方面的假设前提条件，项目风险监测所需的假设前提条件等。

11.2.3 项目风险监控计划的制订

项目风险监控计划的制订包括的内容有：项目风险监控的目标、项目风险监控的对象、项目风险监控的任务、项目风险监控的方法、项目风监控的角色和责任安排、项目风险监控的资源和预算、项目风险监控时间安排和项目风险监控中的各种应急安排。

1. 项目风险监控目标的确定

项目风险监控计划制订的首要任务是确定项目风险监控的目标和要求，然后才能根据项目风险监控的目标和要求去计划和安排项目风险监控的任务、责任、方法、预算、进度安排和应急办法等方面的内容。项目风险监控的目标主要有两个方面，具体分述如下。

（1）项目风险监测的目标和要求。项目风险监控的首要目标是关于项目风险监测的目标和要求，这是监测和发现项目风险征兆和项目风险及其环境与条件发展变化的工作目标和要求。项目风险监测最根本的目标和要求就是规定出在发现项目风险的征兆和项目风险及其环境与条件发生变化后，何时和如何给出项目风险监测信息的目标和要求。

（2）项目风险控制的目标和要求。项目风险监控的根本目标是对项目风险及其后果和项目风险应对措施工作进行控制，所以项目风险控制的根本目标和要求有两个方面，即对项目风险及其后果的控制目标和要求，以及对实施项目风险应对措施的控制目标和要求。

2. 项目风险监控对象的确定

项目风险监控计划的第二项工作是确定和给出项目风险监控的具体对象，即项目需要监控的具体项目风险及其后果，和项目风险应对措施的实施情况。

（1）具体项目风险及其后果的监控。这是指根据项目风险识别和度量报告给出的项目风险的特性，分析和确定需要对哪些项目风险及其后果进行监控，以便发现项目风险征兆和启动项目风险应对措施，这方面的监控对象就是人们计划采取项目风险应对措施的项目风险。

（2）项目风险应对措施实施情况的监控。这也是项目风险监控的主要对象，即监测项目风险应对措施的实施是否真正有效地消减了项目风险损失或增加了项目风险收益，并且根据这方面的相关信息去开展有针对性的控制行动。

3. 项目风险监控具体任务的确定

这是指在项目风险监控计划中安排好所需开展的各种项目风险监测和

控制的具体任务的工作，人们必须根据上述项目风险监控的目标和对象去计划安排项目风险监控的具体任务。这又可分为项目风险监测的任务和项目风险控制的任务，具体分述如下。

(1) 项目风险监测的具体任务。这主要包括两个方面的任务，其一是有关整个项目风险的监测工作，这包括对于项目风险征兆及其应对结果开展监测的任务，其二是对于项目风险监测工作的审计和监督工作，这包括对于项目风险监测行为的监督和监测结果的审查两方面。

(2) 项目风险控制的具体任务。这也包括两个方面的任务，其一是对于项目风险应对工作和行为的控制工作，包括对于所有项目风险应对者的行为和工作的控制；其二是对于项目风险应对工作结果的控制工作，包括对实施项目风险应对措施所获结果的控制。

4. 项目风险监控方法的确定

这是指在项目监控计划中要计划和安排给出用来开展项目风险监控的具体技术、方法和工具等，因为任何人要开展项目风险监控工作都必须要借助于某些方法、技术和工具。这也可分为项目风险监测和项目风险控制两类不同的方法、技术和工具，具体分述如下。

(1) 项目风险监测的方法、技术和工具。人们在项目风险监测工作中必须要使用相应的方法、技术和工具，比如人工看观录像、录音、报警器等监测技术和工具，这些都需要在项目风险监控计划中予以规定。

(2) 项目风险控制的方法、技术和工具。人们在项目风险控制工作中也必须要使用相应的方法、技术和工具，如人们控制项目风险应对结果的自检方法、他检方法和专检方法等，再比如工业电视等技术和工具，这些也都需要在项目风险监控计划中予以规定。

5. 确定项目风险监控的角色和责任

这是指项目风险监控计划要安排和给出项目风险监测和控制工作的具体责任和角色的安排，即给出项目风险监控工作的决策者、实施者、监测者等具体的角色和责任的安排。这也可分为项目风险监测和项目风险控制两种不同的角色和责任的安排，具体分述如下。

(1) 项目风险监测的角色和责任。人们在开展项目风险监测的过程中必须各负其责，即必须有人去承担直接开展项目风险监测的角色和责任，而有的人需要去承担对于项目风险监测过程和结果进行审计和监督的角色和责任，实现人们在项目风险监测中各负其责的作用。

(2) 项目风险控制的角色和责任。同样，人们在开展项目风险控制的过程中必须各负其责，即必须有人去承担项目风险控制的决策者、实施者、管理者等不同的角色和责任，只有这样，人们在项目风险控制过程中才能够既各负其责，又能有共同合作的作用和效果。

6. 项目风险监控的资源和预算

这是指在项目风险监控计划中还要计划和安排好项目风险监控所需各种资源以及获得这些资源所需的资金计划，因为人们要开展上述项目风险监控的任务和工作就必然会耗费各种资源从而形成成本，所以人们就必须在项目风险监控计划中给出这方面的计划和安排，否则项目风险监控计划就是一种"无源之水和无本之木"。

(1) 项目风险监测的资源和预算。项目风险监测所需资源包括：开展项目风险监测所需的人力资源，材料设备和软硬件等物力资源，为开展监测所需的信息资源等。为获得这些资源所需的成本再加上必要的管理储备，就是开展项目风险监测的预算。

(2) 项目风险控制的资源和预算。项目风险控制所需资源包括：开展项目风险控制所需的人力资源、物力资源和信息资源等。为获得这些资源所需的成本再加上为应对各种发展变化情况所需的管理储备，就是开展项目风险控制的预算。

7. 项目风险监控的时间安排和应急安排

这是指在项目风险监控计划中人们还要计划好项目风险监控的时间安排，以及如果出现意外或突发事件如何去开展应急处理的安排。项目风险监控的时间安排必须充分考虑项目风险监控信息的时效性，以便项目风险应急处理有足够的反应时间和起到很好的效果。

(1) 项目风险监测的时间和应急安排。这包括对于人们开展项目风险监测任务的起始和结束时间的安排、监测周期和频率的安排，以及对于项目风险监控出现意外或突发事件的情况下，如何缩短项目风险监测周期等方面的计划和安排。

(2) 项目风险控制的时间和应急安排。这包括对于人们开展项目风险控制任务的时间的安排、各项项目风险控制工作的时间安排,以及对于项目风险监控出现意外或突发事件的情况下如何开展项目风险控制活动的变更等方面的计划和安排。

11.2.4 项目风险监控计划的实施

有了上述项目风险监控计划以后,人们就可以按照这种计划去开展项目风险监控的实施工作,即项目风险监控计划的贯彻落实工作。

1. 项目风险监控计划实施的过程

项目风险监控计划的实施工作除了按照计划开展项目风险监控外,还需要根据项目风险的发展变化去开展项目风险监控计划的变更和修订等方面的工作,这些都属于项目风险监控计划实施方面的内容,这些项目风险监控计划的实施内容构成如图11-4所示。

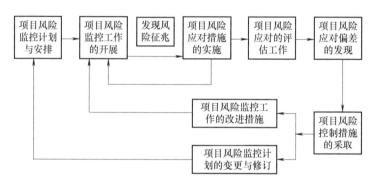

图 11-4 项目风险监控计划的实施过程示意图

由图11-4可知,项目风险监控计划的实施工作是一个迭代和动态的循环过程,首先人们需要根据项目风险应对计划去开展项目风险的监测工作,在监测中一旦发现项目风险征兆(或项目风险发生的信号)就需要去根据项目风险应对的计划安排采取项目风险应对措施,在采取这些项目风险应对措施的过程中和随后都需要对项目风险应对措施的效果进行评估,当发现项目风险应对措施结果出现偏差或问题的时候,人们就必须采取项目风险控制的措施,这包括:改进项目风险监控工作绩效的措施,和变更项目风险监控计划两方面的控制工作。

2. 项目风险监控计划实施的具体内容

根据图11-4可知，项目风险监控计划实施工作包括如下几项工作，具体分述如下。

(1) 项目风险监测工作的开展。在项目风险监控计划的实施过程中，人们首先需要按照项目风险监控计划的规定，去开展项目风险监测的工作。这是监测项目风险的发展变化和风险征兆是否出现，以便发现有用信息去指导人们开展必要的项目风险应对工作。在项目风险的监测工作中，人们必须按照客观的"观察和记录"与"正确的测度"方法去开展信息搜寻工作，所以这种监测工作最主要的要求是不能掺杂个人的偏见和武断。

(2) 项目风险应对措施的实施。当人们在项目风险的监测工作中发现了项目风险征兆或项目风险进入发生阶段的信息，此时项目风险监控实施工作就进入了采取项目风险应对措施的阶段。当项目风险监测发现了项目风险征兆或风险发生信息的时候，人们就必须立即去实施选定的项目风险应对措施。注意：这是指实施那些在项目风险发生阶段所需的风险应对措施，而项目风险预防、转移或分担之类的措施应该是在此之前就已经实施了。

(3) 项目风险应对的评估工作。在人们采取项目风险的应对措施的过程中和实施之后，都应该针对项目风险应对措施的效果以及随着项目风险应对措施的实施而导致的项目风险发展变化进行必要的评估工作。这是指人们要对已经开展的项目风险应对措施实施的效果进行评价和分析工作，因为任何项目风险应对措施都是人们按照预测和假设前提条件制定的，很难完全符合项目风险应对措施实施时候的实际情况和需要，因此必须开展必要的绩效评估，以便获得信息去发现项目风险应对措施中的偏差。

(4) 项目风险应对偏差的发现。人们在项目风险应对措施实施的评估工作中会发现项目风险应对措施实施的实际效果情况，然后将这些实际情况与项目风险监控计划和应对计划的目标和要求进行比较，就会发现项目风险应对措施在实施工作中出现的偏差。通常，人们所能发现的偏差包括两方面，其一是人们开展项目风险应对措施实施的努力和投入不够所造成的偏差，其二是由于项目风险监控计划和应对计划本身存在不符合实际情况的问题而造成的偏差。这两种不同原因所造成的项目风险应对措施实施效果的偏差,人们需要采取下述两种完全不同的项目风险控制的措施。

(5) 项目风险控制措施的采取。由图 11-4 可知,在这方面的项目风险控制措施包括两个方面,其一是通过增加和改进人们在项目风险应对措施实施中的努力程度和工作方法,从而提高人们对项目风险应对措施实施工作的绩效,进而纠正出现的项目风险应对效果的偏差;其二是通过变更或修订项目风险监控计划与安排,甚至是变更或修订项目风险应对计划以及项目风险管理计划和项目管理的各种专项计划,从而使得这些计划能够更好地符合项目风险监测和应对工作的需要,进而实现纠正项目风险应对措施效果的偏差。

3. 项目风险应对与项目风险监测工作的关系

如上所述,人们在项目风险监控计划的实施过程中,有项目风险监测和项目风险措施实施两方面的工作,它们二者之间的关系和作用如图 11-5 所示。

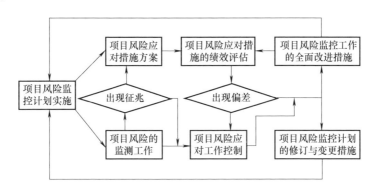

图 11-5　项目风险监测与项目风险应对措施实施工作的关系示意图

在项目风险监控计划的实施过程中,项目风险及其环境与条件都可能会发生变化,所以人们需要在项目风险监测计划实施的过程中去发现并应对这些发展与变化,因此人们就需要开展积极改进应对工作和变更与修订项目风险监控计划这两类措施。图 11-5 给出在这种项目风险监控计划实施过程中,项目风险的监测工作和项目风险应对措施方案这两项工作之间是一种相辅相成和相互关联的关系。由图 11-5 中可以看出,项目风险应对措施的实施前提(或触发条件)是由项目风险监测发现并给出的,而项目风险应对措施实施中的偏差也需要靠项目风险监测来给出（因为项目风险应对措施的绩效评估属于项目风险监测工作的范畴，为了突出实际作用和内容而使用了"评估"一词）。另外，在整个项目风险监控计划的实施过程中，随着项目风险应对措施的实施有可能会出现新的项目风险，所以人们还需要通过项目风险监测去发现这些新的项目风险，并为此去变更项目风险监控计划和根据新计划去开展项目风险监控工作。

11.3 项目风险监测的工作和方法

项目风险监测工作和方法包括：项目风险发展变化的监测工作和方法，项目风险征兆的监测工作和方法，项目风险应对绩效的监测工作和方法，这三个方面的项目风险监测工作和方法各不相同。

11.3.1 项目风险监测的工作

项目风险监测工作可以进一步分成三个方面的具体工作。这三个方面的具体工作内容和作用各有不同，具体分述如下。

1. 项目风险发展变化的监测工作和方法

这是项目风险监测工作的首要任务，即监测整个项目各种风险的发展变化情况，以及项目风险发展变化影响因素和可能后果的发展变化。通常，项目风险发展与变化的根本原因就是引致项目风险的因素发生了变化，所以项目风险发展变化的监测工作的主要对象就是引致项目风险的因素方面的发展与变化。引致项目风险的主要因素可以分成为三类，这三类因素都是项目风险发展变化监测工作的对象，具体分述如下。

（1）项目的外部环境与条件。这是指项目所处的各种微观和宏观环境与条件，这些项目所处的外部环境与条件都是不断发展变化的。实际上，项目风险多数是由于项目外部环境与条件发展变化后，使得项目既定计划不符合实际的项目环境与条件而造成的，虽然人们在项目起始之前已经对这些方面做了很多的论证和评估，但是由于这些论证和评估依据的多是假设条件和预测信息（因为项目还没开始而没有实际项目外部环境条件的完备信息）。所以监测项目外部环境的发展变化就成了项目风险监测的任务之一，因为由此可以去实时地获得项目所处实际外部环境与条件的最新信息，然后人们就可以根据这些信息去开展项目风险监控工作，并去修订和变更当初人们根据假设条件和预测信息所做的项目风险监控计划和安排，从而能够更好地应对项目的各种风险。

(2) 项目的内部环境与条件。这是指项目相关者所具备的各种项目实施所需的环境与条件的监测，因为项目的这些内部环境与条件也是会发展变化而需要监测的。实际上，也有项目风险是由于项目的内部环境与条件发展变化而造成的，虽然人们在项目起始之前也会对这些项目的内部环境与条件做很多的论证和评估（如招投标和资格评审等），但是在这些项目的计划、论证和评估中，人们依据的还是这些项目当时的环境与条件（项目起始以后这些内部条件会发生变化）和当时的项目风险情况（在项目实施过程中这些项目内部环境与条件也会发生变化）。所以监测项目内部环境与条件的发展变化也是项目风险监测的任务之一，因为由此可以去实时地获得项目所处内部环境与条件的实际信息，然后人们可以根据这些实际信息去采取项目风险应对措施，并修订或变更当初根据假设条件和预测信息所做的项目风险监控的计划和安排，以便更好地应对项目的各种风险。

(3) 项目相关者的要求与期望。随着人们对项目及其环境与条件的认识不断深入，项目相关者的要求与期望也会发生各种各样的发展变化，而他们的要求与期望的发展和变化也会造成项目风险的发展变化，所以人们必须对此进行监控。实际上，有许多项目风险就是由于项目相关者们的要求与期望发展变化而造成的，虽然他们在某个时候会在要求与期望方面达成一致，但是随着项目实施和进展所展示的实际情况，项目相关者的要求和期望也会不断提高和变化。所以，监测项目相关者们的要求与期望的发展变化也是项目风险监测中的任务之一，因为由此人们可以去实时地获得项目相关者的要求与期望发展变化的信息，再根据这些信息去采取各种应对措施和修订或变更项目风险监控计划，以便及时和更好地应对项目的各种风险。

2. 项目风险征兆的监测工作和方法

这是监测每个具体项目风险是否出现或已经进入风险发生阶段的工作。通常，这种项目风险的征兆包括两种，其一是人为设定的项目风险征兆或触发信号，其二是客观实际的项目风险征兆或触发信号。有关项目风险的两种征兆及其监测工作的内容，具体分述如下。

（1）人为设定的项目风险征兆或触发信号的监测。对于有预警信息项目风险事件而言，每个项目风险事件会有几种不同的可能后果，人们可以去分析和确定这种项目风险事件各种可能后果的发生征兆或阈值大小。所以在项目风险的监控工作中，人们可以用这些项目风险事件可能后果的征兆或阈值去发现项目风险从潜在阶段向风险发生阶段转化的触发信号。例如，人们设定当人的舒张压达到90毫米水银柱以上时候就是血压高，如果人们在血压检查中多次出现了这种情况就必须去看医生和吃药治疗，否则就会出现大脑和心脏器官受损方面的风险后果。这种人为设定的项目风险发生征兆或触发信号的监测既可以使用相应的电子或机械设备进行，也可以采用周期性核查的方法。这种监测方法和手段有一定的优点和缺点，其最大的优点就是能够较早地发出项目风险发生的警讯，其最大的缺点是由于这些检测手段或装置的敏感性较低，所以可能会有误报或漏报项目风险的情况。

（2）客观实际的项目风险征兆或触发信号的监测。对于无预警信息项目风险事件和系统性项目风险因素导致的项目风险，人们可以通过直接监测项目风险的发展变化，在项目风险从潜在阶段向风险发生阶段转化的时候给出项目风险发生的征兆。例如，当人们无意间看到火苗时就是一种火灾的征兆或触发信号，当人们看到或听到"打劫"的情况时，也是一种危险发生的信号，这些都属于客观实际的项目风险发生征兆或触发信号的监测工作范畴。这种项目风险发生征兆或触发信号的监测的最大不同，就是靠人们"看到了""听到了"或"感觉到了"去监测和风险项目风险发生的征兆，然后才会发出项目风险警报信息。所以无预警信息项目风险事件又被称为项目的"突发事件"，这种"突发"的项目事件的监测必须是针对"突发情况"去开展监控。同时，这种无预警信息项目风险的监测结果多数只能用于开展各种"救人救火"类的应对措施去消减项目风险损失而已。

3. 项目风险应对绩效的监测工作和方法

项目风险监测的第三项任务就是有关项目风险应对绩效的监测工作，

即监测人们开展项目风险应对措施的实施绩效情况并给出绩效报告信息的工作。这项工作会产生一系列的项目风险应对工作及其效果的数据和信息，以便人们用来开展和改善项目风险应对措施的实施工作。项目风险应对情况的监测工作主要包括两个方面，具体分述如下。

(1) 项目风险应对绩效的监测工作。这是指人们在获得项目风险发生的征兆或触发信号以后，就必须按照预先制定的项目风险应对措施方案去开展相应的实施工作，在这种项目风险应对措施的实施工作中，人们必须监测项目风险应对工作的绩效或效果，以及收集和处理这些信息。这方面的监测工作在很大程度上决定了项目风险应对的成败，因为人们可以通过这种监测获得和认识项目风险应对措施的实际效果，并且在出现问题的时候能够及时采取应变措施。当然，项目风险应对措施实施绩效的监测工作只是收集和处理数据与信息，据此采取的各种纠偏措施属于项目风险控制工作的范畴。

(2) 项目风险应对措施导致的风险发展变化的监测工作。这是指由于人们开展了项目风险应对措施的实施，导致原有项目及其风险出现发展变化，甚至会出现新的项目风险，所以人们还应该监测项目风险应对措施的实施工作所带来的这些发展变化情况。这种监测工作不仅会发出修订项目风险监控计划的要求信息，而且会发出重新开展新的项目风险识别与度量工作的要求信息，这也是项目风险监测工作的任务之一。另外，这种项目风险监测工作是专门针对项目风险应对措施实施后所出现的项目新风险及其环境与条件发展变化情况的监测，是一种能够实时更新项目风险及其环境与条件信息的监测工作。

11.3.2 项目风险监测的方法

上述每项项目风险监测工作都有其独特的技术和方法，有关项目风险监测这三个方面的技术和方法讨论如下。

1. 项目风险发展变化监测的方法

项目风险发展变化监测是为及时获得项目及其风险发展变化方面的信息，以便根据这些信息去开展项目风险的应对和控制。这种监测的技术和要求如图 11-6 所示。

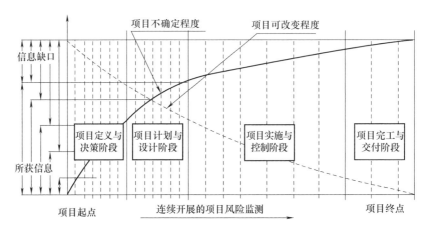

图 11-6　项目不同阶段的风险发展变化监测工作与项目信息缺口和
项目可改变程度关系的示意图

由图 11-6 可知，人们开展项目风险发展变化监测有两种方式。其一是图 11-6 中纵向给出的各条虚线，表示的是周期性的项目风险发展变化的监测工作，其二是横向给出的从项目起点到项目终点的实线，表示的是连续性的项目风险发展变化监测工作。这两种项目风险发展变化监测工作方式都是为实现"及时"获得项目风险及其环境与条件发展变化信息服务的，而这些"所获信息"会减小或消除图 11-6 中给出的项目"信息缺口"，人们通过使用这些"所获信息"去有效应对和控制项目风险。

从图 11-6 中还可以看出，在项目定义与决策阶段和项目计划与设计阶段中，项目风险发展变化监测工作的间隔期相对较短，而在项目实施与控制阶段和项目完工与交付阶段中，项目风险发展变化监测工作的间隔期相对较长。这是因为在项目定义与决策阶段和项目计划与设计阶段的项目信息缺口较大，所以人们必须尽量缩短这一阶段的项目风险发展变化监测工作的间隔期，以便能够更及时地获得信息去弥补在这些阶段中出现的较大项目信息缺口。由于项目实施的不断推移，项目信息缺口在逐渐减小，所以到了项目实施与控制阶段和项目风险完工与交付阶段，这种项目风险发展变化监测工作的间隔期就可以长一些。

所以，项目风险发展变化监测方法的基本要求就是要能够及时发现项目风险发展变化的各种信息，因此项目风险发展变化监测有两种基本方法,其一是实时监测的方法,其二是周期性监测的方法。很显然,项目风险发展变化监测方法中最理想的是实时不间断地监测项目风险的发展变化情况,但是由于各方面的限制,很多时候人们无法对项目风险发展变化采取这种实时监测的方法,所以就只能采用周期性的监测项目风险发展变化的方法。另外,在很多情况下这两种方法可相互印证和检验,对这两种不同的监测方法的讨论如下。

(1) 项目风险发展变化的实时监测方法。项目风险发展变化的实时监测方法多数是使用电子或机械装置或设备实现的。这种方法不但能不间断地监控项目风险的发展变化,而且还能够及时给出报警信号并记录和保留这些情况的录像和其他信息。人们现在使用的各种汽车或机械设备上安装有一些温度、速度、扭矩、湿度和故障报警器等都属于这个范畴,都能够及时给出报警信号以便人们能够及时应对可能出现的各种风险。

(2) 项目风险发展变化的周期性监测方法。这种项目风险监测方法要求人们每间隔一定的时间就要对项目风险发展变化进行一次必要的监测,从而发现有关项目风险及其环境与条件的发展变化信息。显然,这种项目风险监测的周期越短,这时项目风险监测信息的时效性越好,如果人们不能在时效期内及时发现有关项目风险及其环境与条件的发展变化,就无法实现"趋利避害"的项目风险应对效果。实际上,正是因为项目风险监控工作的时效性要求,使得这种项目风险监测方法必须达到"及时"的要求。

2. 项目风险征兆或阈值的监测方法

由于项目风险的征兆或阈值是在项目风险应对计划中预先确定的,因此人们必须按照既定的项目风险征兆或阈值去选用监测的方法,以便及时发现项目风险征兆或阈值去做出开展项目风险应对工作的决策。项目风险征兆或阈值的监测主要有如下几种具体方法,它们分别用于不同的项目风险征兆或阈值的监控之中。

(1) 主观判断法。这是指人们在项目风险征兆或阈值的监控过程中使用主观判断的方法去识别和给出项目风险征兆或阈值的方法,这种方法一方面可以节省很多的人力和物力,另一方面大多数时间能够满足发出项目风险应对信号的需求。例如，中医诊断中的"望闻问切"的方法就是这类风险监测的技术方法，中医应用这种主观判断法很大程度上需要有很长时间的经验积累。

(2) **数据对比法**。这是一种在监测项目风险征兆的过程中，使用监测到的数据与预先设定的项目风险征兆或阈值进行对比去发现项目风险征兆的方法。这种方法需要使用各种项目风险监测设备去监测项目风险发展变化的数据，一般人们发现监测获得的指标超出既定项目风险的阈值时，就可认定项目风险进入了发生阶段。因此，这种方法不像主观判断法那样依靠项目风险监测者的经验和主观判断，这是一种使用客观数据的对比而识别给出项目风险征兆的方法。在使用这种方法时，一定要有对照比较的项目风险征兆既定的阈值，因为人们需要根据实际数据与项目风险阈值的比较去确认项目风险进入发生阶段。

(3) **核检清单法**。这种方法是项目风险监测中的常用方法，不仅可以用于项目风险发展变化的监测，还可以用于项目风险管理中的其他监测方面。这种项目风险征兆监测的方法被认为可用于项目全过程风险的管理中，这种方法就是使用各种各样的核检清单，去审视项目风险的征兆是否已经出现。如人们可以使用出勤核检表、工作核检表、审计核检表等方法去监测人们工作中所引发的项目风险征兆，也可以使用监测设备运行参数的核检清单去监测由此所引发的项目风险。

(4) **会议审核法**。这种项目风险征兆监测的技术方法就是通过周期性召开项目风险监测会议，集思广益地去发现项目风险征兆的方法。这种方法要求与项目风险有关的所有项目相关者都要参加项目风险征兆监测的审核会议，然后根据这种审核会议给出的会议决议去确定项目风险征兆是否出现。会议参加者首先要对照项目风险监控计划去审核和发现项目风险征兆的发生情况，然后在发现项目风险征兆后做出采取项目风险应对措施的决策。

(5) **里程碑图法**。这也被叫作项目风险跟踪图法，它是通过监测项目风险里程碑的情况来监测项目风险征兆是否出现的方法。这种方法要求人们在项目实施全过程中按照项目里程碑去定期监测项目风险征兆的发生情况，其关键是选择好项目里程碑及其风险阈值指标，并据此去发现项目风险征兆方面的信息，一旦在项目风险征兆监测中发现这些指标超出计划或阈水平后就可以认定项目风险征兆的出现。这种方法的特点是可以阶段性地确定项目风险征兆的阈值情况，并据此给出项目风险征兆是否出现的监测结果。

(6) 其他的方法。项目风险征兆的监测还可以使用很多其他的方法，如甘特图就可以用来监测项目进度风险的征兆，因为只要比较项目进度计划和项目实际进度就可以发现这种项目进度风险的征兆。另外，像项目计划评审技术和项目风险评审技术等也是广泛用于项目风险征兆进行监测的技术方法。

3. 项目风险应对绩效的监测方法

项目风险监测的第三类方法就是项目风险应对绩效的监测方法，即监测人们根据项目风险的征兆或预警信号和各种信息所实施项目风险应对措施工作的效果。所以项目风险应对的监测工作方法有两种，其一是监测人们是否按照项目风险征兆或预警信号和相关信息实施了预先制定的项目风险应对措施方案，其二是监测人们开展相应的项目风险应对措施的实际效果情况，这两方面工作的具体方法分述如下。

(1) 项目风险应对措施实施工作情况的监测方法。这是指监测人们是否在正确的时间和使用正确的方法去开展了计划安排的项目风险应对措施的方法，这种监测方法实际上是一种对于项目风险应对措施实施工作情况的监测方法，可以用来监测项目风险应对绩效的工作开展情况，并用于发现两方面的信息：其一是项目风险应对措施是否得以实施，其二是项目风险应对措施的实施工作是否符合计划安排。项目风险应对措施实施工作的监测方法多数是使用核检清单进行监测，所以这种项目风险实施绩效监测工作必须预先根据项目风险监控计划和项目风险应对措施预案去制定好相应的核检清单，然后使用这些清单去监测项目风险应对措施实施工作的实际完成情况。

(2) 项目风险应对措施实施效果的监测方法。这是指对于人们开展的项目风险应对措施的实施实际所达到效果或绩效的监测方法，即对于项目风险应对措施实施的实际效果是否达到项目风险监控计划的预期效果的监测方法。这种方法使用的基本上是常规的项目工作绩效评估方法，即将项目风险应对措施实施所产生的实际效果,与项目风险监控计划要求和项目风险应对措施预案的预计效果进行对比分析,从而给出项目风险应对措施实施效果或绩效的评估结果的方法。这种评估方法给出的结果会有两种,其一是项目风险应对措施的实施绩效达到预期的效果和项目风险监控计划的要求,其二是项目风险应对措施的实施绩效无法达到预期的效果和项目风险监控计划的要求。当出现后一种结果的时候,人们就需要对项目风险应对措施的方案和计划进行必要的变更或修订,以此去满足项目风险监控的实际需要。

11.4 项目风险控制的工作和方法

通过上述项目风险监测工作,人们能够监测给出项目风险发展变化和发生的征兆,然后根据项目风险发生征兆去开展项目风险应对工作。在项目风险应对工作中,人们监测项目风险应对措施的效果,并依此去开展必要的项目风险控制工作。很显然,人们开展这些项目风险控制工作需要有一套项目风险控制的方法,有关这方面的工作和方法分述如下。

11.4.1 项目风险控制的主要工作

项目风险控制的工作主要包括:根据在项目风险监测中发现的问题和信息去分析给出项目风险应对出现的偏差,并针对这些偏差去及时地采取各种项目风险控制的纠偏措施,必要时人们需要对项目风险监控计划进行全面的更新。

1. 分析项目风险应对中出现的偏差

这是项目风险控制的首要任务,即使用比较对照的方法去发现项目风险监控工作中出现的各种工作偏差和绩效偏差。其中,分析确定项目风险应对工作偏差的目的是为了制定纠正项目风险应对工作偏差的各种办法和措施,而分析和确认项目风险应对绩效偏差的目的是为了修订项目风险应对措施方案,以便改正当初在项目风险监控计划阶段制定的项目风险应对措施预案不符合项目当前发展变化的实践情况方面的问题。所以,这两种项目风险应对中出现的偏差的分析和确定工作都是为后续采取纠偏措施或开展变更提供信息支持的。

2. 采取各种项目风险控制的纠偏措施

一旦通过分析而确定出项目风险应对工作和绩效存在偏差之后，项目风险控制就进入采取纠偏措施的工作，主要涉及三方面的具体工作。其一是采取修正项目应对工作内容的纠偏措施工作，即按照充分必要的原则去补充或返工而最终使项目应对工作内容得以修正的纠偏措施。其二是改进项目风险应对工作方法的纠偏措施工作，即通过改正项目风险应对工作中的错误或无效方法而最终使项目应对工作方法得以纠正的措施。其三是改变项目风险应对绩效的纠偏措施工作，这是通过全面使用改进项目风险应对工作方法的纠偏措施，最终使得项目风险应对绩效得以提高的一类纠偏措施。

3. 项目风险监控计划进行全面的变更

对于相对较小的项目风险应对偏差或问题，人们可以使用纠偏措施去予以修正，但是很多时候人们没有办法通过纠偏措施解决所有问题而必须全面变更项目风险监控计划和项目风险应对措施的预案，这就是项目风险控制的第三项工作。这种工作不同于采取纠偏措施的"维修"工作，而是一种全面更新型的"大修"工作。这种项目风险控制工作甚至会对项目风险管理计划中各个方面进行全面的变更，这甚至包括对于项目风险监控计划、项目风险应对计划、项目风险管理计划等一系列计划安排的全面变更和修订。

11.4.2 项目风险控制的技术方法

项目风险控制作为一种管理控制在原理上完全不同于机械和电子等方面的控制。管理控制的基本原理如图11-7所示，其核心任务包括四个方面：其一是根据管理目标和计划制定出管理控制的控制界限（用管理目标和计划作为控制界限会失控），其二是根据制定出的管理控制界限去度量实际工作的情况，其三是将管理控制界限与度量得到的实际情况进行对照比较，找出偏差并分析偏差所代表的是问题还是成绩，其四是根据找出的问题去采取纠偏措施或计划变更与修订。

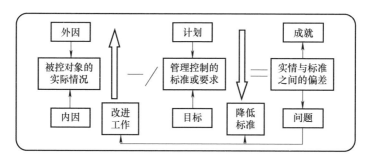

图 11-7　管理控制的基本原理示意图[1]

由图 11-7 可知，管理控制是一个动态的过程，是一个计划—管理—发现偏差—纠偏—变更计划—达到目标的动态过程。项目风险应对的控制工作就是一种典型的管理控制工作，所以项目风险应对的控制同样需要开展这些管理控制方面工作的技术方法，其一是制定项目风险应对的控制界限方法，其二是根据控制界限去度量项目风险应对实际情况的工作的方法，其三是确定项目风险控制偏差的方法（包括工作和绩效两方面偏差），其四是实施项目风险控制纠偏措施的方法，其五是变更项目风险应对计划和方案的方法。这些项目风险控制的方法具体分述如下。

11.4.3　项目风险控制界限的制定方法

项目风险控制界限是开展项目风险控制工作的依据和基础，所以制定项目风险控制界限是项目风险控制的首要工作。实际上，项目风险应对工作控制界限的制定就是要给出项目风险应对工作的完成情况和效果好坏的界限，从而能够发出项目风险应对工作失控的预警信号和采取纠偏措施的触发信号。这方面控制界限的制定方法包括如下几项。

1. 控制图法的原理

控制图法是管理控制中最常使用的一种制定管理控制界限并使用它去指导管理控制开展的方法，所以它同样适用于项目风险控制界限的制定。这种控制图法使用图形表示工作效果的实际状态与控制界限之间的差距，去达到管理和控制项目风险的目的。在这种方法中，人们需要根据项目风

---

[1] 戚安邦. 管理学 [M]. 北京：电子工业出版社，2006.

险监控的计划和要求，去制定出项目风险控制的界限，这种控制界限包括控制上限和控制下限，以及发展趋势的统计控制界限，具体如图11-8所示。

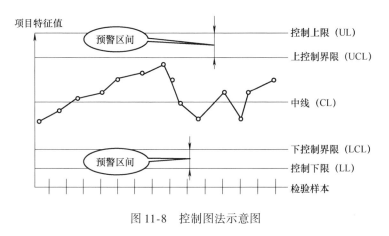

图11-8 控制图法示意图

2. 项目风险控制界限的确定方法

由图11-8可知，控制图法的控制界限包括两种。其一是根据反映项目风险控制要求的上下限制（即允许的最大值和最小值），按照留出了一定预警区间的办法去给出项目风险上下控制界限，这种控制界限可以被称为"范围性"的项目风险控制界限。其二是为反映统计规律而给出的项目风险变化系统性偏差的控制界限，这种控制界限可以被称为"系统性"的项目风险控制界限。有关这两种项目风险控制界限的具体说明如下。

(1)"范围性"的项目风险控制界限的确定方法。 这种项目风险控制界限给出了在项目风险控制中允许的项目具体指标值的变动范围，一旦项目风险控制的结果度量出现超出控制界限的情况，人们就必须立即采取必要的纠偏措施，从而使项目具体指标值能够回到允许的控制界限范围之内。这种项目风险控制界限的上限和下限是由人们根据项目风险控制的要求或目标来设定的，在这种项目风险控制界限和项目风险控制的要求或目标之间要有一个"预警区间"。这种"预警区间"通常需要根据项目风险控制力度和能力的情况设定，以便既保证人们能够及时地采取纠偏措施以防止超出项目风险控制要求界限而使得项目风险失控，同时又能够确保人们有足够的能力去实现对于项目风险的控制。

（2）"系统性"的项目风险控制界限的确定方法。这种项目风险控制界限给出了项目风险控制过程中所能够允许的项目风险应对工作情况连续变动的趋势界限，如果项目风险控制结果的统计情况表明有系统性趋势，人们就必须据此采取必要的纠偏措施，以便消除这种项目风险应对工作连续变动的趋势。这种控制界限是人们根据统计数据规律或人们的经验法则来设定的，多数情况下人们会使用"七点原则""五点原则"或"三点原则"去确定这种控制界限。这是指在图11-8中，检验样本的检测结果中连续有七个点、五个点或三个点的系统性变化趋势，人们就必须采取纠偏措施去纠正这种系统性偏差。人们需要使用统计分析法去找出这种"系统性"项目风险控制界限，而这种统计分析法是人们根据历史项目的数据资料，运用统计学经验公式去确定项目风险控制的系统性控制界限的方法。

11.4.4　项目风险控制中的偏差确定方法

这是指确定项目风险监控的实际情况与项目风险监控计划的要求之间的偏离程度或大小的方法，是一种技术性和管理性都很强的项目风险控制方面的工作方法。这种项目风险控制偏差确定方法有很多不同的分类，从偏差本身的性质上说，主要有四类：其一是绝对偏差的确定方法，其二是相对偏差的确定方法，其三是平均偏差的确定方法，其四是指数偏差的确定方法，四种不同的方法具体分述如下。

1. 项目风险控制的绝对偏差确定方法

这种方法确定给出的是项目风险控制工作考核指标的绝对偏差，所以这种方法要求人们使用项目风险控制工作考核指标的绝对数值，对照这种指标控制界限绝对值，从而确定出项目风险控制工作的绝对偏差。这种方法可以使用下面的公式：

$$R_1 - R_0 = JV$$

其中：R_1代表"项目风险控制工作考核指标的实际绩效绝对数值"，R_0代表"该指标的项目风险控制界限的绝对数指标值"，JV代表"项目风险控制的绝对数偏差"。

由这一公式我们可以看出,这种项目风险控制的绝对偏差属于统计学中的"绝对数差异",所以这种项目风险控制的绝对偏差的确定方法使用的是统计学中的"绝对差异"确定方法。在项目风险控制中人们可以使用这种方法去确定项目成本、进度、质量、范围和资源等各方面风险控制工作出现的绝对差异,并根据这些绝对差异的情况去采取相应的项目风险应对措施或项目风险控制的纠偏措施,最终达到管理和控制项目风险的目的。

2. 项目风险控制的相对偏差确定方法

很多时候,项目风险控制工作考核还需要使用相对偏差,去指导人们做出项目风险控制纠偏措施的决策,因为人们无法从项目风险绝对差异中知道项目风险工作控制偏差的相对严重程度。所以人们需要确定项目风险控制工作相对偏差的方法,这种方法的公式描述如下。

$$(R_2 \div R_1) - R_0 = RV$$

其中:R_2 代表"项目风险控制工作指标的实际绩效绝对数",R_1 代表"项目风险控制工作指标的计划绩效绝对数",R_0 代表"该指标的项目风险控制界限的相对数指标值",RV 代表"项目风险控制的相对数偏差"。

由这一公式求出的项目风险控制工作的相对偏差实际就是统计学中的"相对差异",在项目风险控制中人们可以使用这种方法去确定项目成本、进度、质量、范围和资源等各方面控制工作所出现的相对差异。这种项目风险控制工作的相对数偏差有"计划完成程度的相对数""结构相对数""动态相对数""强度相对数"四种不同的相对差异,它们的确定都可以使用上述公式给出的方法,只是其中的 R_2、R_1 和 R_0 所代表的含义不同而已。

3. 项目风险控制的平均数偏差确定方法

项目风险控制的绝对和相对偏差有时候不足以指导人们去做出项目风险控制纠偏措施的决策,因为有时候人们还需要知道项目风险控制偏差的平均差异情况。所以在某些情况下,人们需要确定项目风险控制工作的平均数偏差的方法,这种方法可用下列公式予以描述。

$$(R_1 \div S_1) - P_0 = AV$$

其中：S_1 代表"某项目风险控制指标的实际绝对数值"，R_1 代表"与之相关的另一项目风险控制指标的实际绝对数值"，P_0 代表"某项目风险控制指标的平均数指标值"，AV 代表"项目风险控制的平均数偏差"。

由这一公式求出的项目风险控制工作的平均数偏差，实际上就是统计学中的"平均差异"指标，在项目风险控制工作中，人们可以使用这种方法去确定项目成本、进度、质量、范围和资源等各方面出现的平均差异情况和指标。这种确定方法中最为重要的是 R_1、S_1 和 P_0 所代表的含义不能混淆，其中 R_1 和 S_1 分别是项目风险控制工作中两种相关但是不同的实际情况指标的绝对数值，而 P_0 则是项目风险控制的平均数控制界限值。

4. 项目风险控制的指数偏差确定方法

项目风险控制的指数偏差确定方法有两种，其一是单一指数的偏差确定方法，其二是综合指数的偏差确定方法。其中，单一指数的偏差确定方法主要就是前文所讨论过的相对数偏差的确定方法，包括项目风险控制工作的"计划完成程度相对数""结构相对数""动态相对数""强度相对数"等相对数偏差的确定方法。

对于综合指数的偏差确定方法，使用最广泛的就是项目挣值管理方法，这种项目挣值管理方法是借用统计学中综合指数分析的原理建立的，其具体分析和推导证明如下：

假定变量 F 是由一个质量变量 P 和一个数量变量 Q 按照相乘的关系构成的，即有：

$$F = P \times Q$$

若以 Q_0 和 P_0 表示这些变量的计划值水平，Q_1 和 P_1 表示这些变量的实际值水平，则 F 就有计划值 F_0 和实际值 F_1，它们二者的描述详见下列公式。

$$F_0 = P_0 \times Q_0, \quad F_1 = P_1 \times Q_1$$

将 F 的计划值 F_1 与实际值 F_0 相比，人们就可得到一个综合指数 E，即有：

$$E = \frac{F_1}{F_0} = \frac{P_1 Q_1}{P_0 Q_0}$$

根据统计学的原理，人们可以引入不同的中间变量，从而得到两个不同的综合指数 E_p 和 E_q。其中，如果引进的中间变量为 $P_0 \times Q_1$ 时，则有 E_q（统计学上的拉氏指数）：

$$E_q = \frac{P_1 \times Q_1}{P_0 \times Q_1} \times \frac{P_0 \times Q_1}{P_0 \times Q_0}$$

该公式中两部分乘式的具体说明如下：

(1) $\dfrac{P_1 \times Q_1}{P_0 \times Q_1}$。这表示当数量指标 Q 在 Q_1 水平且保持不变的情况下，由于质量指标 P 从 P_0 变化到 P_1 所造成 F 的相对变化程度。用 $(P_1 \times Q_1) - (P_0 \times Q_1)$ 则表示在数量指标 Q 固定不变的情况下，由于质量指标 P 从 P_0 变化到 P_1 所造成 F 的绝对变化。

(2) $\dfrac{P_0 \times Q_1}{P_0 \times Q_0}$。这表示将质量指标 P 固定在 P_0 水平时，由于数量指标从 Q_0 变化到 Q_1 所造成 F 的相对变化程度。同时可用 $(P_0 \times Q_1) - (P_0 \times Q_0)$ 表示在质量指标 P 不变的情况下，由数量指标从 Q_0 变化到 Q_1 所造成 F 的绝对变化程度。

所以项目挣值实际上就是由 $(P_0 \times Q_1)$ 表示的这个中间变量，其中的质量指标 P 使用的是项目已完成作业的预算成本 P_0（或 BC），而其中的数量指标 Q 使用的是项目实际已完成的作业量 Q_1（或 WP）。在综合指数编制中引入项目挣值这一中间变量后，就可以分别对由于项目作业量 Q 和成本 P 的变动所造成的项目成本的相对差异与绝对差异，以及二者综合影响造成的指数差异进行必要的偏差分析。

为此，人们首先需要正确理解项目挣值管理方法中的三个基本变量、三个绝对差异分析的指标，以及三个相对差异分析的指标。

(3) 项目挣值管理方法的三个基本变量。 这一方法的三个基本变量的内涵如下：

① 项目计划价值（PV 或 BCWS）= $P_0 \times Q_0$

这是使用项目预算给出的计划成本（或价格）乘以项目计划工作量，从而得到的一个项目计划价值（PV 或 BCWS）。

② 项目挣值（EV 或 BCWP）= $P_0 \times Q_1$

这是用项目预算成本（或价格）乘以项目实际完成工作量，从而得到的一个项目成本的中间变量（EV 或 BCWP）。

③ 项目实际成本（AC 或 ACWP）$= P_1 \times Q_1$

这是用项目实际发生成本乘以项目实际已完成工作量，从而得到的项目成本的实际值（AC 或 ACWP）。

这三个基本变量在项目挣值管理方法中分别反映项目成本和工期的计划和实际水平。

(4) 项目挣值管理方法的六个差异分析变量。根据项目挣值管理方法中的三个关键变量，人们就可以计算出如下六个项目挣值管理方法中的差异分析变量情况。

① 项目成本/进度的绝对差异指标 $CSV = PV - AC = BCWS - ACWP$
$$= (P_0 \times Q_0) - (P_1 \times Q_1)$$

这就是一种综合指数分析的绝对差异指标，表示由项目成本和进度两个指标从计划值变化到实际值的这两个因素综合变动造成的差异。这一差异指标值为正则表示项目控制工作情况好，值为负则表明项目风险控制工作出现了问题性的绝对偏差。

② 项目成本绝对差异指标 $CV = EV - AC = BCWP - ACWP = (P_0 \times Q_1) - (P_1 \times Q_1)$

这一指标反映了项目实际已完成作业量的预算成本与实际成本之间的绝对差异。这一指标剔除了项目作业量变动的影响，独立反映由于项目预算成本和项目实际成本之间差异的绝对值大小。这一差异指标值为正则表示项目成本控制工作情况好，反之则表明项目成本风险控制出现了问题性的绝对偏差。

③ 项目进度绝对差异 $SV = EV - PV = BCWP - BCWS = (P_0 \times Q_1) - (P_0 \times Q_0)$

这是反映项目计划作业量的预算成本与项目挣值之间的绝对差异，这一指标剔除了项目成本自身变动的影响，独立反映了项目计划作业量和实际已完成作业量的差异所造成的项目成本的绝对差异情况。同样，这一差异指标值为正则表示项目进度控制工作情况正常，反之则表明项目进度风险控制出现了问题性的绝对偏差。

④ 项目成本/进度的相对差异指标 $E = \dfrac{F_1}{F_0} = \dfrac{P_1 Q_1}{P_0 Q_0}$

项目成本/进度两个指标的相对差异综合指数（CSI），它反映了项目成本和进度的计划与实际之间的相对差异情况，表示项目成本和进度这两个因素从计划值变化到实际值的综合变动造成的相对差异。该指标值小于1为情况正常，反之则表明项目风险控制出了问题。

⑤ 项目成本绩效指数 CPI ＝ EV ÷ AC ＝ BCWP ÷ ACWP ＝ $(P_0 \times Q_1) \div (P_0 \times Q_0)$

项目成本绩效综合指数（CPI）是项目已完成作业量的实际成本与其预算成本二者的相对差异指标，这一指标排除了项目作业量发展变化的影响，从而度量了项目成本风险控制工作的情况。这一指标值大于1则表明情况正常，反之则表明项目成本风险控制出现了问题。

⑥ 项目计划完工指数 SCI ＝ EV ÷ PV ＝ BCWP ÷ BCWS ＝ $(P_0 \times Q_1) \div (P_0 \times Q_0)$

项目计划完工的综合指数（SCI）是项目挣值与项目计划作业量的预算成本的相对数差异，这一指标排除了项目成本变动的影响，从而度量了项目作业量变动对项目成本的相对影响情况。这一指标值大于1则表明情况正常，反之则表明项目进度风险控制出现了问题。

（5）项目挣值管理方法的差异分析图解。图 11-9 给出了项目挣值管理方法中各变量的图示，由图 11-9 中可以进一步看出上述各项目挣值管理方法的差异分析变量的几何图解情况。

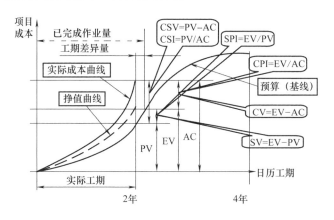

图 11-9 项目成本挣值分析方法示意图

图 11-10 是一个项目挣值管理方法各种差异值的实例图示，从中我们可以看出项目挣值管理方法的综合指数差异和绝对数差异以及相对数差异。由此可知，项目挣值管理方法是一种比较有效的分析和确定项目成本和进度风险控制的方法。

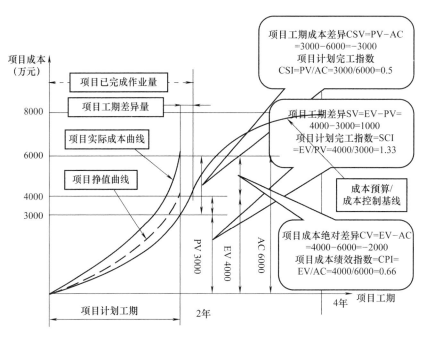

图 11-10　项目成本与进度风险控制的挣值分析示意图

11.4.5　项目风险控制中的纠偏方法

人们一旦发现项目风险的发展变化超出了项目风险监控计划中预计的情况,那么就必须对原来计划安排的项目风险应对计划和措施开展纠偏行动。这种项目风险控制中的纠偏方法可以由图 11-11 给出示意,从该图中我们可以看出,"计划的项目绩效曲线"是一种理想性的项目风险控制绩效计划安排的情况。但是在项目实施过程中,各种项目风险及其环境与条件发展变化所造成的实际控制绩效会出现偏离原定计划情况的差异(即出现偏差),而当这种偏差达到一定幅度的时候,人们就需要采取纠偏措施去修正项目风险控制的绩效。

这种项目风险控制的纠偏措施需要根据项目风险控制绩效的发展趋势去制定,为了保证在一段时间内这种纠偏措施仍然能够起作用,这种纠偏措施需要做出某种程度的"矫枉过正",以保证人们所采取的纠偏措施在之后的一段时间内都会起作用,这样最终就形成了图 11-11 中的"纠偏后的实际项目绩效的折线"所描述的情况。由于项目风险控制偏差是由项目风险监测发现的,而且只有当项目风险控制工作的偏差达到一定程度以后才会去采取纠偏措施,所以这种纠偏措施的间隔时间有时是变动的(不定期的),而这种纠偏措施的纠偏幅度则是相对一致的(定幅的)。所以图 11-11 中给出的纠偏结果就是每次纠偏后的作用幅度是相同的(只有最后一次有所不同),但每次纠偏措施所间隔的时间是不同的,从而形成了每隔一段时间项目风险控制绩效会提升一个高度的"折线"状况。

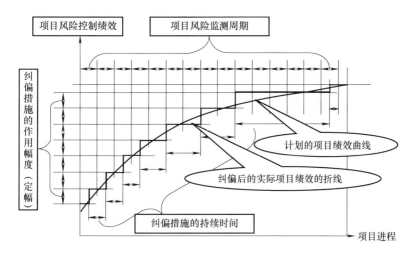

图 11-11　项目风险控制中的纠偏方法作用示意图

项目风险控制工作的纠偏方法主要包括如下几个方面。

1. 确定造成偏差原因的方法

确定偏差原因是项目风险控制中制定纠偏措施所需要开展的基础工作,所以人们需要有寻找和确定项目风险控制工作偏差具体原因的方法。这是在使用项目风险控制的偏差分析方法确定出项目风险控制偏差以后,人们为了发现造成偏差的原因而必须采取的具体方法。

(1) 系统性/偶然性偏差分析法。这是用来分析项目风险控制工作偏差是系统性偏差还是偶然性偏差的方法。因为系统性偏差具有很强的"惯性",所以纠正系统性偏差所采取的纠偏措施,必须能够克服这种"惯性"才能实现纠正偏差的效果和作用。对于偶然性偏差,人们还需要进一步分析造成偏差的偶然情况或因素有哪些,然后有针对性地去采取纠偏措施。需要特别注意的是,项目风险控制工作的纠偏措施多数是针对系统性偏差的，因为只有系统性偏差会给人们时间和机会去采取纠偏措施，而多数偶然因素引起的项目风险控制偏差并不重复且不给人们时间和机会去采取纠偏措施，因为多数偶然性偏差发生以后就会出现"时过境迁"的局面而难以采取项目风险控制的纠偏措施。

(2) 外部/内部原因分析法。这是用来分析和确定项目风险控制工作偏差发生的原因是外部环境原因还是组织内部原因的技术方法。因为人们对于项目外部环境原因导致的项目风险控制工作的偏差多数是"无能为力"的，此时所能采取的项目风险控制工作的纠偏措施多数是一种适应项目外部环境变化的纠偏措施。但是如果导致项目风险控制工作出现偏差的成因是组织内部原因时，人们就可以使用有效的纠偏措施去消除或减少这种偏差的出现，或者采取纠偏措施对项目组织的各方面条件做重新配置去消减偏差。

2. 设计纠偏措施的技术方法

在确定项目风险控制工作偏差的原因之后，人们就可以据此设计项目风险控制工作的纠偏措施了。设计这类纠偏措施会涉及三方面的技术方法，具体分述如下。

(1) 设计纠偏措施方案的技术方法。人们在设计项目风险应对工作偏差的纠偏方案时必须对可供选择的项目风险控制工作的纠偏方案进行优化和选择，努力设计出最为适合的项目风险应对工作偏差的纠偏方案。这种方法要求分两步去完成该方案的设计工作：首先人们需要选出可供选用的各种可行的纠偏措施方案，这些可行的项目风险控制工作纠偏措施必须具有满意的纠偏效果；其次是在这些可行的项目风险控制工作的纠偏措施方案中进行优选和优化，最终设计给出的项目风险控制工作的纠偏措施方案才能够实现纠偏的目标。

(2) 考虑现有情况影响的技术方法。设计项目风险应对工作的纠偏措施还必须考虑项目此前已完成各方面工作结果的影响问题，因为这些影响是制定这类纠偏措施方案的前提条件。实际上，项目风险控制工作的纠偏措施就是一种项目风险控制工作的"跟踪决策"，而任何跟踪决策都是一种"非零起点"的决策，都需要将"跟踪决策点"之前的各方面情况考虑进去。因为这种纠偏措施的设计不但有随后产生的"纠偏"的效果，而且会有对人们此前完成的项目各方面工作结果带来影响的某种"变动"效果。

(3) 消除抵触情绪的技术方法。项目风险应对的纠偏措施会在不同程度上引起项目团队的结构、关系和成员角色的调整，从而触及项目团队成员们原有或计划给出的既得利益格局，带来人们对于项目风险控制工作纠偏措施的抵触。因此，在项目风险控制纠偏措施设计的方法中还必须具有充分考虑项目团队成员对项目风险控制纠偏措施的抵触情绪方面的技术方法，从而努力避免或消减项目风险控制的纠偏措施在实施过程中可能会出现的人为障碍和抵触情绪。

3. 实施项目风险控制纠偏措施的组织方法

针对不同的项目风险控制工作和项目及其内外部环境，人们需要采取不同的组织方法去实施项目风险控制纠偏措施。这包括：项目风险控制工作纠偏措施自我控制的方法、他人控制的方法和自我控制与他人控制的集成方法。

(1) 自我控制的方法。在项目风险控制工作的纠偏措施实施中使用自我控制的方法比较常见，因为这种方法能够有效消除人际关系冲突和消极抵触等方面的问题。这一方法将项目风险工作纠偏措施的施控者和受控者合为一体，所以不会出现施控者的决策或行动不当而使受控者产生抵触和反控制的问题。这种方法的优点主要表现在：它有助于发挥项目团队成员在实施项目风险控制工作的纠偏措施中的积极性和创造性，它会提高开展这方面纠偏措施的速度和准确性，同时还可以减轻管理负担和减少费用支出。因为这种方法减掉了请示汇报的控制环节，使得项目团队人员能及时掌握相关信息去正确地纠正偏差。但这种自我控制的组织法需要设计一套控制的机制和办法，并且需要成熟度较高的自我控制能力。

(2) 他人控制的方法。这种监测控制方法与上述自我控制方法的最大不同是施控者与受控者不统一，这是由施控者去监控受控者的行为、工作绩效的方法，这种控制的方法使用范围不大。由于对受控者来说，这种组织方法要求他们必须接受控制者的指挥和命令，所以这不利于发挥项目团队成员开展项目风险控制纠偏活动的积极性和创造性。而这种组织方法的优点是具有"统一领导"和"统一行动"与"令行禁止"等方面的好处，这可以使得项目管理者集中使用项目风险控制的资源去开展项目风险控制的纠偏措施。这种方法的不足之处是在实施纠偏措施时需要层层请示报告，造成纠偏措施信息系统的滞后，而这种滞后往往是错过采取项目风险控制纠偏措施时机的关键原因。

(3) 自我控制与他人控制的集成方法。为了克服上述两种方法的问题和不足，人们可以将上述两种方法进行一定程度的集成，从而形成一种集成性的项目风险控制工作纠偏措施的组织方法。这种方法对时效较长且影响重大的项目风险控制工作纠偏措施的实施组织比较有效，而对于时效较短且影响不大的项目风险控制纠偏措施的实施组织效果较差。由于这种集成控制方法是对于自我控制和他人控制这两种纠偏措施组织方法的有机结合，所以这种方法是一种既能发挥项目团队成员的积极性，又能确保不至于"大权旁落"的组织方法。

11.4.6　项目风险控制的计划和方案变更方法

在项目风险控制工作中，人们有时会因偏差太大而无法通过纠偏措施来予以纠正，此时就需要使用修改或变更项目风险控制计划和应对措施方案的方法，使项目风险应对工作重新回到受控状态。除了通过实施项目风险控制工作的纠偏措施使项目风险控制工作处于受控状态外，还有就是当项目风险控制工作出现巨大偏差，而必须通过修改或变更项目风险控制计划和风险应对措施的方案，使项目风险控制工作处于受控状态。

项目风险控制计划和方案的变更就是修订、变更或重新编制项目风险控制计划和项目风险应对措施方案。主要有如下三方面的技术方法。

1. 项目风险控制计划和措施的变更控制系统方法

这是指改变、修订或变更项目风险控制计划的内容与项目风险应对措施方案的一系列正式程序和办法所构成的一种项目风险控制工作变更的系统方法，这种方法主要包括如下几种具体的技术方法。

(1) 项目风险控制计划与方案变更的书面审批程序和权限安排。任何对于项目风险控制计划或措施方案的修订或变更都必须经过专门的申请和批准程序，这种程序要规定和说明开展这种变更所需的过程和步骤与手续。项目风险控制计划和措施方案的变更控制系统还必须包括批准这种项目风险控制计划和措施方案修订或变更的审批权限,明确规定出究竟谁有权提出修订或变更项目风险控制计划和措施的方案,谁有权批准多大幅度的项目风险控制计划和措施方案的变更申请。因为这种变更往往涉及项目业主和项目承包商或供应商的责权利安排,所以针对这方面必须要有明确的规定。

(2)项目风险控制计划与方案变更的跟踪控制和文档管理要求。项目风险控制计划或措施方案的变更还必须有科学的跟踪控制方法和文档化管理的要求。其中,科学的跟踪控制方法主要是指在项目风险控制计划和措施方案变更申请批准后的实施过程中,必须有相应的跟踪评估、偏差分析和控制办法等一系列方法。项目风险控制计划或措施方案变更的文档化管理是指任何这类变更都必须记录在案并公告发布,并编制和管理好与该变更有关的文件和档案。这两项都是保障项目风险控制计划和措施方案变更成功的手段和方法。

2. 项目风险控制计划和措施变更的配置管理方法

这是指运用集成方法去开展项目风险控制计划和措施方案变更所需的重新配置项目各要素的管理方法,是一种对项目风险控制计划和措施方案变更进行合理配置和全面集成的方法。这种方法最主要的集成内容包括:对于变更后的项目风险应对目标、项目风险控制计划、项目风险应对措施方案、项目风险控制任务和项目风险控制所需资源等的全面匹配和集成的管理。其中,最重要的是对于项目风险应对工作及其所需资源的合理配置与集成的方法,因为在项目风险控制计划和措施方案发生变更以后,人们必须按照变更后的新的合理配置关系去对项目风险控制工作及其所需资源进行全面的配置和集成,这种配置管理方法的具体步骤如下。

(1)项目风险控制计划和应对措施方案的合理配置。在项目风险控制计划和应对措施变更的配置管理中,人们首先应该进行集成和配置的内容,因为如果项目风险控制计划变更而项目风险应对措施方案没有同步变更,则会出现因这二者不能匹配而无法实现变更效果的情况,所以人们首先必须实现这两个方面的科学配置。

(2)项目风险应对方案和应对工作的合理配置。在项目风险控制计划和应对措施变更的配置管理方法中,第二项任务是合理配置项目风险应对措施的方案和实施方案所需开展的工作任务，因为如果项目风险应对措施方案变更而项目风险应对工作任务没有同时变更，也会出现因二者不能匹配而无法实现变更效果的情况，所以人们还必须实现这二者的合理配置。

（3）项目风险应对工作和所需资源的合理配置。 在项目风险控制计划和应对措施变更的配置管理方法中，第三项应该合理配置的是项目风险应对工作及其所需资源，因为如果这二者没有实现合理配置的话，则会出现因此二者不能匹配而无法开展变更的实施工作的情况，因此，人们还必须实现这两个方面的合理配置。

综上所述，在项目风险管理中需要实际行动（不是计划和决策）最多的是项目风险监控。所以全面掌握项目风险监控的原理和方法是项目风险管理成功的关键所在，也是将所有的项目风险管理计划、项目风险应对计划和项目风险监控计划落到实处的主要工作。

第 12 章

中国式项目风险管理的文档化管理

项目风险管理的文档化管理是对于在项目风险管理中所产生的各种文件和档案所开展的管理。人们需要通过对项目风险管理的各种文档的管理去保障和记录项目风险管理的状况和结果。这种管理不但贯穿于项目风险管理的全过程，而且体现在项目风险管理的各项工作中。这种管理可依据项目风险管理的过程分为项目风险管理的文件和档案两方面的管理，本章将按照这种分类去讨论每一种项目风险管理文档的具体管理工作。

12.1 项目风险管理的文档化管理概述

在项目风险管理中，人们必须使用文档化管理的程序和方法，对于项目风险管理计划、项目风险识别和度量、项目风险应对和监控等项目风险管理文件和档案进行全面的管理。

12.1.1 项目风险管理的文档化管理概念

项目风险管理的文件和档案是用来向项目风险管理的决策者和实施者传达项目风险管理信息、通报项目风险状况和记录项目风险管理活动的文件和档案（文档）。项目风险管理的文档化管理既包括对于以文字为主的书面报告和以数字为主的书面报表的管理，也包括对于其他各种形式（如录音和录像）的项目风险管理文件的管理。在项目风险管理的信息传递和沟通过程中，所有使用的文件与档案都属于项目风险管理的文档化管理范畴，不管这些项目风险管理的文件和档案是正式的还是非正式的，是按照一定周期生成或呈报的，还是在项目风险管理出现特殊情况时生成或呈报的，都需要进行管理。

1. 项目风险管理文档的定义

项目风险管理文档是指在项目风险管理的规划、项目风险的识别与度量和项目风险的监控与应对等具体环节上所使用的项目风险管理的文件和档案。这些文件和档案是用来描述项目风险的实际情况（如项目风险的识别与度量文档）和人们在项目风险管理中采取各种措施的方案（如项目风险管理计划、应对计划、监控计划等文档）以及这些方案的实际执行情况（项目风险管理的绩效文档）的。

其中，项目风险管理的文件是人们在项目风险管理过程中仍在使用的各种项目风险管理的信息和数据构成的文本。人们在开展项目风险管理活动所使用的各种决策、计划、实施和评估等方面的书面或电子文件都属于这一范畴。项目风险管理的档案是人们在项目风险管理中已办理完成的项目风险文件所转换而成的，项目风险管理已完成的决策、计划、实施和评估等供人们未来借鉴和学习的历史记录都属于此类。所以项目风险管理的文档都是人们根据项目风险管理的各种信息和数据加工而成的，只是项目风险管理文件是指仍在用于指导人们开展项目风险管理活动的各种要求和规定，而项目风险管理档案则是用于记录人们已经开展完的项目风险管理活动和情况的资料。

2. 项目风险管理的文档化管理的作用

项目风险管理的文档化管理的根本作用是为项目风险管理的决策者和实施者提供所需的各种信息，以便他们能够根据这些信息去开展项目风险管理的决策、计划和实施。具体来讲，项目风险管理的文档化管理的主要作用有如下几个方面。

（1）为项目风险管理的决策者提供支持和依据。项目风险管理的决策者们在开展各种项目风险管理决策的时候都需要有关项目风险管理方面的信息，如项目在什么阶段会发生项目风险，项目风险有哪些影响因素，项目风险发生的概率有多大，如何应对这些项目风险等。项目风险管理的决策者需要依据这些信息去制定各种项目风险管理的决策。

（2）为项目风险管理的实施者提供要求和指导。项目风险管理的实施者在开展各项项目风险管理活动时同样需要项目风险管理方面的信息，如项目风险的识别和度量信息、项目风险的应对措施方案、项目风险管理的计划要求、项目风险应对和监控的责任划分等。项目风险管理的实施者需要这些信息的指导和指示去进行项目风险管理计划和方案的落实。

（3）为项目相关者们提供项目风险管理的信息。全体项目相关者都需要借助项目风险文档去获取项目风险管理的信息，如项目风险可能导致的项目成本、进度、质量等方面所发生的明显变化，项目所面临风险的收益和损失情况等。全体项目相关者需要这些信息去协调他们的行为，以便通过分工合作去获得最大的项目收益。

（4）为企业做好项目风险管理过程资料的管理。同时，项目风险的文档化管理还可以用于提高人们未来的项目风险管理水平，因为所有的项目风险管理档案都是人们在项目风险管理中"吃一堑，长一智"的记录。记录和保留项目风险管理过程中的文件不但可以使人们分享这些文档中的知识和信息，而且会给后人提供可供借鉴的经验和教训。

3. 项目风险管理的文档化管理的主要内容

项目风险的各种决策、计划、工作、绩效等方面的文件或报告的管理都是项目风险管理的文档化管理工作内容，所以在项目风险管理中，人们必须使用文档化管理的方法去规划、记录、管理和处理好项目风险管理方面的信息、文件和档案。由此所形成的项目风险管理文件和档案的数据处理工作，信息加工、处理、储存、传递和使用工作，项目风险管理文件的编制、发放、修订和使用工作，项目风险管理文件的档案处理工作等都属于项目风险管理的文档化管理工作的内容。

所以，项目风险管理的文档化管理内容涉及项目风险管理的数据、信息、文件和档案四个层面的管理，具体包括：通过对于项目风险管理数据的收集、整理和加工从而生成项目风险管理的信息，根据这些信息去编制出项目风险管理的各种计划、实施、考核等方面的文件，在这些项目风险管理文件使用后的立卷、加工、归档、存储等一系列处理工作。

12.1.2 项目风险管理文档的分类

项目风险管理的文档的分类有很多种，不同的项目风险管理文档分类有不同的方法、程序、格式和要求。项目风险管理人员必须了解、熟悉和掌握不同种类项目风险管理文档的基本管理方法、作用、程序与格式，项目风险管理文档的主要分类如下。

1. 按照项目风险管理过程分类

这可以将项目风险管理的文档划分为：项目风险管理决策类文档、项目风险管理计划类文档、项目风险识别与度量的文档、项目风险应对与监控的文档、项目风险管理终结类文档，这些按照项目风险管理过程展开分类的项目风险管理文档之间的关系如图12-1所示。

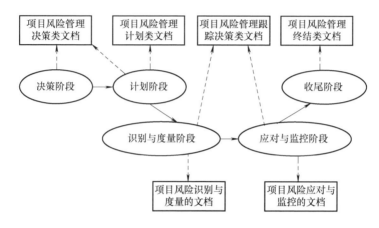

图12-1 项目风险管理过程中所生成的各类项目风险管理文档

（1）项目风险管理决策类文档。项目风险管理决策类文档主要是在管理的起始决策阶段生成的文档，这些文档管理的好坏直接决定着项目风险管理的成功与否。项目风险管理的跟踪决策类文档包括在项目风险管理跟踪决策中所生成的各种文档，这些跟踪决策类文档是为制定项目风险管理跟踪决策提供支持的，是人们应对项目风险及其发展变化所需要的各种文档。

（2）项目风险管理计划类文档。这是在整个项目风险管理各种计划工作中所生成的文档，是开展项目风险管理计划制订所生成的文档。人们需要根据项目风险管理的决策去制订项目风险管理的各种计划，这包括项目风险管理计划、项目风险应对计划、项目风险监控计划等。这种项目风险管理计划类文档主要是用来计划、安排和配置项目风险管理的工作和所需资源，所以这类文档必须包含项目风险管理的各种计划、方案、资源配置、预算和时间的安排等文档，多数时间还会有各种项目风险管理中的应急对策和预案的文档。

（3）项目风险识别与度量的文档。项目风险管理的文档化管理中最多的文档就是这方面的文档，这包括项目风险识别与度量两方面的文档。这两部分文档中既有初始的项目风险识别与度量的文档，也有随着项目风险管理开展过程给出的项目风险跟踪识别与度量的文档。通常这种文档是按照一定周期或频率给出的，但是当项目风险发展变化剧烈的时候，这种文档的报告周期会急剧缩短。这两种文档之间的关系是，项目风险识别文档是项目风险度量文档的基础，因为项目风险度量必须在项目风险识别之后开展。

（4）项目风险应对与监控的文档。项目风险管理中还有项目风险应对与监控方面的文档，这些文档都是在项目风险管理过程中针对那些已识别与度量的项目风险，所开展的应对与监控工作的计划安排、实施情况和绩效度量等方面的文档。这方面的文档是在项目风险监控过程中所产生的文档，所以人们需要根据项目监控工作的实际情况去开展项目风险应对与监控文档的管理。在项目风险监测和控制过程中，人们会根据项目风险监控工作的情况，每过一个阶段提交一次相应的项目风险应对与监控的文档。

（5）项目风险管理终结类文档。这方面的文档包括两类：其一是当每项项目风险管理工作结束的时候所生成的工作终结的文档，这是一种项目风险管理工作终结的总结报告类的文档；其二是当整个项目结束的时候，对整个项目风险管理工作经验和教训的总结和归纳，所形成的项目整体终结的文档。这种项目风险管理的文档化管理工作主要是对于项目风险管理的各种文件进行档案化处理和归档化管理，因为此时项目风险管理文件所涉及的工作都已完成，人们只需要将它们转化成档案去开展管理。

2. 按照项目风险管理文档作用的分类

项目风险管理文档的具体用途的分类主要有如下三种。

（1）汇报性的项目风险管理文档。这是一种对项目风险管理决策提供支持类的文档，这种文档的核心内容是反映和汇报项目风险管理的实际情况或产生的问题。这种文档是根据项目风险管理中的实际情况记录生成的，是按照"实事求是"和"白描"的方式编制的。所以在这种文档中，人们只能报告项目风险管理工作的真实面貌，而不能加入各种各样的分析、评论和说服性内容。因为这种文档的作用在于说明项目风险管理的事实情况，从而由项目风险决策者或实施者去做出自己的分析和判断。这是在项目风险管理中使用最多的一类文档，这类文档包括项目风险的识别与度量报告、项目风险应对措施方案的实施情况和结果、项目风险监控的实际情况与原始记录等。

(2) 敲定性的项目风险管理文档。这种项目风险管理文档的核心内容是为解决项目风险管理中的问题而制定的各种方案，以便供项目风险管理决策者去选择和决策。这包括由项目风险管理决策的支持者提出"采取行动"或"不采取行动"以及"采取哪个行动方案"等内容所构成一类文档。这种文档实际是一种商量应该如何办理某件事情或解决某个项目风险管理问题的文档，如项目风险管理中的各种风险转移的合同文件就属于此类文档之列。这就要求文档的提供者必须给文档的使用者至少两种以上的选择方案并说明各自的具体理由，然后由项目风险决策者进行选择和敲定。这种文档要使用客观叙述的方法，主要是提供方案和办法，不能有说服性的叙述，以防造成项目风险管理决策者的偏见而影响他们做出正确决策。

(3) 说服性的项目风险管理文档。这种项目风险管理文档的作用是通过文档去证明某种看法或观点的正确性、论证某种计划或方案的可行性、评价某种设计或安排的必要性等，从而去说服人们接受项目风险管理的观点、计划、设计或方案。在项目风险管理中这种文档是经常需要使用的，而且这种项目风险管理文档对于项目风险管理决策所提供的支持甚至要比上述汇报性项目风险管理文档更多一些。通常这种说服性的项目风险管理文档是在上述的汇报性的项目风险管理文档基础上编制而成，而且在这种说服性文档中不但要有"白描"性的事实叙述（数据和信息为主），最主要的是必须包括解释性、说服性和论证性的叙述，以便说服这种文档的使用者接受文档中的观点、计划、设计或方案。

12.2 项目风险管理的文档化管理过程和对象

项目风险管理的文档化管理过程是一种将项目风险管理数据整理为信息再到文件，最终变成档案的管理过程。在项目风险管理的过程中，人们一方面必须把项目风险管理的数据和信息借助管理计划和决策变成项目风险管理的文件，另一方面需要将指导人们开展项目风险管理的文件转变成构成企业经营过程资产的档案。所以，人们必须采取统一和规范的文档化管理制度和方法来管理好这一过程。

12.2.1 项目风险管理的文档化管理过程

项目风险管理的文档化管理过程是指项目风险管理中文档的形成和管理过程。这种过程包括四个环节，其一是获得项目风险管理数据的环节或步骤，其二是将项目风险管理数据加工转变成项目风险管理信息的环节或步骤，其三是使用项目风险管理信息去开展计划和决策从而生成项目风险管理文件的环节或步骤，其四是使用这些项目风险管理文件去开展项目风险管理工作并且记录，最终形成项目风险管理档案的环节和步骤。有关项目风险数据、信息、文件和档案资料的全过程管理的示意如图12-2所示，具体分析如下。

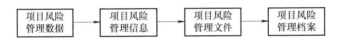

图 12-2　项目风险管理的文档化管理过程示意图

由图12-2中可以看出，项目风险管理的文档化管理过程包括四个阶段。

1. 项目风险管理数据

第一个阶段是收集和整理项目风险管理数据的阶段，这个阶段的管理主要是通过开展对于项目风险管理数据的收集和"去伪存真"与"去粗取精"方面的工作，从而获得项目风险管理相关的真实数据。

2. 项目风险管理信息

第二个阶段是将收集和处理后的项目风险管理数据进行加工而生成对于项目风险管理决策有支持作用的相关信息的管理阶段，此时人们通过对于项目风险管理的数据开展"由此及彼""由表及里"和"归纳演绎"等加工和处理工作而生成对于项目风险管理有用的信息。

3. 项目风险管理文件

第三个阶段是对于使用信息进行决策和计划所生成的项目风险管理文件的管理阶段，此时人们的管理工作主要是落实和实施文件并给出实施和落实结果，最终完成项目风险管理文件的规定和要求等方面的工作，使这些文件转变成档案。

4. 项目风险管理档案

第四个阶段是将这些已经办理完毕的项目风险管理文件转变成档案去进行管理的阶段，此时人们最主要的管理工作是将已办理完毕的项目风险管理文件进行归档、立卷、建档和保存与查阅管理方面的管理工作。

12.2.2　项目风险管理的文档化管理对象

在项目风险管理的文档化管理中会有四种不同的管理对象对应上述四个阶段，这四种不同的管理对象的特征和管理要求分别说明如下。

1. 项目风险管理数据

在项目风险管理的文档化管理过程中，人们首先要对所收集得到的各种有关项目风险和项目风险管理的描述数据进行管理，这种项目风险管理的数据包括数字、文字、图形和代码等不同形式的数据，所有这些数据都是人们对项目风险管理的事实所给出的客观和主观的描述，所以项目风险管理的数据多是以项目原始凭证、数据报表或调查问卷和访谈结果等原始形式存在。对这些数据的管理是项目风险文档化管理的起点，人们首先必须收集、加工和处理这些数据从而开始整个项目风险文档化管理。由图12-2可以看出，这些数据是加工和生成项目风险管理信息的"原材料"，所有的项目风险管理信息都是根据这些数据加工后而成了对于项目风险管理决策起支持作用的"加工后的数据"。

2. 项目风险管理信息

项目风险管理的信息是对于项目风险管理决策有支持作用的"加工处理以后的数据"。这种项目风险管理的信息就是对项目风险管理数据，按照面向支持项目风险管理决策的方向而进行了必要加工和处理后的"产品"，是一种变成了适合项目风险管理决策者使用形式的项目风险管理的信息。所以，项目风险管理的数据是项目风险管理信息的"原材料"，而项目风险管理信息是在经过人们加工和处理后的数据。由图12-2可以看出，项目风险管理的信息是人们加工和制定各种项目风险文件的"原材料"，是项目风险文档化管理的一个中间的过渡过程和状态。项目风险管理的信息多数是以项目统计报表、数据分析报告、项目风险识别度量结果报告等加工后的数据形式存在。

3. 项目风险管理文件

文件是国家机构、社会组织以及个人从事政治、军事、经济、科学、技术、文化、宗教等活动中所使用的各种文字、图表、声像等形式的记录，是人们开展相关活动的计划、方案、绩效、后果等方面的信息汇总。所以，项目风险管理的文件同样是人们在项目风险管理中所使用的文字、图表、声像等形式的一种记录，凡是人们在开展项目风险管理中所制作的决策和计划的记录都属于这方面文件的范畴。实际上，项目风险管理的文档化管理的核心对象，就是项目风险管理文件。这类文件包括：项目风险管理的决策文件和计划文件、项目风险的识别与度量文件、项目风险的应对与监控文件和项目风险管理的终结文件等。项目风险管理的文件多数是以计划书、绩效考核报告和项目变更文件等形式存在，它们都是对项目风险管理工作或工作绩效的描述。

4. 项目风险管理档案

档案是指国家机构、社会组织以及个人从事政治、军事、经济、科学、技术、文化、宗教等活动直接形成的对国家和社会有保存价值的各种文字、图表、声像等不同形式的历史记录。项目风险管理档案就是人们在开展项目风险管理时所制作并有保存价值的信息记录，所以项目风险管理所形成的各种有用文件在办理完毕之后都必须变成项目风险管理的档案。由图12-2可以看出，项目风险管理档案是根据项目风险管理文件转变而成的，而这些项目风险管理档案最终将有两个作用。其一是作为已经办理完毕的项目风险管理文件的历史记录去记载该项目风险管理的各种事实，其二是作为项目风险管理的经验和教训的总结去供人们日后参考所用。

12.2.3 项目风险管理的文档化管理内容和要求

项目风险管理的文档化管理中十分重要的内容就是通过收集、获得和处理项目风险信息而降低项目的不确定性，从而努力实现对于项目风险的全面管理，因此，所有项目风险和项目风险管理信息的处理工作都应该属于项目风险文档化管理内容的范畴。

1. 项目风险管理的文档化管理内容

从图12-2中可以看出，在项目风险管理的文档化管理全过程中包括四个阶段或方面的管理工作，这些项目风险文档化管理工作的内容具体分述如下。

(1) 项目风险管理数据的收集与存储。项目风险管理的文档化管理的首要内容就是收集和存储有关项目风险管理方面的数据，这包括项目各种风险的数据和各种风险管理活动的数据。实际上，人们在项目风险识别、度量、监控等工作中都有收集项目风险管理数据的工作内容，更进一步说，人们在开展项目风险管理计划、项目风险应对计划、项目风险监控计划等各种文件的编制时，也都需要先收集并获得相关的各种数据。所以从广义上说，所有这些项目风险管理工作在某种程度上都属于项目风险管理数据的收集与存储的工作，从而使人们对于项目风险和项目风险管理的实际情况有所了解。

(2) 项目风险及其管理信息的加工与处理。人们在收集并获得了项目风险管理方面的数据以后，必须通过各种加工和处理工作将它们转变成对于项目风险管理有支持作用的信息，所以项目风险管理的文档化管理第二项内容就是加工与处理项目风险管理的信息。实际上，人们在项目风险计划、识别、度量、应对和监控等工作中都必须开展这方面信息的处理工作，所以从某种程度上说，这些项目风险管理的工作中都包含有大量的项目风险管理信息的处理工作。这种信息处理工作是以支持制定项目风险管理文件为导向的，在项目风险管理中，只要人们需要开展计划和决策的工作就需要处理并获得相关的信息，所以实际上在项目风险管理的各种计划和决策工作中包含着大量的加工和处理信息方面的工作。

(3) 项目风险管理文件的制定与变更。人们获得项目风险管理数据并将它们加工成有用的信息的目的，就是要为制定项目风险管理决策提供支持，而这些项目风险管理决策的结果都必须编制成各种项目风险管理的文件，所以项目风险管理的文档化管理的第三项内容就是对项目风险管理文件的管理。这些项目风险管理的文件都是用来指导人们去完成某项项目风险管理任务，或者是考核人们完成这些项目风险管理任务的实际情况的，因此在项目风险管理文件的管理中有计划安排和绩效考核这两类文件。在这些项目风险管理文件制定出以后，很多时候人们还需要根据项目风险管理的需要进行必要的修改和变更，以确保记录项目风险和项目风险管理的实际情况，这也属于项目风险管理文件管理的范畴。

（4）项目风险管理档案的建立与应用。在项目风险管理文件使用完毕以后，人们就必须对这些文件进行归档化处理并将它们转化成项目风险管理档案。所以正确的项目风险管理的文档化管理应该是文件和档案管理的全面统一，以保证项目风险管理的文档化管理的质量和效能。这包括对项目风险管理的档案形成过程、工作内容、基本格式、计算机管理系统的功能等开展规范化和统一的管理，同时还要努力做到项目风险管理的文件和档案按"四个统一"的管理模式去做好。其中，"四个统一"包括：统一的项目风险管理文档化管理机构，即有统一的机构去管理项目风险管理的文件和档案；统一的项目风险管理的文档化管理政策，即涉及相关文件和档案的管理政策的统一；统一的项目风险管理的文档化管理标准，即从文件的编制到最终归档和档案管理需要标准统一；统一的软件和硬件环境，即对于项目风险管理文件和档案要建设和使用统一的线上及线下信息管理平台。

2. 项目风险管理的文档化管理要求

根据上述项目风险管理的文档化管理的内容和工作，在项目风险文档化管理中，人们必须努力达到如下几个方面的要求。

（1）项目风险管理数据的准确性和完整性。项目风险管理数据都是对于客观事实的描述，所以它们应该满足准确性的要求，因为人们无法使用虚假或错误数据去做好"实事求是"的项目风险管理工作。所以在项目风险管理数据处理过程中，人们应该做好"去粗取精"和"去伪存真"的工作，即努力筛选、剔除、消减项目风险管理数据中的虚假或不实部分，从而使得这方面的数据具有较高的"可信度"。同时，人们所收集的项目风险管理的数据要求必须完整并客观准确，这要求人们在项目风险管理的数据统计工作中应该达到完整性和准确性的要求。项目风险管理数据的准确性和完整性是项目风险管理的文档化管理的前提条件和根本基础，是人们在项目风险管理的文档化管理中应该努力去达到的基本要求。

（2）项目风险管理信息的可靠性和及时性。项目风险管理的信息是通过加工和处理项目风险管理数据得到的，它必须满足能够为项目风险管理决策提供及时和有效支持的要求。在对项目风险管理数据加工、处理和生成项目风险管理信息的过程中，人们最为重要的工作就是通过"由此及彼""由表及里"和"归纳演绎"的信息加工处理工作，使获得的信息真正为项目风险管理决策服务。实际上，人们将项目风险管理数据加工处理成信息的过程就是一个"实事求是"的过程，即从客观数据所描述的"事实"中去找出项目风险及其管理的客观规律的过程。同时，项目风险管理信息的可靠性和及时性也是至关重要的基本要求，因为人们无法使用过时的或不可靠的信息去制定项目风险管理决策。这种信息的可靠性包括两个方面要求，其一是信息的有效性，即人们所获信息对项目风险管理决策支持的贡献度；其二是这些信息的可信性，即人们所获信息的真实可信程度。这种信息的及时性也包括两个方面，其一是这些信息能否被及时加工处理出来，其二是这些信息能否被及时用于项目风险管理的决策。总之，项目风险管理信息的可靠性和及时性也是项目风险文档化管理的基本要求和根本保障，是人们在项目风险管理的文档化管理中必须努力实现的目标。

(3) 项目风险管理文件的指导性和可行性。有了项目风险及其管理的信息，人们就可以制定各种各样的项目风险管理决策与文件了，但是制定的项目风险管理文件必须满足指导性和可行性等方面的要求。在根据项目风险及其管理的信息制定各种项目风险管理的计划、实施、考核、报告等文件的过程中，人们最为重要的工作是通过"综合平衡""合理配置"和"汇总集成"等方法，使人们所获得的项目风险管理文件能够具有很好的可行性和指导性。对于项目风险管理的计划文件而言，这类文件就是项目风险管理的决策结果和项目风险管理活动的指南，所以这些文件必须具有指导人们日后开展项目风险管理活动的作用，并且这些计划文件还必须切实可行。对于项目风险管理的绩效考核文件而言，这类文件就是项目风险管理活动的结果评价，所以这些文件必须具有客观报告人们所开展项目风险管理活动绩效的作用，并且这些绩效考核文件还要能进一步验证项目风险管理计划文件的切实可行性。所以项目风险管理文件必须具有可行性和指导性，否则项目风险管理文件就会失去指导和考核项目风险管理活动的作用。实际上，人们根据项目风险及其管理的信息进行决策并生成项目风险管理文件的过程就是一个"审时度势"和"做出决策"的过程，即根据所获信息去认清形势并根据形势去进行项目风险管理决策的过程，这个过程所产生的决策和后续产生的对于决策实施情况的度量都必须具有足够的指导性和可行性。另外，项目风险管理的计划文件还应该具有针对性和配套性等特性，其中针对性是指每一份项目风险管理的计划文件都必须是针对一定的问题进行编制的，配套性是指每一份项目风险管理的计划文件都必须既有根据假设条件制订的计划，也有根据意外情况制定的应急方案。项目风险管理绩效的考核文件应该具有可靠性和及时性等特性，它们必须及时地提供真实可靠的项目风险管理活动绩效情况，以便人们能够及时地变更项目风险管理计划文件和行动。

（4）项目风险管理档案的客观性和适用性。有了项目风险管理的文件，人们就可以开展项目风险管理活动了，在所有的项目风险管理文件使用完毕以后，人们就可以将这些文件变成项目风险管理档案并对它们进行管理和应用。对于项目风险管理档案的管理，人们必须满足客观性和实用性等方面的要求，所以在项目风险管理文件变成档案的过程中，人们必须客观地记录项目风险管理的历史情况，以便人们在未来可以使用这些档案去指导人们开展新的项目风险管理活动。对于项目风险管理档案的编制和管理而言，人们首先必须做到项目风险管理档案的客观性，即在项目风险管理文件的收集、汇编、建档、归档、贮存、保管等一系列的工作中必须按照"客观真实"的原则去做好项目风险管理档案的建立和管理工作。对于项目风险管理档案的管理和应用而言，人们要进一步做到项目风险管理档案的适用性，即在项目风险管理文件的保管、检索、借用、归还等一系列的工作中必须按照"信息分享"的原则去做好项目风险管理档案应用方面的工作。实现项目风险管理档案客观真实性的根本保障手段是做好对于这些档案的建立和销毁管理，使得人们不能因为害怕承担责任等原因而随意修改项目风险管理档案。

（5）项目风险管理文件和档案的一体化与全过程管理。项目风险管理文件和档案的科学、有效、及时、可靠的管理可以通过项目风险管理文件和档案一体化管理的系统（多数是人机信息系统）来实现，这种项目风险文档化管理的系统既可以实现对于项目风险管理公文的编制和使用的全过程管理，也可以实现项目风险管理文档的建立和使用的全过程管理，同时还可以实现对于项目风险管理文件和档案的"无缝衔接"的一体化管理。

所以对于大型项目风险文档化管理而言，建设项目风险文档化管理信息系统是确保项目风险管理文件和档案管理全面融合和全过程管理的根本出路。这种信息系统同时还对项目风险及其管理数据的收集和项目风险管理信息的处理具有很大的促进作用。所以，项目风险管理文件和档案的一体化管理信息系统可以从整体上和系统上保障项目风险及其管理数据的准确性和完整性，项目风险及其管理信息的可靠性和及时性，项目风险管理文件的指导性和可行性，以及项目风险管理档案的客观性和适用性。

12.3　项目风险管理决策类和计划类文档

项目风险管理决策类和计划类文档是在项目定义与决策阶段和项目计划与设计阶段所生成的项目风险管理的各种正式和非正式的文件。因为这两个阶段所进行的项目风险管理的决策和计划文件直接关乎项目的成败，因此项目风险管理的决策和计划文档是项目风险文档化管理的核心内容和主要对象。

12.3.1　项目风险管理决策类和计划类文档的定义

项目风险管理决策类和计划类文档包括两个方面，其一是项目风险管理的决策文档和决策支持文档，这包括项目定义与决策阶段所生成的各种项目风险管理的决策文件和档案以及项目风险识别和度量等方面的项目风险管理决策支持的文件和档案；其二是项目风险管理计划的文件和档案，这包括项目计划与设计阶段所生成的各种项目风险管理计划的文件和档案以及项目风险应对措施方案和监控办法等方面的文件和档案。

1. 项目风险管理决策类文档

项目风险管理决策类文档主要是在项目定义与决策阶段对项目风险及其管理所制定的起始决策文件和档案，以及在后续的项目风险跟踪决策中的文件和档案的总称。

项目风险管理决策是整个项目决策中最为重要的决策，其中，项目定义与决策阶段的项目初始决策是核心部分。因为任何项目初始决策都具有一定程度的项目不确定性所带来的风险性，所以项目决策中包含的不确定性使得这种项目初始决策就是一种项目风险管理决策，此时人们需要对项目未来的利润收入、经济效益、社会影响、环境影响等一系列具有不确定性的方面进行分析和估计，从而做出这种初始决策。由于多数项目的持续时间长、涉及金额大、不确定性高、影响因素多等特点，所以项目初始决策是一种综合性的项目风险管理决策。

多数大而复杂项目的风险是因为项目的政治、法律、社会、经济、技术和环境等方面的发展变化所导致的，所以每个国家和政府以及各个企业都应该有自己专门的项目风险管理决策的文档化管理程序和要求。例如，至今我国政府规定对于规模以上的审批制项目在投资决策阶段就要求进行项目可行性研究，并且这种项目可行性研究报告中必须具有专门的项目不确定性和风险性的分析和研究内容，在经过中央或地方及行业主管部门的批准之后才能发起这种项目。所以，项目可行性报告及其批复都是项目风险管理决策文档。

2. 项目风险管理计划类文档

项目风险管理计划类文档是在项目计划与设计阶段对项目风险及其管理所制定的计划文件和档案，以及随后进行的必要计划变更和最终形成的项目风险管理计划文件和档案的总称。项目风险管理计划文档既包括项目风险管理计划的方案和决定，也包括对于项目风险管理计划提供支持的项目风险应对与监控方案的分析、研究和优化等方面的文件和档案。所以项目风险管理计划类文档包括了为项目风险管理计划提供预测和依据的文件与档案，和人们根据这些项目风险计划的支持文件做出的项目风险管理计划书的文件和档案两个方面。

项目风险管理计划类文档主要包括：项目风险管理计划、项目风险应对措施计划和项目风险监控计划等文件和档案。这些计划类文档都是对于项目风险管理工作、任务、责任、资源、时间等各方面的计划和安排，其中，项目风险管理计划是对于项目风险管理工作的总体规划和安排，项目风险应对措施和计划是对于项目风险应对措施方案和应对工作的计划安排，项目风险监控计划是根据项目风险管理计划和项目风险应对措施与计划所制订的项目风险监督与控制的行动方案和计划安排。

12.3.2 项目风险管理决策类和计划类文档的特性

项目风险管理决策和计划类文档各有一定的特性，这些特性都是由其各自的用途和要求所决定的，具体分述如下。

1. 项目风险管理决策类文档的特性

项目风险管理决策类文档具有可行性、集成性、及时性和可变更性等特性，这是由项目风险管理决策文档自身的用途和要求所决定的。

(1) 可行性。项目风险管理决策类文档的可行性是指任何项目风险管理决策的制定首先必须考虑可行的项目风险管理手段、方法和途径，绝不可以凭主观臆断去制定项目风险管理决策。

(2) 集成性。项目风险管理决策类文档的集成性是指任何项目风险管理决策必须充分考虑项目风险、项目风险影响因素、项目风险后果、项目风险应对措施等各个方面，并且要很好地将项目风险管理工作与项目风险管理资源情况进行全面的集成。

(3) 及时性。项目风险管理决策类文档的及时性是指任何项目风险管理决策都必须顾及项目风险管理所需的时效，项目风险管理决策必须做到及时高效而不能失去应对项目风险的时机。

(4) 可变更性。项目风险管理决策类文档的可变更性是指由于各种项目风险都会随着项目、项目环境、项目工作的发展变化而出现变化，所以项目风险管理决策文档也必须跟随这种变化而不断地变更，这种项目风险管理决策文档的可变更性实际上就是项目风险管理决策不能"一蹴而就"，而必须具有可靠的项目风险跟踪决策造成的。

项目风险管理决策类文档还有一些特性，如项目风险管理决策类文档的非唯一性（任何项目风险管理决策不但应该有决策方案，而且应该有其他的一些备用应急措施）和项目风险管理决策类文档的指令性。

2. 项目风险管理计划类文档的特性

项目风险管理计划类文档必须具有预测性、匹配性、优选性和可变更性等几个方面的特性，这也是由项目风险管理计划类文档自身的用途和要求所决定的。

(1) 预测性。这是指任何项目风险管理计划的制定首先必须根据历史类似项目的信息和项目自身的信息进行项目风险发展与变化的预测和分析，绝不可以凭空想象和用主观意志去编制项目风险管理计划文档。

(2) 匹配性。这是指任何项目风险管理计划必须实现项目风险计划方案与应急方案的合理配置，必须实现项目风险、项目风险后果、项目风险工作和项目风险管理所需的资源等各方面的合理配置。

(3) 优选性。这是指任何项目风险管理计划都必须是在对多种项目风险管理计划方案比较并优选后确定，项目风险管理计划要做到"优中选优"或至少做到"多方案比较"而最终实现项目风险管理计划的优化。

(4) 可变更性。这是指由于各种项目风险都会随着项目、项目环境、项目工作的发展变化而出现变化，所以项目风险管理计划文档也必须跟随这种变化而不断地进行变更，这种项目风险管理计划文档的可变更性实际上是项目风险管理中最为重要的特性，也是项目风险管理计划同日常运营计划最大的不同。

项目风险管理计划类文档也有一些其他的特性，而且项目风险管理计划类文档的许多特性同项目风险管理决策类文档是一致的，实际上，项目风险管理计划文档有很大一部分内容就是项目风险管理决策的内容，因为任何计划安排都具有决策的内容且都是决策的进一步细化。

12.3.3 项目风险管理决策类和计划类文档的分类

项目风险管理决策类和计划类文档可以按照一定的分类标识进一步进行分类，以便人们更好地制定和使用这些项目风险管理文档，这两类文档各自的相关分类分述如下。

1. 项目风险管理决策类文档的分类

首先，项目风险管理决策类文档可以按照综合程度分为综合性项目风险管理决策文档和单项性项目风险管理决策文档。综合性项目风险管理决策文档是指对于项目全过程、全要素、全环境和全团队的全部风险管理进行综合分析和决策的文档。单项性项目风险管理决策文档是对项目某个要素或某一领域的风险管理进行研究和决策的文档，如项目环境评价报告和批复等方面的文档就属于这一类的文档。

其次，项目风险管理决策类文档还可以根据它们所包含的决策成分分成项目风险管理决策的决定性文档和项目风险管理决策的支持性文档。项目风险管理决策的决定性文档是对于项目风险管理的各种决策的文档，这是一种带有"拍板"和"决定"性质的文档。项目风险管理决策的支持性文档是指人们为制定项目风险管理决策而进行的各种分析、研究和可选择方案的文档，它们都是为人们制定项目风险管理决策提供支持和依据的，如项目可行性分析报告和项目风险识别与度量的报告等文档就属于这种类型。

另外，项目风险管理决策类文档还可以按照其他的分类标志进行分类，如按照它们产生的时间分为项目风险管理初始决策文档和项目风险管理跟踪决策文档等，人们可以根据具体需要而选定分类标志去对项目风险管理决策文档进行分类。

2. 项目风险管理计划类文档的分类

项目风险管理计划类文档也可以按照一定的分类标志进行分类，如项目风险管理计划类文档可以按照它们产生的时间分为项目风险管理初始计划文档和项目风险管理跟踪计划文档等，人们可以根据具体需要而选定分类标志去对项目风险管理计划文档进行分类。

首先，项目风险管理计划类文档可以按照文档的作用分为项目风险管理计划书类的文档和项目风险管理计划绩效评估类的文档。项目风险管理计划书类的文档是指对于项目风险管理总体计划和专项计划类的文档，如项目风险管理计划和项目风险应对计划与项目风险监控计划等就属于这类的文档。项目风险管理计划绩效评估类的文档是指对照项目风险管理计划书类的文档对项目风险管理工作的绩效进行评估并给出结果的文档，如项目风险管理绩效报告和项目风险监控报告等方面的文档都属于这个范畴。

其次，项目风险管理计划类文档还可以根据它们的具体作用分成项目风险管理总体计划文档和项目风险管理专项计划文档。项目风险管理总体计划文档是指在项目起始阶段所制订的项目风险管理总体计划的文档，这是一种具有"集成性"和"综合性"的项目风险管理计划文档，如项目风险管理计划就属于这类的文档。项目风险管理专项计划文档是指人们为某些项目风险管理工作而专门制定的项目风险管理计划的文档，如项目成本风险、项目质量风险和项目进度风险管理计划等文档就属于这种类型。

另外，项目风险管理计划类文档也可以进一步按照它们所涉及项目管理的专门领域分为项目成本风险管理计划文档和项目进度风险管理计划文档等。总之，人们应该根据自己的具体需要去选定某种分类标志对项目风险管理计划类文档进行必要的分类。

12.3.4 具体的项目风险管理决策类和计划类文档

项目风险管理决策类文档和计划类文档都有很多种，在此只讨论其中最为主要的文档。

1. 主要的项目风险管理决策类文档

项目风险管理决策类文档既包括综合性项目风险管理决策文档，也包括单向性项目风险管理决策文档，这些具体的项目风险管理决策文档分述如下。

(1) 项目可行性研究报告及其批复的文档。重大项目决策文档的管理多数都规定有比较严格的决策程序、内容和方法。项目可行性研究是在投资项目起始之前通过对项目的市场、运行条件、资源供给、技术情况、财务与经济、社会和环境等方面进行全面分析、论证和评价，从而做出项目投资决策文档的工作。这种项目可行性研究报告及其批复的文档是在研究了项目的必要性和可行性以后在项目定义与决策阶段做出的项目起始决策的文档，它是综合考虑了项目的市场、财务、技术、环境和社会等多方面的风险而做出的一种项目风险决策类文档。

例如，一个制造业投资项目的可行性研究报告及其批复的文档的主要内容包括：项目起始决策的理由与目标，项目市场的预测分析，项目建设和运行的资源条件评价，项目的建设规模与产品或服务方案，项目的场址选择和技术方案，设备方案以及工程施工方案，项目的原材料与燃料供应方案，项目的运输与公用辅助工程分析，项目的环境影响评价，项目的劳动安全卫生与消防评价，项目的组织机构与人力资源配置，项目的实施进度计划和投资估算，项目的融资方案和财务评价，项目的国民经济评价和社会影响评价，项目的不确定性分析和项目风险分析，以及项目可行性研究的结论与建议等。

从项目可行性研究及其批复的文档内容中可以看出，项目不确定性分析和项目风险研究是项目可行性研究及其批复文档中不可缺少的部分,实际上项目各个专项的评估中都包含着项目风险分析与评估的内容。如项目的环境影响评价中包含项目污染环境风险的识别、度量和评价,而在项目融资方案和财务评价中包含项目财务风险的识别、度量和评价,项目技术可行性评估包含着对项目技术分析的识别、度量和评价。

(2) 项目专项风险研究报告及其批复的文档。这是对项目某个要素或某个领域的风险所进行的专项项目风险决策而产生的文件和档案。在项目定义与决策阶段中有很多专项的项目风险管理决策工作,有些甚至是国家或地方政府强制性规定的专项项目风险识别、度量、评价和决策。例如,根据《中华人民共和国环境影响评价法》的要求,对于环境有影响的项目必须进行项目环境影响的专项评估并形成项目环境影响评价及其批复的文档。这一专项项目风险管理决策必须单独进行决策并形成独立的文档,尽管这部分内容也应该体现在项目可行性研究及其批复等综合性项目风险管理决策文档中。

当人们在项目风险识别、度量和评估中发现某个项目目标要素或者专项的风险很大,并对项目成败至关重要或影响绝大的时候,人们就必须对这种项目目标进行专门的风险评估和决策,从而形成项目风险管理的专项决策文档。如依据《中华人民共和国环境影响评价法》的规定,国家根据建设项目对环境的影响程度,对建设项目的环境影响评价实行分类管理。其中,对于可能造成重大环境影响的项目应当编制环境影响报告书并对项目所产生的环境影响进行全面评价,对于可能造成轻度环境影响的项目,应当编制项目环境影响报告表并对项目产生的环境影响进行分析或者专项评价,而环境影响很小、不需要进行项目环境影响评价的项目,应当填报环境影响登记表。

2. 主要的项目风险管理计划类文档

主要的项目风险管理计划类文档也有两大类,其一是在项目起始阶段制定的项目风险管理总体计划的文档,其二是在项目计划与设计阶段制定的项目风险管理专项计划的文档。

(1) 项目风险管理总体计划的文档。如前所述,项目风险管理计划是在项目起始阶段制定的项目风险管理的总体计划和安排。项目风险管理计划编制的依据包括：项目章程、项目组织的风险管理政策、项目相关利益主体的风险容忍程度和项目组织的风险管理计划模板或标准等，人们根据这些方面的信息和资料，采用召开项目风险管理计划会议的方法去制定项目风险管理总体计划的文档。

项目风险管理总体计划的文档的主要内容包括：具体项目的风险管理基本方法、技术、工具和相关规定，项目风险管理的任务、角色和责任，项目风险管理的时间安排和成本预算，项目风险识别与度量的具体内容和支持方法，项目风险发生的征兆，以及项目风险管理跟踪决策和计划修订与变更的办法与要求等。

(2) 项目风险管理专项计划的文档。项目风险管理有很多具体的工作和任务，所以人们必须在项目风险管理中使用到专项计划的文档。项目风险管理专项计划的文档主要有：项目风险识别计划、项目风险度量计划、项目风险应对计划、项目风险监控计划，以及项目范围、时间、质量、成本、资源等项目要素的专项风险管理计划。这些项目风险管理专项计划的文档都是按照项目风险管理总体计划文档的规定和要求，以及项目专项风险管理具体的客观条件和要求制定的。每个项目风险管理专项计划的文档的具体内容都必须包括：计划目标、计划任务、计划工作方案、计划责任划分、计划时间安排、计划的假设前提条件、计划的应急措施方案、计划的预算安排等方面的内容。

另一种主要的项目风险管理专项计划的文档是项目风险管理计划的实施绩效类文档，即人们对于项目风险管理计划完成情况的检查、验收、调整等方面内容构成的报告等文档。任何项目风险管理计划都会有相应的实施绩效文件和档案，这些文件和档案是人们根据统计获得的项目风险管理实际情况数据加工而成的文档。这些文档中包括的内容有：项目风险管理计划完成情况的绝对和相对指标值，平均数和指数指标值等，以及项目风险管理计划完成偏差及其成因分析，针对这些项目风险管理计划完成偏差的纠偏措施，出现项目风险管理计划的意外情况时需要进行的计划和方案的变更等。

12.4　项目风险识别与度量的文档

在项目风险管理文档中最为特殊的一类文档就是项目风险识别与度量

的文档,因为这类文档既有初始性的,又有跟踪性的;既有定期的,又有不定期的;既有综合性的,又有专项性的;并且是一种在项目风险管理中使用最多的项目风险管理文档。

12.4.1　项目风险识别与度量文档的定义

项目风险识别与度量的文档可分成两种,其一是项目风险识别的文档,这包括在项目全生命周期中所生成的各种项目风险识别方面的文件和档案;其二是项目风险度量的文档,这包括在项目全生命周期中所生成的各种项目风险度量方面的文件和档案。

1. 项目风险识别的文档

项目风险识别的文档是在项目全过程中人们对于项目风险识别情况的报告文件和档案的总称,这是一种为项目风险管理计划的制订提供决策支持的文档,这种文档记录和说明了人们使用各种方法识别出的各种项目风险情况和特性。

项目风险初始识别的文档是人们制定项目风险管理初始决策和计划的依据,在项目实施过程中生成的迭代性项目风险识别文档则是人们制定项目风险管理跟踪决策和修订项目风险管理计划的依据。同时,项目风险识别文档也是人们制订项目风险度量计划的基础和依据,人们只有首先识别出项目的风险,才能对项目风险进行必要的度量,只有在有了项目风险的识别和度量信息后,人们才能依据其制定项目风险管理决策和项目风险管理计划。

2. 项目风险度量的文档

项目风险度量的文档是在项目全过程中人们对于项目风险度量情况所做的报告文件和档案的总称,这也是一种为项目风险管理计划的制订提供决策支持的文档,这种文档记录和说明了人们使用各种方法对于项目风险的可能性、严重性、关联性和进程性等方面的度量结果。

项目风险初始度量的文档是人们制定项目风险管理初始决策和计划的依据,在项目实施过程中生成的迭代性项目风险度量文档是人们制定项目风险管理跟踪决策和修订项目风险管理计划的依据。项目风险度量文档就是对已识别出的项目风险的发生可能性、后果严重性、关联影响性和时间进程性等特性的度量结果文档。

12.4.2　项目风险识别与度量文档的特性

项目风险识别与度量的文档也具有一定的特性，这些特性同样是由这两类文档各自的用途和要求所决定的，它们的具体特性分述如下。

1. 项目风险识别文档的特性

项目风险识别文档必须具有客观性、可靠性、时效性和周期性等几个方面的特性，这是由项目风险识别文档所具有的项目风险管理决策支持作用和要求所决定的。

（1）**客观性**。这是指人们所识别出的项目风险必须具有一定的客观依据，并且必须是在加工和处理各种识别信息所获得数据的基础上去做出的项目风险识别文档，而绝不可以凭自己的主观臆断去给出项目风险识别的文档，否则会造成项目风险管理决策和计划的失误。

（2）**可靠性**。这是指人们识别出的任何项目风险必须经过充分的验证和交叉检验，必须通过反复论证和调查研究去得出项目风险识别的结果，而不能靠"捕风捉影"去给出项目风险识别的文档，否则会出现十分糟糕的项目风险管理效果。

（3）**时效性**。这是指任何项目风险识别工作和结果都必须在项目风险管理决策和计划之前做成，而这些项目风险管理决策和计划又必须在项目风险发生之前做出，否则人们就会错过项目风险管理的时机而使得项目风险识别结果失去作用。

（4）**周期性**。这是指项目风险识别工作多数是按照一定的周期去迭代识别并编制相应的项目风险识别文档，因为项目风险会随着项目各方面的发展变化而发生变化，所以项目风险识别工作必须具有某种周期性。但是当项目任何方面发生剧烈变动的时候，人们就必须立即缩短项目风险识别的周期，从而确保项目风险识别文档的时效性。

项目风险识别文档还有其他一些特性，如项目风险识别文档的适用性（如何更好地为项目风险管理决策和计划提供支持）和项目风险识别文档的可参考性等。

2. 项目风险度量文档的特性

项目风险度量文档又进一步可以分成两类，其一是项目风险定性度量的文档,其二是项目风险定量度量的文档,其各自都有一定的基本特性。

(1) 项目风险定性度量文档的特性。项目风险定性度量文档的主要特性有简洁性、可比性、准确性和自说明性等。

① 简洁性。这是指项目风险定性度量文档必须使用简洁明了的语言给出项目风险的定性度量和趋势发展预测和分析,这是人们需要项目风险定性度量文档的主要理由之一。

② 可比性。这是指项目风险定性度量文档给出的结果必须有相对的参照标准,而不能没有可比性地认定项目风险"很大"和后果"很严重"。

③ 准确性。项目风险定性度量文档的准确性是指即使这种项目风险度量文档的定性结果无法十分精确,但也必须具有足够的准确性。

④ 自说明性。这是指任何项目风险定性度量文档给出的度量结果都应该有相应的文字说明和描述,至少要说明清楚项目风险及其后果严重程度的确切含义。

(2) 项目风险定量度量文档的特性。项目风险定量度量文档的主要特性有精确性、系统性、可靠性和绝对指标性等。

① 精确性。这是指项目风险定量度量文档必须精确,这类文档都必须相对精确地给出有关项目风险的发生可能性、后果严重性、关联影响性和时间进程性的数字信息。

② 系统性。这是指项目风险定量度量文档必须系统地给出项目风险各方面的度量结果,至少需要有项目风险的发生可能性、后果严重性、关联影响性和时间进程性的度量结果。

③ 可靠性。这是指任何项目风险定量度量的结果都必须经过某种程度的信度和效度的检验。

④ 绝对指标性。这是指项目风险定量度量的结果首选用绝对数指标给出,因为其他相对数和平均数以及指数等指标都是根据绝对数指标计算得到的。

12.4.3 项目风险识别与度量文档的分类

项目风险识别与度量文档也可以按照一定的分类标识进行分类,这些分类同样是为了更好地认识和使用这些项目风险管理文档，这两类文档各自的相关分类分述如下。

1. 项目风险识别文档的分类

首先，项目风险识别文档也可以按照综合程度分为综合性项目风险识别文档和单项性项目风险识别文档。其中，综合性项目风险识别文档是指在项目起始阶段人们对于项目全过程、全要素、全环境和全团队的各种风险进行识别的文档，多数项目风险识别报告也属于此类。单项性项目风险识别文档是对项目某个要素或某一领域的风险识别的文档，如现在使用的项目技术风险或项目成本风险识别报告文档等。

其次，项目风险识别文档还可以分成项目风险初始识别文档和项目风险跟踪识别文档。项目风险初始识别文档是在项目初始决策和计划中使用的文档，而项目风险跟踪识别文档则是在项目实施过程中人们不断按照一定周期所给出的项目风险识别的文档，这是为人们开展项目风险管理跟踪决策和计划而使用的文档。

另外，项目风险识别文档也可以按照其他的分类标志进行分类，如项目风险识别文档可以按照它们产生的周期分为定期的项目风险识别文档和不定期的项目风险识别文档等，人们可根据自身需要去对项目风险识别文档进行分类。

2. 项目风险度量文档的分类

首先，项目风险度量文档可以按照其性质分为项目风险定性度量文档和项目风险定量度量文档两类。项目风险定性度量文档是指使用定性描述给出项目风险度量结果的文档，项目风险定量度量文档是指使用定量描述给出项目风险度量结果的文档。这两类项目风险度量文档既可以单独使用，也可以合并在一个项目风险度量的文档中相互印证使用，如人们经常使用的项目风险度量报告就是包括项目风险定性和定量两种度量结果的文档。

其次，项目风险度量文档还可以根据它们的具体作用分成报告性的文档和警报性的文档。报告性的项目风险度量文档是指在项目各个阶段所制定的用于客观报告项目风险具体情况的文档，这是一种按照一定的报告制度和报告格式而提供的周期性项目风险度量文档。警报性的项目风险度量文档是指在人们通过项目风险度量发现了项目风险发生征兆时，所给出的项目风险度量的文档，其主要作用是提醒人们立即去应对已经出现的项目风险。

同样，项目风险度量文档也可以进一步按照某些分类标志进行分类，如项目风险度量文档可以按照其生成频率分为每年、每季、每月、每周的项目风险度量文档。另外，项目风险度量文档是为人们开展项目风险管理决策和计划提供支持的，所以人们还可以依据提供决策支持的需要去选定某种分类标志对项目风险度量文档进行必要的分类。

12.4.4　具体的项目风险识别与度量文档

项目风险识别与度量的文档也有很多种，其中主要的文档分述如下。

1. 主要的项目风险识别文档

项目风险识别文档包括项目风险初始识别文档和项目风险跟踪识别文档，这些具体的项目风险识别文档分述如下。

(1) 项目风险初始识别文档。任何一个项目都必须有初始性的项目风险识别文档，只是有些时候人们将这种文档夹杂在了项目风险管理决策的文件或档案中，而没有专门独立的初始项目风险识别的文档。如项目可行性研究报告及其批复的文档中就包含人们对于项目风险初始性识别的结果，并且这些结果中涉及了项目技术、财务、经济、社会、环境、运行条件等各方面的风险识别结果。

项目风险初始识别文档是专门为开展初始项目管理决策和计划服务的，所以项目风险初始识别文档具有很高的质量要求，为此这种项目风险识别报告需要使用一系列的步骤和方法去保障。例如，一些重大项目不但需要开展项目风险的识别，而且还需要组织风险管理专家对项目风险识别结果进行确认和进一步识别，这些最终都会记录在各种不同的项目风险识别文档中。

(2) 项目风险跟踪识别文档。人们为开展项目风险管理的跟踪决策和计划，还需要制定跟踪性的项目风险识别文档去为项目风险管理的跟踪决策和计划提供支持。项目风险跟踪识别文档是一种迭代性的项目风险识别的文档，它的作用是为项目风险管理的跟踪决策和计划提供支持。例如，抗震救灾这类高风险项目中就必须有专门的、周期性的、跟踪性项目风险识别报告，但是在一般的建设项目风险管理中，人们可以将跟踪性的项目风险识别结果记录在项目风险管理计划的绩效报告中。

项目风险跟踪识别文档进一步又包括固定周期和不固定周期的项目风险识别文档两种，其中固定周期的项目风险识别文档是按照一定的时间周期开展项目风险识别迭代工作的结果记录，这主要是用在项目、项目风险、项目环境的发展变化相对较小的情况下；不固定周期的项目风险识别文档则是人们在项目各方面的发展变化相对剧烈的情况下制定的，此时人们必须缩短原有的项目风险识别迭代周期，因为只有这样人们才能确保项目风险识别文档的时效性。

2. 主要的项目风险度量文档

主要的项目风险度量文档有两种不同的分类，按照项目风险度量的结果可分为项目风险定性度量和定量度量文档两大类，按照项目风险度量的时间可分为项目风险初始度量文档和项目风险跟踪度量文档两大类。此处我们分别对项目风险定性度量和定量度量文档两大类进行讨论，以便人们能够用其去指导自己的项目风险度量文档的编制。

（1）项目风险定性度量的文档。这是使用定性描述给出的项目风险度量文档，这种项目风险定性度量文档的内容包括项目风险的发生可能性、后果严重性、关联影响性和时间进程性等方面的度量。如对项目风险发生可能性的度量可以使用定性语言给出"高""中""低"的三级分类，而对项目风险后果严重性的定性度量可按照"严重""一般""不严重"的三级分类给出，对于项目风险的关联影响性可按照项目风险关联影响的范围给出"大""中""小"三级分类，而对于项目风险的时间进程性的定性度量可按照"马上""中期""后期"的三级分类给出。当然，人们也可以使用五级分类或更多级的分类去给出定性度量文档。

（2）项目风险定量度量的文档。这是使用定量描述给出的项目风险度量文档，这种项目风险度量文档的内容也包括项目风险的发生可能性、后果严重性、关联影响性和时间进程性等方面的度量。其中，项目风险发生可能性的定量度量是按照项目风险发生概率的大小给出的，而项目风险后果严重性的定量度量是按照价值或数量单位给出的项目风险损失和收益的大小，对于项目风险的关联影响性的定量度量既可以是按照项目风险关联影响范围的间接项目风险损失或收益的价值大小给出，也可以按照项目风险关联影响的具体对象度量单位给出，对于项目风险的时间进程性的定量度量可以按照项目风险发生时期或时点给出。总之，项目风险定量度量文档必须使用精确的数量和度量单位给出，才能够为人们的项目风险管理决策和计划提供更好的支持。

12.5 项目风险应对与监控的文档

在项目风险管理文档中，最主要的是项目风险应对与监控的文档，因为这类项目风险管理文档的核心内容是：如何监测和发现项目风险的发生，如何对可能发生的项目风险进行应对，以及如何开展项目风险应对并在出现偏差的时候进行必要的控制。所以这两种项目风险管理文档是在项目风险管理中指导人们开展项目风险管理具体活动的文档。

12.5.1 项目风险应对与监控文档的定义

项目风险应对与监控的文档同样包括两个方面，其一是项目风险应对方面的文档，这包括在项目全生命周期中所生成的各种项目风险应对计划、措施、方案、办法、行动等方面的文件和档案；其二是项目风险监控方面的文档，这包括在项目全生命周期中所生成的各种项目风险监测、监督、考核、纠偏、变更等方面的文件和档案。

1. 项目风险应对的文档

项目风险应对的文档是在项目全过程中人们对于项目风险所采取的应对措施和办法的计划或设计，以及项目风险应对措施实施的实际情况报告文件和档案的总称，项目风险应对文档是一种指导和总结人们开展项目风险应对行动的文档，这种文档记录和说明了人们使用各种应对措施去应对项目风险以及这些应对活动的实际后果和影响等。

(1) 项目风险应对计划文档。这类文档给出了人们应对项目风险的具体措施方案和行动计划安排，它可用于指导人们的项目风险应对工作。

(2) 项目风险应对绩效报告文档。这类文档是记录项目风险应对计划实施结果的文档，它可用于考核人们应对项目风险工作的优劣和项目风险应对计划的适用性情况。

项目风险应对计划文档与项目风险应对绩效报告文档是相互关联的，这两种文档之间的关系是计划安排和绩效结果的关系。

2. 项目风险监控的文档

项目风险监控的文档是在项目全过程中按照一定的迭代周期给出的有关项目风险监测与控制的计划和计划实施情况的文件和档案的总称，这是一种计划和记录人们开展项目风险监测、控制、纠偏、变更等项目风险管理工作的计划和绩效考核的文档。

(1) 项目风险监测文档。这种项目风险管理文档是一种全面考核和记录人们计划使用和实际使用了哪些方法和在什么时间去监测项目及其环境与条件等的发展变化，去监测项目风险征兆的发生，以及去监测项目风险应对措施的工作的文档。

(2) 项目风险控制文档。这种项目风险管理文档是一种全面考核和记录人们在项目风险应对措施实施过程中计划使用和实际使用了哪些方法和在什么情况下去修订或变更项目风险管理的文档。

(3) 相关预测和反馈文档。这种项目风险管理文档是为了上述两种文档的制定所服务的计划安排和绩效考核的文档，这类文档给出了人们计划和实施项目风险监控工作所需的预测信息和反馈信息。

这些项目风险应对文档与项目风险监控文档也是相互关联的，人们使用项目风险监测文档去指导和记录项目风险的监测及其控制工作，使用项目风险应对文档去指导和记录人们实施项目风险应对措施的过程和绩效。

12.5.2 项目风险应对与监控文档的特性

项目风险应对与监控文档也有其各自的特性，这些特性同样是由项目风险监控文档各自的用途和要求所决定的，它们的具体特性分述如下。

1. 项目风险应对文档的特性

项目风险应对文档具有针对性、配套性和收益性等方面的特性，这是由项目风险应对文档所具有的项目风险应对工作的作用和要求所决定的。

（1）针对性。这是指人们制定的任何项目风险应对措施和计划必须具有足够的针对性，否则就会造成"药不对症"的项目风险应对计划和工作方面的失误。

（2）配套性。这是指人们制定的任何项目风险应对措施和计划方案都不能"单打一"，而必须根据项目风险识别与度量给出的信息有针对性地制定相互配套的项目风险应对措施和计划（如天气预报有强对流天气就必须制定出现大雨、暴雨或冰雹的配套应对措施）。

（3）收益性。这是指任何项目风险应对措施和计划安排都必须贯彻"收益大于成本"的原则，即项目风险应对措施所能创造的价值必须小于投入的成本，否则人们就不应该采取任何项目风险应对的措施和计划安排。

当然，项目风险应对文档也有其他的一些特性，如项目风险应对文档的关联性（与项目风险监控文档相互关联）和项目风险应对文档的可变更性（出现问题可以变更）等。

2. 项目风险监控文档的特性

项目风险监控文档主要具有及时性、指令性和关联性等方面的特性，这也是由于项目风险监控文档所对应的项目风险监测和控制工作的作用和要求所决定的。

（1）及时性。这是指项目风险监测和控制两方面的文档都必须确保其时效期，一旦人们监测到了项目风险发生的信息或征兆就必须立即形成文件去指导人们做出项目风险应对的决策和行动。

（2）指令性。这包括两个方面，其一是项目风险监测到的项目风险发生征兆或信息就是人们采取项目风险应对措施的指令，其二是项目风险控制给出的各种纠偏措施或变更要求就是人们开展行动的指令，否则项目风险的应对会因出现迟滞而导致"错失良机"。

（3）关联性。这是指任何项目风险监控的文档都与项目风险应对行动相互关联，所以项目风险监控文档的制定和变更都必须与项目风险应对文档互动而不能独立进行，否则会出现二者相互脱节的情况。

同样，项目风险监控文档也有其他的一些特性，如项目风险监控文档的周期性和项目风险监控文档的应急性等。

12.5.3 项目风险应对与监控文档的分类

项目风险应对与监控文档同样可以按照一定的标准进行分类，这些分类也都是为了更好地认识和使用这些项目风险管理文档，这两类文档各自的相关分类分述如下。

1. 项目风险应对文档的分类

这主要包括如下两大分类。

(1) 按照时间先后的分类。项目风险应对文档可以按照时间先后分为项目风险应对计划文档和项目风险应对绩效文档。项目风险应对计划文档是人们对项目风险应对的计划和安排文档，项目风险应对绩效文档是指人们根据计划对所开展项目风险应对工作的考核结果文档。

(2) 按照整体和专项的分类。项目风险应对文档也可以分成整体项目风险应对文档和专项项目风险应对文档。整体项目风险应对文档是指人们对于整个项目风险应对的计划或绩效文档，而专项项目风险应对文档是指针对项目某方面的风险应对计划和绩效文档。

另外，项目风险应对文档还可以按照其他的分类标志进行分类，如按照项目风险应对文档所涵盖的时间范围可以将它们分成长期、中期、短期和一次性的项目风险应对文档，其中一次性项目风险应对文档就是针对某个项目风险的一次性应对措施或计划的文档。

2. 项目风险监控文档的分类

首先，项目风险监控文档可以根据其具体作用分成项目风险监控计划文档和项目风险监控绩效文档两类。

(1) 项目风险监控计划和绩效文档的分类。项目风险监控计划文档是指人们在项目风险管理中所制定的用于计划安排项目风险监控工作、责任、资源和时间的文档，而项目风险监控绩效文档是用来考核人们的项目风险监控活动绩效情况的文档。

(2) 按照项目风险监控对象的文档分类。项目风险监控文档可以按照其监控的对象分为：项目风险征兆的监测文档、项目风险应对工作的监测文档、项目风险应对偏差分析文档、项目风险应对纠偏措施和变更文档四类。

这些针对不同对象的项目风险监控文档各有其作用，它们既可以单独成为文件和档案，也可以共同构成一份项目风险监控的文档，但是这些内容都是不可缺少的。

12.5.4 具体的项目风险应对与监控文档

项目风险应对与监控的文档有很多种，主要的项目风险应对与监控文档如下。

1. 主要的项目风险应对文档

项目风险应对文档既包括项目风险应对计划文档，也包括项目风险应对绩效文档，这些具体的项目风险应对文档分别讨论如下。

(1) 项目风险应对计划文档。任何一个项目都需要有项目风险应对计划文档，这种文档是一种独立且十分重要的项目风险管理文档也被称之为应对预案。项目风险应对计划文档是专门为指导人们开展项目风险应对工作使用的，所以这种项目风险应对文档中需要包含的内容有：根据项目风险管理的要求所制定的项目风险应对工作的目标，根据项目风险识别与度量结果给出的可容忍项目风险和不可容忍项目风险的区分，对于不可容忍项目风险所应采取的应对措施方案，实施这些项目风险应对措施的时机（出现何种情况采取何种项目风险应对措施）或时间（在什么时候采取何种项目风险应对措施），实施这些项目风险应对措施的责任安排（项目风险所有者和项目风险应对的实施者），实施项目风险应对措施的具体办法和步骤，实施项目风险应对措施的组织和资源保障条件等。

(2) 项目风险应对绩效文档。这是人们根据项目风险应对计划文档，通过考核评价而生成的项目风险应对工作绩效的文档。这种项目风险管理文档不仅要考核人们开展项目风险应对的绩效情况，而且要考核项目风险应对计划和措施方案的可行性和适用性的情况。因为项目风险应对工作的绩效取决于两个方面，其一是人们开展项目风险应对工作的好坏，其二是项目风险应对计划和措施的好坏，所以项目风险应对绩效文档必须从这两个方面去考核和报告项目风险应对的绩效情况。因此，这类文档的核心内容包括两个方面，其一是人们是否按照项目风险应对计划规定完成了项目风险应对工作，其二是项目风险应对计划是否符合项目风险发展变化的实际情况。

（3）项目风险应对专项管理的文档。这是指人们针对项目某个方面或某种风险开展管理的应对计划文档和绩效文档，如项目成本风险管理计划和绩效报告就是人们开展项目成本风险专项管理的文档。项目风险应对专项管理的文档是人们为了开展专门的项目风险应对活动而计划安排和考核制定的项目风险管理文档，所以这种项目风险应对专项管理的文档具有很强的针对性，因为这些项目风险应对专项管理文档的内容和格式各自不同。例如，项目成本风险管理和项目人力资源风险管理这两种专项管理的文档内容与格式完全不同，而项目风险预防措施和项目风险消减措施的文档内容与格式也完全不同。但是，多数项目风险应对专项管理的文档都有其使用条件，所以这些文档内容与格式中都需采取项目风险应对专项管理的具体措施所需的假设前提条件与规定，以及相应的计划和绩效报告。

2. 主要的项目风险监控文档

项目风险监控文档主要有项目风险监测文档、项目风险应对偏差分析文档和项目风险应对的纠偏措施和变更文档三类，具体分述如下。

（1）项目风险监测文档。这是专门用来计划和记录人们监测项目风险及其发展变化的文档，这种项目风险监控文档根据作用进一步可分成项目风险监测的计划文档和项目风险监测的绩效文档两类。其中，项目风险监测的计划文档是人们制定的有关项目风险监测工作的任务、责任、方法、周期、资源保障等内容构成的文档，其主要内容包括：人们需要监测哪些项目风险征兆和系统性项目风险要素，如何安排项目风险监测的工作周期或频率，项目风险监测工作的责任如何划分，在发现项目风险发生征兆以后应该开展哪些工作，要开展所有这些工作需要哪些资源和手段等。项目风险监测的绩效文档是人们对照项目风险监测计划文档所做的监测工作绩效情况的文档，其主要内容就是对照项目风险监测计划去评价人们所开展的项目风险监测工作的效果和效率等方面的情况。

（2）项目风险应对偏差分析文档。这是人们用来记录所发现的项目风险应对措施实施工作中的问题与偏差的文档，这种文档可以根据其生成的具体周期分成定期性和应急性项目风险应对偏差分析文档两类。其中，定期性的这类文档是指人们按照一定的项目风险应对工作考核周期去分析和给出的项目风险应对偏差分析文档，应急性项目风险应对偏差分析文档是用来记录在项目风险应对工作中突然出现某些特殊情况或重大偏差的分析文档。其中，定期性项目风险应对偏差分析文档的内容包括项目风险应对工作的偏差分析和造成偏差的成因分析以及相应的纠偏措施方案或建议等。应急性项目风险应对偏差分析文档的内容包括项目风险管理中出现的突发事件或重大问题或偏差及其成因的分析，以及纠正这些偏差可能采取的措施方案，这些方案的比较和优化分析等。

(3) 项目风险应对的纠偏措施和变更文档。这是用来记录人们在项目风险应对工作中所采取的各种纠偏措施、变更与修订项目风险的应对措施和项目风险应对与监控计划情况的文档。这种文档进一步可以划分成项目风险应对与监控的纠偏措施文档和项目风险应对与监控的计划变更文档两类。其中，项目风险应对与监控的纠偏措施文档是用来记录人们所采取的各种项目风险应对和监控的纠偏具体措施的文档，而项目风险应对与监控计划变更文档是用来记录人们修订和变更项目风险应对与监控计划的文档。前者是一种"打补丁"式的项目风险应对与监控的计划附加文档，后者是一种全面更新式的项目风险应对与监控计划的修订文档。另外，项目风险应对与监控的纠偏措施文档也分为计划和绩效两类文档，项目风险应对与监控的变更文档也分为变更计划和变更绩效两类文档。

12.6　项目风险管理终结类文档管理

项目风险管理的最终工作就是针对终结类文档的管理工作，通常在项目生命周期的终结阶段，人们最重要的工作之一就是开展项目风险管理终结类文档的管理工作。

12.6.1　项目风险管理终结类文档的定义

项目风险管理终结类文档是为终结整个项目风险管理工作而编制的文档，这种文档不但记录了人们在整个项目风险管理工作中形成的计划和绩效方面的结果，而且记录了人们开展项目风险工作的历程和内容。这种文档中既有项目风险管理工作的总结和评估，又有项目风险管理结果的最终确认报告。例如，对于工程建设项目的技术风险管理而言，人们不但要归纳和总结项目技术风险管理工作并形成项目技术风险管理终结报告，而且要绘制最终的工程竣工图纸以确认最终的工程建设结果。

项目风险管理终结类文档一般应对项目风险管理过程中每个阶段和每项风险的管理情况进行总结和记录，重点应该总结和记录项目风险管理的工作情况、项目风险管理的计划完成和绩效情况、项目风险管理的各种变更情况，以及未来项目运营阶段的风险管理计划安排情况等。项目风险管理终结类文档不仅是一种人们对项目风险管理工作的总结文档，更多的是一种具有法律责任的项目完工与交付的合同终结文档，所以这方面的一部分文档必须按照国家规定去编制。因此这种项目风险管理终结类文档有时需要由独立的项目管理咨询机构（如工程项目的监理公司）或项目风险管理专家来完成，有时需要由项目风险所有者和管理者组织各方面的专家去完成。

12.6.2　项目风险管理终结类文档的分类

项目风险管理终结类文档是项目终结工作文档中的一个核心组成部分，由于整个项目终结工作分为项目的管理终结工作和项目的合同终结工作两部分，所以项目风险管理终结类文档也被分成了项目风险管理终结类文档和项目风险合同终结类文档两大类。

1. 项目风险管理终结类文档的内涵

项目风险管理终结类文档按照内容可以分为项目风险管理工作的终结文档和项目风险管理绩效的终结文档。

（1）项目风险管理工作的终结文档。这是指人们总结评估所开展的各项项目风险管理工作内容、经历、结果、总结的文档，主要用于归纳和总结项目风险管理的工作。

（2）项目风险管理绩效的终结文档。这是人们用来记录项目风险管理工作的计划、结果、绩效、经验、教训的文档。主要用于归纳总结项目风险管理的业绩、经验和教训。

项目风险管理终结类文档可进一步分成整体项目风险管理的终结文档和专项项目风险管理的终结文档。

（3）整体项目风险管理的终结文档。这是人们用于记录整个项目的风险管理工作和绩效的文档，这是整个项目全过程中所有项目风险管理工作和绩效的文件和档案的汇总。

（4）专项项目风险管理的终结文档。 这是人们用来记录项目某方面风险或某种风险管理工作和绩效的文档，如项目成本决算文件就属于一种专项项目成本风险管理的终结文档。

另外，项目风险管理终结类文档还可以按照其他的分类标志进行分类，如按照项目风险管理终结类文档所涵盖的时间跨度可以将它们分成项目风险管理阶段的终结文档和项目风险管理全周期的终结文档等。

2. 项目风险合同终结类文档的分类

项目风险合同终结类文档首先需要按照合同双方的责任和义务分为项目风险合同实施者的终结文档和项目风险合同双方的终结文档两大类。

（1）项目风险合同实施者的终结文档。 这是由项目合同实施方编制或由项目合同的实施方委托第三方编制，专门用来记录项目风险合同实施者的合同实际履约情况的文档。

（2）项目风险合同双方的终结文档。 这是由项目风险合同的双方编制，专门用来记录项目风险合同双方的履约情况以及最终合同实施结果的文档。

这两种项目风险合同终结文档缺一不可，否则人们就无法终结项目风险合同所规定的权利和义务，从而使得项目风险合同终结工作无法完成。

项目风险合同终结类文档还可以根据其具体作用分成整体项目风险合同终结文档和专项项目风险合同终结文档这两类。

12.6.3　项目风险管理终结类文档的特性

由于项目风险管理终结类文档被分成了管理终结类文档和合同终结类文档两个大类，所以项目风险管理终结类文档的特性也必须按照这两个大类分别叙述如下。

1. 项目风险管理终结类文档的特性

项目风险管理终结类文档的主要特性包括：客观真实性、归纳总结性、责任明确性和知识分享性等特性。

（1）客观真实性。 这主要是指项目风险管理终结类文档的内容和结果都必须能够客观真实地反应项目风险管理工作的实际情况和绩效，虽然是由人工记录项目风险管理者的工作和绩效，但也不能掺杂编制者自己的偏见。

（2）归纳总结性。这主要是指项目风险管理终结类文档的作用之一是归纳和总结项目风险管理中的经验和教训，以便人们在项目风险管理中能够做到"吃一堑，长一智"，并将这些经验和教训最终纳入企业或组织的"经营过程资产"之中。

（3）责任明确性。项目风险管理终结类文档的责任明确性是指项目风险管理终结类文档必须记录项目风险管理中的问题、结果、经验与教训的具体责任，以便最终在人们开展项目风险合同终结类文档的编制时能够分清谁应该承担哪些项目风险管理的最终责任。

（4）知识分享性。项目风险管理终结类文档的知识分享性是指人们编制的项目风险管理终结类文档最终不但能够作为项目风险合同终结类文档的主要依据，而且能够在未来用来分享这些文档中所包含的项目风险管理经验和教训中的知识。

另外，项目风险管理终结类文档还具有基础性和依据性的特性，它是编制项目风险合同终结文档的主要依据和基础，所以多数情况下是项目风险管理终结文档先完成，项目风险合同终结文档后完成。

2. 项目风险合同终结类文档的特性

项目风险合同终结类文档的主要特性包括：独立性、合法性、终结性和公平性等特性。

（1）独立性。这是指项目风险合同终结类文档的编制不能受项目风险合同双方任何一方的主观影响，只有这样才能确保项目风险合同终结类文档的独立性。

（2）合法性。这是指项目风险管理终结类文档一旦最终完成并经项目风险合同双方认可就具有了法律效力，项目风险合同双方的法律责任和义务就得以确定。

（3）终结性。这是指项目一旦终结，则项目风险合同双方的原有合同责任和义务就已经终结，项目风险合同的任何一方都不能因为不满意而反悔。

（4）公平性。这是指所有项目风险合同终结类文档从内容到结果都必须满足公平和公正的商业合同管理原则。

12.6.4 具体的项目风险管理终结类文档

项目风险管理终结类文档是在项目或项目阶段结束后对项目或项目阶段内各种项目风险管理的总结和记录。有关项目风险管理终结类文档和项目风险合同类终结文档的具体内容分述如下。

1. 主要的项目风险管理终结类文档

项目风险管理终结类文档的主要作用是归纳和总结项目的风险管理工作的得失和经验教训。项目风险管理终结类文档可进一步分成综合项目风险管理终结性文档和专项项目风险管理终结性文档，以及项目风险合同终结文档，具体分别讨论如下。

(1) 综合性项目风险管理终结文档。任何一个项目的综合性项目风险管理终结文档都是从全面的角度记录项目风险管理绩效度量和经验、教训总结的文档，这种文档的根本作用是为后续的项目风险合同终结和整个项目的终结做好准备，所以这种文档多数要对照整体的项目风险管理规划或计划进行。综合项目风险管理终结文档通常包括的主要内容有六个方面：

其一是项目相关者对项目的风险管理目标、要求和计划情况，这包括项目定义与决策阶段和设计与计划阶段所提出的各种项目风险管理的目标、指标、要求和计划安排、措施方案以及这些目标、要求和计划的修订和变更情况。

其二是项目的实际项目风险管理情况的工作总结报告，这包括对项目的项目风险管理各方面工作的统计汇总和报告，如人们究竟做了哪些以及多少项目风险识别、度量、应对和监控等方面的具体工作的详细说明。

其三是有关项目项目风险管理目标、要求和计划的实现程度和绩效情况，这包括项目的风险管理所实现的实际绩效结果（规避或转移了哪些风险、取得了哪些风险收益和消减了哪些项目风险损失等）和对照项目风险管理计划而说明人们实现项目风险管理计划的程度和质量等方面的说明。

其四是有关项目的风险管理未能实现的目标、要求和计划的原因分析和说明，这部分内容特别要详细地区分和说明哪些问题是由于项目的客观环境发展变化造成的，哪些是由于项目相关者的主观变更要求造成的，哪些是由于人们在项目风险管理中出现的问题和失误造成的,以便在后续的项目风险合同终结中能够明确各方的责任和合同的权利义务履行情况。

其五是项目风险管理所需要继续解决的问题和管理中的失误,这部分内容主要包括项目(主要是项目运营阶段)后续需要解决的项目风险管理问题和为解决这些项目风险问题所需要采取的应对措施和纠偏活动等。

其六是有关项目风险管理的经验和教训的归纳总结,这是项目风险管理终结类文档中最重要的内容之一,这主要是有关人们在项目的风险管理中所犯错误或失误造成的教训,和所取得的成就与成功经验的总结等。

由于项目风险管理终结类文档是具有一定法律责任的文档,所以对于这种文档所需记录的内容和最终编制的实际内容都需要由项目合同双方(项目业主和承包商或项目团队)通过会议的形式最终确定。

(2) 专项项目风险管理终结类文档。专项项目风险管理终结类文档是从某个角度或部分记录项目风险管理绩效度量和经验教训总结的文档。这种专项的项目风险管理终结类文档主要包括四种。

其一是项目风险识别的终结文档,这种文档主要用于记录项目风险识别工作的计划和绩效以及经验教训总结的情况,这包括项目风险初始识别的情况和项目风险跟踪识别的情况,也包括项目风险识别计划的情况和这种计划的完成情况与变更情况,还包括项目风险识别工作中的经验教训总结等。

其二是项目风险度量的终结文档,这种文档主要用于记录项目风险度量工作的计划和绩效以及经验教训总结的情况,这同样包括项目风险初始度量的情况和项目风险跟踪度量的情况,也包括项目风险识别计划的情况和这种计划的完成情况与变更情况,还包括项目风险度量工作中的经验教训总结等。

其三是项目风险应对工作的终结文档,这种文档主要用于记录项目风险应对工作的计划情况、实际绩效情况以及经验教训总结的情况,这主要包括项目风险应对计划的制订情况、项目风险应对计划的执行和绩效情况、项目风险应对计划和措施的变更情况,以及项目风险应对工作中的经验教训总结等。

其四是项目风险监控工作的终结文档,这种文档主要用于记录项目风险监控工作的计划和绩效以及经验教训总结的情况,这主要包括项目风险监控计划的制订情况、项目风险监控计划的执行情况、项目风险监控计划和工作的变更情况,以及项目风险应对工作中的经验教训总结等。

另外,对于项目风险管理的其他专项工作也可以编制专项项目风险管理终结文档,例如项目成本风险管理终结文档和项目进度风险管理终结文档都属于这个范畴。

(3) 项目风险合同终结文档。项目风险合同终结文档是为结束项目合同双方的责任和义务而制定的项目风险管理终结类文档,项目风险合同终结文档的根本作用是确认合同双方的履约情况和实现项目风险合同的责任与义务的终结。项目风险合同主要有项目承发包合同和项目保险合同,从广义的角度出发,项目货物采购合同和项目服务采购合同等也属于项目风险合同的范畴。具体论述如下。

项目承发包合同的终结文档的内容主要包括:项目承发包工作的目标、计划和要求汇总,项目承发包工作的计划完成情况和绩效的汇总,项目承发包工作的变更情况汇总,项目承发包双方的实际履约情况,人力不可抗拒的影响情况,第三方关于项目承发包履约情况的佐证材料,以及证明项目承发包合同履约情况的各种原始资料和凭证等。

项目保险合同多数是由保险公司提供的具有标准格式的合同(或叫标准合同),所以这种合同的终结文档主要是对照项目所购买的保险合同条款去总结和记录项目风险合同各项条款的履行情况,这包括项目保险合同所规定的风险及其损失情况的总结,项目保险合同所规定的理赔情况的总结,项目保险双方合同责任和义务的履行情况汇总和报告,项目保险合同的终结手续办理情况等。项目保险合同的终结文档中还有很多具体的合同终结文档,因为人们在项目风险应对中还会购买其他一些项目保险合同,如项目实施人员的人身保险合同、项目所采购货物的保险合同、项目实施组织的财产保险合同等。

综上所述,项目风险管理的文档管理是整个项目风险管理中十分重要的一个组成部分,而且也是为未来开展新的项目风险管理积累数据、资料和信息的一项重要工作。